Die Religionen der Menschheit

Herausgegeben von

CHRISTEL MATTHIAS SCHRÖDER

Band 5, 2

W. KOHLHAMMER VERLAG

STUTTGART BERLIN KÖLN MAINZ

Die Religionen der Südsee und Australiens

von

HANS NEVERMANN · ERNEST A. WORMS
HELMUT PETRI

W. KOHLHAMMER VERLAG

STUTTGART BERLIN KÖLN MAINZ

McCORMICK THEOLOGICAL SEMINARY
McGAW MEMORIAL LIBRARY
800 WEST BELDEN AVENUE
CHICAGO, ILLINOIS 60614

Umschlagbild: Bootsstevenfigur. Melanesien, Salomo-Inseln, Neu-Georgia, Maravo-Lagune. Das Bild ist entnommen dem Werk „Kunst der Südsee" (Verlag Dr. Ernst Hauswedell & Co., Hamburg, 1954), S. 56. Aufnahme: Friedrich Henicker.

Alle Rechte vorbehalten
© 1968 W. Kohlhammer GmbH, Stuttgart Berlin Köln Mainz
Druck: Druckerei G. J. Manz AG, Dillingen/Donau, 1968
Verlagsnummer 71097

6-24-70
WAT

BL
2600
.N47

INHALT

V

Inhalt

Inhalt

Inhalt

Die Religionen der Südsee

von

Hans Nevermann

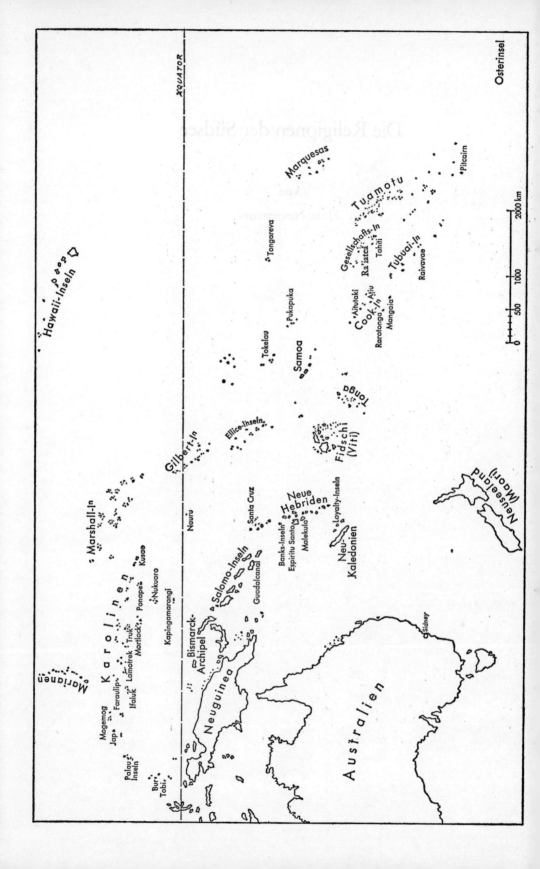

Die Religionen der Südsee

von

Hans Nevermann

Äquator

Osterinsel

Hawaii-Inseln

Marquesas

Tuamotu

Pitcairn

Tongareva

Gesellschafts-In
Ra'iatea
Tahiti

"Tubuai-In
Raivavae

Pukapuka

Aitutaki
Cook-In Atiu
Rarotonga
Mangaia

Samoa

Tokelau

Tonga

Fidschi
(Viti)

Ellice-Inseln

Gilbert-In

Neue
Hebriden

Santa Cruz

Banks-Inseln
Espiritu Santo
Malekula
Neu-
Kaledonien

Loyalty-Inseln

Nauru

Marshall-In

Neuseeland
(Waou!)

Mogemog
Jap
Faraulip
Ifaluk Lamotrek Truk
Mortlock
Ponape
Nukuoro

Palau-
Inseln
Bur
Tobi

Karolinen

Kusae

Marianen

Kapingamarangi

Salomo-Inseln
Guadalcanal

Bismarck-
Archipel

Neuguinea

Australien

Sidney

2000 km
1000
500
0

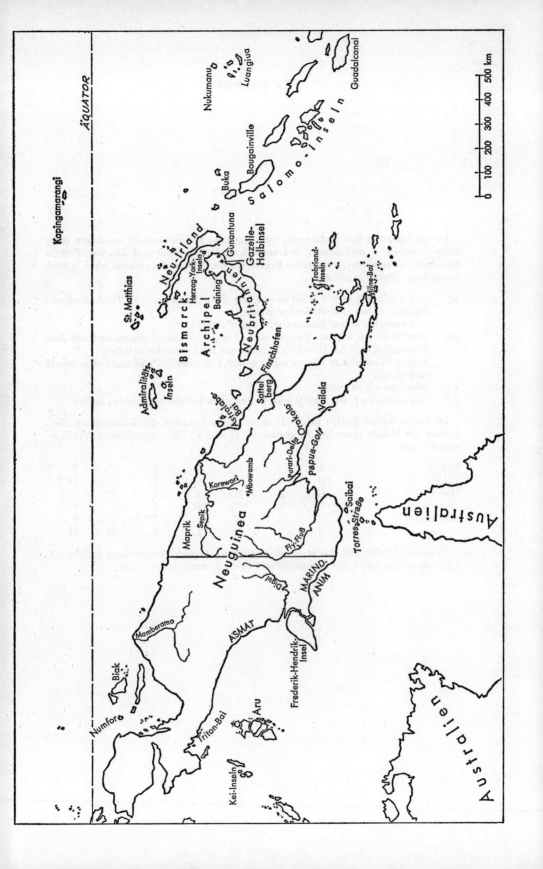

Zur Aussprache

Da die Sprachen der Südsee sehr verschiedenen Sprachstämmen angehören (dem austronesischen = melanesisch, mikronesisch und polynesisch und den sog. Papua-Sprachen), ist es schwer, allgemeine Regeln für die Aussprache einheimischer Wörter anzugeben. Allgemein gilt nur:

w	wie englisches w mit leichtem u-Klang (mit Ausnahme von Niederländisch-Neuguinea, wo es deutschem w gleicht)
v	wie deutsches w (auf Neuseeland wh geschrieben)
ng	nasaliertes n wie in „Klinge" oder „Länge", nie als Zusammensetzung aus-zusprechen, auch am Wortanfang nicht, und nie in n und g zu teilen)
'	kurzer Stimmabsatz wie zwischen e und i in „Seeigel", niemals allzu scharf und abrupt
s	stimmlos wie in „weiß"
y	wie deutsches j, das statt y auch in deutschen Forschungsberichten auftritt.

Im Polynesischen ändern sich zwar in den Einzelsprachen die Konsonanten, doch bleiben die Vokale unverändert, ebenso M, N und P. Die wesentlichsten Veränderungen sind:

Samoa	S, F	'	Ng	L	T	V	F
Tahiti	H	'	'	R	T	V	H, F
Maori	H	K	Ng	R	T	W	Wh
Cook-Inseln	'	K	Ng	R	T	V	'
Marquesas	H	K	N, K	'	T	V	F
Hawaii	H	'	N	L	K	W	H

Es entspricht also z. B. das samoanische *tangata* (Mensch) hawaiischem *kanaka* und tahitischem *ta'ata* oder das marquesanische *ka'ioi* dem tahitischen *'arioi*.

I. EINLEITUNG

In dem riesigen Gebiet zwischen Neuguinea und der Osterinsel und zwischen Neuseeland und den Hawaii-Inseln leben Menschen sehr verschiedener Rasse und Kultur, die im Grunde nur das gemeinsam haben, daß sie zur Zeit ihres Bekanntwerdens mit den Weißen, d. h. im wesentlichen vom Ende des 18. bis zum Beginn des 20. Jahrhunderts, in technischer Hinsicht auf dem Stande der jüngeren Steinzeit verblieben waren. Das bedeutet aber keineswegs, daß die intellektuelle und seelische Entwicklung dem entsprach. Vielmehr haben einige von ihnen wie der größte Teil der Polynesier schon früh eine Entwicklung zu frühen Hochkulturen durchgemacht, während andere, vor allem in Melanesien und besonders auf Neuguinea, echte Naturvölker geblieben sind.

So kann man nicht von einer Religion der Südsee, sondern von vielen Religionen sprechen. Glücklicherweise entspricht die gewöhnliche geographische Einteilung der Südsee in Polynesien, Mikronesien und Melanesien einschließlich Neuguineas auch einigermaßen der ethnographischen. Hawaii und Neuseeland müssen in diesem Falle Polynesien zugerechnet werden. Im Laufe der Zeit haben sich allerdings Überkreuzungen ergeben, so auf den Fidschi-Inseln, die eine starke Überdeckung einer melanesischen Grundlage durch Polynesier aufweisen, oder auf kleinen Inseln am Rande Mikronesiens, die eine späte polynesische Zuwanderung erfuhren und von deren Kult der Siedlerahnen heute schwer zu sagen ist, ob er mikronesisch oder polynesisch ist. Im äußersten Westen Neuguineas liegt wieder indonesischer Einfluß vor, und seit etwa hundert Jahren gibt es hier sogar Papuas, die sich zum Islam bekennen — 1934 reichte er bis zur Tritonbai —, ohne allerdings viel mehr als Äußerlichkeiten erfaßt zu haben.

Während in Mikronesien der Versuch der Japaner, in der Zeit ihrer Oberherrschaft vom Ende des ersten bis zum Ende des zweiten Weltkrieges, die Eingeborenen zum Buddhismus oder zur Shinto-Religion zu bekehren, keine Spuren hinterlassen hat, hat die christliche Mission in großen Teilen der Südsee das alte Bild völlig verändert, vor allem in Polynesien, wo man heute nur noch selten auf Spuren der alten Religion stoßen kann. So muß sich die Darstellung der Religionen der Südsee für große Gebiete auf die Vergangen-

5

heit beschränken. Für andere Gebiete wie Mikronesien ergibt sich die Schwierigkeit, daß zur Zeit der intensiveren Erforschung (Ende des 19. und Beginn des 20. Jahrhunderts) bereits eine Mischung verschiedener Religionssysteme eingetreten war, die es im Verein mit dem rasch einsetzenden Niedergang des Alten fast unmöglich macht, ein klares Bild der alten Zustände zu gewinnen. Günstiger liegen die Verhältnisse in Melanesien, doch ist hier angesichts des mangelnden historischen Interesses der Eingeborenen kaum ein Bild mit zeitlicher Tiefe zu gewinnen, sondern nur eins der gegenwärtigen oder erst vor kurzer Zeit untergegangenen Religionen. Umgekehrt hat der stark entwickelte historische Sinn der Polynesier, besonders ihrer Adelsfamilien, die ihre langen Stammbäume gewissenhaft überlieferten und sie mit Kosmo- und Theogonien verknüpften, es ermöglicht, in ihrer Religion bestimmte Perioden festzulegen, so daß man also hier wirklich zu einer Religions g e s c h i c h t e gelangen kann.

Bei der folgenden Darstellung ist bewußt davon Abstand genommen worden, auf Theorien einzugehen, über die heute die Diskussion noch nicht abgeschlossen ist. Während z. B. die Herkunft der Polynesier aus dem Westen bei Fachethnologen und Linguisten als sicher gilt, ist über die Theorie der Wanderung einer Megalithkultur[1] von Asien bis in die Südsee, deren Träger unbestimmter Rasse waren, noch nicht das letzte Wort gesprochen. Auch über die Koppelung von Kulturgütern ganz verschiedener Lebensbereiche — etwa von Mutterrecht oder bestimmten Hausformen mit Erscheinungen des religiösen Lebens — kann man sehr verschiedener Meinung sein. Am Schreibtisch lassen sich leicht Regeln aufstellen, aber in der Praxis verhalten sich nun einmal Naturvölker nicht immer so, wie sie es danach tun müßten, sondern gehen ihre eigenen Wege. Daher sind im folgenden Zusammenhänge mit anderen Lebensbereichen, vor allem soziologischen, nur dann berücksichtigt worden, wenn sie keinem Zweifel mehr unterliegen, z. B. bei dem Zusammenhang von Initiation und Kultbünden in Melanesien oder dem des Kultes der großen Götter in Polynesien mit dem Auftreten der Adelsschicht.

Eine Darstellung der Südsee-Religionen darf keine Missionsgeschichte sein. Deshalb sind nur solche Erscheinungen der neueren Zeit berücksichtigt worden, die nach der Missionierung oder nach der Verstärkung des Einflusses der Fremden in Regierung und Handel mit mehr oder weniger bewußtem Zurückgreifen auf die eigene Überlieferung entstanden sind. Beispiele dafür sind der Pai-marire-Kult auf Neuseeland und der sogenannte Cargo-Kult in Melanesien.

Es ist ethnologisch selbstverständlich richtig, wenn man die vielfältigen Erscheinungsformen der Religion in Kultus, Mythologie usw. auf ihre Herkunft untersucht und etwa für Melanesien oder Neuguinea Austronesisches

1 *Alphonse Riesenfeld*, The Megalithic Culture of Melanesia. Leiden 1950.

von Voraustronesischem abzuheben versucht[2]. Darüber darf man aber nicht vergessen, daß die Religion sich nur dem nüchtern zergliedernden fremden Beobachter als aus verschiedenen Teilen erwachsen darstellt, für die Eingeborenen aber trotz mancher Widersprüche in sich etwas sehr Lebendiges ist, etwas, das ihr Leben bis in alle Bereiche ausfüllt und das sie sich nicht zerpflücken lassen mögen. Die Umstände, daß dem Tabubegriff der Südsee etwas Negatives innewohnt und ihm das Erlebnis des Numinosen, das Reverendum fehlt oder daß im Kult bisweilen eine ausgesprochene Pedanterie in Wort und Handlung sich breitmacht, dürfen nicht dazu verführen, den Eingeborenen jedes innere Erlebnis abzusprechen. Es kann sogar sehr stark ausgeprägt und nur bei solchen Gelegenheiten durch Äußerlichkeiten überdeckt sein.

Wer jemals erlebt hat, wie ein Marind-Mann von Süd-Neuguinea – ein Angehöriger eines wegen seiner Grausamkeiten auf Kopfjagden und in Kultbünden verrufenen Stammes – nach langer Wanderung im Binnenlande mit leuchtenden Augen das Meer und damit den Meeresdämon wieder begrüßte und dabei ausrief: „Du Sohn der Tiefe, wie bist du schön!", wer mit einem Angehörigen der höchsten Suque-Grade auf Malekula in den Neuen Hebriden gesprochen hat, einem altersschwachen und durch seine Opfer völlig verarmten Mann, der den Tod vor Augen sah und sich darauf freute, nun bald mit den Geistern seiner Vorgänger im Kultbunde im Totenreiche vereint zu sein, oder wer sich mit den geheimen Lehren der polynesischen Priester befaßt hat, die darin gipfeln, daß hinter allen Erscheinungen ihrer Götterwelt doch nur ein einziges, unfaßbares Wesen steht, der wird diesen Menschen und ihrem Fühlen und Denken seine Achtung nicht versagen können.

Es wäre falsch, alles zu bewundern. Vieles wird dem Europäer immer unverständlich bleiben, aber hinter allem steht etwas Lebendiges, hinter kindlich-naiven Gedanken ebenso wie hinter der Philosophie der polynesischen Priester und ihren aufkeimenden Zweifeln. Wenn man Religion als Bindung des Menschen an Wesen einer anderen Welt auffassen will, so ist hier wahre Religion.

II. POLYNESIEN

Die Polynesier unterscheiden sich von den übrigen Völkern der Südsee unter anderem dadurch, daß sie eine verhältnismäßig geschlossene kulturelle und sprachliche Einheit bilden, daß sie einen ausgeprägten Sinn für die Wahrung ihrer geschichtlichen Überlieferungen besaßen, der zwar hauptsächlich durch dynastische Interessen der Häuptlingsfamilien bedingt war, aber bei

2 *C. A. Schmitz,* Historische Probleme in Nordost-Neuguinea. Wiesbaden 1960.

weitem das übertrifft, was wir sonst bei Naturvölkern antreffen, und daß sich bei ihnen im Laufe der Zeit auf vielen Inselgruppen eine ausgesprochene Theologie entwickelt hat, allerdings keine einheitliche, sondern eine, die nach Zeiten, Inseln und Hauptgöttern verschieden war und bisweilen zu priesterlichen Spekulationen und Sektenbildungen geführt hat. Die Eigenart der Polynesier als Seefahrer- und Entdeckervolk hat aber immer wieder zu gegenseitigem Ausgleich geführt, und nur abgelegene Inseln waren davon ausgeschlossen und blieben bei dem Kulte der ältesten Zeit stehen. Diese älteste Einwandererschicht der Polynesier ist auf der Hawaii-Gruppe unter dem Namen *Manahune* und auf Tahiti als *Menehune* bekannt. Die große Menge der Polynesier erschien viel später, Anfang des 8. Jahrhunderts, auf den Gesellschaftsinseln, die jahrhundertelang das Zentrum polynesischer Kultur blieben, wurde von einer Adelsschicht, den *Ariki*, geführt und leitete ihre Herkunft von der sagenhaften Urheimat *Hawaiki* irgendwo weit im Westen her. Dies Bewußtsein gemeinsamer Herkunft trug viel dazu bei, daß man sich trotz lokaler Fehden (sogar zwischen den Bezirken einzelner Inseln) doch im Grunde als ein einziges Volk fühlte, selbst dort, wo man Hawaiki vergessen hatte und wie auf Samoa und Tonga an einen Ursprung an Ort und Stelle glaubte.

Wenn wir von polynesischer Religion sprechen, so müssen wir uns bewußt sein, daß sie nach dem jeweiligen Charakter der verschiedenen Stämme auch verschiedene Formen angenommen hat, vom schlichten Abendgebet der Einwohner der kleinen Insel Kapingamarangi (südlich der Karolinen) um Frieden zu Lande und zur See, um ruhigen Schlaf und Schutz für die Fischer bis zu den oft wiederholten Bestrebungen der Raiateaner, neuen Gottheiten neue Kulte zu widmen, und von den prunkvollen und vom Volke wenig kritisch hingenommenen Götterfesten der Marquesaner bis zur Grübelei und theologischen Spitzfindigkeit der Tuamotuaner und Maori. Und auch innerhalb einzelner Stämme bestehen Unterschiede, etwa auf den Hawaii-Inseln zwischen einem Fischer, der Teilchen von seinem Götterbild abkratzte und ins Wasser warf, um einen reicheren Fang zu haben, oder einem Priester des Hulabundes, der ehrfurchtsvoll die Göttin Laka herbeirief, um ihr Lobsprüche „wie einen Strauß Blumen" zu geben, und der sich durchaus darüber klar war, daß Gottheit und Götterbild etwas Grundverschiedenes sind.

In jedem Falle aber sind die Götter für die Polynesier etwas Lebendiges gewesen, nicht nur Personifizierungen von Naturgewalten und dergleichen, mag es auch Erdbebengötter, Meeresgötter, Windgötter usw. gegeben haben. Wenn auch der Kult oft in der strengen Beachtung von Äußerlichkeiten bestand und die Religion von der ganz weltlich aufgefaßten Moral getrennt war, so sind die Polynesier ihren Göttern und Ahnen mit aufrichtiger Frömmigkeit in Furcht und Liebe zugetan gewesen. Sonst wäre wohl kaum ein Stamm auf Mangaia in den Cook-Inseln vor fast 400 Jahren für den

Gott Tane gegen die Anhänger des neuen Gottes Tangaroa mit der Waffe in der Hand gestorben, und es ist bezeichnend, daß die polynesischen Entdecker einer anderen Insel der Gruppe ihr aus Dankbarkeit den Namen Aitutaki, „von der Gottheit geleitet", gegeben haben.

Der Glaube an eine hohe Götterdreiheit oder -vierheit gehört der Schicht der *Manahune* noch nicht an. Wohl aber verehrte man Götter, die im späteren Sprachgebrauch als *Aitu* von den hohen Göttern *(Atua)* unterschieden wurden. Ihr Kult blieb auch in späterer Zeit bestehen, doch verloren viele der Aitu gegenüber den Atua an Ansehen und Bedeutung. Derartige Aitu waren Ortsgottheiten, Tätigkeitsgottheiten und Familiengottheiten, und ihr Kult war demgemäß auf einzelne Bevölkerungsgruppen, bestimmte Orte oder besondere Gelegenheiten beschränkt. So kannte man auf Samoa[1] die lokalen Kriegsgötter *Moso* (Feind), *Sepomalosi, Aitu-i-Pava* und *Le Tamafainga*, die von verschiedenen Siedlungsgruppen angerufen wurden. *Moso* und *O le Nifo-loa* (Langzahn) galten als Aitu, die man zur Vollziehung persönlicher Rache auffordern konnte, um Menschen krank zu machen. *Taema* und *Tila fainga* galten als Schutzpatrone des Tatauierens, *Le Sa* als Feind der Diebe, *La'a-la'a* als Behüter der Pflanzungen, anderswo aber als Patron der Ringkämpfer oder als Verkünder der Zukunft usw. Dazu kamen noch zahlreiche Dorf- und Familiengottheiten. Sehr viele von ihnen glaubte man in Tieren (Eule, Reiher, Schmetterling, Tausendfuß, Schildkröte, Seeaal, Seeigel usw.), in Pflanzen, in Naturerscheinungen wie dem Regenbogen, Sternbildern oder dem Neumond oder in Gegenständen wie Steinen, Holzschalen, Blashörnern aus Seeschnecken u. dgl. verkörpert, einige sogar in Menschen. Wahrscheinlich ist bei manchen dieser Aitu mit einem alten Totemismus zu rechnen, der sich in ganz Polynesien aber nicht mehr als in solchen Spuren erhalten hat. Nur einer dieser Aitu, *O le Fe'e*, der im Tintenfisch verkörpert war, galt über lokale Verehrung hinaus als Herr des Totenreiches. Andere Aitu waren dagegen kaum Götter zu nennen, sondern an Orte oder Familien gebundene Kobolde und Buschdämonen, und der Ausdruck wurde sogar auf boshafte oder sonst aus dem Rahmen fallende Menschen angewandt. Entsprechend rechnete man auf anderen Inselgruppen auch feenartige Wesen, menschenfressende Dämonen, drachenartige Rieseneidechsen oder wirklich vorhandene auffallende Haifische zu den „40 000 Göttern", ohne daß man ihnen einen Kult widmete wie den eigentlichen Aitu.

In ganz Polynesien bestand und besteht noch heute wie auch in einigen Teilen Melanesiens (Neukaledonien, Neue Hebriden) eine geradezu panische Furcht vor Eidechsen, allerdings mit Ausnahme der als freundlich angesehenen sagenhaften Eidechse *Pili* auf Samoa. So lautet ein Klagelied eines Helden von Neuseeland, den angeblich eine Eidechse ins Genick biß:

---

1 *George Turner*, Samoa. London 1884, S. 23 ff. und S. 67 ff.

Ich fühle den Wahnsinn nahen.
Die Götter machen mich krank.
Ich will fort und Selbstmord begehen,
damit ich dem Tod bald begegne,
und du (Mutter) magst meinen Körper liegen sehen
und fragen: Was war schuld am Tode?
War es der Gott des jähen Todes?
War es das Kriegsbeil oder Marus Speer,
der mich durchbohrte und die Narben
von vielen Wunden an mir ließ? [2]

Da aber viele Götter, auch die großen, sich in Tierform zu manifestieren vermögen, z. B. *Tangaroa* als Hai, Wal, Robbe, Vogel usw. [3], kann es vorkommen, daß Adlige in allerdings mehr märchenhaften Erzählungen — besonders auf Hawaii — bei einer Begegnung mit einem eidechsenartigen Ungeheuer feststellen, daß es sich um einen hilfreichen Vorfahren handelt, der nur anderen gefährlich ist [4].

Statt Schlangen, die östlich von Samoa nicht mehr vorkommen — es seien denn die kleinen giftigen, aber nicht angriffslustigen Seeschlangen —, werden in Polynesien außer Haien besonders die Seeaale (Conger) gefürchtet, teils wegen ihrer Bissigkeit, teils aber auch wegen sexueller Assoziationen, nach denen sie badenden Frauen gefährlich werden können wie einst der mythische Aal *Tuna* der Göttin *Hina (Sina)*. Wie gefürchtet und zugleich geweiht der Seeaal war, geht aus einem Bericht hervor, nach dem in der Tokelau-Gruppe 1863 die Leute der Insel Fakaofu etwa achtzig christliche Leute der Nachbarinsel Atafu vertrieben, weil sie es gewagt hatten, Aale zu essen, worauf die Atafu-Leute erst nach wochenlanger entbehrungsreicher Seefahrt in Samoa Zuflucht fanden [5]. Entsprechendes gilt für den Kult der Haie und Tintenfische und besonders der Schildkröten, deren Genuß meistens nur den götterentsprossenen Häuptlingen gestattet war.

Die Bewahrung der Götterembleme, die Anrufung der Aitu und die Darbringung von Opfern war den „Götterankern" (samoanisch *Taula Aitu*) [6] anvertraut, die würdige Männer der Familie oder des Bezirks waren und keine geschlossene Priesterschaft ausmachten. Ein Teil der „Gottesanker" befaßte sich jedoch mit Heilung von Kranken, Wahrsagen oder Zauber mit Hilfe der Aitu und bildete so einen Stand der Schamanen.

Den frühen Polynesiern, den *Manahune*, haben spätere Zeiten nachgesagt, sie hätten keine Häuptlinge gehabt. Das stimmt nur insofern, als ihre Häuptlinge noch nicht der sich götterentsprossen dünkenden späteren Häupt-

2 *John White*, The Ancient History of the Maori, IV. Wellington 1888, S. 57.
3 *Wolfgang Scheffrahn*, Tangaroa. Diss. Tübingen 1965.
4 *Hans Nevermann*, Moko und Taniwha. Beiträge zur Völkerforschung. Hans Damm zum 65. Geburtstag. Berlin 1961, S. 499 ff.
5 *William Wyatt Gill*, Life in the Southern Isles. London 1876, S. 279.
6 *John B. Stair*, Old Samoa. London 1897, S. 220 ff.

lingsschicht der *Ariki* angehörten, und der den alten Tahitiern von den Neuankömmlingen gemachte Vorwurf, sie seien götterlos gewesen, bezieht sich ebenso nur darauf, daß sie ohne die Ariki und deren Götter lebten, nicht aber auf eine wirkliche Götterlosigkeit. Es hat sicher auch damals schon die Möglichkeit gegeben, daß, wie in Mikronesien, bedeutende Häuptlinge und wohl auch andere hervorragende Menschen wie Kriegsanführer und Helden nach ihrem Tode als Götter angesehen wurden. Auf Samoa unterscheidet man solche Götter als *Tupua,* auf Hawaii als *Aumakua* von den übrigen Gottheiten. Dagegen hat auf Tahiti der Gegensatz zwischen den Schichten der Einwanderer dazu geführt, daß man dort die entsprechenden *Oromatua* nicht mehr als gute vergöttlichte Vorfahren, sondern als bösartige dämonische, meistens in Gruppen auftretende Wesen ansah. Besonders ausgeprägt erscheint der Kult solcher vergöttlichten Ahnen auf den polynesischen Exklaven, den Inseln im Grenzgebiet zu Melanesien und Mikronesien, wo der Kult der Anführer der Einwanderer und ihrer nächsten Nachkommen fast jeden anderen Götterkult verdrängte. Das geschah allerdings erst in verhältnismäßig später Zeit, als man bereits Götterbilder kannte, und diese Inseln wurden im Verlaufe einer Rückwanderung von Ost nach West besiedelt, die noch um 1600 n. Chr. in vollem Gange war und den Westrand Melanesiens und den Süden Mikronesiens erfaßte, so daß es fraglich ist, ob es sich um ein Überbleibsel des alten Kultes oder um eine Einschränkung des Kultes der Ariki-Zeit auf den Häuptlingskult mit einem Verzicht auf andere Götter gehandelt hat. Auch mikronesischer Einfluß ist denkbar, denn es ist nicht sicher, ob der Siedlerahnenkult Mikronesiens einheimisch oder von Polynesien beeinflußt ist.

Es handelt sich dabei nicht um den Kult aller Ahnen, denn die Vorfahren des Volkes blieben gänzlich unbeachtet, sondern um den der Anführer der ersten Einwanderer und ihrer Familien. Oft bekamen sie dazu noch Funktionen, die eigentlich anderen Gottheiten zustanden. So galten auf Kapingamarangi[7], einer polynesischen Insel in den Karolinen, der Einwandererhäuptling *Utamatua* mit seiner Frau *Loua* und seiner Schwiegertochter *Hakahiliaroho* als die Schutzgötter *(Tupua)* der Insel, die man abends um Frieden auf dem Lande und um Schutz für die Fischer anrief, und Utamatua galt besonders als Schützer vor Unwetter, Sturmfluten, Regenmangel und Erdbeben. Daneben wurde aber auch als Herr des Meeres und Segenspender für die Fischer der Gott *Livat* verehrt, der keinen Platz in dem Stammbaume hat. Häuptlinge und Priester, deren Amt sich in den Familien forterbte, leiteten ihre Herkunft jedoch von der Familie Utamatuas ab. Im Ganzen gesehen ist der Glaube und Kult dieser kleinen Inseln patriarchalisch orientiert und

---

7 *Anneliese Eilers,* Inseln um Ponape. Ergebnisse der Südsee-Expedition 1908–1910, Hamburg 1934, S. 131 ff.

entspricht durchaus dem friedlichen Leben dieser kleinen Gemeinwesen, die
nicht die politischen Sorgen der großen polynesischen Inseln kannten, wohl
aber auf ein ruhiges und auskömmliches Leben ohne Sorgen bedacht waren,
und ihre Gebete nehmen demzufolge fast persönlichen und vertraulichen
Charakter an.

Selbst in den inoffiziellen Kult der großen Götter haben sich ähnliche
vertrauliche Züge einschleichen können, z. B. auf Mangaia in den Cook-
Inseln, wo die Verehrer der Götter *Motoro* und *Tiaio* vor jeder Familien-
mahlzeit ihnen das spitze Ende der Tarowurzeln opferten und als „Tisch-
gebet" dazu sagten: „Gewährt Besonnenheit und Sicherheit!"[8].

Ganz persönlichen Charakter trägt auch das Nachtgebet eines tahitischen
Familienvaters:

„Bewahre mich, bewahre mich. Es ist die Nacht der Götter. Wache nahe bei mir,
mein Gott *(atua)*, nahe bei mir, mein Herr *(fatu)*! Bewahre mich vor Zauberei, plötz-
lichem Tod, üblem Wandel, davor, daß ich verleumde oder verleumdet werde, vor
Arglist und vor Streit um die Grenzen des Landes. Laß über uns Frieden walten,
mein Gott! Schütze mich vor dem wütenden Krieger, der Schrecken verbreitet, dessen
Haare sich sträuben. Möge ich und mein Geist leben und in dieser Nacht in Frieden
leben, mein Gott!"[9]

Theoretisch konnte in Polynesien jeder Tote zum *Aumakua* oder *Tupua*
werden, aber in der Praxis wurden es nur solche Verstorbene, die im Leben
und in Sonderfällen erst nach ihrem Tode *Mana*[10] gezeigt hatten. *Mana* ist
am besten mit „das außergewöhnlich Wirksame" zu übersetzen und kann
Göttern, Menschen, Tieren, Pflanzen und sogar nach unseren Begriffen leb-
losen Dingen innewohnen, z. B. erfolgreichen Seefahrern oder Kriegern, gefährlichen Haien oder Wildschweinen, Heilpflanzen, wirksamen Angelhaken
oder bei Siegen getragenen Waffen. Dabei kann es in seiner Stärke unterschiedlich sein. So kann selbst bei Göttern das Mana verschieden sein, z. B.
bei einem Erdbeben- oder Sturmgott sehr ausgeprägt, bei Gestirngöttern hingegen sehr schwach, wenn man ihr Dasein nur aus ihrem regelmäßigen Auf-
und Untergang erkennt und nicht aus besonderer Wirksamkeit, etwa aus dem
Umstande, daß das Steuern nach einem bestimmten Sternbild einem Seefahrer
Rettung aus der Not bringt. Sehr wenig Mana schreiben die Polynesier im
allgemeinen dem Sonnengotte zu, der ja nichts weiter tut, als seinen täglichen
Gang zu unternehmen. Wenn auch nach landläufiger Meinung das Mana
einfach nur einem Wesen oder Gegenstand innewohnt, ohne daß man weiß
warum, so scheinen doch manche Polynesier es für eine Ausstrahlung gött-

8 *William Wyatt Gill*, a.a.O., S. 44 f.
9 *J. A. Moerenhout*, Voyages aux îles du Grand Océan. Paris 1837, II, S. 83. —
E. S. Craighill Handy, Polynesian Religion. Honolulu 1927, S. 201.
10 *Fr. Rudolf Lehmann*, Mana. Leipzig 1915. — *Paul Radin*, The World of Primitive
Man. New York 1960, S. 53 f.

licher Kraft auf Menschen und Dinge angesehen zu haben, ohne dies jedoch genauer zu definieren.

Da die Häuptlinge der Adelsschicht für Nachkommen der Götter gehalten wurden, schrieb man ihnen sehr häufig auch ein besonders großes Mana zu. Kennzeichnend dafür ist ein Lied von der Osterinsel[11], das die Macht des Häuptlings preist, von der alleine das Gedeihen aller Nahrungs- und Nutzpflanzen und der Tiere, der Lauf der Gestirne und das Wetter abhängt. Sogar den Gebeinen von Häuptlingen schrieb man noch Mana zu, so daß hawaiische Häuptlinge ihren Freunden und Dienern ihre Knochen zu vermachen pflegten, damit sie sich daraus besonders wirkungsvolle Angelhaken herstellen sollten[12].

Die Polynesier haben viel über das Wesen des Menschen nachgedacht. Vom Körper mit seinen verschiedenen Organen, bei den Maori noch in Form und Substanz getrennt, unterschieden sie den rein physischen Atem, den geistiger aufgefaßten Lebenshauch, die eigentliche Lebenskraft, das Göttliche im Menschen und seinen Schattengeist. Mit dem Tode vergeht alles bis auf den als eine Art Doppelgänger aufgefaßten Schattengeist, der später noch dafür Empfänglichen erscheinen kann, aber auch den Lebenden bei Bewußtlosigkeit oder im Schlafe verlassen kann, so daß Träume als Erlebnisse dieses schattenhaften Doppelgängers aufgefaßt werden. Diese komplizierte Auffassung stammt aus verhältnismäßig später Zeit von den Priestern der Maori[13], ist in den Grundzügen aber doch auch anderswo festzustellen, wenngleich man oft versucht hat, die unsichtbaren Bestandteile des Menschen in Körperorganen zu lokalisieren, besonders die Lebenskraft in der Leber, und wenn auch gelegentlich noch urwüchsigere alte Vorstellungen zu bemerken sind wie bei dem Versuch der Leute von Pukapuka, zu bestimmten Sühnezeremonien Schattenbildwesen in sehr realen Schlingen zu fangen[14], oder der auf Samoa noch auftretenden Ansicht, daß das Schattenbildwesen eines Toten sich in ein Tier verwandeln könne. Die Vorstellung von einem geistig aufgefaßten Lebenshauch ist jedoch ebenfalls sehr alt und allgemein polynesisch. Immer wieder wurden die Götter gebeten, Leben (Ora) zu geben, nicht etwa reine Vitalität und Fruchtbarkeit, sondern etwas, das Leben, Gedeihen, Gesundheit und sogar Rettung aus Gefahr in sich schließt. In späterer Zeit, als der Gott Tane an die Spitze des Pantheons getreten war, entstand die besonders auf Hawaii verbreitete Mythe von dem Lebenswasser, das er Begnadeten zuteil werden lassen könne, aber zugleich meinte man mit einiger Resignation, es

---

11 *Alfred Métraux*, Die Oster-Insel. Stuttgart 1957, S. 76. (Verbesserter Text nach *William J. Thomson*, Te Pito te Henua. Washington 1891, S. 523 f.)
12 *Eduard Arning*, Ethnographische Notizen aus Hawaii 1883—86. Hamburg 1931, S. 50.
13 *Radin*, a.a.O., S. 58 ff. — *Elsdon Best*, Spiritual and Mental Concepts of the Maori. Wellington 1922.
14 *William Wyatt Gill*, Life in the Southern Isles. London 1876, S. 180 ff.

sei in einem unerreichbar fernen Lande, vielleicht im Paradiese, oder, wie es
ein hawaiisches Lied [15] andeutet, überall und doch nirgends:

> Eine Frage, eine Frage richte ich an dich:
> Wo ist das Wasser des Kane?
> Am östlichen Tor,
> durch das die Sonne kommt in Haehae,
> dort ist das Wasser des Kane.
>   Eine Frage richte ich an dich:
> Wo ist das Wasser des Kane?
> Wo die Sonne im Westen zu schwimmen scheint
> und Wolken sich am Nihoa-Felsen türmen,
> bei dem blühenden Lehua-Baum,
> dort ist das Wasser des Kane.
>   Eine Frage richte ich an dich:
> Wo ist das Wasser des Kane?
> Auf den Höhen der Berge, auf dem steilen Grat,
> in den tiefen Tälern, bei den Bächen,
> dort ist das Wasser des Kane.
>   Eine Frage richte ich an dich:
> Wo ist das Wasser des Kane?
> In der See, im Ozean,
> im strömenden Regen, im Regenbogen,
> in leuchtenden Wolken, im steigenden Nebel,
> in geisterbleichen Wolken,
> dort ist das Wasser des Kane.
>   Eine Frage richte ich an dich:
> Wo ist das Wasser des Kane?
> In der Höhe ist Kanes Wasser,
> im Himmelsblau, in dunklen Wolken,
> in nachtschwarzen Wolken,
> in den schwarzgesprenkelten Wolken des Kane,
> dort ist das Wasser des Kane.
>   Eine Frage richte ich an dich:
> Wo ist das Wasser des Kane?
> In der Tiefe, in der Erde, in der strömenden Quelle,
> im Quell, den Kane für Kanaloa schuf,
> der sprudelnden Quelle zum Trinken,
> ein machtvolles Wasser, das Lebenswasser!
> O gib uns doch Leben!

Ein Spruch zur Heilung von Speerwunden von Mangaia in den Cook-
Inseln beruft sich ebenfalls auf dies Wasser des Lebens, gilt hier aber als ein
uralter Heilzauber des Himmelsgottes *Rangi:*

> Dies ist die untrügliche Heilung.
> In Gegenwart des großen Vatea
> steh still, Wunde, daß der Leidende nicht ohnmächtig wird,
> steh rasch still, daß er nicht ohnmächtig wird und stirbt!

15 *Nathaniel B. Emerson,* Unwritten Literature of Hawaii. Washington 1909, S. 257 ff.

Hier ist Wasser aus dem Sumpf, dich zu heilen.
Wunde, heile rasch!
Hier ist Wasser aus den Tälern, dich zu heilen.
Wunde, heile rasch!
Hier ist Wasser, das aus der Erde aufquillt, dich zu heilen.
Wunde, heile rasch!
Hier ist Wasser vom fließenden Strom, dich zu heilen.
Wunde, heile rasch!
Hier ist Wasser aus der Taropflanzung, dich zu heilen.
Wunde, heile rasch!
Hier ist Wasser aus den Bergen, dich zu heilen.
Wunde, heile rasch!
Sei geheilt im Namen von Rongo und Tutavake.
Gift des Eisenholzes, hebe dich weg, geh fort!

Bei diesem Spruch wurde angenommen, daß ihn *Rangi* selbst gesprochen habe, als in der ersten Schlacht, die je auf Mangaia geschlagen wurde, *Tutavake* den ersten Mord unter den Menschen rächte und ein Dämon von Tonga (entweder der Inselgruppe oder wahrscheinlicher vom gleichnamigen Südstamm auf Mangaia), der sich im Eisenholz verkörperte, todbringend wirkte. Einen ähnlichen Zauber schrieb man auf Rarotonga der Erfindung des Heroen und zum Gott gewordenen *Tangiia* zu[16].

Die Bedeutung „Rettung aus Gefahr" gewinnt das Wort „Leben" in einem hawaiischen Gesang[17], der bei einem Vulkanausbruch angestimmt wurde, wenn Rauch und Aschenregen das Land verdunkelten:

Nacht über Puna, Nacht über Hilo,
Nacht vom Rauche meines Landes!
Leben für uns!
Aber das Land steht in Flammen!

Eine andere, direktere Bedeutung gewann das Wort *ora* = „Leben" auf Mangaia, wo der Gott *Motoro* den Beinamen *te io ora*, „Lebensgott", bekam, denn seine Anhänger waren davon befreit, den anderen Göttern als Opfer dargebracht zu werden[18].

Im alten Sinne ist „Leben" aber Fruchtbarkeit für Menschen, Tiere und Pflanzen, und in der alten Zeit der Manahune, der in Pflanzenbau und Handwerk geschickten alten Schicht der Polynesier, spielte das Verlangen nach ihr eine noch größere Rolle als in späteren Zeiten, die mehr der Fischerei und Seefahrt zuneigten. Besonders hat sich dieses alte Streben nach Fruchtbarkeit noch lange auf den Marquesasinseln[19] und auf der Osterinsel erhalten, altertümlichen Rückzugsgebieten, in denen spätere Kulturschichten nicht alles Alte zudecken konnten. Dieser alte Fruchtbarkeitskult bringt das Bestreben, reiche

---

16 *Gill*, a.a.O., S. 68 f.
17 *Emerson*, a.a.O., S. 88 f.
18 *William Wyatt Gill*, a.a.O., S. 95.
19 *Wilhelm Emil Mühlmann*, Arioi und Mamaia. Wiesbaden 1955, S. 147 ff.

Ernten zu erzielen, mit menschlicher Fruchtbarkeit in eine Gedankenverbindung, und daraus ergaben sich wieder auf den Marquesasinseln sexuelle Freiheiten für die gereifte Jugend, also die Zeugungsfähigsten — wobei man sich allerdings hüten muß, jede Ungebundenheit gleich als Fruchtbarkeitszauber aufzufassen und die Rolle des Trieblebens zu gering zu bewerten — und hier und auf der Osterinsel ein Schädelkult, dessen Objekte ihre Lebenskraft den angebauten Nutzpflanzen mitteilen sollten. Ähnliches kommt auch in Melanesien einschließlich Neuguinea vor, aber ein unmittelbarer Zusammenhang besteht hier kaum, da Spuren einer vorpolynesischen Bevölkerung in Polynesien nicht nachzuweisen sind und es sich höchstens um uraltes Gedankengut aus der Wanderzeit handeln könnte.

Außer den Aitu und vergöttlichten Ahnen treten bereits in früher Zeit einige Gottheiten auf, die einen höheren Rang einnehmen. Zu ihnen gehört *Mahuike (Mafui, Ma'uike)*, eine manchmal männlich, manchmal weiblich gedachte Gottheit des Feuers und der Erdbeben, der Gott *Tinirau (Tingirau)* als Herr aller Fische, die Mondgöttin *Hina (Sina, Ina)*, der im Regenbogen erscheinende *Kahukura* oder *Uenuku*, den die Maori als Schutzpatron der Reisenden ansahen, und der Kulturheros *Maui*, in dessen Mythenkreis das Auffischen der Inseln aus dem Meere und der Raub des Feuers bei Mahuike wohl die ältesten Motive sind. Andere Motive wurden z. T. wohl erst später hinzugefügt, doch machen einige davon, z. B. sein Kampf gegen den Riesenaal *Tuna*, den Verführer seiner Frau oder Schwester Hina, einen altertümlichen Eindruck, während wieder andere Züge aus dem Mythenkreis um Maui, Hina und Mahuike wie die Reise Hinas zu Tinirau zwar alt sein können, aber fast märchenhaften Charakter annahmen[20]. Eine Verschmelzung mit den Maui-Mythen zeigt sich auch bei *Tiki*, der manchmal als der erste Mensch, manchmal aber auch als der Erschaffer des ersten Menschen angesehen wird und dessen Name zur Bezeichnung für menschengestaltige Götterbilder wurde, zugleich aber auch zum Beinamen Mauis, der *Maui Tikitiki* oder *Potiki* genannt wird. Bemerkenswert ist es, daß die Polynesier der Erschaffung des Menschen bei weitem nicht so viel Bedeutung beigemessen haben — man hatte mehrere Versionen über sie nebeneinander — wie den Kulturtaten Mauis und der Kosmogonie und Theogonie, aber wahrscheinlich ist das ein späterer Zug ihrer Religion, bei dem die Abstammung der Adligen von den Göttern allein wichtig war und die Entstehung des Volkes als unerhebliche Frage betrachtet wurde, zumal die Priester selbst dem göttlichen Adel angehörten.

---

20 *Johannes C. Anderson*, Myths and Legends of the Polynesians. London 1928. — *Roland B. Dixon*, Oceanic (Mythology of all Races, IX). Boston 1916. — *D. Kalakaua*, The Legends and Myths of Hawaii. New York 1888. — *Hedwig* und *Theodor-Wilhelm Danzel*, Sagen und Legenden der Südsee-Insulaner. Hagen i. W. 1923. — *Teuira Henry*, Tahiti aux temps anciens. Paris 1962, S. 624 f. — *William Wyatt Gill*, Myths and Songs from the South Pacific. London 1876, S. 88 ff.

In der Zeit der Manahune ist Tiki bestimmt wichtiger gewesen als zur Zeit der Ariki.

Der Frühzeit der polynesischen Religion gehört auch der Begriff des *Tabu*[21] (korrekter *Tapu*, auf Hawaii *Kapu*) an, der wie der Mana-Begriff nicht auf Polynesien allein beschränkt ist und auch nicht die religiöse Sphäre allein betrifft. Immerhin gibt es neben sozialen, wirtschaftlichen, hygienischen und anderen Tabus auch das religiöse Tabu. Es kann von weltlichen Machthabern ebensogut wie von Priestern verhängt sein oder auf Gebote der Götter zurückgeführt werden und hat stets einen negativen Charakter, so daß es recht gut mit „Meidungsbann" wiedergegeben worden ist. Ihm unterliegen stets oder zu gewissen Zeiten Symbole oder Bilder der Gottheiten, Kultplätze, bestimmte Handlungen, mit dem Kult betraute Personen, Menschen in der Umgebung der Priester und in späterer Zeit auch die göttergleichen Ariki. Es unterscheidet sich wesentlich vom Begriff des Heiligen dadurch, daß es wieder aufgehoben werden kann und daß es zunächst keine positiven Werte vermittelt. Immerhin hat es viel dazu beigetragen, die Gottheiten jeder Art weit über ihre Verehrer zu stellen und in den Polynesiern gerade durch seinen negativen Inhalt das Gefühl der Unnahbarkeit und der Erhabenheit der Götter zu verstärken. In späterer Zeit artete es aus, und dieser Umstand hat wesentlich dazu beigetragen, daß die Polynesier so rasch dem Christentum zuneigten, das ihnen wesentliche Erleichterungen brachte, während vorher am Ende des 18. Jahrhunderts z. B. auf Hawaii bereits das Gestreiftwerden vom Schatten eines Ariki oder das zufällige Berühren seines Haares als todeswürdige Verbrechen galten und bei der Fülle von Tabuvorschriften niemand sicher war, ob er sich gegen eine von ihnen unwissentlich vergangen hatte. Das Wort blieb zwar bestehen, bekam aber den christlichen Inhalt „heilig", so daß heute unbedenklich Ausdrücke wie „Tabubuch" und „Tabutag" für die Heilige Schrift und den Sonntag gebraucht werden können, ohne daß man dabei noch an den alten Tabubegriff denkt.

So heißt z. B. die tonganische Bibelübersetzung, die 1884 in London erschien, *Koe Tohi tabu katoa*, wörtlich: „Das gesamte Tabu-Buch", und auch außerhalb Polynesiens entsprechen dem *Ai Vola tabu* („Die Tabu-Schrift") für die Fidschi-Inseln (London 1913) oder beispielshalber *Buki tabu*, „Tabu-Buch", für die Dobu-Sprache von Süd-Neuguinea (London 1926). Allerdings kommt die Form *tabu*, die in Melanesien neben einem *tambu* öfter begegnet, in Polynesien nur auf der Tonga-Gruppe vor, während sonst *tapu* korrekteres Polynesisch ist.

So konnte der Missionar W. Deane[22] aus Fidji, das allerdings ein polynesisch-melanesisches Mischkulturgebiet bildet, berichten: „Die Bibel wird

---

21 *Fr. Rudolf Lehmann*, Die polynesischen Tabusitten. Leipzig 1930.
22 *W. Deane*, Fijian Society. London 1921, S. 128 f.

tabu und ebenso der Sabbattag, und Buch und Tag werden auf Fidji höher geehrt als in Europa und Australien. Der Berg Zion der Apokalypse wird ebenso geheiligt. Die Heiligkeit dieses religiösen Tabus wird gebrochen, wenn man den Vorschriften der Bibel nicht gehorcht, den Sabbat entheiligt oder den Anforderungen für ein besseres Land [das Jenseits] nicht genügt." Er gab dann allerdings zu, daß ein großer Unterschied zwischen religiösem und profanem Tabu vorhanden war und daß einheimische Pharisäer durch Kleinlichkeit den Missionaren bisweilen Gewissensschwierigkeiten bereiteten.

Die zweite große Wandergruppe der Polynesier, geführt von der Adelsschicht der *Ariki (Ari'i, Ali'i)*, erreichte nach langer Wanderung von Hawaiki, das aus sprachlichen Gründen in Südostasien zu suchen ist, über Zentralpolynesien (Samoa und Tonga) die Gesellschaftsinseln, deren Hauptinsel damals nicht Tahiti, sondern Raiatea war. Hier bildete sich im 8. Jahrhundert n. Chr. ein Mittelpunkt für die polynesische Kultur neuer Prägung heraus, die bis nach den Hawaii-Inseln, der Osterinsel und in rückwärtiger Wanderung über die Cook-Inseln bis Neuseeland ausstrahlte. Neuseeland wurde in einer großen Wanderung, der „Heke", um 1350 von den Maori besiedelt, nachdem schon vorher eine geringere Zahl von Polynesiern sich dort festgesetzt hatte.

Die Kultur der Manahune ging nicht unter, aber die Ariki vermehrten sie durch besondere Züge, den Kult der großen Götter, den Glauben an die Herkunft der Häuptlinge von ihnen, Kosmo- und Theogonien, ausgebildetere Kultformen mit einer echten Priesterschaft und ein starkes Zusammengehörigkeitsgefühl aller Polynesier, das durch ihre Meisterschaft in der Seefahrt dauernd wachgehalten wurde.

Die drei hohen Götter der Ariki waren *Tane* (hawaiisch *Kane*), *Tu* (haw. *Ku*) und *Rongo* (haw. *Lono*). Alle drei sind männlich und haben kein weibliches Gegenstück. Der Name des höchsten unter ihnen, *Tane*, bedeutet geradezu „Mann". Er galt als Gott des Waldes und infolgedessen auch als Gott der so wichtigen Bootsbauer und aller anderen Handwerker, weiterhin als Gott alles Schönen, des Lichtes und alles dessen, was im Himmel war. Als Waldgott hatte er mit seinen höchsten Bäumen den Himmel hoch über die Erde gehoben — was aber auch ihm mit Hilfe von Maui und oft Maui allein nachgesagt wird — und regierte die Götter und Menschen wie ein mächtiger Ariki, nicht milde, aber doch so, daß er für seine Anhänger redlich sorgte. Er war der Herr des Lebenswassers, und vielfach wurde ihm auch — im Gegensatz zu der Mythe von Mauis Inselfischen — nachgesagt, er habe aus seiner himmlischen Werkstatt Späne herabfallen lassen, aus denen die ersten Inseln oder wenigstens die ersten Riffe und Atolle wurden. Auf Mangaia in den Cook-Inseln [23] war sein Kultsymbol die Steinaxt, und hier nannte man ihn

23 *William Wyatt Gill,* Historical Sketches of Savage Life in Polynesia. Wellington 1880, S. 38 f.

18

mit ehrenden Beinamen: *Tane* der Geber von Nahrung, *Tane* der nach Macht Strebende, *Tane* der Gelbzahn (d. h. mit vom Menschenfressen gelb gewordenem Zahn), *Tane* der Weiher der Häuptlinge, *Tane* der Meereshüter, *Tane* die Sturmwelle, *Tane* der Verleiher von Tapferkeit, *Tane* mit dem Ariki-Gesicht, *Tane* der allen Genügen Tuende, *Tane* der Bereiter des Daches (d. h. der Häuserbauer), *Tane* der Himmelsschläger, *Tane* der Lange, *Tane* vom Barringtonia-Baum. Naiver Volksglaube meinte später, dies seien verschiedene lokale Gottheiten, etwa wie europäischer Volksglaube irrtümlich denselben Heiligen nach Bildern in verschiedenen Orten für verschiedene Personen hält, aber die Priester und Häuptlinge wußten, daß es nur e i n e n Gott *Tane* gab.

Der zweite große Gott der Dreiheit war *Tu*, der Kriegsgott aller Polynesier, nicht einer der kleinen örtlichen Kriegsgötter von Samoa und anderen Inseln. Er, der „Stehende", war zugleich Helfer Tanes bei der Erschaffung der Erde, und nach den Mythen half er den Göttern zum Siege, als sie von Dämonen bedrängt wurden. Auf Hawaii trug er den Namen *Ku-kaili-moku*, „*Tu*, der nach Inseln gierig ist", und wurde durch einen mit kostbaren roten Federn bedeckten Kopf dargestellt[24].

Der dritte der großen „Atua" war *Rongo*, dessen Name „Laut" oder „Schall" bedeutet. Er war der milde Gott, der im Gegensatz zu Tane und Tu Menschenopfer verabscheute. Er war Schützer des Landbaus, des Friedens und aller friedlichen Künste, besonders der Dichtung und der Beredsamkeit, zugleich auch der Wahrer der Traditionen der Ariki.

Für Mangaia und andere Inseln der Cook-Gruppe gilt allerdings *Rongo* nicht als milder Gott, sondern gerade von ihm wird berichtet[25], er sei zwar der „Widerhaller" und der Schutzgott der Insel gewesen, dessen Sinnbild das Horn aus der Tritonmuschel gewesen sei, aber er habe im Schatten gewohnt und sich ausschließlich von Menschenopfern ernährt.

Priesterliche Spekulation hat später diese drei großen Götter zu den drei Prinzipien gemacht, die erst die Entstehung der Welt und des Lebens ermöglichten: Licht, Gestalt und Laut.

Neben den drei großen Atua stehen nun, ihnen an Rang weit unterlegen, die alten Aitu der Manahune und viele geringere Atua der Ariki. Unter ihnen wurden auf Neuseeland *Haumia*, der Gott der für die Ernährung der Maori äußerst wichtigen eßbaren Farnwurzeln, und *Tawhiri-matea,* der Sturmgott, an Bedeutung fast der Götterdreiheit gleichgestellt. Auf Mangaia[26] kamen sogar drei vergöttlichte Häuptlinge unter die großen Atua: der Seefahrer und Kriegsheld *Tangiia* und sein Sohn *Motoro*, der im 13. Jahrhundert auf See

---

24 *Hans Plischke,* Kukailimoku. Berlin 1929.
25 *William Wyatt Gill*, Life in the Southern Isles. London 1876, S. 95.
26 *Gill*, Myths, S. 23 ff.

von seinen Brüdern ermordet wurde und zur Sühne einen Kultplatz erhielt, und der siegreiche Häuptling *Tiaio,* der Tanes Kultplatz mit roten Blüten im Haar betrat und, da die rote Farbe, die an Blut erinnerte, hier tabu war, vom Oberpriester erschlagen wurde. Sein Schattenbildwesen verkörperte sich dann in einem weißen Hai, und man errichtete ihm einen Kultplatz neben dem Tanes.

Derartige Abweichungen hat es auf manchen Inseln gegeben, aber sie behielten immer nur lokale Bedeutung. Ganz anders steht es aber mit einer Gottheit, die ursprünglich nur ein kleiner Atua der Fischer war und sich im Wal verkörperte. Auf *Raiatea* begann sein Ruhm als Gott der See, als Gott des Himmels und als Schöpfer der Welt, und von hier aus verbreitete sich sein Kult weit über Polynesien, selbst bis in den Norden der melanesischen Neuen Hebriden. Es ist *Tangaroa (Ta'aroa, Tangaloa, Kanaloa),* der jetzt anstelle Tanes an die erste Stelle rückte und mit den drei anderen großen Atua nun die große Vierheit bildete. Manchmal, z. B. auf Samoa, überstrahlt er sogar Tane, Tu und Rongo so, daß er allein ihren Platz einnimmt und man nur geringere Gottheiten, die alten Aitu, unter ihm vorhanden glaubt.

Die Erhebung Tangaroas über Tane, Tu und Rongo ging nicht überall kampflos vor sich. Auf den Cook-Inseln gab es seinethalben schwere und grausame Kämpfe mit den Anhängern Tanes, die nach alter Sitte damit endeten, daß die unterlegene Partei vor die Wahl gestellt wurde, zum Kannibalenmahl zu dienen oder sofort auszuwandern. Auch die Rolle, die Tangaroa in der marquesanischen Schöpfungsmythe als der Dunkle und Böse neben den drei alten Göttern spielt, geht wohl auf die Abneigung gegen diesen neuen Gott der Raiateaner zurück. Möglich ist es aber auch, daß diese Fassung bereits durch christliche Gedankengänge angeregt wurde und daß man versuchte, die Vierheit der Götter so auszudeuten, daß sie aus einer Art Dreieinigkeit und dem Teufel als ihrem Gegenspieler bestand. Im Kult der Marquesaner blieb Tangaroa jedenfalls immer nur ein Gott der Fischer. Auch auf der Osterinsel weiß man von ihm nur noch, daß er sich in einer Robbe verkörperte, während dort Makemake, eine Erscheinungsform Tanes oder des zeugenden Tiki, zum Hauptgott geworden ist.

In den Aufzeichnungen des Hawaiiers *Kepelino Keauokalani* (um 1830 bis 1878) über Glauben und Sitten der Vergangenheit ist davon die Rede, daß die drei großen Götter Kane (Tane), Kanaloa (Tangaroa) und Lono (Rongo) waren, daß sie aber als Dreiheit doch nur einen einzigen großen Gott *(Akua nui)* bildeten. Er erklärte, Kane sei „ein Gott", Kana (= Kanaloa) „ein Kind-Gott" und Lono „ein Geist" gewesen, und schrieb Kane die Erschaffung der Welt durch sein bloßes Wort zu. Das steht so im Widerspruch zur sonstigen Tradition, zumal da Ku (Tu) mit Stillschweigen übergangen wird, so daß man nur annehmen kann, der gläubige Katholik Kepelino, der sonst wertvolles Material geliefert hat, habe hier allzusehr versucht, Christliches im

20

alten Glauben wiederzufinden, den er auf diese Weise gründlich mißdeutet hat[27].

Auf *Tahiti*, das derselben Gruppe der Gesellschaftsinseln angehört wie das für die Ausbreitung der Ariki-Kultur so wichtige Raiatea, setzte man *Tangaroa* (hier *Ta'aroa* genannt) in den Mittelpunkt der Entstehung der Welt[28]. Er „entwickelte sich aus sich selbst in der Einsamkeit; er hatte weder Vater noch Mutter und war sein eigener Erzeuger". Das geschah im endlosen Raume inmitten einer muschelartigen Hülle. Nach langem Warten brach er sie auf, fand aber außerhalb von ihr weder Gestalt noch Licht noch irgendeinen Laut. So kehrte er wieder in die Muschel zurück und wartete. Endlich brach er sie wieder auf und machte im Dunkeln aus ihr den Erdgrund und das Himmelsgewölbe, das noch dicht über der Erde lag. Tangaroa wuchs im Dunkeln weiter und entwickelte in sich das Denken, Erinnern und Beobachten.

Ein Text aus Porapora (fälschlich heute Borabora genannt), einer Nachbarinsel Tahitis, der 1822 aufgezeichnet wurde, preist *Ta'aroa* schon in seinem Urstadium:

> „Ta'aroa war der Ahn aller Götter. Er erschuf alles. Seit undenklichen Zeiten war der große Ta'aroa der *Tahi-tumu* (der Ursprung). Ta'aroa entwickelte sich selbst in der Einsamkeit; er war sein eigener Erzeuger und hatte weder Vater noch Mutter. Seine Gestalten waren unzählig: Ta'aroa oben, Ta'aroa unten, Ta'aroa im Stein. ... Das sind die Eigenschaften Ta'aroas: Großer Ta'aroa, die Wahrheit, der die Erde bewegt, der große Ta'aroa, der den Sünden und den bösen Kräften ein Ende setzte; der große Ta'aroa als Grund, der große Ta'aroa mit dem grenzenlosen Ruhm, Ta'aroa mit dem sicheren Gebot, Ta'aroa vom klaren Himmel, Ta'aroa, der Beförderer, Ta'aroa über der Riffeinfahrt, Ta'aroa, der auslöscht, Ta'aroa, dessen Fluch den Tod bedeutet. ... Unzählig waren Ta'aroas Formen, aber es gab nur den einen Ta'aroa in der Höhe, unten und in den Finsternissen. Ta'aora hielt sich in seiner Muschel und im Dunkeln Millionen von Jahren auf. Diese Muschel war wie ein Ei, das sich im unendlichen Raum bewegte, ohne Himmel, ohne Erde, ohne Meer, ohne Mond, ohne Sonne, ohne Sterne. Alles war in der Finsternis; es war eine dichte und dauernde Dunkelheit. *Rumia* war der Name der Muschel Ta'aroas."

Nach unendlicher Zeit begibt sich *Ta'aroa* aus seiner Muschel auf ihre Oberfläche, steht aufrecht da und ruft, vernimmt aber nichts als das Echo seiner eigenen Stimme. Enttäuscht begibt er sich zurück in eine neue Muschel, die über der alten entstanden ist, und entwickelt sich selbst weiter, während draußen noch Dunkelheit herrscht. In der Muschel entstehen in ihm selbst Gedächtnis, Gedanke, fester Blick und Beobachtung, und zuletzt erschafft er noch im Dunkeln die Götter, bis er endlich im Licht, das um sie ringsherum entstanden ist, die Schalen sprengt, hervortritt und aus den Muschelhälften

---

27 *Martha Warren Beckwith*, Kepelino's Traditions of Hawaii. Honolulu 1932, S. 8 bis 18.
28 *Hans Nevermann*, Götter der Südsee. Stuttgart 1947, S. 93 ff.

Erde und Himmel erschafft[29]. Noch liegen sie dicht aufeinander, aber ihre Trennung wird bald durch das Eingreifen der Götter geschehen.

Von dieser Urzeit Tangaroas weiß die tahitische Urzeitdichtung:

Er weilt, Tangaroa mit Namen,
in der Unermeßlichkeit des Raumes.
Da war keine Erde, da war kein Himmel,
da war kein Meer und keine Menschheit.
Tangaroa ruft die Höhe an.
Er wandelt sich von Grund aus.
Tangaroa ist der Ursprung,
Tangaroa ist der Urfels,
Tangaroa ist der Sand,
Tangaroa breitet weit aus.
Tangaroa ist das innerste Wesen der Dinge,
Tangaroa ist der Keim,
Tangaroa ist das Fundament,
Tangaroa ist der Dauernde,
Tangaroa ist weise.
Er schuf das Land Hawaiki,
Hawaiki, groß und tabuiert,
und machte es zur Schale Tangaroas.

Hier wird also die muschelartige Hülle mit dem geheimnisvollen Lande Hawaiki, das hier mehr ist als nur die Urheimat der Polynesier, sondern die erste Heimat eines Wesens überhaupt, in nahe Beziehungen gebracht. Das spätere Hawaiki ist jedoch nur ein Abbild von Tangaroas Ur-Hawaiki, genauso wie die vielen Inseln, die man später Hawaiki oder mit Dialektformen nannte (Hawaii, Savai'i der Samoa-Gruppe, Havai'i als alter Name für Raiatea usw.), nach der alten Heimat im fernen Westen benannt sind.

Nachdem Tangaroa in dieser Schale unendlich lange Zeiten zugebracht hat und immer weiter und höher entwickelt ist, macht er das Himmelsgewölbe zum Urgott *Atea* und den Urgrund zur Göttin *Te Papa*, die beide sprechen und den ersten Laut in die Welt bringen, die begonnen hat, Gestalt anzunehmen, aber noch dunkel ist. Nun formt Tangaroa die Erde und zaubert Götter hervor. Unter ihnen ist *Tu*, der ihm bei der Schöpfung hilft — nicht etwa Tane, dessen Glanz als Schöpfer vom neuen Glanze Tangaroas ausgelöscht ist. Tiere, Pflanzen und Wasser werden geschaffen. Die Götter, die unter der Erde leben, empören sich, werden aber besiegt und in die Unterwelt gebannt, so daß sie den Fortgang der Schöpfung und die Erschaffung des Menschen Tiki nicht mehr aufhalten können. Endlich hebt Tangaroa mit Mauis Hilfe den Himmel hoch empor, und zur Krönung des Werkes erscheint nun das Licht in der Welt. Das alles geschah in dem sagenhaften Urlande Hawaiki, wo *Tiki* (tahit. *Ti'i*) die Göttertochter *Hina* zur Frau erhielt und so

29 *Teuira Henry*, Tahiti aux temps anciens. Paris 1962, S. 343 ff.

der Vorfahr der Menschen wurde. Die Ariki haben, was hier als selbstverständlich vorausgesetzt wird, natürlich eine andere Herkunft und stammen von den Göttern ab. So ist es auch in den etwas verworrenen Bruchstücken der Schöpfungsmythen von Tonga und Samoa, nach denen Tangaroa (hier Tangaloa) als der große Schöpfungshandwerker im Himmel und Ahnherr der Ariki auftritt, die Menschen aber aus einer Made entstehen, die aus Tang am Ufer entsteht und von einem von Tangaroa herabgesandten Vogel in zwei Teile, Mann und Frau, zerbissen wird. Diese niedere Herkunft hat die Samoaner übrigens nicht in ihrem Selbstbewußtsein beeinträchtigt und sie nicht daran gehindert, bisweilen göttergeborene Häuptlinge abzusetzen und durch bessere Nachfolger zu ersetzen, die allerdings auch Götternachkommen waren.

Nach tonganischen Mythen stammten die Fürsten von Tonga von dem Kopfe der Made, die übrigen Menschen hingegen aus ihrem Leib; oder es entstanden aus ihr drei Wesen, die Frau *Kohai*, der Mann *Momo* und ein drittes Wesen, die Zukunft, Gegenwart und Vergangenheit repräsentieren[30].

In einem Preisliede[31] auf die Insel Manu'a in der Samoa-Gruppe wird diese Schöpfung der Menschen unadliger Herkunft erwähnt:

Tangaloa schickte die Schlingpflanze hinunter,
um Tutuila damit zu bevölkern
und Upolu, Atua und Aana
zusammen mit dem Tuamasanga.
Seelenlos bewegten sich aber die Leiber,
sie konnten nicht sitzen und hatten kein Herz.
Tangaloa hörte oben,
daß aus dem Kraute Menschen entstanden seien,
daß sie sich in der Sonne bewegen,
aber fußlos und handlos,
ohne Kopf und ohne Gesicht
und ohne Herz.
Tangaloa kam im Westen herunter,
daß er ihnen die Sprache bringe und Gestalt gebe.
Die Früchte des Schlingkrautes waren Maden.
Er formte die Glieder und zeigte die Ansätze,
und eure Seele brachte er hernieder,
damit sie euren Körper erhelle,
und daß ihr Tangaloa erwartet, wenn er herabkommt, um herumzugehen.

Bruchstücke der Schöpfungsgeschichte von Samoa ertrinken allerdings geradezu in überwucherndem Beiwerk, und dazu kommt, daß man oft die Beinamen Tangaroas mißverstanden hat und z. B. Tangaloa den Schöpfer, Tangaloa den Unermeßlichen usw. für Gestalten mit eigenem Leben, für Brüder, Söhne und Nachkommen des Gottes, die „Tangaloa-Familie", ge-

---

30 *Edward Winslow Gifford*, Tongan Myths and Tales. Honolulu 1924, S. 25 u. 15.
31 *Augustin Krämer*, Die Samoa-Inseln. Stuttgart 1902, II, S. 396 f.

halten hat. Dann zersplittert die Genealogie und Kosmogonie in zahllose Einzelzüge, die untereinander keine rechte Verbindung mehr haben. So wird berichtet[32], daß die männlich gedachte rote Erde, einer der Nachkommen Tangaroas, sich mit der braunen Erde vermählte und den aufrechtstehenden Felsen erzeugte. Von ihm und der Felsenerde stammt dann der weiße Fels, der zur Dämonenheimat im fernen Osten wurde. Mit der Felsenhöhle erzeugte er den Gesang, die Melodie, den Gestank und die frische Brise. Diese heiratete wieder den Waldsee 'Alao und von beiden stammen die Dämonen Saolevai und Saveasi'uleo, ein Herr des Totenreiches. Wenn hier jemals eine große Idee vorhanden war, so ist sie von Spekulationen in unbedeutenden Nebenzügen hoffnungslos erstickt worden.

Es ist sogar unklar, ob Tangaroa jemals im Anfang der samoanischen und tonganischen Schöpfungsmythe gestanden hat. Aus einigen Fassungen oder vielmehr deren Bruchstücken geht hervor, daß Tangaroa ohne Anfang und von jeher da war. Andere setzen jedoch andere Götter vor ihn und vor diese wieder das Urnichts, das den Samoanern allerdings ein etwas unheimlicher und fremder Begriff gewesen sein muß, mit dem sie nichts Rechtes anzufangen wußten. So läßt sich hier kein klares Bild gewinnen.

Deutlicher wird dieser Gedankengang in den verschiedenen Fassungen der Kosmogonie der Maori[33], die sich nach Stämmen und Priesterschulen voneinander unterscheiden. Der Grundgedanke ist in den meisten von ihnen der, daß im Uranfang das Urnichts (Te Kore) war, weniger das Urchaos, sondern das absolute Nichtvorhandensein aller Gedanken und Dinge, so grauenhaft und leer, daß nach unermeßlichen Zeiten sich in ihm endlich die Möglichkeit abzuzeichnen begann, daß vielleicht doch einmal irgend etwas sein könnte, und aus dieser leisen Möglichkeit entstand die Urnacht (Te Po), in ihr ein Suchen und Sehnen, das sich verstärkt und die ersten Gedanken hervorbringt, die wachsen und zur Tatkraft werden. Allmählich, immer in unermeßlichen Zeiträumen, wachsen nun die innere Sammlung, das Gefühlsleben, das Aufgerichtetsein und der Lebenshauch hervor, der den Raum im immer stärker werdenden Lichte hervorbringt, und schließlich spaltet er sich in die Urgötter Rangi und Papa, d. h. Himmel und Erde. Von ihnen stammen dann alle Götter ab, als die ersten Tane, Rongo, Tawhiri-matea, Tu-mata-uenga, Haumia und Tangaroa. Sie erschaffen die Welt, aber Tane muß dabei die unbotmäßigen Geister besiegen, bevor der Himmel gehoben werden kann. Erst dann werden die Menschen durch Tane oder nach anderen Fassungen durch Tiki erschaffen. Durch die Götterkämpfe kam das Unheil in die Welt,

---

32 *Krämer*, a.a.O., II, S. 22.
33 *John White*, The Ancient History of the Maori. Wellington 1887, I, S. 17 ff. — *Adolf Bastian*, Die heilige Sage der Polynesier. Leipzig 1881, S. 19 ff. — *Richard Taylor*, Te Ika a Maui. London 1855, S. 14 ff. — *Hans Nevermann*, Götter der Südsee. Stuttgart 1947, S. 81 ff.

aber einer der Götter, *Rehua,* war es, „der Trauer und Trübsal von den Herzen der Schwachen und der Starken verscheuchte; er war der Herr der Güte."

In einem tahitischen Gedicht[34] antwortet *Tumu-nui,* der „große Urgrund", Tane auf dessen Fragen nach der endgültigen Ordnung der Welt. Nachdem Pflanzen und Tieren ihre Rollen zugeteilt sind, heißt es zum Schluß:

„O Tumu-nui, wer wird auf den Landspitzen und in den Buchten leben, und wer wird die Erde erneuern? – Die regierenden Familien werden auf den Kaps wohnen, die Adligen in den Buchten, und der einfache Mann wird die Erde erneuern, o Tane. – O Tumu-nui, wer wird die Erde niedertreten und sie bebauen, und wer wird die Lebewesen auf der Erde töten oder verschonen? – Der einfache Mann wird die Erde niedertreten und sie bebauen, und er wird die Lebewesen auf der Erde töten oder verschonen, o Tane."

In der hawaiischen Mythe[35] ist der Anfang des Seins *Kumu-lipo,* der „dunkle Urgrund", der der Urnacht der Maori entspricht. In ihm entstehen alle Wesen, vom Niedersten, den Korallentierchen, zu immer höheren Wesen – Würmer, Muscheln, andere Seetiere, Tang, Blätterpflanzen, Insekten, Vögel, Fische, Kriechtiere, Säugetiere – fortschreitend und in der letzten Urnachtperiode endlich zu den Menschen und zuletzt zu den Göttern, die hier also konsequent als Höchstes erst nach den Menschen entstehen. Hier verlautet aber nichts von der Entstehung von Land und Meer und der Gestaltung der Erde.

Für das *Kumu-lipo* gibt es allerdings noch eine ganz andere Deutung, die ihm seinen Wert als Schöpfungsgeschichte abspricht, zumal die Reihe der Höherentwicklung dadurch nicht strikt eingehalten wird, daß das Leben der Vögel danach vor dem der Kriechtiere entstanden ist. Vielmehr soll sie die Entstehung eines Häuptlingskindes von seiner Entwicklung als Embryo bis zu seiner Geburt darstellen. Sie soll um 1700 beim Erscheinen des Hawaii-Entdeckers James M. Cook, den man für den Gott Lono hielt, entstanden und nochmals 1804 beim Tode des Häuptlings Ke'eaumoku rezitiert worden sein. Da der König Kalakaua (1874 bis 1891) und seine Schwester Lili'uokalani, die letzte Königin von Hawaii, von diesem Prinzen, Ka-'I-'i-mamao, abzustammen behaupteten, war das Kumu-lipo unter Kalakaua besonders hoch angesehen, und der König gewährte Adolf Bastian, dem Begründer der Ethnologie, Einblick in die Aufzeichnungen, aus denen Bastian den Beginn übersetzte, dem er allerdings, von seinem Studium des Buddhismus verführt, völlig unpolynesische Gedankengänge unterlegte[36], freilich in ehrlicherer Absicht als etwa Paul Gauguin, der – ganz abgesehen von seiner bahnbrechenden Rolle in der europäischen Malerei – nichts vom Wesen der polynesischen Kunst erfaßt[37] und seiner Darstellung polynesischer Geisteswelt[38] nicht, wie er angab, eigene

---

34 *Teuira Henry,* Tahiti aux temps anciens. Paris 1962, S. 410.
35 *Bastian,* a.a.O., S. 63 ff. und S. 77 ff. – *Nevermann,* a.a.O., S. 103 ff.
36 *Adolf Bastian,* Die heilige Sage der Polynesier. Leipzig 1881.
37 *Hans Nevermann,* Polynesien und Paul Gauguin. Baessler-Archiv, N.F. IV, 1956.
38 *Paul Gauguin,* Noa Noa. Frankfurt a. M. 1957.

Forschungen zugrunde legte, sondern der zu einem Plagiat[39] unverstandenes „Indisches" hinzufügte. Schon seine Gewährsleute — ein zwölfjähriges Mädchen aus dem Volke, das keine Einsicht haben konnte, und Zechgenossen — machen seine Darstellung völlig unwahrscheinlich.

Gegen die Wertung des *Kumu-lipo* als Schöpfungsgeschichte könnte es auch sprechen, daß der oder die Verfasser sich häufig von Wortanklängen leiten ließen und ihretwegen häufig die Reihenfolge der Entstehungen nicht recht beachteten. So werden z. B. der Seeigel *wana* mit der Dornpflanze *wanawana* oder eine *Nene* genannte Muschel mit einer *Manene* genannten Grasart zusammengebracht oder die Qualle *Opeope* mit dem Bambus *Oheohe*, ohne daß irgend etwas außer dem ähnlichen Klang dazu berechtigte[40]. Sehr bedenklich erscheint auch die Einreihung von Hundemenschen in die Genealogie, die nach hawaiischer Tradition erst im 18. Jahrhundert aufgetreten sein sollen[41].

Ob eine Tradition der Osterinsel, die ursprünglich für den Text einer ihrer Schrifttafeln gehalten wurde[42], aber tatsächlich nur auf mündlicher Überlieferung beruht und etwas unklare und nicht recht zusammenhängende Stammbäume von Erscheinungen der Umwelt gibt, etwas darstellt wie Trümmer aus dem Kumu-lipo oder aus einer echten Schöpfungsgeschichte ohne Nebengedanken, muß dahingestellt bleiben. Es heißt darin u. a.:

> Mangeongea und Herakiraki erzeugten Yamsknollen,
> Ahen (wohl: Aheu) und Pana erzeugten Flaschenkürbisse,
> Heima und Kairui-hakamarui erzeugten Sterne,
> Huruan (Huruau?) und Hiuaoioi erzeugten Hühner usw.

Andere Schöpfungsmythen von Hawaii fassen die Inseln als göttliche Wesen auf, die in der Urzeit geboren wurden, und wieder in anderen, die nur in Bruchstücken erhalten sind[43], treten im Anfang die drei großen alten Götter auf:

> Kane von der großen Nacht,
> Ku und Lono von der großen Nacht,
> Hika-po-loa der König.
> Die Tabunacht ist beiseite getan,
> die giftige Nacht,
> die unfruchtbare öde Nacht,
> das dauernde Dunkel der Mitternacht,
> die schmähende Nacht.
> Kane und Ku-ka-pao
> und der große Lono, der auf dem Wasser wohnt,

---

39 Nach *J. A. Moerenhout*, Voyages aux îles du Grand Océan. Paris 1837.
40 *Beckwith*, a.a.O., S. 78 f.
41 *Beckwith*, a.a.O., S. 89.
42 *William J. Thomson*, Te Pito te Henua. Washington 1891, S. 521 f.
43 *Abraham Fornander* und *Thomas G. Thrum*, Fornander Collection of Hawaiian Antiquities and Folk-lore, Third Series, Part III. Honolulu 1919, S. 364.

brachten Himmel und Erde hervor,
beschleunigt, vermehrt, sich bewegend,
zu Inseln erhoben.
Kane, Herr der Nacht, Kane der Vater,
Ku-ka-pao im heißen Himmel,
großer Lono mit den flammenden Augen:
Blitzgleiches Licht hat der Herr.
Errichtet wurde es in Wahrheit, o Kane, du Werkmeister.

Dann folgt die Erschaffung geringerer männlicher und weiblicher Götter durch Kane und ein langer Stammbaum, der später in den der regierenden Ariki übergeht.

Eine Schöpfungsgeschichte, die im biblischen Stil zunächst die Erschaffung der Welt durch das bloße Wort und dann die des Menschen erzählt, konnte in Polynesien nicht entstehen. Hier war der tiefgreifende Unterschied zwischen den götterentsprossenen Regierenden und dem niederen Volk so bedeutsam, daß der allgemeine Begriff „der Mensch" keinen Niederschlag finden konnte. Die Regierenden gehörten zu den Göttern als deren Nachkommen, und das Volk war zu wenig interessant, als daß man sich unter den Wahrern der Ariki-Tradition darüber überhaupt Gedanken gemacht hätte. Wenn daher Überlieferungen der Osterinsel [44] berichten, das Weltall sei durch den Befehl des Gottes Makemake entstanden und dessen erstgeborener Sohn von ihm aus Erde geschaffen worden, worauf die erste Frau aus einem Bananentrieb mit Blut aus dem Brustkorb dieses Mannes gebildet wurde, so kann das nur eine mißverstandene Wiedergabe des biblischen Schöpfungsberichtes mit lokaler Angleichung, keineswegs aber eine alte polynesische Tradition sein.

Mit dem *Mana*-Glauben hängt die Vorstellung zusammen, daß für alles, was auf Erden besonders wirksam ist, ein Urbild im Jenseits erschaffen wurde, entweder bei den Göttern, im sagenhaften Hawaiki, im Paradiese oder im Hades [45]. Wenn also z. B. eine Axt (in Polynesien wie in der gesamten Südsee stets ein Steinbeil neolithischer Art) besonders gut arbeitete oder sich ein Ausleger- oder Doppelboot als besonders seetüchtig erwies, so konnte das nur daher kommen, daß es in einem dieser fernen Länder ein entsprechendes Beil oder ein Boot gab, von dem das Mana des irdischen Gegenstandes sich ableitete. Insofern war also das sonst oft spontan auftretende Mana doch übertragen. Noch stärker war es, wenn man des Glaubens war, Reliquien von Göttern oder Heroen zu besitzen, und so wurden auf den Marquesas-Inseln ein Fächer, an dem angebliche Haare des Sonnengottes befestigt waren, oder der Angelhaken des halbgöttlichen Inselfischers Maui als überaus Manageladen angesehen.

Die Vorstellungen vom Mana und der Göttlichkeit der Ariki führten weiter zu der Ansicht, daß alles im Diesseits und Jenseits in Hohes und Niederes

---

44 *Francis Mazière*, Insel des Schweigens. Frankfurt a. M. 1966, S. 65 f.
45 *Gill*, Myths, S. 154.

eingeteilt worden sei. Man stellte so Himmels- und Hadesgötter, hohe und niedrige Götter, Häuptlinge und Volk, Männer und Frauen, Tag und Nacht, Hell und Dunkel, Reines und Unsauberes, Tabuiertes und Profanes und viele andere Erscheinungen einander gegenüber und gelangte so zu einer Wertskala, in der die großen Götter im Lichte des Himmels die erste Stelle einnahmen. Bisweilen entstanden allerdings Zweifel über die Einordnung von Personen oder Dingen, denn Häuptlingsfrauen waren z. B. als Ariki der hohen, als Frauen aber der niederen Seite zugehörig.

Praktische Auswirkungen hatten diese Gedanken kaum, von der Hoheit der Götter und Häuptlinge abgesehen, und so spielten sie auch nur in einigen Kosmogonien und in priesterlichen Gedankengängen rein theoretischer Art eine gewisse Rolle.

Diese Kosmogonien und Theogonien sind offensichtlich ein Werk der Priester und überschritten doch wohl sehr das Fassungsvermögen der Ungelehrten. Deren Bedürfnissen mußte das genügen, was der eigentlichen Schöpfung folgte, die Mythen von der Ausgestaltung der Welt, die man dem alten Heros *Maui* zuschrieb. Über seine Taten entstanden ganze Zyklen [46], die am treuesten von den Maori bewahrt wurden, aber in fast ganz Polynesien bekannt waren. Sein Mythos setzt voraus, daß anfangs nicht Himmel und Erde, sondern der Himmel und das weite Meer bestanden, eine Auffassung, die den Seefahrern sich von selbst aufdrängte und viel wirklichkeitsnäher war als die priesterlichen Gedanken. Nur dort, wo die Himmelsglocke dem Meere aufsaß, war fester Grund. Hier wurde Maui geboren, war aber so mißgestaltet, daß seine Mutter ihn als Mißgeburt ins Meer warf. Die Götter bewahrten ihn jedoch vor dem Tode und erzogen ihn, so daß er mehr Kenntnisse erwarb als seine Eltern und Brüder. Er kehrte zu ihnen zurück, und nun sprach sein Vater eine Segensformel über ihn, die ihm Unsterblichkeit sichern sollte, versprach sich aber, so daß der Segen nicht wirkte. Nach anderen Angaben weigerte sich der Feuergott Mahuike, diesen Segen zu sprechen. So wurde Maui kein Gott und bekam nirgends eine Kultstätte, sondern er wurde zum Kulturbringer halbgöttlicher Art, wie bei vielen Naturvölkern eine Mischung von Prometheus- und Eulenspiegelcharakter. Seine Streiche sind nicht von besonderer Bedeutung (z. B. die Verwandlung eines Nebenbuhlers in einen Hund), wohl aber seine Kulturtaten. Die wichtigsten von ihnen sind der Fang der Sonne, die zu schnell über den Himmel eilte, und die Maui erst freiließ, als sie versprochen hatte, von nun an den Menschen täglich lange genug zu leuchten, dann das Auffischen der Inseln aus dem Meere — die Nordinsel von Neu-

---

46 *Katharine Luomala*, Maui-of-a-Thousand-Tricks, Honolulu 1949. — *J. F. Stimson*, The Legends of Maui and Tahaki. Honolulu 1934. — *John White*, The Ancient History of the Maori. Wellington 1897, II, S. 62 ff. — *William Wyatt Gill*, Myths and Songs from the South Pacific. London 1876, S. 51 ff. — *W. D. Westervelt*, Legends of Ma-ui. Honolulu 1910.

seeland heißt heute noch bei den Maori *Te Ika a Maui,* „Mauis Fisch" — und
der Raub des Feuers von der Gottheit Mahuike. Bisweilen wird er auch als
Helfer beim Heben des Himmels angesehen und gilt als Erfinder von Fisch-
reusen, Netzen, Angelhaken, Speeren, dem Drachensteigenlassen usw. und
als Erschaffer der ersten Kokospalme, die aus dem abgeschlagenen Kopfe des
Riesenaals Tuna entsproß. Bisweilen gilt aber Hina als deren Erschafferin.
Zuletzt versuchte Maui, für seine alternde Mutter die Unsterblichkeit zu gewinnen. Nach einer leider durch viele Obszönitäten geschändeten Fassung der
Tuamotu-Inseln war dazu der Tausch des Magens zwischen Maui und dem
Seeungeheuer *Rori* (Seegurke) nötig, der Maui zuletzt doch noch mißglückte,
so daß er mit leeren Händen zurückkehrte und seitdem der Tod der Menschen unvermeidlich ist. Nach der Version der Maori mußte Maui in das
Maul des Ungeheuers *Hine nui te Po* („große Nachtfrau") hineinkriechen, um
das Mittel zur Unsterblichkeit aus ihr zu holen, aber das alberne Lachen eines
winzigen Vogels weckte das Ungeheuer, das Maui verschlang.

In der Klage einer Maori-Frau um ihren verstorbenen Gatten heißt es
deshalb:

> Welch Schmerz nagt nun an meinem Herzen,
> da ich dich verlor, du mein Lieber!
> Wie oft bin an der westlichen Küste
> mit frohem Herzen doch gereist
> zu unserm Heim Ko-iti
> und sah beim Sonnenuntergang
> rötliche Wolken, die als Tatauierung
> dein alter Vorfahr Pa-wai-tiri
> am Himmel malte. Aber Tod ist nicht mehr neu.
> Tod ist und war, seit Maui starb.
> Es lachte der Pata-tai
> und weckte so den Dämongott,
> der ihn entzweibiß und verschlang [47].

Eine merkwürdige Verquickung der Auffassung von der Urnacht mit den
Überlieferungen von der Einwanderung aus Hawaiki zeigt sich in der Mythe
von *Te Erui* [48], einem der großen Seefahrer des 11. Jahrhunderts, eines historischen Mannes aus Rarotonga, der die Insel Aitutaki auffand und besiedelte.
Nach der Mythe lebte er im dunklen Hawaiki und zog mit seinem Bruder
Matareka aus, um das Lichtland zu suchen. Zweimal fuhren sie mit Booten,
deren Namen die Sehnsucht nach dem Licht anzeigten, aus, sahen in der Ferne
einen Lichtschimmer, gerieten aber in Unwetter und mußten wieder umkehren.
Erst als ihnen ein Priester in Hawaiki geraten hatte, ihren Mast „Aufgerichtet
im Lichte des Himmels" zu nennen, gelang es ihnen, durch den Lichtschimmer
weiter vorzudringen, und als sie bis zum „Land des Lichtes" gelangt waren,

---

47 *White,* Ancient History, II, S. 62.
48 *Gill,* Myths, S. 139 f.

tauchte es vor ihnen aus dem Meere auf, und Te Erui nannte es zum Dank *Aitutaki,* „von der Gottheit geleitet".

Hawaiki und die Nacht sind auch auf Mangaia eng miteinander verbunden, bedeuten hier aber das dunkle und schreckliche Unterweltsreich der Göttin *Miru,* die hier die Toten im Erdofen kocht und sie verschlingt. Auf anderen Inseln gilt Hawaiki aber nicht als so entsetzlich, sondern als das Land der Urahnen weit im Westen, in das die Toten zurückkehren. So dichtete 1824 *Naupata* auf Mangaia als Abschiedsgesang für seine Frau *Vaiana*[49]:

> Wohin ist sie gegangen?
> Sie eilte nach 'Avaiki.
> Sie verschwand an der Ecke des Horizonts,
> wo die Sonne sich hinabsenkt.
> Wir weinen um dich!
> Ja, ich will immer weinen
> und dich immer suchen.
> Bittere Tränen vergieße ich um dich.
> Ich weine um meine verlorene Herzensfrau.
> Ach, du kommst nicht wieder!
> O daß du doch wiederkämest!
> Bleib stehen! Komm zurück in diese Welt!
> Komm in meine Arme zurück!
> Du bist wie ein vom Winde herabgerissener Ast,
> abgerissen und nun in 'Avaiki,
> dem fernen Lande, in das du geflohen bist.

Hier erscheint Hawaiki nur als das ferne, aber nicht als das schreckliche Land, und trotzdem nahm man gemeinhin an, daß die Toten dort ein graues, freudloses Schattendasein führten, ganz im Gegensatz zu der leuchtenden Rolle, die Hawaiki sonst in der Erinnerung an die verlorene Urheimat spielte. Als trostloses Land gilt es auch in einem zweiten Liede[50] von Mangaia, das 1794 entstand und sich auf *Veetini* bezieht, den sagenhaften ersten Toten unter den Menschen, der noch einmal nach Mangaia zurückkehren durfte, um von seinen Eltern Abschied zu nehmen, dann aber der untergehenden Sonne nach wieder nach Hawaiki wandern mußte. Wie die Klage um Vaiana wurde es abwechselnd von Solo und Chor gesungen:

> Die Nachricht kam nach 'Avaiki,
> daß Veetini im Sterben liege.
> O trauriger Tag des Todes!
> Brich auf!
> Ein Haus wurde ihm gebaut in Karanga-iti
> im Angesicht der Morgensonne.
> Das geschah.
> Veetini erreichte den Rand des Himmels (im Westen).

49 *Gill,* Myths, S. 179 f.
50 *Gill,* Myths, S. 185 f.

Er ist geflohen.
O du alles trennendes 'Avaiki!
   Woher kam er?
Er kam zurück aus 'Avaiki
und schritt leicht seinen Weg
über die trügerischen Wellen.
Wieder zittert Veetini mit dem Flügel
und schwebt, schwebt über die See.
   Ach, Sonne, er folgt deiner Spur!
Ja, er folgt deinem blendenden Licht,
da du dich sanft in das Meer senkst.
Drücke die Sonne hinab,
daß er in die Unterwelt hinabsteige.

In der untersten Tiefe von Hawaiki vermutete man das traurigste aller Totenländer [51]:

In 'Avaiki liegt ein Land von seltsamem Wesen
wie das Seufzen der verwehenden Brise,
wo man im Schweigen tanzt
und die Gabe der Sprache unbekannt ist.

Bisweilen heißt das Totenreich auch *Te Reinga,* oder der Zugang zu ihm trug diesen Namen. Man vermutete ihn im Westen oder Nordwesten der Inseln, gewöhnlich in einer Schlucht oder an einem umbrandeten steilen Kap, von dem aus die Toten ihre Reise mit einem Sprung in die See antreten mußten. Auf Samoa galt *Sa le Fe'e,* das Haus des Tintenfischgottes, als der Hades.

Auf Samoa und Tonga ist die Erinnerung an die Urheimat Hawaiki völlig verblaßt, die im übrigen Polynesien noch sehr ausgeprägt ist, obwohl der Inselname Savai'i in der Samoa-Gruppe damit, mit dem 'Avaiki der Cook-Inseln und mit dem Inselnamen Hawaii (eigentlich Hawai'i) zusammenhängt. Die gekünstelte Ableitung von einer erdachten Person namens Vai'i bezeugt das deutlich genug [52].

In dies Totenreich gelangten die Schattenbildwesen der Toten aus dem Volke. Die der verstorbenen Adligen gingen dagegen in ein schönes paradiesisches Land. Auf Hawaii nannte man es *Pali-uli* und vermutete dort das Lebenswasser des Tane, auf Tahiti *Rohutu-noanoa,* das „duftende Rohutu", das über den Bergen von Raiatea liegen sollte, und auf Samoa und Tonga *Pulotu* oder *Bulotu,* das man sich als wunderschöne Insel vorstellte.

Von diesem Glückslande hörte der englische Matrose William Mariner [53], der 1806—1810 von Tonganern gefangen, dann aber vom Häuptling Finau

---

51 *Gill,* Myths, S. 6.
52 *George Turner,* Samoa. London 1884, S. 230 f.
53 *John Martin,* An Account of the Natives of the Tonga Islands. London 1817, II, S. 107 ff.

adoptiert wurde und nun als Tonganer unter Tonganern lebte: „Die Tonganer glauben allgemein und fest an die Existenz einer großen Insel, die in beträchtlicher Entfernung im Nordwesten ihrer eigenen Inseln liegt, die sie für den Wohnort ihrer Götter und der Seelen ihrer Vornehmen und Matabule (niedriger Adel) halten. Diese Insel soll größer als alle ihre Inseln zusammen sein und wohlbewachsen mit nützlichen und schönen Pflanzen, die stets in hoher Vollendung sind und je nach ihrer Art die reichsten Früchte und die schönsten Blumen tragen. Wenn diese Früchte oder Blumen gepflückt werden, sollen andere sofort ihre Stelle einnehmen, und die ganze Luft soll mit dem köstlichsten Duft erfüllt sein, den man sich denken kann, und der von diesen Pflanzen kommt. Die Insel ist auch reich an den schönsten Vögeln aller erdenklichen Arten und hat einen Überfluß an Schweinen, die alle unsterblich sind, es sei denn, daß sie als Nahrung für die Götter getötet werden. Aber in dem Augenblick, in dem ein Schwein oder Vogel getötet ist, ist sofort ein anderes Schwein oder ein Vogel da, um seine Stelle einzunehmen, genau wie bei den Früchten oder Blumen, und das ist, soweit sie wissen oder vermuten, die einzige Weise der Vermehrung von Pflanzen oder Tieren. Die Insel Bulotu ist so weit entfernt, daß es gefährlich für ihre Boote wird, dorthin zu fahren, und man glaubt, daß selbst, wenn sie so weit gelangen würden — es sei denn der besondere Wille der Götter —, sie sie sicher verfehlen würden. Immerhin erzählen sie von einem tonganischen Boot, das vor langer Zeit auf der Rückkehr von den Fidschi-Inseln durch die Gewalt des Wetters nach Bulotu getrieben wurde. Ohne zu wissen, wo sie sich befanden, und vom Nahrungsmangel genötigt, ging die Mannschaft, die den Überfluß aller Arten von Früchten sah, an Land und wollte ein paar Brotfrüchte pflücken, aber zu ihrem unsäglichen Erstaunen konnten sie sie nicht mehr anfassen, als wäre es ein Schatten. Sie gingen durch die Baumstämme und die Häuser — die wie auf Tonga gebaut waren — hindurch, ohne einen Widerstand zu spüren. Schließlich sahen sie einige der Atua, die durch ihre Körper hindurchgingen, als sei überhaupt nichts da. Die Atuas empfahlen ihnen, sofort vondannen zu gehen, da sie keine passende Nahrung für sie hätten, und versprachen ihnen guten Wind und schnelle Fahrt. Demgemäß stachen sie sofort in See, und nach zwei Tagen äußerst schnellen Segelns kamen sie nach Hamoa (Samoa), das sie noch vor der Ankunft in Tonga besuchen wollten. Nach zwei oder drei Tagen Aufenthalt auf Hamoa segelten sie nach Tonga, wo sie rasch ankamen, aber nach ein paar Tagen starben sie alle, nicht zur Strafe, daß sie in Bulotu gewesen waren, sondern als natürliche Folge davon, denn die Luft von Bulotu bringt sterblichen Körpern den baldigen Tod."

Im Gegensatz zu dieser Schilderung gibt es tonganische Überlieferungen [54], nach denen in alten Zeiten Besucher von Bulotu lebend zurückkamen und von

54 *Edward Winslow Gifford*, Tongan Myths and Tales. Honolulu 1924, S. 155 ff. u. 169 ff.

dort die Yamsknolle nach Tonga brachten. Es handelt sich dabei allerdings um Häuptlinge, und die Knollenfrucht wurde erst auf Tonga von einer Frau, die sie in Bulotu gegessen hatte, wie ein Kind geboren oder nach einer andern Version ausgespien. Der Herr von Bulotu ist der tonganisch-samoanische Gott *Havea Hikuleo,* während der Gott Tangaloa, von dem die tonganischen Herrscher sich abzustammen rühmten, Herr des Himmels und der Halbgott Maui Herr der Erde wurde[55].

Mit Lohn oder Strafe für gutes Verhalten hat die Scheidung der Schattenbildwesen im Jenseits nichts zu tun, sondern nur mit dem irdischen Rang. Die Tonganer gingen sogar so weit, nur von den Ariki anzunehmen, daß sie nach dem Tode ein neues Leben beginnen dürften, während die Schattenbildwesen der gewöhnlichen Sterblichen allmählich verblaßten und dahinstürben, also kein jenseitiges Leben zu erwarten hätten. Auch die Vorstellung der Mangaianer von der menschenfressenden schrecklichen Unterweltsherrin Miru, die die Toten kochte und verschlang, war von keinerlei Gedanken an Strafen für irdisches Mißverhalten beeinflußt. Nur in Ausnahmefällen konnte ein allzu schlechter Ariki dazu verflucht werden, nach seinem Tode ein graues trostloses Wesen zu werden und sich von Nachtschmetterlingen zu nähren, aber diesen Fluch sprachen Menschen – Priester oder Häuptlinge – aus, und die Götter waren daran unbeteiligt. Sonst galten jedoch Sünden und Verdienste im Jenseits nichts.

Den Göttern schrieb man in Polynesien nicht den Erlaß von Sittengesetzen zu, und es war nicht Sache der Priester, über die Moral zu wachen. Ihnen genügte die strikte Einhaltung formeller Vorschriften, die sich auf den Kult bezogen. Sie nahmen an, daß Vergehen dagegen den Zorn der Götter herbeizögen, und waren bereit, die Übertreter solcher rituellen Gebote den Göttern als Sühneopfer darzubringen. Derartige Vergehen waren es, wenn der verantwortliche Häuptling es unterlassen hatte, vor einer Kultfeier das Pflaster des Tempelplatzes gründlich von Gras zu reinigen, wenn jemand den Platz mit irgend etwas Rotem – an Blut Erinnerndem – betrat oder wenn während einer Kulthandlung irgendein Mensch außerhalb oder innerhalb des Platzes durch ein Geräusch die Handlung störte, sogar wenn sein Hahn krähte oder sein Hund bellte. Dagegen waren bürgerliche Vergehen unerheblich. Ein Mann, der einen Brudermord begangen hatte, durfte den Tempelplatz betreten, sofern er nur zuvor jede Spur von rotem Blut von seinen Händen gewaschen hatte.

Das besagt nicht, daß die Polynesier keine Moral und keine Gesetze gehabt hätten. Im Gegenteil, beides stand sogar auf sehr hoher Stufe, und je höher der Rang eines Menschen war, desto genauer nahm man es damit. Nur war die Ahndung von Verbrechen Sache der Häuptlinge, also der weltlichen Ge-

55 *Gifford,* a.a.O., S. 19.

walt, und nicht der Priesterschaft. Einen Brudermörder hätte jeder Häuptling unerbittlich bestraft, aber wenn ein Verbrecher bestimmte Tempelplätze aufsuchte, die ihm Asylrecht gewährten, konnte auch der energischste Häuptling nichts gegen ihn ausrichten als ihn höchstens dort auszuhungern, aber oft wurde ein längerer Aufenthalt im Asyl schon als Entsühnung angesehen. Im Notfall konnte der Verbrecher sogar einem Bananenstamm seine Sünden aufladen und ihn als „Sündenbock" in See treiben lassen.

Die Götter selbst standen jenseits von Gut und Böse. Von ihnen wird in den Mythen viel von Ehebruch, Treulosigkeit und anderen unschönen Dingen berichtet. Ohne daran Anstoß zu nehmen, hörten die Hawaiier mit Vergnügen das Lied von dem betrunkenen Gotte Kane, der nachts so fürchterlich seine Schneckentrompete blies, daß niemand schlafen konnte, bis der schlaue Häuptling Liloa sie ihm durch einen Hund stehlen ließ [56].

Das Unerhörteste an dieser Geschichte ist aber noch nicht einmal die Aufführung Kanes mit seinen Gefährten, zu denen auch Ku gehört, sondern der Umstand, daß er in den Besitz der Muscheltrompete Kiha-pu gelangt war, die aus dem Heiligtum des frommen Königs Liloa gestohlen worden war, und daß Kane in seinem Rausch damit die Kultfeiern zu seiner eigenen Ehre störte.

Noch unverständlicher für unsere Ideen von Göttlichkeit ist es, daß auf Mangaia außer dem von seinen Brüdern auf See gemordeten Häuptlingssohn Motoro auch sein Bruder Kereteki, der Motoro und dessen Bruder Ruanuku auf dem Gewissen hatte, göttlich verehrt wurde [57].

Eine Ausnahme gab es allerdings. Die Götter, die menschliche Nachkommen hatten, wachten über deren gutes Verhalten, und so bemühte sich mancher Ariki, vorbildlich zu leben. Beispielshalber ermahnten die Sprüche der tahitischen Adelsfamilie Teva ihre regierenden Angehörigen zum Innehalten der Gesetze, zur Ehrenhaftigkeit, zum Sich-Hüten vor Schmeichelei, zur Besonnenheit, Wahrhaftigkeit und Rücksichtnahme auf die Untertanen, und bei allem Selbstbewußtsein haben sich die regierenden Teva getreu daran gehalten. Mit Stolz berichtet die Familienüberlieferung [58] von einem Teva, der aus Großmut auf seine geliebte Frau verzichtete, als er sah, daß sie ihren Entführer mehr liebte als ihn, und auch diesem verzieh. Zahllos sind in der polynesischen Geschichte die Beispiele von edelmütiger Behandlung besiegter Feinde und von ritterlichem Verhalten in Kriegen, so grausam die Kriegführung sonst auch sein konnte. Auch dem nichtpolynesischen Feinde gegenüber benahm man sich so. Das geschah ebenso in den Kriegen der Maori gegen die Engländer wie auf Samoa [59], wo im März 1889 drei deutsche Kriegs-

56 *Emerson*, a.a.O., S. 130 u. 223.
57 *Gill*, Myths and Songs, S. 26 f.; *Ders.*, Life in the Southern Isles, S. 95 f.
58 *Arii Taimai*, Denkwürdigkeiten. Hamburg (Mitt. aus dem Mus. f. Völkerk. VIII) 1923, S. 41.
59 *Hans Nevermann*, Die Naturvölker und die Humanität. Leipzig 1948, S. 18.

schiffe in einem Orkan auf das Riff geworfen wurden und die Samoaner, die kurz vorher noch mit den Matrosen gekämpft hatten, sie unter dem Einsatz ihres Lebens retteten, da sie in diesem Augenblick nicht mehr Feinde, sondern Mitmenschen in Not waren. Unter denselben Samoanern hatte im 14. Jahrhundert ein Häuptlingssohn aus Mitleid mit den jungen Männern, die für seinen kannibalischen Vater Malietoa Fainga[60] geschlachtet werden sollten, und ihren Angehörigen, sich ihm selbst zum Schlachten angeboten — ein Nachkomme Tangaroas für die Nachkommen einer Made — und ihn so erschüttert, daß nie wieder Menschenfresserei auf Samoa vorkam. Angesichts der geradezu pedantischen Genauigkeit polynesischer Überlieferung ist kaum daran zu zweifeln, daß es sich um einen historischen Vorgang handelt, und es ist um so bemerkenswerter, daß Malietoa Fainga das Menschenfleisch nur aß, um sein Mana dadurch zu stärken, und trotzdem, von der Menschlichkeit seines Sohnes gepackt, darauf verzichtete.

Aber diese Dinge haben nicht das Geringste mit der Religion der Polynesier zu tun, sondern sind aus rein weltlicher Ethik entstanden, die zudem noch auf manche rückständigen Gebiete wie die Cook- und Marquesas-Inseln kaum übergriff.

Bezeichnend ist eine Bemerkung von John Martin[61], dem Herausgeber der Erinnerungen des Matrosen Mariner an sein Leben unter den Tonganern: „Viele Häuptlinge, die von Mr. Mariner gefragt wurden, was für Gründe außer der Furcht vor Unglück in diesem Leben sie dafür hätten, sich gehörig aufzuführen, wiesen auf das befriedigende und glückliche Gefühl hin, das ein Mann hat, wenn er eine gute Tat ausführt oder sich vornehm und großmütig verhält, wie ein Mann es tun muß, und diese Frage beantworteten sie, als wunderten sie sich, wie man sie überhaupt stellen könne."

In die Religion griff dies aus Menschlichkeit geborene Verhalten nicht ein. Nach wie vor blieben Menschenopfer erforderlich, nur nicht im Kulte *Rongos* und geringerer anderer milder Götter wie *Rehua* auf Neuseeland und *Laka* auf Hawaii. Immerhin begann man sich doch der Opfer zu schämen und nannte sie verblümt „Fisch" oder „zweibeiniger Fisch" und legte ihnen einen Angelhaken in den Mund. Kultische Bedingung war nur, daß kein Blut den Tempelplatz befleckte, was sich leicht durch Erdrosseln vermeiden ließ, und daß das Opfer selbst bei kannibalischen Stämmen nicht verzehrt, sondern den Göttern überlassen blieb. Nur ein Auge mußte vom Oberpriester oder dem regierenden Ariki verzehrt werden. Für Tahiti ist es bezeichnend, daß zur Entdeckungszeit der Häuptling das Auge zwar zum Munde führte, es dann aber wieder zurücklegte.

Zum Opfer bestimmt zu sein, war selbst für Tabu- oder Gesetzesbrecher,

60 *Augustin Krämer,* Salamasina. Stuttgart 1923, S. 2 ff.
61 *John Martin,* An Account of the Natives of the Tonga Islands. London 1817, II, S. 149 f.

geschweige denn für einen unbescholtenen Mann nicht schimpflich, sondern geradezu eine Ehre. Und doch vermieden die Einwohner vieler Inseln nach Möglichkeit solche Opfer und ersetzten sie durch Schweine, Kokosnüsse und andere Früchte, ohne daß die Priesterschaft Einspruch erhob.

Diese *Priesterschaft* war durchaus nicht so herrschsüchtig oder so engherzig, wie es nach dem Gesagten erscheinen könnte, sondern nach den „Gottesankern" der Manahune-Zeit waren nun Menschen für den Kult verantwortlich geworden, die zwar, wie es bei allen Naturvölkern der Fall ist, pedantisch über das Ritual wachten, sonst aber bemerkenswert freie Geister waren und geradezu philosophische Ideen entwickelten. Um das zu beweisen, genügt es wohl, an ihre Definition vom Wesen des Menschen oder an ihre Kosmogonien, die Entstehung der lebenden Welt aus dem Urnichts, zu erinnern. Zum Oberpriester wurde regelmäßig der jüngere Bruder des regierenden Ariki oder dessen Vetter bestimmt, und das besagt, daß nur gebildete Menschen der Oberschicht im Gegensatz zu den wohl oft gutartigen, aber geistig weit weniger fortgeschrittenen „Gottesankern" die Führung des religiösen und damit des gesamten geistigen Lebens übernahmen. Zudem waren sie als Abkömmlinge der Götter sich ihrer Pflichten besser bewußt als die alten Schamanen, unter die sich hin und wieder ein Betrüger eingeschlichen haben mag. Eine Rolle zu spielen, die unseren bisweilen recht weltlich eingestellten Kirchenfürsten des Mittelalters offenstand, war ihnen verwehrt, da ihr dynastisches Interesse mit dem ihres regierenden Verwandten parallel ging, und so wurden sie, während ihr Bruder oder Vetter die weltliche Gewalt innehatte und für Gerechtigkeit und sozialen Ausgleich zu sorgen hatte, zu Hütern der Tradition und des Glaubens und zu denen, die für Wissenschaft und Kunst zu sorgen hatten, so daß sie zu den wahren Trägern polynesischer Kultur wurden. Dafür waren sie noch strengeren Tabus unterworfen als die weltlichen Ariki. Ihr Titel war bescheiden. Man nannte sie nur wie jeden Handwerksmeister einfach „Meister" (Maori: *Tohunga*, samoan.: *Tufunga*, tahit.: *Tahu'a*, haw.: *Kahuna*)[62], d. h. die Meister schlechthin, denn wie es Meister des Bootsbaus, Meister der Tatauierung und andere gab, die nicht nur ihr Handwerk, sondern auch die zum Gelingen der Arbeit notwendigen Zaubersprüche kennen mußten, so waren sie, wie sie auch gelegentlich genannt werden, die „Meister der Verehrung" *(Tohunga Pure),* von deren korrekter Beherrschung des Rituals das gute Verhältnis der Menschen zu den Göttern jeder Art einschließlich der niedersten Dämonen abhing und die über jedes neugeborene Kind, wie auch aus dem Maui-Mythus hervorgeht, Segen oder Fluch bringen konnten. Das Krankenheilen und das Wahrsagen überließen sie den nicht mehr sehr hoch eingeschätzten „Gottesankern" bis auf besondere Fälle wie den Fall eines Baumes auf das höchste polynesische Heiligtum *Taputapu-Atea* („das Allertabuierteste des Luftraumes") bei Opoa auf Raiatea, der nach

62 *Nevermann,* Götter, S. 119 ff.

ihrer Ansicht die Ankunft eines fremden Krieger- und Eroberervolkes voraussagte, das den alten Kult umändern würde. Später wurde das dann als Wahrsagung vom Erscheinen der Europäer ausgedeutet.

Die „Meister der Verehrung" hatten eine große Zahl von Gehilfen. Neben Tempelplatzdienern geringeren Ranges, die aber auch besonderen Tabuvorschriften unterlagen, waren unter ihnen die wichtigsten die Herolde *(Korero, 'Orero)* oder „Wanderer bei Nacht" *(Haere te Po),* die nicht nur den Rang und Ruhm, sondern vor allem auch die Götterabkunft des regierenden Ariki zu verkünden hatten und zu deren Bekräftigung außer der eigentlichen Genealogie die mythologischen Vorfahren ihres Herrn auswendig wissen mußten. Ein guter Häuptlingsstammbaum mußte mit der Entstehung der Welt beginnen, die Genealogie der Götter und sagenhafter Helden einschließen und beim lebenden Fürsten enden. Praktisch war das bei Rang-, Nachfolge- und Erbschaftsstreitigkeiten der Ariki von größter Bedeutung, wenn es auch für europäische Begriffe seltsam ist, daß bei Fragen von untergeordneter Bedeutung (etwa das Recht auf besondere Sitzplätze bei Versammlungen) zwei Herolde mit größter Sammlung ihre Versionen der Kosmogonie vortrugen und schließlich zu beweisen suchten, daß gerade ihr jeweiliger Ariki edler war als der andere. Obwohl also nach unseren Begriffen eigentlich profane Dinge der Anlaß zur Bewahrung der Tradition waren, sind es gerade die Herolde mit ihrer geradezu enormen Gedächtnisleistung gewesen, die die Kosmogonien und Theogonien der Polynesier bewahrt haben. Sie lernten ihren Stoff bei nächtlichen Wanderungen rund um die Tempelplätze — daher ihr Beiname — und wiederholten diese Umgänge unter Rezitieren regelmäßig, damit sie nichts vergäßen und um ihre Nachfolger zu unterrichten. Gewöhnlich gehörten sie nicht zur Familie des regierenden Ariki, wohl aber zu seinem Hofstaat, in dem sie geachtete Stellungen einnahmen.

Sache der Korero, der Tohunga und auch der regierenden Ariki war es ebenfalls, das Recht auf bestimmte Titel, die an den Bezirken und ihren Ariki hingen, mythologisch und genealogisch zu begründen. Neben den eigentlichen Genealogien entstanden so Streitgesänge, vor allem auf Samoa, die sich gegen falsche Behauptungen und Ansprüche anderer Ariki wandten, und bestimmte Grußformeln für die einzelnen Ariki-Familien, die ein guter Herold auswendig wissen mußte. So heißt es in einem Streitgesang [63]:

Wo ist der Ort, der zuerst entstand?
Das große Manu'a entstand zuerst.
Es entstand Savai'i, es folgte der Ratsplatz Alamisi,
der Tonga-Archipel, die Fidji-Inseln
und alle die kleinen Inseln.
Alamisi in Samataiuta
ist der Wohnort des Tangaloa und seines Gefolges.

63 *Augustin Krämer,* Die Samoa-Inseln. Stuttgart 1902, II, S. 395 f.

Immer wieder wird dann betont, daß Manu'a die erste, von Tangaloa erschaffene Insel war, und das gab der Ariki-Familie, die sich stolz als seine Nachkommen bezeichnete, einen Rang, der sie nach ihrer Ansicht weit an Würde über andere Familien erhob.

Dagegen wurde der Insel Manono zwischen Upolu und Savai'i verächtlich nachgesagt, sie sei eigentlich keine rechte Samoa-Insel, sondern unter dem Häuptling Nono aus der Fidschi-Gruppe ausgebrochen und mit ihm wie ein Boot nach Samoa geschwommen, wo er die Insel verankerte [64]. Auch Tahiti als Wohnsitz der Manahune, das erst spät von den Ari'i von Ra'iatea erobert werden konnte, wurde von diesen als ein Stück Land angesehen, das zwischen den Inseln Huahine und Taha'a als besessener Wal ausgebrochen war und so eigentlich den Ari'i gehörte [65]. Dagegen setzten sich die Tahitier jedoch mit sehr energischen Streitgesängen mit viel Eigenlob zur Wehr. Immer war allerdings das Schwimmen einer Insel nicht ein Vorwurf, und der Atollname Tongareva („schwimmender Süden") galt offenbar als vorwurfsfrei.

Bei den Maori richtete sich der Rang ebensosehr nach der Herkunft von den Göttern wie nach der Frage, welches Boot um 1350 zuerst Einwanderer brachte. Gewöhnlich wird das Boot *Arawa* („Hai") dafür angesehen, und die Nachkommen dieser Gruppe waren darauf ebenso stolz wie in den Vereinigten Staaten die Nachkommen der Einwanderer von der „Mayflower". Von nicht geringerer Bedeutung war daneben die Streitfrage, mit welchem Boote die ersten, für die Maori lebenswichtigen Süßkartoffeln nach Neuseeland gebracht wurden [66]. Auf den Hawaii-Inseln wurden wieder die personifizierten Inseln in solche Streitigkeiten einbezogen. Dabei wird vorausgesetzt, daß Hawaiki (Hawai'i-nui-akea) das älteste Land war und das zweite Tahiti (Kahiki). Von dort wurde um 1200 der Tangaroa-Kult eingeführt, und seine Verbreitung wird mit der Reihenfolge des Entstehens der einzelnen Inseln gleichgesetzt. Davon hing nun wieder der Rang der einzelnen Ariki, nach Bezirken getrennt, ab:

> Dann stieg Hawai'i-nui-akea auf,
> stieg auf von innen, von der inneren Dunkelheit.
> Dann erschien die Insel, das Land,
> die Inselreihe von Nuumea,
> die Inselgruppe an der Grenze von Tahiti.
> Maui wurde geboren als Insel, als Land,
> als Wohnplatz für die Kinder des Kamalalawalu [67].

Die Stammbäume sind trotz mancher Rangstreitigkeiten so gewissenhaft bewahrt worden, daß sie auch dort, wo Jahrhunderte lang kein Verkehr mehr

64 *George Turner*, Samoa. London 1884, S. 229.
65 *Teuira Henry*, Tahiti aux temps anciens. Paris 1962, S. 449 ff.
66 *John White*, The Ancient History of the Maori. Wellington 1888, IV, S. 3 ff.
67 *Abraham Fornander* und *Thomas G. Thrum*, Fornander Collection of Hawaiian Antiquities and Folk-lore, IV, 1. Honolulu 1916, S. 6.

zwischen einzelnen Inselgruppen bestand, doch noch in ihren Anfängen, die allerdings Götter und Sagenhelden mit einschließen, fast wörtlich übereinstimmten, und die Zahl der Generationen nach der Trennung stimmt dann auch weiterhin einigermaßen überein.

Wo Bedenken bestanden, konnte man auch die Hilfe eines Tohunga zu Hilfe nehmen. So wird von dem Maori-Priester *Taraia* berichtet[68], daß er den Streit, zu welcher Familie der erschlagene Häuptling *Ra-kai-weriweri* gehörte, dadurch entschied, daß er zwei Stückchen einer Rohrpflanze nahm und den Spruch sagte:

> Ergründe es vom Urgrunde aus,
> ergründe es von der Geschichte aus,
> ergründe es von der Wurzel her,
> ergründe es vom Herzen Hawaikis aus!

Die Rohrstückchen blieben dann auf seiner Hand liegen, fielen aber von der Hand eines anderen Mannes. So war entschieden, daß die Familie *Ra-kai-te-hiku-roa* Anspruch auf den Toten als ihren Angehörigen hatte.

Über die Ausbildung der Priester sind wir besonders gut in bezug auf Neuseeland[69] unterrichtet. Sie fand in einem besonderen Gebäude, dem *Whare-kura* („Rotes Haus"), statt und dauerte drei bis fünf Jahre. Auch Häuptlingssöhne, die nicht Tohunga werden wollten, konnten daran teilnehmen. Da hier die „Gottesanker" völlig von den „Meistern der Verehrung" verdrängt waren, mußten diese auch alle Funktionen übernehmen, die sonst Sache der Schamanen gewesen waren, d. h. sie mußten Beschwörungen und Zaubersprüche für alle möglichen Gelegenheiten lernen und so sicher darin werden, daß formale Fehler wie Versprechen oder falsche Bewegungen so gut wie ausgeschlossen schienen, um niemals die magische Wirkung in ihr Gegenteil zu verkehren. Je nach dem zukünftigen Wirkungsbereich gab es im Whare-kura bereits eine Spezialisierung in der Ausbildung, z. B. für den Kult des Kriegsgottes *Mua* mit Formeln zur Vermehrung der Tapferkeit, zur Schwächung des Feindes und zur Heilung von Verwundeten, wozu die Unterweisung in auch nach europäischen Begriffen praktischer Heilkunde kam. Andere Lehrgänge betrafen den Anbau von Knollenfrüchten, speziell der Süßkartoffel, das Sammeln von Farnwurzeln im Zusammenhange mit dem Kult des Gottes *Haumia*, Fischfang, Jagd, Hausbau, Bootsbau, das für beide wichtige Baumfällen, Wetterzauber, die Heilung sonstiger Kranker usw. Von jedem Tohunga wurde aber verlangt, daß er imstande sei, wirksame Segensformeln über neugeborene Kinder zu sprechen und die Grundzüge der Kosmogonie und Theogonie zu beherrschen. Alles wurde Nacht für Nacht im Whare-kura immer wieder hergesagt, bis Fehler kaum noch möglich schienen.

68 *John White*, The Ancient History of the Maori. Wellington 1887, III, S. 121.
69 *Elsdon Best*, The Maori School of Learning. Wellington 1923.

Um einem Blinden das Augenlicht wiederzugeben, mußte der Tohunga den Spruch[70] sagen:

> Du Sonne, die du hoch steigst,
> rot leuchtest und weiter strahlst!
> Du Mond, der du vorwärts schreitest
> und deine schwächeren Strahlen hierher schickst!
> Die Gäste vom Himmel,
> die Götter, die jetzt hier sind,
> können sehen und auf euch schauen.
> Komm hervor, du verborgene
> Ursache der Blindheit meiner Augen,
> du blutroter Mehltau
> von Wasser, das meinen Blick überzieht,
> komm hervor, damit ich
> wieder leben und sehen kann
> und schauen, was ich möchte.

Wenn ein neues, im Walde gearbeitetes Kriegskanu zum Ufer hinabgeschleppt wurde, versetzte er sich in den mythischen Bootsbauer und Seefahrer *Rata*[71].

> Ich stehe am Hause des Ruhmes Tangaroas,
> Tangaroas, dessen Wellen die Küste peitschen.
> Schärft die Axt der Hine-tu-a-hoanga,
> während ich, Rata, den Fluß Piko-piko-i-whiti suche.
> Wir töten unsere Feinde in Maunga-roa
> und auch in Ko-whiti-nui.
> Dies ist unser Siegestag,
> und geschlagen sind die Feinde des Rata-wahie-roa.
> Dies ist unser Siegestag.
> Durch Dickicht und in glühender Sonne
> eilen wir leichtfüßig zum Angriff.

Von Toroa, einem der Kapitäne des Bootes Mataatua, das um 1350 an der großen Einwanderung von den Gesellschafts- und Cook-Inseln nach Neuseeland teilnahm, wird folgender Spruch überliefert, der das Boot gegen rauhe See schützen sollte:

> Rezitiere, rezitiere, rezitiere das Ritual,
> das große Ritual, das lange Ritual.
> Woher kommt diese Bewölkung, die auf Pou herabsteigt?
> Gehört nicht Pou zum Regenbogen?
> Darum binde es zum Gipfel der Erde,
> binde es an den Gipfel des Himmels.
> Nun ist meine Fackel beschützt.
> Wessen Fackel ist es?
> Es ist die Fackel des Tu.
> Wo wurde sie beschützt?

70 *John White*, The Ancient History of the Maori. Wellington 1887, I, S. 95.
71 *White*, a.a.O., II, S. 155.

In Waioriki und Waioraka.
Es (das Boot) bewegt sich hierhin und dorthin,
es reitet durch den peitschenden Sturm
und hebt sich zur Höhe hinauf.
Auf, auf, Tangaroa!
Auf, geh vorwärts, mache dich frei! [72]

Als ganz besonders geheiligt und wirkungsvoll galt der Spruch, den Tamatekapua bei der Abfahrt der „Arawa" sagte. Es wies auf schlechtes Wetter hin, in dem „der Haarknoten Tangaroas" in Unordnung geraten sei, und fuhr dann fort:

Aber das Meer ist ruhig,
Tangaroas Haut, das Meer, ist ruhig.
Dies Boot wird fahren,
auf ruhigen Wassern fahren . . .
Laß dich, Herr, vereint sein
mit dem alten Verband.
Laßt eure Ohren verschlossen sein,
so daß ihr taub seid,
wenn ihr Reden hört,
die nichts bedeuten.
Solche Reden überwältigen das Boot:
Es ist der Hauch eines Dämons (aitu).
Laßt eure Augen ihn nicht sehen
und eure Ohren ihn nicht hören! [73]

Die meisten Sprüche *(Karakia)* der Tohunga enthalten dunkle Andeutungen, die nur genauen Kennern der Mythologie verständlich waren wie in dem folgenden Spruch [74] zur Wiederbelebung eines aus dem Wasser Geborgenen:

Hier ist der Trog, der Trog,
das große Wasser, das lange Wasser,
das bewegte Wasser,
das Nuku treffen wollte,
das Rangi treffen wollte,
um es zu entschlammen.
O, o, halte es fest, sei gemeinsam.
Schließe das Prinzip,
das mit der Flut kommt.
Schließe das Prinzip, das mit den Sehnen kommt.
Hier ist der Gürtel.
Er wird halten, er ist fest,
der heilige Gürtel des Tane.
Tane, gib den Gürtel,
binde ihn fest, daß er hält.
Rinde vom Baum ist dir gegeben;
ziehe sie, recke sie.

72 *John Te H. Grace*, Tuwharetoa. Wellington 1966, S. 93 f.
73 *Grace*, a.a.O., S. 38 f.
74 *John White*, Te Rou; or, The Maori at Home. London 1874, S. 34.

Haut der Eidechse ist dir gegeben;
ziehe sie, halte sie.
Halte die Matte des N.N., halte sie!

Dann folgte ein dreimaliges Anhauchen des Patienten. Dieser Spruch mußte vor einem Feuer gesprochen werden, während z. B. ein anderer gegen Magenschmerzen durch die Nähe von Feuer unwirksam wurde. Da man die Schmerzen als Auswirkung von Feigheit ansah, mußte diese zuerst durch den Spruch vertrieben werden.

Es war äußerst wichtig, daß die *Karakia* fehlerlos gesprochen wurden. Tuhoro, der Sohn des Tamatekapua, des Kapitäns der „Arawa", also des ersten Einwanderungsbootes, das Neuseeland erreichte, rief unter Assistenz eines Priesters nach dem Tode seines Vaters die Götter an, da dieser nun in das Urland Hawaiki zurückkehrte. Er begann auch richtig mit der Anrufung Tus und Mauis und bat, die Seele seines Vaters durch die Heimkehr zu den Ursprüngen befreit sein zu lassen, aber er vergaß am Schluß, daß er auch für sich selbst sechs kurze Zeilen zu sagen hatte, und sprach in seiner Erregung nur vier für seinen Vater. Die Folge war, daß er selbst bald darauf starb[75].

Der Ruhm, *Tohunga* zu sein, war zwar groß, aber das Priestertabu brachte für diesen auch bedeutsame Eingriffe in sein Leben mit sich, die es recht schwierig gestalteten. So wurden alle Häuser, die er betrat, tabu, und deshalb durfte er nie das Versammlungshaus betreten, sondern aus Rücksicht auf seine Stammesgenossen nur davor sitzen. Nicht nur im Whare-kura, sondern auch im Wohnhause des Tohunga war gekochte Nahrung tabu, und er durfte weder irgend etwas kochen noch etwas, das ihm gebracht wurde, mit den Händen berühren. Infolgedessen mußte er alle Nahrung im Freien zu sich nehmen und sie sich auf Farnkrautblattstäbchen gespießt in den Mund schieben lassen. Besonders wichtig war es, daß er vermied, seinen Schatten jemals auf einen Lebensmittelspeicher fallen zu lassen, denn sonst wurde dessen Inhalt tabu und mußte mit dem Hause vernichtet werden. Mit den Ariki gemeinschaftlich unterlag er dem Verbot, seine Haare berühren zu lassen — es sei denn, daß besondere tabuierte Gehilfen ihm die Haare schnitten —, und seine abgeschnittenen Fingernägel und Körperausscheidungen mußten auf das Sorgfältigste verborgen werden. Aber es gab auch schon für den gemeinen Mann das Tabu, sein Haar von einem weiblichen Wesen berühren zu lassen, auch nicht von der eigenen Frau. Der Glaube an das Vorhandensein von Lebenskraft in den Haaren bestand auch sonst in Polynesien, daher galt an einem besonderen Häuptlingsschmuck auf Hawaii, dem Niho-Palaoa, nicht der uns wertvoll erscheinende bearbeitete Pottwalzahn als das Wichtigste, sondern die Schnüre aus Haaren der weiblichen Angehörigen des Häuptlings, an denen er getragen wurde.

75 *Grace*, a.a.O., S. 70 ff.

Vieles von der Lehre des Whare-kura stammt sicherlich noch aus der Manahune-Zeit. Auf anderen Inselgruppen, wo lokale Gottheiten noch eine besondere Rolle spielten wie auf Samoa, Tonga und den Nachbarinseln, waren die Priester nicht so vielen Tabus unterworfen. Die Maori-Tohunga und die anderer Inseln wie der Tuamotu haben für ihr entsagungsvolles Leben allerdings etwas eintauschen können, was sie als das Kostbarste, nur ihnen Gegebene betrachten durften: die dem Volke verschlossene Lehre von dem einzigen Gotte *Kiho (Io, Kio)*.

Im engsten Kreise, von dem die gewöhnlichen Schamanen ausgeschlossen blieben, entwickelte sich unter den Tohunga die Lehre, daß alle die „vierzigtausend Götter" und sogar die großen Atua nur Erscheinungsformen eines einzigen höchsten Wesens seien, das man nur leise als *Io (Kio, Kiho)* zu bezeichnen wagte. Sie ist nur auf Neuseeland von auserwählten Maori-Priestern und am anderen Ende des Pazifik auf Anaa und Vahitahi in den Tuamotu-Inseln bewahrt worden, aber wahrscheinlich kannte man sie auch auf den Hawaii- und den Gesellschafts-Inseln, und es deutet alles darauf hin, daß sie noch vor der Ankunft der Ariki entstand.

Io bedeutet „Kern", „Mark", zugleich aber auch das innerste Wesen, das eigentliche Sein, und von hier aus gewinnt es die Bedeutung „wahr". Da das einzige Wahre und Wirkliche aber das Mächtigste ist, bedeutet *Io* auch „Macht" oder ihre Auswirkung als „Tatkraft". Von ihm erfuhren die auserwählten Priester im *Whare-wananga*, dem „Hause der Lehre", dessen erstes im Himmel und dessen zweites im sagenhaften Hawaiki gestanden haben soll. Der erste Lehrer war *Tane* selbst, der den ausgebildeten Priestern, die nach höherer Erkenntnis strebten, drei Körbe zur Wahl vorsetzte. Sie enthielten die Lehre vom Guten, vom Bösen und vom Ritual, unter denen sie wählen konnten. Der Korb mit der Lehre vom Bösen durfte jedoch nie geöffnet werden. Wesentlich war der erste Korb. Er enthielt die Lehre, daß es zwar unendlich viele Erscheinungsformen des Göttlichen gab, aber „nur eine Seele in allen Dingen". Das ist *Io*, der „Quell der Weisheit, Ursprung aller Dinge, Allvater, der Unwandelbare, der Lebensspender, der Elternlose, der Bleibende, der große Gott, in dem alle Götter sind". So sind *Tane, Tu* und *Rongo* nur seine Erscheinungsformen, und auch der später erschienene glanzvolle *Tangaroa* ist bei aller seiner Größe nichts als *Ios* Abglanz. Dies Wesen ist *Kio-tumu*, der „wesentliche Kern des Urgrundes", von niemand erschaffen und von Ewigkeit an vorhanden, der schon im Urnichts bestand.

Eine Anrufung an *Io* [76] lautet bei den Maori:

O Io, stelle unsere Kinder
in eine Reihe und benenne sie,
damit sie hören mögen
Worte von deinem Sitz,

76 *White*, a.a.O., I, S. 2.

von dem großen Sitze
des Ruhmes im Himmel.
Der Himmel bewegt sich und geht entgegen
der Ankunft seiner Gäste.

Eine andere Anrufung [77] stammt von einem Manne, der *Io* bittet, ihm beim Pflanzen von Süßkartoffeln und anderen Gewächsen gnädig zu sein und sie vor Feinden — Erdbeben, Raupen und Insekten — zu beschützen:

Mein Geist verlangt danach und nun,
du Gott der Menschen, beraube
meine Feinde ihrer Macht.
O Io, du Gott der Menschen,
jetzt bin ich am Werk
und bestelle die Pflanzung.
Bewässere die Pflanzen
und gib ihnen Wachstum, o Io!
Du Wolke, steige herab vom Rehia-Berge,
zuckt auf, ihr Blitze, und Winde, kommt herab
und gewährt Vermehrung,
während ich mein Opfer bringe
und mein Anrufungslied singe
zu ihm, dem Einen und Höchsten.
O daß doch, was mir so wertvoll ist,
nicht mehr verdorben werde
durch salzigen Seewind und Brisen, o Io!

Das ist einer der wenigen Fälle, daß *Io* von einfachen Leuten angerufen wurde, denn sonst war er im Volke wenig bekannt.

Sonst taucht der Name *Io* nur noch unter den Beinamen des Gottes *Motoro* auf Mangaia auf, dessen Anhänger nicht als Menschenopfer dargebracht werden durften, und der deshalb *te Io Ora*, „Kern des Lebens", genannt wurde [78]; die Göttergenealogien der Maori kennen eine *Io-wahine* (weiblicher Kern) genannte, aber nicht sehr wichtige Göttin [79].

Ios Name war so heilig, daß er nur flüsternd genannt werden durfte. Nach der geheimen Kosmogonie der Tuamotu-Inseln war nicht *Tangaroa*, sondern *Io*, hier *Kio* genannt, derjenige, der von Ewigkeiten an da war und unendliche Zeiten „im Schlafe" verweilte, bis er sich aufrichtete und den Grund des Ur-Hawaiki im Meere befestigte und die Schöpfung in die Wege leitete. Von ihm heißt es im Tuamotu-Gesang vom Urbeginn:

Ewig Schlafender! Du bist es, o Kio!
Du, der du schlummerst in der Nacht der tiefen Dunkelheit,
    im weiten Raume der Urfinsternis,
du bist es, o Kio, du Geber der Befehle, Ehrfurchtgebietender!

[77] *White*, a.a.O., I, S. 1 f.
[78] *William Wyatt Gill*, Life in the Southern Isles. London 1876, S. 95.
[79] *John White*, The Ancient History of the Maori, I. Wellington 1887, S. 142.

Wie der Ritus es vorschreibt, rufe ich meinen Urvater an,
  Kio rufe ich an,
damit die Welt des Lichtes sich entfalte:
Du wirst sie auftauchen lassen,
du wirst sie sich entfalten lassen.
Rufe aus dem Machtreich der tiefen Dunkelheit,
erschaffe aus der Finsternis des Raumes ohne einen Schimmer von Licht!
Dein ist die geheimnisvolle Weite, dein das Urreich, o Kio!
O Kio, den ich anrufe,
o du, der Schläfer, den ich besinge!

Io ist nur in dem Sinne der einzige Gott, als alles Leben und alles, was über dieser Erde ist, von ihm erschaffen wurde, aber seine Anhänger erkannten durchaus an, daß andere Gottheiten in seinem Namen wirkten. Vor allem waren es die *Pou-tiri-ao*, seine guten Gottheiten, die — und hier tritt zum ersten Male die Ethik in die polynesische Religion auf kurze Zeit ein — den Bestand des Guten in der Welt zu sichern beauftragt sind und dem Bösen zu wehren haben. Alle Götter sind von *Io* erschaffen und haben nur seinen Willen, die Bewahrung des Guten, zu erfüllen, und nur darum verkündete *Tane* seine Lehre in seinem Auftrag.

Leider hielten die Auserwählten der Priesterschaft das Volk, aber auch die durchschnittlichen, im Whare-kura erzogenen Priester nicht für fähig oder würdig, diese Lehre zu verstehen. So wurde sie kein Allgemeingut der Polynesier, für die je nach ihrer Einstellung *Tane* oder *Tangaroa* der höchste Gott blieb, während der Name *Io* ihnen verborgen blieb oder nur in ziemlich dürftigen Orakelsprüchen — z. B. über die Bedeutung von plötzlich auftretenden Schmerzen in verschiedenen Körperstellen — bekannt wurde, was nichts mehr mit der Großartigkeit des *Io*-Kultes zu tun hatte, der nie öffentlich ausgeübt worden war.

Auch sonst kannte man auf Neuseeland und in Zentralpolynesien (Samoa, Tonga und Nachbarinseln) keine großen öffentlichen Kulthandlungen, es sei denn, daß ein regierender Ariki einmal einer von einem „Gottesanker" vollzogenen Kulthandlung seines Ansehens oder der Gelegenheit wegen durch Prunk größere Bedeutung verlieh. Sogar eigentliche Kultplätze fehlten, obwohl es bestimmte Orte gab, an denen man den Wohnsitz einzelner Gottheiten vermutete, etwa bestimmte Tabu-Steine wie auf Tahiti im Binnenlande den hochgeachteten Stein *Hiti*, der der ganzen Insel seinen Namen gab, bevor die Ariki ankamen. Bei ihm stand sogar eine steinerne, etwas plump gearbeitete kleine Götterfigur.

Von den Kultformen der Manahune-Zeit hat sich in geringeren Riten vieles bis in die Zeit der Ariki hinein erhalten. Ein Beispiel dafür hat der Hawaiier *Haleole* gegeben, der 1862 Erinnerungen an den alten Kult aufzeichnete, dabei aber vor allem niedere Kultformen im Auge hatte. Von den Fischern, die hauptsächlich den Gott *Kuula*, daneben aber auch viele mindere Fischergötter verehrten, schrieb er[80]: „Wenn ein Fischer ein neues Schlagnetz hatte, war es nötig, ein Opfer nach den Vorschriften der Priesterschaft (gemeint ist eine Art „Gottesanker") zu bringen, bevor es benutzt wurde, damit es im Namen der Fischereigötter dargebracht wurde. Die Riten waren so: Ein Schwein wurde so nahe wie möglich an die Stelle gebracht, wo gefischt werden sollte. Einige Leute kochten es und andere gingen fischen. Der zuerst gefangene Fisch oder mehrere mußte mit dem Schwein zusammen gekocht werden. Das nannte man ein Opfernetz. Wenn das Schwein gar war, versammelte sich alles. Der Eigentümer (des Netzes) nahm dann ein Stückchen von der Leber, der Schnauze und dem Schwanz des Schweins, dazu die Nase des zuerst gefangenen Fisches und tat alle diese Kleinigkeiten in eine Süßkartoffel oder Tarowurzel. Nun betete der Eigentümer des Netzes zuerst zum Fischergott, wie es Vorschrift war. Dann mußte er zuerst die gemäß dem Ritus beiseite getanen Dinge essen und nahm nun gemeinsam mit den andern am Mahle teil, nachdem alles den Vorschriften gemäß verrichtet worden war."

Entsprechende Riten waren bei vielen anderen Verrichtungen nötig, etwa beim Hausbau, beim Unterricht im Speerwerfen, beim Drachensteigenlassen – einem in Polynesien alten Sport – und vielen anderen Unternehmungen; es kam schließlich so weit, daß sich manche Priester geradezu auf bestimmte Dinge spezialisierten. Allerdings waren das mehr „Gottesanker" als die großen „Meister der Anrufung".

Eigentliche Kultplätze entstanden erst nach der Ankunft der Ariki in Ostpolynesien auf den Gesellschafts- und Cook-Inseln und verbreiteten sich von hier aus über die Marquesas-, Tubuai-, Tuamotu- und Hawaii-Inseln. Sogar auf unbewohnt vorgefundenen Inseln in dem großen Raume zwischen Tahiti und Hawaii sind Ruinen von ihnen entdeckt worden. Mit einem Namen, der auf Neuseeland und Samoa den Dorf- und Versammlungsplatz bedeutet, wurden sie *Marae (Malae, Meae)* genannt (auf Hawaii *Heiau*). Es sind gepflasterte, von einer Steinmauer umgebene, meistens rechteckige Plätze, an deren Ende sich ein hoher, aus Steinen aufgeschichteter Altar erhob. Vor ihm standen Megalithen, die die Rücklehne der Sitze von Angehörigen der Ariki-Familie bildeten[81].

Jede regierende Ariki-Familie – es gab nur Häuptlinge über Inselbezirke, nicht über die Gesamtheit großer Inseln, die erst nach der Entdeckungszeit auftraten – mußte in ihrem Bezirk vier Merkmale aufweisen können: ein Kap, einen Berg, einen Versammlungsplatz und ein *Marae*, und so hatten die Marae neben ihrer religiösen eine starke soziologische Funktion[82]. Keines durfte

80 *Abraham Fornander* und *Thomas G. Thrum*, Fornander Collection of Hawaiian Antiquities and Folk-lore, VI, 1. Honolulu 1919, S. 120.
81 Literatur über die Bauweise der Marae bei *H. Nevermann*, Götter der Südsee. Stuttgart 1947, S. 196.
82 *Arii Taimai*, Denkwürdigkeiten. Hamburg 1923, S. 31 ff.

gegründet werden, ohne daß dazu mindestens ein Megalith eines alten Marae benutzt wurde, und wenn ein Ariki auch verschollen war und seine Nachkommen nach Jahrhunderten von neubesiedelten Inseln wieder in die alte Heimat kamen, der Nachweis, auf welchen Sitzplatz im heimatlichen Marae

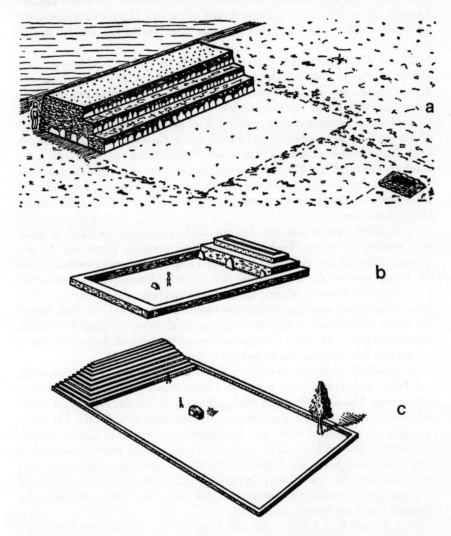

1. Polynesische Kultbauten: a) Kultplatz *(Marae)* von *Mangareva* mit Altar b) Kultplatz *(Marae)* mit Altar im *Ari'i*-Stil und Ummauerung, *Ra'iatea* c) Kultplatz *(Marae) Mahaiatea* (die sog. Pyramide) auf Tahiti, Ende des 18. Jahrhunderts (nach *A. Métraux*, Die Oster-Insel, Stuttgart 1957).

sie Anspruch hatten, genügte gewöhnlich zu ihrer Anerkennung. In Zweifels-
fällen mußte dazu allerdings noch der geheime Name des auf dem Heimat-
Marae verehrten Gottes genannt werden. Da die Priester Verwandte des
Häuptlings waren, lag eine solche Regelung durchaus auch in ihrem Sinne.
Nur wenige *Marae* gewannen im Laufe der Zeit eine über Örtliches hinausgehende „internationale" Bedeutung, vor allem der Marae *Taputapu-Atea*
bei Opoa auf Ra'iatea, der lange Zeit das Zentralheiligtum der Polynesier
war.

Als das Allerheiligste im Marae galt der Altar *(Ahu),* der bisweilen ge-
waltige Ausmaße annahm. Der größte war der Marae *Mahaiatea*[83], der im
Bezirk Papara auf Tahiti errichtet wurde und durch Erhöhungen das Aussehen einer länglichen Stufenpyramide von 51 Fuß Höhe und 270×94 Fuß
Grundfläche erhalten hatte. Er war zur Zeit der Entdeckung Tahitis (1767)
allerdings noch nicht geweiht und zur Zeit von Cooks Besuch (1769) wegen
des politischen Sturzes seiner Erbauer, der Fürstin Purea und des Ariki Amo,
bereits etwas verfallen. Mit den Pyramidenbauten der Alten und Neuen Welt
hat er, schon seines späten Errichtungsdatums wegen, nichts zu tun und muß
als eigene Erfindung der auch sonst als Steinarbeiter geschickten Polynesier
bewertet werden.

Opfergaben wurden auf den *Ahu* nie niedergelegt, da ihr Tabu zu stark
war, sondern auf einem Tisch vor ihnen. Zum Betreten waren nur die geweihten Tohunga und besonders tabuierte Tempelplatzdiener berechtigt. Erst
bei Festen wurden die Götterbilder auf die Ahu hinaufgetragen, während
große steinerne Statuen, wie wir sie von der Osterinsel und in erheblich schö-
nerer Ausführung von den Marquesas-Inseln kennen, zwar auf dem Marae
für immer stehen mußten, aber keine Götter, sondern nur vergöttlichte Ahnen
darstellten. Die eigentlichen Götterbilder waren immer verhältnismäßig klein,
um auf den Ahu hinaufgebracht werden zu können.

Für gewöhnlich wurden diese Götterbilder aus Holz oder — wie gelegentlich
auf Tahiti und Hawaii — aus mit roten Federn besetztem Geflecht in Häusern
neben dem Marae aufbewahrt und galten in profanen Zeiten als bloße
Schnitzerei oder sonstige Kunstwerke. Sie bekamen ihre Weihe bei jeder
Tempelplatzfeier erst, wenn der amtierende Tohunga die Götter herbei-
gerufen und gebeten hatte, in ihnen Platz zu nehmen, und verloren sie wieder,
wenn nach der Feier der Dank an die Götter und ihre Entlassung ausgesprochen worden war. Vom primitiven Volksglauben abgesehen galten sie
also nur als zeitweiliger Aufenthaltsort der Götter und nicht als etwas, das
dauernd von ihnen beseelt war.

Eine Besonderheit bildeten bei den Maori kleine, nur wenige Zentimeter
hohe Symbole der Hauptgötter in stabartiger Form. Sie wurden vor allem in

83 *Hans Nevermann,* Pyramiden in Polynesien. Baessler-Archiv, N.F. III, 1955,
S. 217 ff.

den verschiedenen Schulen aufbewahrt. Das Symbol des *Tu* war gerade, wie er während der Wirren der Urzeit gestanden hatte, das des Windgottes *Tawhirimatea* fast wie ein Korkenzieher als Zeichen der Wirbelwinde, das des hier als Vegetationsgott verehrten *Tane* einmal ausgebuchtet wie eine nahrhafte Knolle, das *Tangaroas* zickzackförmig wie die Wellen der See, das *Rongos* gewellt, um das Wachstum der Süßkartoffeln anzudeuten, und das des *Haumia* mit drei Bogen versehen, die den von ihm beschützten eßbaren Farn andeuteten [84].

Der Kult auf den Marae vollzog sich, soweit es sich nicht um unbedeutende Privatheiligtümer handelte, bei feierlichen Gelegenheiten wie der Einsetzung eines neuen Häuptlings, der langen Krankheit eines Häuptlings, der Grundsteinlegung eines neuen staatlichen Marae, bei Bitten um Ende langer Dürren usw. folgendermaßen [85]: Die Geräte für den Kult wurden instand gesetzt; die Häuptlinge und noch mehr die Priester bereiteten sich durch Beachtung besonderer Speisevorschriften und Körperpflegeverbote vor. Dann wurde vom Häuptling allem Volk bekanntgegeben, daß von nun an die Uferstelle, wo die Götter landen würden, für See- und Landverkehr gesperrt sei, daß alles Feuer gelöscht werden und jedermann am Morgen gebadet und sauber gekleidet erscheinen müsse, um den Marae von jedem störenden Pflanzenwuchs zwischen den Steinplatten des Bodens zu befreien. Diese Vorschrift galt für drei Tage. Dazu kam das Gebot absoluter Stille für diese Zeit, das sich auch auf die Laute der Haustiere erstreckte. Nur der Klang der Trommeln auf dem Marae durfte hörbar sein. Während dieser Zeit beendeten die hohen und niederen Priester ihre Vorbereitungen, und die Häuptlinge arbeiteten mit dem Volk zusammen an der Reinigung des Marae. Nun erst verließ das Volk den Marae und durfte sich ihm bis zur Beendigung der Feiern bei Todesstrafe nicht wieder nähern, während die Priesterschaft gebadet und neu bekleidet den Marae betrat. Die Bilder der Götter niederen Ranges, die man als Boten zu den hohen Göttern schicken wollte, wurden aus ihren Umhüllungen genommen und feierlich gebeten, die Einladung an die großen Götter auszurichten, zur Feier zu erscheinen. Gegen Morgen wurde dann verkündet:

> Ein Bote kommt. Es ist Ro'o, der Bote. Was ist sein Auftrag? Er kündet Tane an und die Versammlung von Tanes Göttergefolge aus dem zehnten offenen Himmel des Tane der fernen Länder, die zu dieser Feier geflogen kommen.

So wurde, von Pausen unterbrochen, die Ankunft eines Gottes nach dem andern aus dem Himmel oder über See angemeldet, und inzwischen hatten auch niedere Priester die Bilder ihrer lokalen Gottheiten herbeigebracht [86]; noch nicht geweihte Götterbilder aus Stein und Holz wurden ebenfalls heran-

84 *J. White,* The Ancient History of the Maori, I. Wellington 1887, S. 2 m. Taf.
85 *Teuira Henry,* Tahiti aux temps anciens. Paris 1962, S. 164 ff.
86 *Henry,* a.a.O., S. 169 ff.

getragen. Dabei wurde streng darauf geachtet, daß niemand solche Götterbilder zu sehen bekam, deren Anblick nur ganz hohen Priestern gestattet war. So war es z. B. James Cook, den man nicht wie auf Hawaii als Gott, aber auf Tahiti doch zum mindesten für Ariki-gleich ansah, 1768 nicht erlaubt worden, das Bild des damals am höchsten verehrten *Oro* zu sehen, obwohl eingeweihte Ari'i dies durften. Nahm man an, daß der geladene Gott in seinem Bilde Platz genommen hatte, so wurde ihm Dank für sein Kommen gesagt und ein Opfer, meistens ein Schwein, eine große Schildkröte oder dergleichen, gebracht. Trommelzeichen kündeten dem Volke diesen Höhepunkt des Festes an, zu dem außer der Priesterschaft nur der regierende Häuptling mit seinem adeligen Gefolge Zutritt hatte. Nach und nach verließen alle, nachdem den großen Göttern alle wichtigen Anliegen vorgetragen worden waren, den Marae, und wenn nur der Oberpriester mit wenigen Begleitern zurückgeblieben war, sprach er das Abschieds- oder Entlassungsgebet an die Götter[87]:

> Großer Ta'aroa, einziger Urgrund, und deine große Götterfamilie! Bleibe hier oben in der Luft über diesem Ort, der den Menschen heilig ist. Er ist voll von deiner Gegenwart. Aber wir Sterblichen bleiben unten und wandeln auf dieser Erde.

Ebenso wurden die übrigen Götter entlassen, die guten und bösen Götter der Urnacht[88], bis die Götterbilder, die nun nur noch geachtete Schnitzwerke blieben, wieder von den Göttern verlassen waren und Trommelzeichen dem Volke verkündeten, daß das große Tabu aufgehoben war und es sein Fest beginnen konnte.

Zu diesem Bericht aus Tahiti paßt ein anderer von den Tuamotu-Inseln, in dem das Opfer einer Schildkröte an die Götter mit einem Hinweis auf die Urzeit (die „lange Nacht") beginnt:

> Erwache in der langen Nacht!
> Treibe weiter in Tanes schönem Boot!
> Wer beschloß, daß du geboren werden solltest und alles Leben pflanzen solltest?
> Es war Tu-ruma-rakau (Tu, der Waldglanz), es war Taraga-nui-a-Mere.
> Erhebe dich durch Tane!
> Meine Götter, erwacht!
> Erwache, Tupua! Erwache, Te Iri! Erwache, Te Fatu!
>   Erwache, Tane, erwache
> und erscheine, du Beherrschender,
> auf der bewegten, der schwellenden, der losbrechenden See,
> o Rua, Fels des Landes, o Rua, Fels des Himmels![89]

Wesentlich an diesen Aussagen ist der Umstand, daß man Götterbilder nicht für von vornherein heilig ansah, sondern eine Weihung erwartete, um

---

87 *Henry*, a.a.O., S. 176.
88 *Henry*, a.a.O., S. 181 ff.
89 *Kenneth P. Emory*, Tuamotuan religious structures and ceremonies. Honolulu 1947, S. 67.

II. Polynesien

sie überhaupt geeignet zu machen, daß ein Gott sie für seiner würdig ansah, und daß er in ihnen nur auf besondere Bitten der Priester Platz nahm, daß man also wenigstens in den oberen Schichten nie zu einem „Fetisch" betete, sondern stets daran dachte, daß die Gottheit etwas Höheres war als ihr nur zeitweilig benutztes Bild.

Neben Götterbildern aus Holz oder Stein (brauchbarer Ton fehlt meistens in Polynesien, das daher auch keine Töpferei entwickelt hat) und Göttersymbolen wie Schneckentrompeten, Fächern, dem steinernen Arbeitsbeil des Tane auf Mangaia[90], dem Angelhaken des Maui[91] und anderen Gegenständen waren den Polynesiern stets kleine rote Federn besonders kostbar und wert, mit denen man Geflechte um einen Holzkern versah, und die so Götterbilder wie das des *'Oro* auf Ra'iatea und Tahiti oder des *Ku-kaili-moku* (des inselerobernden Kriegsgottes) auf Hawaii zierten. Dementsprechend war auf den Gesellschaftsinseln die Umgürtung mit einem Gürtel aus roten Federn oder auf Hawaii das Umlegen eines Federmantels für einen Ariki mehr als eine Krönung, nämlich eine göttliche Weihe[92].

Bisweilen sind die *Marae,* besonders in der Entdeckerzeit, als Beisetzungsstellen für die Ariki angesehen worden. Das stimmt nur insofern, als man auf der Osterinsel und auf Mangareva die Toten auf dem Ahu auf Gerüsten aufbahrte und nach dem Zerfall des Körpers die Knochen hier beisetzte. Auf den Marquesas-Inseln dienten manche Marae, aber nicht der Ahu selbst, fast nur als Aufbahrungsorte, auf Tahiti der Platz vor dem Marae, aber später brachte man die Knochen an unzugängliche Orte wie Höhlen und verbarg sie hier oder bewahrte den Schädel als Manaträger im Haus auf. In Zentralpolynesien wurden dagegen Ariki oft in Booten beigesetzt, die man zur Reise nach Hawaiki oder Pulotu auf See davontreiben ließ. In vielen Fällen wurden die verstorbenen Ariki mumifiziert, wie denn überhaupt die Südseeinseln auch außerhalb Polynesiens die Mumifizierung in großem, aber technisch unvollkommenem Maße übten, um den Verfall des Körpers wenigstens möglichst lange hinauszuzögern.

Neben den Marae als Familienheiligtümern und Machtzentren der regierenden Ariki und den selteneren Ariki-Beisetzungsmarae gab es noch kleinere Marae wie die lokaler Fischergruppen oder einen unregelmäßig angelegten Marae auf Tongareva, der wohl nur als Asyl für Verfolgte diente.

Zum Bau eines Bezirksmarae riefen die Häuptlinge und Priester ihre Untertanen und Anhänger auf. Es galt als selbstverständlich, daß die Häuptlinge dabei körperlich mitarbeiteten. Die technischen Mittel zum Bewegen gewaltiger Steinblöcke waren gering — untergelegte Walzen, schiefe Ebenen usw. —,

90 *Hjalmar Stolpe,* Naturfolkens Ornamentik. Stockholm 1911, S. 21 f.
91 *H. Nevermann,* Götter der Südsee. Stuttgart 1947, Taf. IV.
92 *Hans Plischke,* Kukailimoku. Berlin 1929. — *E. S. Craighill Handy,* Polynesian Religion. Honolulu 1927, S. 125.

zumal die Polynesier bis zur Entdeckungszeit technisch in der jüngeren Steinzeit verblieben waren, wozu sie schon der völlige Metallmangel der Inseln
zwang, aber die Menge der Arbeiter und echte religiöse Begeisterung ließen
doch die Arbeit gedeihen, besonders weil man fest überzeugt war, daß Beschwörungen der Priester die oft viele Tonnen schweren Steine leichter
machten.

Auf den Marquesas-Inseln traten bei solchen großen Arbeiten die *Ka'ioi* in
Aktion, der Verband der jungen Männer, die auch sonst als Leibgarde der
regierenden Ariki oder bei anderen Gemeinschaftsarbeiten zusammentraten
und dafür das Recht hatten, tatauiert zu sein, was ursprünglich nur den jungen
Ariki zustand. Dieser Verband geht offenbar auf einen alten Fruchtbarkeitskult der Manahune-Zeit zurück, der mit Schädelkult gekoppelt war wie viele
pflanzerische Kulte auch außerhalb Melanesiens – z. B. Neuguinea, Indonesien und Hinterindien –, die Fruchtbarkeitskult, Megalithen und Kopfjagd
verbinden. Dabei muß allerdings betont werden, daß sich nirgends in Polynesien eine Vorbevölkerung nichtpolynesischer Art hat nachweisen lassen.
Reste dieses alten Kultes haben sich außerhalb der Marquesas-Inseln fast nur
auf der Osterinsel [93] erhalten. In ihm ist offenbar *Tiki*, auf der Osterinsel zum
Gotte *Makemake* geworden, der Schöpfergott und Bringer der Fruchtbarkeit
gewesen, lange bevor der Kult *Tanes* nach Polynesien kam.

Bei den *Ka'ioi* trat das Kultische später durchaus in den Hintergrund. Zwar
stellten sie für Kultfeste die Chöre, wirkten aber ebenso bei profanen Festen
mit. Sie sorgten auf kriegerischen Expeditionen für Schädel und Menschenopfer, und von dem alten Fruchtbarkeitskult, der dem Gedeihen der Pflanzungen dienen sollte, war im Laufe der Zeit nichts geblieben als eine sehr
weltlich aufgefaßte sexuelle Freiheit vor der Ehe. Irgendeine besondere
Lehre, wie sie zu echten Kultbünden gehört, hatten die *Ka'ioi* nicht oder
wenigstens in späterer Zeit nicht mehr.

Anders steht es mit dem Bunde der *'Arioi* – dialektisch dasselbe Wort wie
Ka'ioi – auf den Gesellschaftsinseln, der seinen Mittelpunkt auf Ra'iatea
hatte [94]. Der höheren Kultur der Gesellschaftsinseln entsprechend spielten hier
Kopfjagd und Schädelkult keine Rolle mehr, aber mit den *Ka'ioi* gemein
hatten die *'Arioi* doch noch die Rolle der Tatauierung, die Aufnahme von
Nicht-Ariki, die hier sehr verfeinerte Aufgabe der Pflege von darbietender
Kunst bei religiösen und profanen Festen und größere sexuelle Freiheiten.
Allerdings war hier eine Gradeinteilung entstanden, so daß die höheren
Grade doch nur den Ariki vorbehalten waren. Auf den ersten Blick erschienen

93 *Thomas Barthel*, Die Hauptgottheit der Osterinsulaner. Jahrb. des Mus. f. Völkerk.
zu Leipzig, XV, 1956. Berlin 1957, S. 60 ff.
94 *Wilhelm Emil Mühlmann*, Die geheime Gesellschaft der Arioi. Supplement zu
Intern. Archiv f. Ethnographie, XXXII. Leiden 1932. – Ders., Arioi und Mamaia.
Wiesbaden 1955.

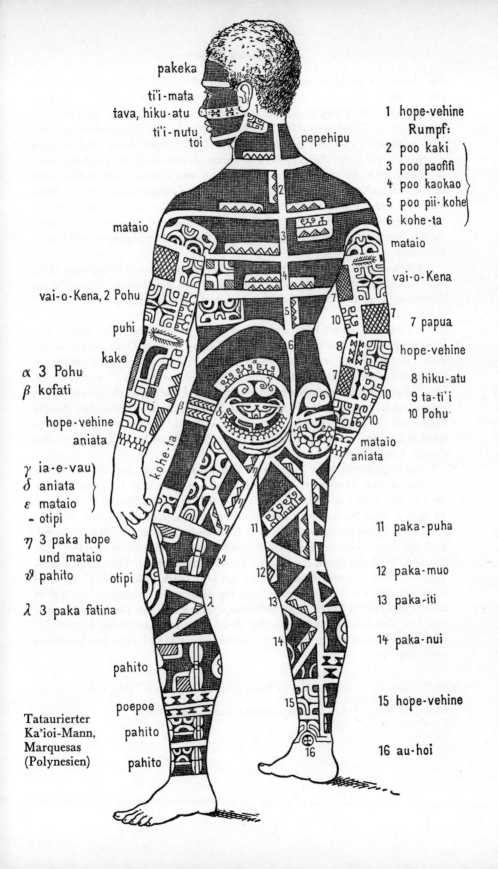

pakeka
ti'i-mata
tava, hiku-atu
ti'i-nutu
toi

pepehipu

mataio

vai-o-Kena, 2 Pohu

puhi

kake

α 3 Pohu
β kofati

hope-vehine
aniata

γ ia-e-vau)
δ aniata
ε mataio
- otipi
η 3 paka hope
und mataio
ϑ pahito   otipi

λ 3 paka fatina

pahito

poepoe

pahito

Tataurierter
Ka'ioi-Mann,
Marquesas
(Polynesien)

pahito

kohe-ta

1 hope-vehine
  Rumpf:
2 poo kaki
3 poo paofifi
4 poo kaokao
5 poo pii-kohe
6 kohe-ta

mataio

vai-o-Kena

7 papua

hope-vehine

8 hiku-atu
9 ta-ti'i
10 Pohu

mataio
aniata

11 paka-puha

12 paka-muo

13 paka-iti

14 paka-nui

15 hope-vehine

16 au-hoi

die *'Arioi* wie wandernde Sänger-, Schauspieler- und Tänzergruppen, aber der Umstand, daß man von ihrer Mitwirkung bei Hochzeitsfeiern spätere Fruchtbarkeit der Familie und der Kinder erwartete, zeigt doch noch deutlich ihre Rolle als Träger des alten Fruchtbarkeitszaubers. Dafür mußten sie, gewissermaßen als eine Art Erstlingsopfer und als Entgelt dafür, daß sie auch als Nicht-Ariki göttergleich geworden waren, darauf verzichten, selbst Kinder zu haben. Nur die regierenden Ariki waren von diesem Tabu befreit, das auch einer drohenden Übervölkerung der Inseln wirksam vorbeugte. Es handelte sich nicht, wie ältere Berichte meinen, um Kindermord, sondern um die Verhinderung von Geburten. *'Arioi,* die ihre Kinder aufziehen wollten, konnten das durchaus tun, schieden aber aus dem Bunde aus und gingen damit aller Vorrechte verlustig.

Masken wie bei melanesischen Kultbünden kannte man in Polynesien nicht. Nur bei den Aufbahrungsfeiern von Arikis trat auf Tahiti, aber nicht im Zusammenhang mit den *'Arioi,* ein maskierter Mann als Repräsentant eines Totengeistes auf [95].

Als echter Kultbund hatte der *'Arioi*-Bund jedoch eine Kultlegende. Auf Ra'iatea ging von demselben Marae, *Taputapu-Atea* bei Opoa, von dem der Kult *Tangaroas* sich über Polynesien verbreitet hatte, der Kult eines neuen Gottes aus, dem der Bund sich gewidmet hatte. Es war *'Oro (Koro),* der vom Himmel auf dem Regenbogen herabgestiegen war und ein sterbliches Mädchen geheiratet hatte. Er galt als Stifter des Bundes, denn seine beiden Brüder hatten sich der Legende nach in Schweine verwandelt, damit sie ihm geopfert werden konnten, und zum Dank für diese Bereitschaft hatte *'Oro* sie zu den ersten *'Arioi* gemacht.

Ursprünglich war *'Oro* jedoch kein liebenswerter und friedlicher Gott wie in späterer Zeit, sondern er verlangte Menschenopfer, und die alten Berichte über seinen Kult auf Ra'iatea sind voll von Unmenschlichkeiten [96]. Zwischen 1350, d. h. dem Aufkommen seines Kultes und zugleich der großen Wanderung nach Neuseeland (weshalb sein Kult auch nicht zu den Maori drang), und den Entdeckungen des Pazifik durch Europäer am Ende des 18. Jahrhunderts hatte der Bund jedoch eine große Wandlung zur Humanität durchgemacht. Nun waren Menschenopfer verpönt, auch „Bürgerliche" konnten aufgenommen werden, und der Akzent lag mehr auf Verbreitung von Kultur als auf fanatischen Bekehrungstendenzen, und zur Zeit der Entdeckungen war aus den *'Oro*-Verehrern bereits die *'Arioi* genannte „secte des comédiens" mit einer Einteilung in acht Grade — unabhängig von melanesischen Bünden — geworden [97].

---

95 *Wilhelm Emil Mühlmann*, Das Parai-Maskenkostüm von Tahiti. Ethnologischer Anzeiger IV, 1939, S. 219 ff.
96 *Teuira Henry*, Tahiti aux temps anciens. Paris 1962, S. 130 ff.
97 *Henry*, a.a.O., S. 237 ff.

Dieser neue, auf den Gesellschafts-Inseln mit Inbrunst und großer Pracht-entfaltung aufgekommene Kult stieß bei den übrigen Polynesiern auf er-bitterten Widerstand. Nachdem sich *Tangaroa* gegen *Tane* durchgesetzt hatte, wollte man ihm nun nicht wieder untreu werden. Bei einer Zusammen-kunft von Polynesiern der verschiedensten Inseln in Opoa kam es zu er-bitterten Auseinandersetzungen, die zu einem Totschlag auf dem Marae Taputapu-Atea führten. Das war etwas so Entsetzliches, daß die Zusammen-künfte auf diesem Zentral-Marae nie mehr stattfanden und der 'Oro-Kult sich nicht mehr über die Gesellschafts-Inseln hinaus ausbreitete; hier erlag er allerdings erst der christlichen Mission. Dieser Tag nahm den Polynesiern viel von ihrer Freude an Seefahrten, führte zu stärkerer religiöser Sonderentwick-lung der Einzelgebiete und trug so viel zum Untergang der polynesischen Kultur bei, der noch vor der Ankunft der Europäer einsetzte[98]. Wesentlich bei diesen Auseinandersetzungen ist wohl auch gewesen, daß die *Tangaroa*-Verehrer der Ariki-Schicht den 'Oro-Kult durchaus mit Recht als einen Rück-fall in die alten Anschauungen und Formen des überwunden geglaubten Fruchtbarkeitskultes angesehen haben. Durch die Annahme der Anhänger des 'Oro-Kultes, ihr Gott sei ein Sohn *Tangaroas,* ließen sie sich jedenfalls nicht zu seiner Anerkennung bewegen.

Andere neue Götter, deren Anhänger nicht so anspruchsvoll auftraten, füg-ten sich dagegen leichter in den Kult ein. Zu ihnen gehört *Hiro,* ein Seefahrer, Abenteurer und Seeräuber des 13. Jahrhunderts, der von Ra'iatea nach Tahiti floh und im Kampf um seine verlorene Herrschaft und auf der Flucht vor seinen Gegnern weite Reisen machte. Er galt auf mehreren Inseln (Tuamotu, Tubuai, Raivavae) als Vorfahr der regierenden Ariki, was durchaus möglich sein kann, und als Gott der Seefahrer, der Bootsbauer — er soll wesentliche Verbesserungen eingeführt haben —, der Kaufleute und der Diebe.

Ebenfalls auf eine historische Person geht der Kult der Göttin *Pele* auf Hawaii zurück, nämlich auf die Prinzessin *Pere* aus Porapora bei Tahiti, die wegen Widersetzlichkeit von ihren eigenen Brüdern auf die Hawaii-Inseln gebracht wurde, wo sie aber von den Ariki immer wieder wegen ihrer un-verträglichen Art in andere Bezirke abgeschoben wurde, bis sie zuletzt im Vulkangebiet starb. Ihres Charakters und Wohnsitzes wegen wurde sie später als Vulkangöttin angesehen, und ihr Kult überflügelte den der alten Vulkan-gottheit *Mahuike* völlig. In der Legende ist sie eine eifersüchtige Liebhaberin des Sterblichen *Lohiau,* Nebenbuhlerin ihrer sanften Schwester *Hiiaka,* maß-los in ihrem Zorn wie ihre Feuerberge und völlig unbeherrscht und grausam, bis *Tane (Kane)* ihrem Wüten ein Ende bereitet[99].

Diese Legende bildete in dramatischer Weise eines der großen Vortrags-

98 *Wilhelm Emil Mühlmann,* Staatsbildung und Amphiktionyen in Polynesien. Stutt-gart 1938.
99 *Nathaniel B. Emerson,* Unwritten Literature of Hawaii. Washington 1909, S. 186 ff.

themen der *Hula*-Tänzer, die in ihrer alten Organisation und Lebensauffassung keineswegs mit den heutigen Tänzern und Tänzerinnen der Hawaii-Inseln zu vergleichen sind. Vielmehr bildeten sie einen ausgesprochenen Kultbund[100], der neben dem offiziellen Kult bestand, aber niemals in einen Gegensatz zu ihm getreten ist, sondern sich mit der besonderen Verehrung der niederen Göttin *(Aumakua) Laka* begnügte, die dadurch von einer Gottheit der Waldpflanzen zur Patronin der Dichtung und des Tanzes aufstieg, ohne den Kult des Gottes *Lono (Rongo)* zu beeinträchtigen; sie war nur eine Art Muse. Eine dieser Anrufungen *Lakas* lautet[101]:

> Hier bin ich, o Laka aus den Bergen,
> o Laka vom Strande!
> Beschütze uns
> vor dem Hunde, der bellt!
> Wohne in den sich schlingenden Maile-Ranken
> und den göttinumkränzenden Ti-Blättern.
> Wie freudig sind die Schwingungen
> der Frau Ha'i-ka-manawa!
> Du bist Laka,
> die Göttin dieses Altars.
> Kehre ein, kehre ein, wohne in deinem Heiligtum!

Mit dem bellenden Hunde sind hier die Störer der Feier gemeint und mit *Ha'i-ka-manawa* eine mythologische Gestalt. Auch andere Gottheiten wurden angerufen, an der Feier teilzunehmen, unter ihnen neben den großen Göttern *Kane* und *Kanaloa* auch die kleinen Gottheiten des Waldes, die den Altarschmuck lieferten[102]:

> Versammelt euch, versammelt euch, ihr göttlichen Gäste!
> Komm, Kane mit Kanaloa!
> Kommt, blätterreiche Ohi'a und Ie!
> Besitzt mich und wohnt in eurem Altar!
> Hier ist Wasser, Lebenswasser.
> Leben, gebt uns Leben!

Diese Bitte um Leben kehrt dann, wenn man glaubte, die Gottheiten seien herbeigekommen, immer wieder. Nach der Feier nahm der Leiter der Zeremonien die Entlassung der Götter vor und hob das Tabu wieder auf, das während des Gottesdienstes geherrscht hatte[103]:

> Lehua-Blumen sind auf dem Altar gehäuft,
> Lehua-Blumen darunter,
> Lehua-Blumen an seinem Fuße
> im Monat Ka-ulua.

100 *Emerson*, a.a.O., S. 11 ff.
101 *Emerson*, a.a.O., S. 20 f.
102 *Emerson*, a.a.O., S. 46.
103 *Emerson*, a.a.O., S. 126 f.

Anwesend ist Haumea
und dein Vater
und die Göttin der beredten Sprache.
Versammelt euch, versammelt euch nun,
ihr Reihen der Götter,
und ihr Reihen der Menschen
vollendet die Ordnung.
Der Gottesdienst ist beendet,
der Dienst für Ku vom Berge,
der Dienst für Laka
und den großen Gott Ku,
Ku aus der Wildnis,
und der Dienst für Hina,
Hina, die himmlische Sängerin.
Nun ist er getan.
Das Tabu ist aufgehoben.
Dieser Ort ist frei,
frei vom Tabu.

Obwohl man im *Laka*-Kult der *Hula*-Tänzer streng darauf hielt, daß während der Feier das Tabu eingehalten wurde und nach seiner Aufhebung noch formell die Götter entlassen wurden, was durch ein gemeinschaftlich gesungenes Lied geschah, war der Text nie so genau festgelegt wie in den übrigen Kulten, vor allem in denen der großen Götter. Die Feinheiten der Hula-Dichtung, die verschiedene Stilarten kannte, müssen allerdings wegen vieler Anspielungen auf Örtlichkeiten, hawaiische Pflanzen und Personen der Geschichte und Mythologie einem Fremden verborgen bleiben; das meiste davon ist auch den heutigen Hawaiiern nicht mehr ganz verständlich. Immerhin spricht aus der Dichtung ein sonst bei Naturvölkern kaum wieder anzutreffendes feines Empfinden für die Natur.

Der Unterricht und Kult fand hier in besonderen Häusern *(Halau)* statt. Eigene Marae besaß der Bund nicht, sondern das Symbol Lakas, ein mit gelbem Baststoff bedeckter Holzblock, wurde zwischen Waldpflanzen im Hause aufgestellt. Patron der einzelnen Hulatänzergruppen war der jeweilige Bezirks-Ariki, aber der Unterricht wurde von einem Meister geleitet, der *Kumu* (Urgrund) hieß und auch die Weihe vornahm, in deren Mittelpunkt das gemeinsame Essen von einem Opferschwein stand. Aufnahmeberechtigt waren junge Männer und Mädchen jeden Standes. Im Gegensatz zu den *Ka'ioi* und *'Arioi* war ihnen eine einwandfreie Lebensführung, auch in sexueller Hinsicht, zur Pflicht gemacht. Obwohl ein gemeinsames Oberhaupt aller Hulatänzer, eine Art Großmeister, fehlte, was auch gegen das Interesse der einzelnen regierenden Ariki gewesen wäre, standen doch die einzelnen Halau miteinander in Verbindung, und jeder Eingeweihte konnte durch Verse, die auf Versfragen antworteten, in fremden Hulatänzerhäusern Zutritt erlangen.

In derartigen Erkennungsversen stellt sich der Besuchende als ein von den Unbilden des Wetters mitgenommener müder Wanderer vor. Ein solches „Paßwort" lautete:

> Während Rauch und Nebel die Wälder verhüllen,
> begehrt der pfeilschnelle Flammenvogel von Ola'a
> den Hauch frostgeschlagener Blüten.
> Ein hinfälliges Wesen ist der Mensch,
> mit Eigenschaften, die nicht euer sind.
> Komm mit der, die dich ruft:
> Ein Ruf zum Manne, hereinzukommen
> und zu essen, bis sein Mund müde wird.
> Siehe, das soll der Lohn dafür sein: das Boot.

Die bejahende Antwort lehnt aber das Angebot des „Bootes", d. h. der ganzen Person, ab und stellt mildere Bedingungen:

> Ein Ruf an den Mann, hereinzukommen
> und zu essen, bis sein Mund gesättigt ist.
> Und das sei der Lohn dafür: seine Stimme,
> nur seine Stimme [104].

Im Gegensatz zum offiziellen Kult, bei dem es genau auf den Wortlaut der rezitierten Texte ankam, bestand in den *Halau* die Möglichkeit, neue Anrufungs- und Lobpreistexte zu erfinden, ja, es war sogar Pflicht, *Laka* durch immer neue Dichtungen zu ehren. So entwickelte sich ihr Kult zu einer Pflege der Poesie und des Schönen, aber ohne daß dabei die großen Themen der Kosmo- und Theogonie berührt wurden. Statt der strengen Gebundenheit des offiziellen Kultes kam hier eine von Tabuvorschriften und Ritualgenauigkeit freie Freude am Schönen elementar zum Ausbruch. Erst nach der Einführung des Christentums, als der religiöse Inhalt des Laka-Kultus erloschen war, entarteten die Tänzervereinigungen zu Berufsgenossenschaften und Unterhaltungsvereinigungen, und die Moral in ihnen sank rasch bis auf die unterste Stufe.

Die ersten Weißen wurden auf manchen Inselgruppen als Götter begrüßt. Als James Cook 1777 die Insel Atiu [105] entdeckte, wurde der erste, der an Land ging, Leutnant Gore mit dem tahitischen Dolmetscher *Mai*, von den Häuptlingen gefragt: „Bist du einer von den glorreichen Söhnen des *Te Tumu*? Bist du ein Sohn des großen Urprinzips, dessen Kinder halb göttlich und halb menschlich sind?" *Mai*, ein ungebildeter Mann aus dem Volke, wußte auf diese Frage, die aus priesterlichem Wissen stammte, keine Antwort zu geben.

Auch auf dem benachbarten Mangaia sah man die Ankömmlinge als Gott-

---

104 *Emerson*, a.a.O., S. 41.
105 *William Wyatt Gill*, Historical Sketches of Savage Life in Polynesia. Wellington 1880, S. 187.

heiten an, brachte sie aber mit *Tangaroa* in Verbindung, der auf der Insel selbst nicht verehrt wurde, wohl aber der Gott anderer Länder sein konnte. Deshalb heißt es in einem Tanzgesang[106], der später zu Ehren *Tanes* und des Haigottes *Tiaio* aufgeführt wurde, wiederholt:

> Tangaroa hat ein Schiff gesandt,
> das durch das feste blaue Gewölbe brach.

Das besagt, daß die Fremden von außerhalb der Himmelskugel kamen. Obwohl das Lied sich über die unverständliche Sprache der Ankömmlinge (*„ouaraurauae"*) lustig macht, schließt es:

> Ein Volk mit seltsamer Sprache kam an
> aus einem fernen Lande.
> Von welcher Art ist es?
> Sie sind von göttlicher Herkunft.
> Von welcher Art sind sie?
> Ein großer Ariki ankert vor Avarua.
> Das Schiff gehört Cook (Tute) und Mai.
> Von welcher Art sind sie?
> Ein Volk mit weißen Gesichtern,
> ein unerhörtes Geschehnis!

In ähnlicher Weise wurde Cook auf Hawaii als der wiedergekehrte Gott *Lono* angesehen, dessen Wohnsitz man in der Ferne vermutete.

Hier erkannte man jedoch bald seine menschliche Natur, und wegen der Schändung eines Marae durch seine Matrosen wurde er erschlagen. Von neuen Weißen wie auf Hawaii dem Kapitän Vancouver hörten die Polynesier etwas über das Christentum und begannen an der Notwendigkeit der übergroßen Tabuvorschriften zu zweifeln. Der hawaiische König *Kamehameha II. Liholiho* beging 1819 bewußt öffentlich einen Tabubruch, indem er mit seiner Frau zusammen speiste, was früher unerhört gewesen wäre, ohne daß die Götter eingriffen. Die Anhänger der alten Götter unter dem Häuptling *Kekuaokalani* schlug er 1820 vernichtend, und erst drei Monate später trafen die ersten Missionare auf Hawaii ein.

Der Zusammenbruch der alten Religion vollzog sich anderswo weniger dramatisch, aber das überzeugte Festhalten vieler Häuptlinge und Priester am alten Glauben vermochte den Siegeszug des Christentums nicht mehr aufzuhalten. Nur der Glaube an Totengeister und niedere Gottheiten und Dämonen blieb noch daneben bestehen. In die Ursprungslegenden schlich sich biblisches Gedankengut ein, besonders in die Entstehungsgeschichte der ersten Menschen. Die großen Priester traten beiseite, und nur die „Gottesanker" wirkten mehr oder weniger im Geheimen als Geisterbeschwörer und Krankenheiler fort.

106 *Gill,* Savage Life, S. 185.

Eine Reihe von Sekten entstand, die christliches und polynesisches Gedankengut vereinigten. Sie brachen aber meistens bald wieder zusammen. Bezeichnend ist, daß in ihnen mehr Züge aus der Manahune- als aus der Ariki-Religion zu finden waren. Vor hundert Jahren entstand so als bedeutendste Bewegung die *Pai-marire*-Religion [107] auf Neuseeland, die sich auf den Erzengel Gabriel berief, den präparierten Kopf eines erschlagenen englischen Hauptmanns zum Wahrsagen benutzte, die künftige Kenntnis aller Sprachen versprach, sich des besonderen Schutzes Marias und Gabriels versichert glaubte, aber Gesangbuch und Bibel verwarf und den Sonntag abschaffte, weil alle Tage heilig seien. Die Aufnahme geschah durch Trinken und Übergießen mit Wasser, in das der Kopf des Hauptmanns getaucht worden war, und verpflichtete zum Kampf gegen die Engländer. Für ihn wurde der Beistand Gabriels und vieler Engel versprochen, und sofern die Gläubigen das Wort *Hau* (Wind) hervorstießen, sollten sie mit dem Winde als Helfer herbeikommen. Dazu kam noch der feste Glaube, daß die „Hau-hau-Leute" unverwundbar seien. Der Prophet dieses seltsamerweise „gut und friedfertig" genannten Glaubens war der etwas schwachsinnige *Te Ua*, dem im Grunde wohl mehr an der Abschaffung der Einehe als an anderen Dingen gelegen war. Als sich sein Versprechen der Kugelfestigkeit als falsch herausstellte und die Ermordung eines unschuldigen deutschen Missionars die Empörung freiheitskämpferischer, aber christlich gebliebener Maori erregte, mußte er die Führung an den kriegerischen *Te Kooti* abtreten, unter dem sich die Bewegung aus einer religiösen in eine politische verwandelte. Immerhin hat die *Pai-marire*-Religion von 1864 bis 1871 bestanden. Viel Polynesisches war in ihr nicht mehr enthalten, und es ist sicher, daß *Te Ua* Gedanken spiritistischer Kreise, die er in Sydney kennengelernt hatte, in sie hineinbrachte. Spätere Bewegungen der Maori, die des *Rua* und *Te Whiti*, haben wie die *Luweniwai*- und *Tuka*-Bewegung von Fidschi und die *Hoomana-Naauaou*-Bewegung von Hawaii nur noch christlich-schwärmerische und soziale Gründe, während im *Pai-marire* doch wenigstens noch der Schädelkult einheimisch war.

Sir Apirana Ngata, ein Maori, der auf Neuseeland und für die von dort verwalteten Cook-Inseln Minister für Eingeborenen-Angelegenheiten wurde, hat festgestellt [108], daß das maori-englische Gemisch des Rituals keineswegs sinnlos war und daß die Bewegung der Maori sich gegen die englischen Siedler, deren Beschlagnahme von Eingeborenenland – sogar neutraler Stämme – und ihre Mißachtung von Verträgen richtete. Zum Wirtschaftlichen kamen aber, wie er ermittelte, zwei religiöse Fakten: von den Maori das immer wieder hervorgestoßene *hau!* aus dem alten Kriegstanz und der als

---

107 *James Cowan*, The Maoris of New Zealand. London 1910, S. 333 ff. — *Andreas Reischek*, Sterbende Welt. Leipzig 1924, S. 147 ff. (hier ist *Te Na* in *Te Ua* zu verbessern). — *O. E. H. Becker*, Königin der Südsee. Berlin 1940, S. 193 ff.
108 *John Te H. Grace*, Tuwharetoa. Wellington 1966, S. 471 f.

Kultzentrum aufgerichtete Pfahl, dem Altar der Marae entsprechend. Die mißverstandenen biblischen Bezüge erstreckten sich auf die Leiden des wandernden Volkes Israel im Vergleich zu den enteigneten Maori, denen als „gelobtes Land" *Aotearoa*, die neuseeländische Südinsel, zustehen sollte, und andere Dinge.

In den achtziger Jahren des 19. Jahrhunderts entstand, von zwei einheimischen Priestern (tohunga) geleitet, auf Neuseeland noch eine Sekte, die Christliches und Altes vermengte, die der *Paomiere*. Ihre Ziele waren jedoch friedlicherer Art, nämlich Widerstand gegen Zauberei, der man viele Todesfälle zuschrieb, und Besänftigung der Geister in der „King Country", damit sie das Land besser schützen und den Zugriffen englischer Einwanderer entziehen sollten[109].

Ein geringer Rest des Alten hielt sich noch einige Zeit in den Zeremonien des Feuerlaufs auf Ra'iatea[110], bei dem vor dem Überschreiten von fast zur Rotglut erhitzten Steinen zwei Vogelgötter und eine Blitzgöttin um Beistand angerufen wurden, über die heute niemand mehr etwas Genaueres auszusagen vermag. Die Feier, die ehemals wohl kultische Bedeutung hatte und sicherlich zum Erdofen, der Kochgelegenheit Polynesiens, Beziehungen hatte, ist wie auf Mbau in der Fidschi-Gruppe heute zu einer reinen Schaustellung herabgesunken.

Von der polynesischen Religion leben heute nichts mehr als kümmerliche Reste der alten Manahune-Religion wie Geisterfurcht und heimliches Schamanentum und die Überzeugung der ihr am längsten treu gebliebenen Leute von Tikopia, daß die Götter nur schlafen, weil die Menschen und sicher auch die Ahnen alle christlich geworden sind. Bei dem ausgeprägten historischen Sinn der Polynesier ist es auch kein Wunder, wenn heute noch alte Leute Bruchstücke aus religiöser und geschichtlicher Überlieferung wissen, aber sie werden immer seltener.

Zu spät sind sich die Polynesier bewußt geworden, was sie verloren haben, als der Hawaiier *Haleole* als erster eingeborener Dichter der Südsee 1863 die romanhafte Göttergeschichte von der Prinzessin *Laie-i-ka-wai*[111] schrieb, seine Landsleute *David Malo* und *Kamakau* die hawaiischen Überlieferungen, soweit sie noch Gewährsleute fanden oder sich selbst erinnern konnten, aufzeichneten und König *David Kalakaua* von Hawaii, seiner Überzeugung nach guter Protestant und Freimaurer — in Honolulu bestand früher eine Loge als im Westen der Vereinigten Staaten — seine Untertanen aufmunterte, auf ihr Polynesiertum stolz zu sein und sich der alten Göttergeschichten nicht zu

---

109 *Grace*, a.a.O., S. 502 f.
110 *Paul Huguenin*, Raiatea la Sacrée. Bull. de la Soc. Neuchateloise de Géographie, XIV, 1902, S. 141 ff. – *S. P. Langley*, The Fire Walk Ceremony in Tahiti. Smithsonian Report for 1901. Washington 1902.
111 *Martha Warren Beckwith*, The Hawaiian Romance of Laieikawai. Washington 1911.

schämen. Er, der in den achtziger Jahren lebte und dem Begründer der Völkerkunde, Adolf Bastian, einen Einblick in die hawaiische Kosmogonie eröffnete, konnte auf einen Stammbaum zurückblicken, der seit *Tangaroa* (*Kanaloa* auf hawaiisch) 55 Generationen umfaßte[112], eine stolze Ahnenreihe, die der älteste altweltliche Adel bei weitem nicht erreicht, selbst wenn man davon etwa vierzehn Generationen Götter und sagenhafter Helden abziehen muß. Aber zu seiner Zeit war der Kult der großen Götter erstorben, der Laka-Kult der Hula-Tänzer schon völlig degeneriert und die Mythologie der Pele-Familie zur reinen Sage geworden. Es war bei weitem zu spät.

Wie das Schamanentum der „Gottesanker" aber die Weisheit der „Meister der Anrufung" überdauerte und wie die kleinen, fast persönlichen Götter der Fischer und Bauern sich längerer Verehrung erfreuten als die großen Götter und Io, der Allergrößte und Einzige, so ist die böse Prinzessin und Vulkan-göttin Pele für die Touristen, die heute Hawaii besuchen, die „Göttin von Hawaii" geworden, während sie doch nur untergeordneter Bedeutung gewesen ist. Aber selbst die Mythen von ihr werden heute nicht mehr ernst genommen und nur als interessante Sage erzählt.

Die Ariki sind ihrer Göttlichkeit völlig entkleidet, und die Polynesier haben wie die Fidschier ihre Bewährung als Bekenner des neuen christlichen Glaubens voll und ganz bestanden, oft sogar als Märtyrer unter den Melanesiern, aber bei aller ehrlichen Hochachtung vor dieser Haltung bleibt es zu bedauern, daß hier durch die Ankunft der Weißen die Entwicklung einer Kultur jäh unterbrochen wurde, die vom Naturvolk bis zum werdenden Kulturvolk aus eigener Kraft geführt hatte, und deren Religion vom Ahnen- und Frucht-barkeitskult, von Kannibalismus und Kopfjagd bis zum Kult der großen Götter und zur Erkenntnis der Einheit alles Göttlichen gewachsen war. Hier war ein Weg vorgezeichnet, der dem der religiösen Entwicklung der antiken Völker des Abendlandes entsprochen hätte, aber es ist vergeblich, nach-zuforschen, was bei ungestörtem Leben weiter geschehen wäre. Es mag ge-nügen, die alte Religion der Ariki-Zeit als das Reifste und Durchdachteste zu ehren, was Naturvölker hervorgebracht haben.

III. DIE PERIODEN
DER POLYNESISCHEN RELIGIONSGESCHICHTE

Im Gegensatz zu den Religionen der meisten Naturvölker ist es dank der gewissenhaften und ausführlichen mündlichen Überlieferung der Polynesier möglich, über die Geschichte der Adelsfamilien hinaus ein Bild von der Ent-wicklung ihrer Religion zu gewinnen.

112 *Fornander* und *Thrum*, Fornander Collection, 3. Serie, II. Honolulu 1919. S. 313 f.

Die Periode der *Manahune*, d. h. die etwa mit dem 1. Jahrhundert n. Chr. beginnende Zeit, in der noch keine Adelsfamilien das Wesen der Kultur bestimmten, weist bereits komplizierte Seelenvorstellungen, den Glauben an die Lebenskraft *(Ora)*, Tabuvorschriften und den Managlauben auf. Die übernatürlichen Wesen, die verehrt werden, sind 1. die *Aitu*, z. B. Orts-, Tätigkeits- und Familiengötter, 2. die Geister der Verstorbenen und besonders die der Siedlerahnen, 3. einige höhere Götter wie *Mafuike, Tingirau, Sina, Tuna, Uenuku* und die mehr den Kulturheroen zuzurechnenden *Maui* und *Tiki*. Götterbilder und Kultplätze bestehen noch nicht oder sind nur andeutungsweise vorhanden. Die Priester sind noch mehr Schamanen als eigentliche Priester. Religion und Ethik sind noch voneinander getrennt. Typisch für diese Periode ist u. a. die Religion der Samoaner, wenn man von ihr alles abzieht, was mit der Vergöttlichung der Häuptlinge und dem Kulte des Gottes *Tangaroa* zusammenhängt. Der Fruchtbarkeitskult, der sich am längsten auf der Osterinsel und den Marquesas-Inseln erhielt, ist in dieser Periode besonders bedeutsam.

Es folgt die **erste Periode der *Ariki***, der göttergleichen Adelsschicht. Die *Manahune*-Religion bleibt zwar bestehen, doch werden die *Aitu* oft geringer bewertet. Dafür tritt der Kult der Götter *(Atua) Tane, Tu* und *Rongo* in den Vordergrund, und *Tane* gilt als der oberste Gott. Die Häuptlinge und Siedlerahnen werden ebenfalls göttlich verehrt und die *Manahune* als „götterlos" gesellschaftlich geächtet. Einzelne Häuptlingsahnen werden den großen Göttern gleichgestellt, z. B. *Tiaio, Motoro* und *Tangiia* auf den Cook-Inseln. Andere werden zu neuen Heroen wie *Rata* und *Tawhaki*. Der göttlichen Herkunft der Adelsschicht entsprechend wird eine zweifache Entstehung der Menschen und eine Einteilung der Welt und der Lebewesen in Hohes und Niederes angenommen. Die Toten kehren in die sagenhafte Urheimat *Hawaiki* zurück oder gehen ins Jenseits *(Reinga)* an einem Nordwest- oder Westkap der Inseln. Daneben gibt es ein Paradies *(Pulotu)*, das nur Vornehmen vorbehalten ist. Mit den Paradiesvorstellungen kommt der Glaube an das Wasser des Lebens des Gottes *Tane* auf. Häuptlinge und echte Priester stehen unter besonderem Tabu. Allmählich kommen Kultplätze *(Marae)* auf, die zugleich religiöse und soziale Funktionen haben. Neben den Priestern stehen Bewahrer der mündlichen Tradition, die die Entstehungsgeschichte der Welt und der Götter mit den Stammbäumen der jeweiligen Häuptlinge verknüpft. Nunmehr bilden sich echte Kosmogonien mit den Begriffen *Kore* und *Po* (Urnichts und Urnacht) und Theogonien (die Götter *Atea, Te Tumu, Papa* und *Rangi*) und Mythen von den Götter- und Titanenkämpfen der Urzeit heraus. Diese Periode beginnt auf den verschiedenen Inselgruppen ihrer Besiedlungszeit entsprechend verschieden. Ihr Höhepunkt liegt im 8. Jahrhundert. Typisch für sie sind die Religionen auf Mangaia und Neuseeland. In ihrer Spätzeit entsteht (z. B. auf den Tuamotu-Inseln und Neuseeland) unter den Priestern ein geheimer Kult, der die Vielfalt der Göttererscheinungen zur Verehrung des einzigen Gottes *Io* oder *Kiho* zusammenfaßt. Er dringt aber nicht ins Volk.

In der z w e i t e n P e r i o d e d e r *A r i k i* wird *Tangaroa* der Hauptgott, der nun mit *Tane, Tu* und *Rongo* eine Vierheit bildet. Nunmehr leiten sich die Häuptlinge von ihm her, und die Kosmogonien werden auf ihn bezogen, doch bleiben die Vorstellungen von *Kore, Po, Atea* usw. bestehen. Religion und Ethik bleiben weiterhin getrennt, doch bahnt sich eine mildere Kult- und Lebensform an, die auf Menschenopfer und Kannibalismus verzichtet. Verbesserte Kultplatzformen entstehen, und erst jetzt werden kunstvollere und größere Kultbilder angefertigt, aber mit Ausnahme von Zentralpolynesien. Diese Periode nahm ihren Anfang wahrscheinlich im 10., in abgelegenen Gebieten aber erst im 14. Jahrhundert. Sie begann in den Gesellschafts-Inseln, wo Raiatea lange der Mittelpunkt kultischer und kultureller Zusammenkünfte von Abgesandten vieler Inseln war, etwa der Bedeutung von Delphi für das alte Griechenland entsprechend. Diese Kultformen drangen jedoch nicht bis zu dem um 1350 besiedelten Neuseeland und den polynesischen Exklaven vor, und auf den Cook-Inseln setzte sich der *Tangaroa*-Kult erst nach blutigen Kämpfen gegen die Anhänger *Tanes* durch.

Die d r i t t e P e r i o d e d e r *A r i k i* ist gekennzeichnet durch das Aufkommen des Kultes neuer Götter oder Göttergruppen, die auf historischen Personen wie *Hiro* auf den Gesellschafts-Inseln und *Pele* in der Hawaii-Gruppe oder mythischen Personen wie *'Oro* auf Ra'iatea und Tahiti beruhen. Der *'Oro*-Kult stößt auf starken Widerstand der *Tangaroa*- und *Tane*-Verehrer, der das Ende des gemeinsamen Kultes auf Ra'iatea verursacht. In dieser Zeit entstehen auch neue Kultbünde, die im Wesen von melanesischen Kultbünden ganz verschieden sind, aber auf älteren Bünden der *Manahune*- oder ersten *Ariki*-Zeit wie dem *Ka'ioi*-Bund der Marquesas-Inseln beruhen. An die Stelle eines Fruchtbarkeitskultes tritt bei ihnen nun die durch darbietende Kunst veredelte Verehrung neuer Gottheiten. So steht der *'Arioi*-Bund der Gesellschafts-Inseln im Zusammenhang mit dem *'Oro*-Kult und der im 19. Jahrhundert völlig degenerierte *Hula*tänzer-Bund der Hawaii-Inseln mit dem der Göttin *Laka* und der *Pele*-Familie. Diese Zeit bringt eine Schwächung der inneren Festigkeit mit sich, und Gegenbestrebungen wie die Verschärfung der Häuptlingstabus auf den Hawaii-Inseln machen die Polynesier reif für die letzte Periode ihrer Religion, die Ende des 18. Jahrhunderts einsetzt.

Die P e r i o d e d e r C h r i s t i a n i s i e r u n g vollzieht sich überraschend schnell, obwohl in einzelnen Gebieten der neuen Religion Widerstand entgegengesetzt wird. Mit ganz wenigen Ausnahmen wie Teilen der polynesischen Exklaven ist Ende des 19. Jahrhunderts (z. T. schon kurz nach 1800) Polynesien christlich, und Polynesier gehören zu den eifrigsten Helfern der Missionare in Polynesien und Melanesien. Versuche, das Alte mit dem Neuen zu verbinden (z. B. der Versuch, *Tangaroa* als den Satan hinzustellen, oder die Annahme, die alten Götter schliefen nur), und das Auftreten von Propheten (Pai-marire-Bewegung der Maori) und neue Sektenbildungen (Mamaia auf Tahiti) haben nur kurze Erfolge. Um 1900 ist Polynesien schon so von der alten Religion entfernt, daß der in Melanesien aufkommende sog. *Cargo*-Kult keinen Einfluß mehr gewinnen kann. Während Grundzüge des Glaubens der *Manahune*-Periode bis in die letzte *Ariki*-Periode reichten, hat sich heute nur noch wenig Altes erhalten, z. B. die Furcht vor Totengeistern, der Feuerlauf auf Ra'iatea, heute als Sagen aufgefaßte Überlieferungen von *Maui* oder *Pele* und Bruchstücke von Genealogien, die heute aber nicht mehr als religiöse, sondern als historische Überlieferungen oder als Mythen aufgefaßt werden und deren Kenner immer weniger werden. Das Häuptlingstum hat sich, obwohl seines göttlichen Nimbus entkleidet, an vielen Stellen erhalten, aber die echten polynesischen Priester sind von den Schamanen der *Manahune*-Periode überlebt worden, die heute noch gelegentlich Krankheiten heilen und Geister beschwören.

IV. FIDSCHI

Die Fidschi-Inseln bilden ein Gebiet, in dem sich Melanesisches und Polynesisches stark überkreuzt haben. Die anthropologische Grundlage deutet auf Melanesien, während die gesellschaftliche und geistige Kultur viele polynesische Züge angenommen hat, vor allem von Tonga her, das besonders den Osten der Insel-Gruppe lange Zeit kolonisiert hat und politisch hier die Macht hatte, daneben auch von Samoa.

Die Fidschi-Religion gehört der Vergangenheit an. Nach der Missionierung ist nur noch der Glaube an Ahnengeister lebendig, die als Mittler zwischen Gott und den Menschen angesehen und gelegentlich angerufen, aber nicht öffentlich verehrt werden.

Als höchster Gott galt *Ndengei*[1], den man sich als eine aus einem Felsen hervorwachsende Schlange dachte und der in einer Höhle am Nordostende von Vitilevu wohnen sollte. Im Kult spielte er keine bedeutende Rolle, und man erwartete von diesem recht passivem Wesen kaum mehr als die Annahme von Opfergaben und die Beantwortung von Fragen.

Die übrigen Gottheiten *(Kalou)*[2] waren zum Teil phantastische Wesen wie Riesen mit vielen Augen, Flügeln statt der Arme usw. und eher Dämonen, denen grausige Taten wie Kannibalismus und Frauenraub nachgesagt wurden. Andere *Kalou* galten jedoch als lokale Gottheiten, Götter bestimmter Berufe

---

1 *R. W. Williams,* Fiji and the Fijians. London 1860, II. S. 217.
2 *Williams,* a.a.O., II, S. 217 ff.

wie der Zimmerleute und Fischer oder als zu Göttern gewordene bedeutende Männer, besonders Häuptlinge. Eigentliche Götterbilder[3], die den Mittelpunkt der Verehrung bildeten, gab es nicht, wohl aber kleine Figuren aus Holz oder Pottwalzahn — unter dem Einfluß von Pflanzungsarbeitern aus den Neuen Hebriden auch größere Figuren aus Baumfarn —, die nach Anrufung durch die Priester den Gottheiten als zeitweiliger Aufenthaltsort dienen und ihren Willen oder ihre Meinung kundtun konnten. Ebenso konnten sich die *Kalou* aber auch in Geräten wie Keulen, in kleinen Tempelmodellen, in Steinen — hier sogar dauernd —, Pflanzen und sogar in Tieren (z. B. Krabben) oder Menschen niederlassen. Kulthäuser wurden auf Erd- oder Steinunterbauten errichtet und galten häufig zugleich als Versammlungs- und Ratsgebäude, die erst bei der Vornahme ritueller Handlungen oder Orakelbefragungen zu eigentlichen Kultgebäuden wurden. In ihnen wurden auch die Opfergaben niedergelegt oder, wenn es Speiseopfer — häufig Menschenfleisch — waren, verzehrt, wobei den Priestern der Anteil zufiel, der eigentlich für die Gottheit bestimmt war.

Die *Priester*[4] bildeten meistens einen erblichen Stand, aber es konnten auch andere Leute, die in sich schamanistische Fähigkeiten entdeckt zu haben glaubten, Priester werden. Ihre Hauptaufgabe war, die Gottheiten in sich eintreten und in der Besessenheit aus sich sprechen zu lassen, wenn Auskunft über den Ausgang bevorstehender Kriegszüge, die Aussicht auf Genesung Kranker, das erhoffte Eintreten von Regen usw. gewünscht wurde. In dieser Beziehung bestanden deutliche Parallelen zu dem Wirken der polynesischen „Gottesanker", besonders zu denen von Tonga. Gewöhnlich zeigten heftige Körperzuckungen des Priesters, daß der Gott in ihn eingetreten war, und nun sprach er aus ihm oder tat seinen Willen durch andere Dinge wie den Lauf verspritzten Wassers oder die Form abgebissener Blätter kund. Manche Priester galten auch als Menschen, die im Traume Offenbarungen empfingen. Trotz offensichtlicher Mißerfolge war das Vertrauen der Priester in ihre oder ihrer Gottheiten Fähigkeiten groß, und es kam wohl kaum vor, daß einer von ihnen sich die Antworten auf die vorgelegten Fragen vorher überlegt hatte, sondern sie handelten durchweg nach ihrer Eingebung, obwohl bisweilen der Druck, unter den sie von den Häuptlingen versetzt wurden, beträchtlich gewesen sein muß.

Ein regelmäßiger Kult fand nicht statt, sondern man richtete sich nach den Bedürfnissen des Augenblicks. Immerhin brachte man den Gottheiten nach der Ernte und zum Jahresbeginn Opfer, ohne dabei an ein ganz festes Datum gebunden zu sein.

Eine Besonderheit Fidschis ist es, daß sich die britische Behörde für Eingeborenenangelegenheiten angesichts der unheilvollen Praktiken mancher

---

3 *Karl Erik Larsson*, Fijian Studies. Göteborg 1960, S. 13 ff.
4 *Williams*, a.a.O., II, S. 224 ff.

Priester und Privatleute 1928 veranlaßt sah, die Ausübung von drei Zauberarten, *ndraunikau, luveniwai* und *kalourere* („Schreckensgott") unter Strafe zu stellen, obwohl nach britischem Recht Zauber als nicht vorhanden anzusehen und darum straffrei ist[5]. Eine Parallele dazu bietet nur das alte Mandatsgebiet Neuguinea, wo Zauberei ebenfalls bestraft wurde, um die Beunruhigung der Eingeborenen und daraus erwachsende Fälle von Blutrache zu verhindern[6]. Beim *ndraunikau* handelt es sich um sympathetische Todesmagie, die sehr gefürchtet wird, und beim *luveniwai* („Kinder des Wassers", d. h. Wassergeister) um einen Unverwundbarkeitszauber, der in geschlossenen Zirkeln ausprobiert wurde, dabei aber oft Todesfälle zur Folge hatte[7].

Auch zwei nahe miteinander verwandte *Kultbünde*[8] im Innern von Vitilevu begingen jährlich regelmäßig im Oktober oder November ihre Feiern. Dabei wurden junge Männer aufgenommen, und der Höhepunkt war in melanesischer Art deren Begegnung mit den toten Ahnen, die hier von liegenden Eingeweihten dargestellt wurden. An Polynesien erinnern jedoch die Kultplätze dieser Bünde, die mit ihrer Steineinfassung den polynesischen Marae ähnlich waren, wobei es auffällig ist, daß gerade die benachbarten Polynesier von Tonga und Samoa solche Marae nicht hatten. Die auf Vitilevu *Nanga* genannten Kultplätze hatten jedoch nicht einen Altar, sondern vier Altäre, je zwei mit schmalen Durchgängen dazwischen.

Andere Kultbünde[9] auf der großen Insel sahen es als ihr Ziel an, ihre Mitglieder hieb- und stichfest zu machen. Das geschah fern von allen Nichteingeweihten im Zustande der Besessenheit von Novizen und Eingeweihten, unter denen eine ganze Hierarchie bestand, und es wurde immer wieder von Mitgliedern versichert, daß Keulenschläge, Speerstiche und Gewehrschüsse keine Wirkung auf sie hätten. Offenbar hat tatsächlich die Trance die gefährlichen Folgen von Hieb und Stich mildern können. Aus Gründen der inneren Sicherheit und zum Schutze von Menschenleben wurden diese Bünde jedoch von der Kolonialregierung unterdrückt. Sie scheinen nicht so alt wie die melanesischen Kultbünde gewesen und zum Teil erst in europäischer Zeit entstanden zu sein, wie z. B. auch der Kannibalismus der Fidschier erst nach der Einführung von Schußwaffen größere Ausmaße angenommen hat und das

5 Regulations of the Native Regulation Board. Suva 1928, S. 64.
6 Report to the Council of the League of Nations for 1935/36, S. 20.
7 *David Hazlewood*, A Fijian and English and an English and Fijian Dictionary. London 1872, S. 72 f. — *W. Deane,* Fijian Society. London 1921, S. 161 ff. Die den Zauber Ausübenden werden hier irrtümlich als eine Art Geheimbund geschildert.
8 *Adolph B. Joske,* The Nanga of Viti-Levu. Intern. Archiv f. Ethnographie, II, Leiden 1889, S. 254 ff.
9 *J. de Marzan,* Sur quelques sociétés secrètes aus îles Fiji. Anthropos, III, 1908, S. 718 ff.

Kriegswesen und Kriegsprophetentum erst damals zunahm, während es heute völlig untergegangen ist.

Polynesisch muten wieder die *Vorstellungen vom Jenseits* [10] an. Man dachte es sich unter der See oder wenigstens als ein Land, zu dem der Zugang unter der See lag. Bisweilen wurde es als *Mburu*, bisweilen aber auch unter samoanisch-tonganischem Einfluß als *Mburotu* bezeichnet. Die Wanderung dorthin galt als höchst gefahrvoll und sollte nicht jedem Toten glücken. Man dachte sich dies Land als dem Diesseits ganz ähnlich. Ein Teil der Seele blieb jedoch oft auf der Erde, besonders als Gespenst erschlagener Häuptlinge. Stellen, an denen man solche Gespenster vermutete, wurden sorgfältig gemieden, oder man errichtete gerade an ihnen die Kulthäuser.

Nachdem die Fidschi-Inseln völlig missioniert waren, entstand auf Vitilevu doch noch einmal ein Kult *Ndengeis* in der sog. *Tuka*-Bewegung, die Altes und Christliches vermischte. Danach sollten zwei Neffen Ndengeis nach Krieg und Sintflut nach Westen abgereist, aber, wie sie prophezeit hatten, wiedergekommen sein, und zwar als Jehova und Jesus, während Ndengei selbst als Gottvater anwesend gedacht wurde. Wegen seiner Schlangengestalt wurde er jedoch von manchen auch mit Satan identifiziert. Nachdem diese Bewegung längst zusammengebrochen war, trat nach dem zweiten Weltkriege noch ein Prophet auf, diesmal auf Kandavu Levu, der die Schlange für den wahren Methodistengott erklärte. Er kam sich in seinem Wahn als der oberste Richter der Unterwelt vor und dürfte vom melanesischen „Cargo-Kult" beeinflußt gewesen sein [11]. Heute scheint auch davon keine Spur mehr vorhanden zu sein.

Während die christliche Mission heute seit langem alle Eingeborenen gründlich erfaßt hat, beeinflußte die Einwanderung zahlreicher indischer Arbeiter, die als Siedler auf den Inseln blieben, die Kultur von Fidschi durchaus nicht. Vielmehr bestehen heute der Hinduismus der Einwanderer und das Christentum der Einheimischen nebeneinander, ohne irgendwelche Berührungspunkte zu haben.

Dies Sichabschließen gegeneinander hat seine Gründe darin, daß die Fidschileute sich als Einheimische über die früher als Kulis Zugewanderten und als Christen über die „Heiden" erhaben vorkommen, daß wirtschaftliche Gründe eine Verstimmung zwischen beiden Bevölkerungsgruppen hervorgerufen haben, allerdings auch darin, daß sich unter den eingewanderten Indern bisher keine religiösen Führergestalten gezeigt haben.

10 *Williams,* a.a.O., II, S. 243 ff.
11 *Joachim Sterly,* „Heilige Männer" und Medizinmänner in Melanesien. Köln (Diss.) 1965, S. 423 f.

V. MIKRONESIEN

Die Religionen der verschiedenen Inseln und Inselgruppen Mikronesiens sind uns erst in einem Verfallsstadium zugänglich geworden, in dem den Eingeborenen selbst nur noch Bruchstücke sehr verschiedener mythologischer Systeme bekannt waren und sich der Glaube an Naturgottheiten, Sippengottheiten, vergöttlichte Helden und anderes bereits stark vermischt hatte.

Am weitesten fortgeschritten ist die Auflösung auf den Marianen, die längst christianisiert sind. Uns ist aus alter Zeit nur bekannt, daß ihre Einwohner, die *Chamorro,* die eine indonesische Sprache hatten, vor den Totengeistern *(Anite)* große Furcht empfanden, und daß schamanenartige Priester durch Beschwörungen dieser Geister auf das Wetter, die Ernten und Fischzüge und auf das Befinden von Kranken einzuwirken suchten. Wahrscheinlich sind diese *Anite* nicht alle reine Ahnengeister, sondern auch Naturgottheiten und -dämonen gewesen. Nach Adelbert von Chamisso[1] lebte vor der Erschaffung des Himmels und der Erde ein *Puntan* genanntes männliches Wesen „in den leeren Räumen". Vor seinem Tode bat er seine Schwester, über deren Herkunft nichts verlautet, aus seinen Körperteilen Himmel, Erde, Sonne und Mond und den Regenbogen zu verfertigen. Ein weiteres Bruchstück einer Mythe[2], das schon den Einfluß der Fremden zeigt, berichtet von *Chaifi,* der in der Unterwelt Seelen schmiedete — das Schmieden war vor der Entdeckung auf den Marianen unbekannt — und sie fortwarf. Einige fielen auf die Insel Guam, wo sie zu Stein wurden. Daraus wurden dann die ersten Menschen gebildet. Der Wohnort des *Chaifi* galt als Aufenthaltsort der Toten, die eines gewaltsamen Todes gestorben waren, und wird heute mit der Hölle identifiziert, so wie die *Anite* heute zu einer Art von Teufeln geworden sind.

Im Gegensatz zu diesen dürftigen Nachrichten steht eine geradezu verwirrende Menge von Angaben über die Palau-Inseln[3]. Aber hier hat sich durch Kleinstaaterei eine derartige Differenzierung der Einzelbezirke entwickelt, daß fast nichts Gemeinsames mehr aufzuzeigen ist. Unter *Galid* werden hier übernatürliche Wesen allerverschiedenster Art verstanden, die von den Urgöttern über personifizierte Naturgewalten und Reste totemistischer Wesen bis zu göttlich verehrten Häuptlingen und Helden und Wetterbeschwörern reichen. Sogar Lebende, die sich über den Durchschnitt erheben, werden als *Galid* angesehen. Die beiden ersten Galid, *Tpereakl* und seine Frau *Latmikaik,* sollen einem Felsen im Urmeer entstiegen sein und zahl-

---

1 *Otto von Kotzebue,* Entdeckungs-Reise in die Süd-See und nach der Berings-Straße. Weimar 1821, II, S. 131 f.
2 *G. Fritz,* Das Chaifi-Märchen von den Marianen. Mitt. des Seminars für Oriental. Sprachen zu Berlin, Ostasiat. Studien, 1906.
3 *Augustin Krämer,* Palau. Ergebnisse der Südsee-Expedition 1908—1910. Hamburg 1917—1929. — *Hans Heinrich Böhme,* Der Ahnenkult in Mikronesien. Leipzig 1937, S. 80 ff.

reiche Nachkommenschaft gehabt haben, zu der alle Galid, aber auch viele Fische gehörten. Als der größte Galid gilt *Ugelianged,* der als „Erster des Himmels" Vater und Herrscher aller Galid ist. Ein anderer Galid, *Jegad re Ngel,* der Sonne und Mond erschaffen hat, soll nach einer Mythe der Erschaffer der Menschen, nach einer anderen aber nur eine Verkörperung des *Ugelianged* gewesen sein. Manchmal gilt er dann wieder als Sonnengott, aber neben ihm wird ein weiterer Sonnengott, *Ugelkeklau,* verehrt, der dann wieder als Anführer von Einwanderern von der Insel Kusae, also als historische Gestalt, angesehen wird, und wahrscheinlich ist er auch ursprünglich wirklich nur ein Stammesahne gewesen. Derartige Beispiele des Aufrückens göttlicher Ahnen zu Naturgottheiten sind auf den Palau-Inseln noch mehrfach vorhanden. Andere Galid galten dagegen einfach nur als Schützer ihrer Nachkommen, und ihre Zahl war ebenso groß wie die der palauischen Familien. Alle Galid, deren Name mit *Ugel,* „der Erste", beginnt, werden als Anführer früherer Einwanderer angesehen; man verehrt sie unter dem Symbol von kleinen Booten, die auch auf den Zentralkarolinen eine ähnliche Bedeutung haben, bisweilen aber zur Gestalt von Kultbrettern, sogenannten Geistersitzen, geworden sind.

In den Zentralkarolinen bestand eine geistliche Führung des Oberpriesters des Bezirkes Gatschapar auf Jap, dessen Kultplatz dem Gotte *Jongalav* geweiht war. Nur von den Einwohnern weniger Inselgruppen wie Truk wurde diese Suprematie nicht anerkannt. Die meisten übrigen fügten sich ihr, obwohl der Priester von Gatschapar keinerlei Machtmittel besaß und andere Gottheiten mehr im Vordergrund des Denkens standen [4]. Für den Mann aus dem Volke waren das hauptsächlich Vegetations- und Fischereigötter, daneben auch Ortsgötter, während die großen Himmelsgötter den Priestern wichtiger erschienen. Aber auch hier geht vieles durcheinander, und oft sind wieder Ahnengötter, besonders Siedlerahnen, mit anderen Gottheiten durcheinandergebracht worden. Immerhin hebt sich von der Menge der Götter der älteste Gott *Jänolop* (auf Truk *Önulap*) als Häuptling des Himmels deutlich ab, der die übrigen Götter alle erschuf. Allerdings steht neben ihm, offenbar von einem Urgott erschaffen, der Gott *Jelafad* (auf Truk *Olföd*), der der einzige der großen Götter ist, der im Volksdenken eine Rolle spielt. Im Grunde ist er überhaupt kein Gott, sondern ein kulturbringender Heros, der unter anderem den Menschen das Feuer brachte. Wie viele Kulturheroen gilt er als zu Streichen aufgelegt, die er Göttern und Menschen antut. Daher wird er zwar viel genannt, und man erzählt sich gerne von seinen Taten, aber im Grunde ist er wegen seiner Bosheit unbeliebt und wird er kaum verehrt [5]. Auch *Jänolop* gilt als wenig aktiv, und da er nur wie ein untätiger Häuptling in seinem

---

4 *Böhme,* a.a.O., S. 86 f.
5 *Laurentius Bollig,* Die Bewohner der Truk-Inseln. Münster i. W. 1927, S. 6 ff.

Himmelshause sitzt, beachtet man ihn wenig, wenn er auch gelegentlich angerufen wird, z. B. auf Truk vor Kriegszügen. Von den Vegetations- und Landschaftsgöttern nimmt man dagegen an, daß sie kräftiger in das Leben der Menschen eingreifen. Eine Einigung über ihre Stellung in den mythologischen Stammbäumen ist den Priestern jedoch nicht gelungen, denn die Priester der verschiedenen Bezirke waren über die Bedeutung solcher Gottheiten durchaus verschiedener Meinung und wahrscheinlich stets geneigt, die Gottheiten ihres eigenen Bezirkes in den Vordergrund zu rücken. So sind zwar viele Versuche zu einer Ordnung gemacht worden, aber keiner wurde so allgemein anerkannt wie die Vorherrschaft von Gatschapar, die selbst nicht einmal die Verbreitung einer einheitlichen Mythologie bewirken konnte.

So wird noch heute auf dem Atoll Ifaluk gesagt, nur die Häuptlinge von Garapar (= Gatschapar) auf Yap und die von Mogmog seien über Einzelheiten der Schöpfungsgeschichte informiert. Ohne auf den wirklichen Urgrund einzugehen, beginnt hier die Schöpfungsgeschichte einfach mit dem unerklärbaren Dasein der Göttin *Legobwub,* die ohne Mann die ersten Götter gebar oder nach anderen Angaben erschuf. Historische oder politische Gründe scheint es zu haben, daß ihr Sohn *Autran* zuerst die Leute von Yap, dann die von Ulithi (Ululssi) und erst dann die von Ifaluk erschuf. Nicht einmal der Stammbaum der großen Götter ist hier unumstritten, zumal sie außer Aluelap (= Jänolop) und Wolfat (= Jelafad) die lebenden Menschen nicht mehr interessieren. Ihnen sagt der Verlauf der Schöpfung nichts, und ihr Interesse ist nur den noch wirkenden Geistern zugewandt [6].

Für das gesamte Gebiet der Zentralkarolinen ist der Glaube an ein im Süden über See liegendes glückliches Land (*Aur, Jaur, Saueor* usw.) [7] bezeichnend. Von ihm sollen alle guten Früchte zu den Inseln gekommen sein. Auch auf den Marshall-Inseln weiß man von einer Geisterinsel, die hier im Westen vermutet wird und *Eb* genannt wird. Es ist möglich, daß damit *Jap* gemeint ist. Sie gilt als der Wohnsitz des Gottes *Wulleb,* der mit der Frau *Lejman* als erstes Lebewesen in der Welt war. Beide sollen, was an die samoanisch-tonganische Schöpfungsgeschichte erinnert, die Gestalt von Würmern gehabt haben. Aus einem Geschwür an seiner Stirn und seinem Bein gingen dann andere Götter hervor, und *Lejman* gebar weitere Gottheiten, die – wohl als Siedlerahnen – die Inseln eroberten [8].

Eine Vermengung der Natur- und Ahnengötter hat auch im übrigen Mikronesien – Ponape, Kusae, Nauru und den nördlichen Gilbert-Inseln – entweder in der Form stattgefunden, daß man auf Naturgottheiten Züge des

---

6 *Edwin G. Burrows* und *Melford E. Spiro,* An Atoll Culture. New Haven 1957, S. 207–211.
7 *Böhme,* a.a.O., S. 87.
8 *A. Erdland,* Die Marshall-Insulaner. Münster i. W. 1914, S. 308 ff. – Varianten bei *Augustin Krämer* und *Hans Nevermann,* Ralik-Ratak. Erg. d. Südsee-Exp. 1908–1910. Hamburg 1938, S. 238 ff.

Ahnenkultes übertrug, oder daß einzelne Ahnengötter zu Naturgottheiten erhoben wurden. Polynesischer Einfluß zeigt sich nur auf den südlichen Gilbert-Inseln, während bei den von Polynesiern besiedelten Enklaven in Mikronesien, auf Nukuoro, Kapingamarangi usw., der Kult der Siedlerahnen eine alles beherrschende Stellung eingenommen hat und die großen polynesischen Götter hier nicht verehrt wurden. Wie im eigentlichen Mikronesien und andern Gebieten ist jedoch auch hier eine enge Verbindung von Ahnen- und Fruchtbarkeitsgöttern zu bemerken, da die Ahnen als die Bringer aller Nahrungspflanzen und ihre Beschützer gelten.

Im Ahnenkult galt der Familienälteste als Priester der eigenen Vorfahren [9]. Bisweilen stand ihm auch ein würdiges weibliches Familienmitglied zur Seite, oder man wandte sich, wenn man den eigenen Ahnen nicht genügend Macht zutraute, an andere Familien und bat deren Älteste um Vermittlung. Für andere Gottheiten waren die Priester der Sippe oder des Stammes zuständig. Soweit es auf den Inselgruppen zu Staatenbildungen gekommen war, gewannen die Priester der Landesgötter bedeutend an Macht, aber auch die Häuptlinge konnten die Ausübung des Kultes ganz in ihre Hand nehmen. Auf Palau, Ponape und Kusae ging Häuptlings- und Priestertum völlig ineinander über, und es ist manchmal schwer zu sagen, ob es sich bei den regierenden Körperschaften unter einem theokratischen Häuptling um im Range verschiedene weltliche Würdenträger mit Priesterfunktionen oder um Priesterkollegien mit Regierungsbefugnis handelte. Solche Leute waren auf Truk von den *Sourong*, d. h. Besitzern besonderer, von den Geistern gelernter Fähigkeiten, diejenigen, die den Namen *Idang* trugen [10]. Sie meinten, ihr Wissen vom Gotte *Önulap* selbst in der Vorzeit empfangen zu haben, und gaben es nach Schulen getrennt weiter. Von einem guten *Idang* erwartete man genaue Kenntnis der Mythen, der Besiedlungsgeschichte der Inseln und der Sippeneinteilung und der darauf beruhenden Rechte. Man verlangte, daß sie Schaden- und Schutzzaubersprüche wirksam vortrugen, Volksversammlungen leiteten und Anführer im Kampfe waren. Praktisch waren sie also zugleich Priester und Häuptlinge. Geringere Priester hatten außerdem Kranke zu heilen, die Brotfrüchte gedeihen zu lassen, wahrzusagen usw. Vielfach geschah das im Zustande der schamanistischen Besessenheit. Die dazu nötigen Kenntnisse erwarben solche niederen Priester und Zauberer durch ältere Berufsgenossen, aber es war auch möglich, auf eigene Faust die Ausübung solches Spezialistenberufes zu beginnen. So hatten z. B. auch die Bootsbauer eigene Zaubersprüche. Einer von ihnen, der in der Lamotrek-Gruppe in den Zentralkarolinen gesprochen wurde, lautet [11]:

9 *Böhme*, a.a.O., S. 75 ff.
10 *Bollig*, a.a.O., S. 46 ff.
11 *Augustin Krämer*, Zentralkarolinen, I. Erg. der Südsee-Exp. 1908–1910. Hamburg 1937, S. 102.

Gib ihm Glück, gib ihm Wasserdichte.
Es soll gesehen werden das Loch an der Leeseite.
Das reinigt den Ozean.
Glück für die Mastfußplanke,
Glück für die Leeseite!
Glück vertreibe das Übel!
Du bleibe bei ihm, du mache es gut!

Dabei ist mit dem „Loch an der Leeseite" die Stelle im Meere gemeint, aus der die Bonito-Fische kommen, die so viel gefangen werden sollen, daß der Ozean von ihnen „gereinigt" ist. Gegen den Sturm, der von einem ungenannten Geist des Himmels verursacht wird, heißt der Spruch [12]:

Ich bin der Vater des großen Windes,
ich bin der Vater der sanften Brise.
Stirb, Wind! Sterbt, ihr Brecher!
Stirb, Regen! Stirb, Geist des Himmels!

Ebenso gibt es in einem Wetterzauber der Seefahrer von Ifaluk keinen direkten Bezug mehr auf bestimmte Gottheiten oder Geister. Man sitzt auf der steinernen Landungsbrücke, bläst sein Muschelhorn und sagt dazu:

Dunkle Wolken, das Horn,
mein götterherbeirufendes Horn!
Meine Rede geht zu den Wolken wie Feuer.
Kommt nicht näher, dunkle Wolken,
bleibt ganz fern!
Nicht mehr, nicht mehr, nicht mehr!
Wendet euch weg, Wind und Wolken!
Schlechtes Wetter, wende dich fort!
Sterbe weg, bewege dich weg!
Reise ab, schlechtes Wetter!
Komm, gutes Wetter,
schön und hell!
Laßt hier schöne Tage sein,
wolkenlosen Himmel! [13]

Ebenso erschöpft sich eine Klage um einen verstorbenen jungen Mann auf demselben Atoll im Jammer um seine vergangene Fröhlichkeit und Arbeitskraft [14], aber kein einziges Wesen einer anderen Welt wird darin angerufen.

Deutlicher werden die Beziehungen zu Geistern (dem Namen *alus* nach Totengeistern) in einem Heilspruch von Ifaluk [15]:

Ihr Geister der See, es ist genug! Ich werfe euch hinaus.
Reist ab! Ich bin ein Gott, ein Mann.

12 *Krämer*, Zentralkarolinen, I, S. 157.
13 *Burrows–Spiro*, a.a.O., S. 236.
14 A.a.O., S. 309 f.
15 A.a.O., S. 220.

Du, Geist, beeile dich, beeile dich zu der Wohnung von Aluelap (= Jänolop)
und halte deinen Arm vor das Haus.
Steige in die Tiefe und nimm Stein und Wasser.
Mein Gesang hüllt dich (beschützend) ein.
Von mir im Lande Ifaluk entferne dich,
du (Krankheits-) Geist aus der See,
nimm deinen (krankheitsbringenden) Fuß von diesem Mann.
Saiol (= Name des Geistes)! O du Kranker, verbirg dich!
verbirg dich unter einem kleinen Stein,
verbirg dich unter einem großen Stein,
verbirg dich (vor dem Geist)!

Auf Mogemog rief der Medizinmann zur Krankenheilung den Todesdämon
Ülüran, den Geist eines früher auf der Fahrt nach Jap umgekommenen
Mogemog-Mannes, zur Krankenheilung an[16]:

Komm, Ülüran, ich bin traurig.
Mache den Kranken gesund, zwei Menschen (= seine Eltern)
rufen und schreien. Die Sonne geht.
Laß ihn schlafen, er ist zu krank.
Sie sind sehr traurig.
Mache ihn gesund und geh!

Auf Faraulip[17] ging einer längeren Krankengeistbeschwörung eine Unterhaltung des Medizinmannes mit dem Patienten voraus, der auf Befragen behauptete, ein guter Mensch zu sein. Das bestritt der Medizinmann: „Wenn du
gut wärest, hätte *Alüelap* dich nicht krank gemacht. Ich glaube, du hast Leute
beschimpft oder gestohlen. Ja, jetzt magst du krank sein, denn du kannst
nichts Schlechtes tun, weil du krank bist. Jetzt will ich dich besser und gesund
machen. Ich werde zaubern, daß du aufstehen kannst, und wenn du nicht
stirbst, wirst du ein guter Mensch werden. Stirbst du aber, dann bist du ein
schlechter Mensch. Sieh, *Alüelap* gebot, du sollst nicht töten, du sollst nicht
stehlen, du sollst nicht schimpfen, nichts sollst du nehmen, was nicht dein
Eigen ist. Tust du dies aber doch, dann wirst du bald sterben." Erst dann
folgte die monoton vorgetragene Krankenbeschwörung, in der die Gesundung
mit dem Aufkommen schönen Wetters verglichen wurde.

Die Verursachung von Krankheiten wurde auf Ifaluk und anderen Inseln
denjenigen der Ahnengeister zugeschrieben, denen bei Lebzeiten auch mehr
Böses als Gutes nachzusagen war. Man nimmt an, daß alle Totengeister im
Jenseits nach Großfamilien getrennt ein ähnliches Leben wie auf Erden
führen. Da sie jeden Gestank verabscheuen, tragen die Lebenden Kränze
aus duftenden Blumen, um die Geister, die doch vom Himmel herabsteigen
könnten, auf der Erde zu erfreuen und deren Wohlwollen zu erlangen. Ganz

16 *Hans Damm,* Zentralkarolinen, II. Erg. der Südsee-Exp. 1908–1910. Hamburg
1938, S. 357.
17 *Hans Damm,* Zentralkarolinen, II, S. 199 f.

böse Ahnengeister müssen allerdings im Meer leben, und nicht alle übelwollenden Geister sind verstorbene Ahnen, sondern haben einen unbekannten Ursprung [18]. Gegen böse Geister, die durch Besessenheit krank machen, hilft nur die Beschwörung eines Medizinmannes, der allerdings auch pflanzliche Medikamente benutzt [19].

Viele Zauberer beherrschten in Mikronesien die oft sehr komplizierte Kunst, durch Knüpfen von Palmblättern aus den Knoten und anderen Merkmalen Verborgenes zu erkunden.

Auch gemeinsam von allen Männern oder Frauen ausgeführter Zauber kam vor. So diente auf Pur der Text eines Männertanzes [20] der Beförderung von Fruchtbarkeit und Erfolg beim Fischfang. Die Ergebnisse wurden dabei vorweggenommen: „*Malemaus* Vater, sehr liebevoll und gut, sehr freigebig, pflanzt Kokosnüsse, arbeitet zwischen Kokospalmen, und die Kokosnüsse wirft er zusammen. Männer und Frauen fischen mit *Sou* (?). Sie kommen zurück. Sehr läuft die Flut zurück von unserem Dorfe. Viele Fische kommen, viele *Alangap* und *Tagu*. Kleine Spinnfische springen. Sie kommen herein übers Riff zum Landungsplatz. Die *Amangal* fliegen nach Ringele und fallen auf den Sand. Schildkröten schwimmen. Es kriechen Krabben und Schildkröten auf dem Sand. Männer und Frauen essen sich dick und stark. Kokosnüsse schwimmen übers Riff an ihren Wohnort. Sein Vater *Malemau*, er und ich, u!“

Einen bestimmten Kultkalender gab es nicht, wenn man davon absieht, daß die Häuptlinge und Priester jährlich Feiern ansetzten, die mit der Reife von Nahrungsmitteln, dem Erscheinen von Fischschwärmen usw. zusammenhingen und deshalb etwas an Termine gebunden waren. Andere Kultfeste wie die Ausführung von Kriegszauber oder wie auf den Marshall-Inseln die Zauberei gegen die Flutwelle wurden von Fall zu Fall, bisweilen mit sehr kurzfristiger Einberufung der Teilnehmer angesetzt.

Auch der Kultort konnte durchaus verschieden sein: besondere Kulthäuser [21], kleine Opferschreine für die Ahnen, dem Volke verbotene Plätze im Innern der Inseln, häufig auch die Bootshäuser, die nicht nur als auch sonst zu Versammlungen benutzte Gebäude reichlich Raum boten, sondern mit dem Kult der Siedlerahnen und der häufig geübten Sitte zusammenhingen, die Toten oder wenigstens prominente Tote — auf Palau bemerkenswerterweise Frauen — in Booten auf See treiben zu lassen oder sie hinauszufahren und zu

18 *Burrows–Spiro*, a.a.O., S. 214 f.
19 *Burrows–Spiro*, a.a.O., S. 218.
20 *Anneliese Eilers*, Westkarolinen, I. Hamburg 1935, S. 247.
21 Eigentliche Kulthäuser scheint es nur auf Tobi und vielleicht auch auf Songosor in den Westkarolinen gegeben zu haben, wo auch die Macht der Priester die der Häuptlinge, sogar in weltlichen Angelegenheiten, bei weitem übertraf. Andere Gemeinschaftsgebäude in Mikronesien dienten nicht kultischen, sondern gesellschaftlichen Zwecken, z. B. Versammlungs- und Klubhäuser. Vgl. *Erhard Schlesier*, Die Erscheinungsformen des Männerhauses und das Klubwesen in Mikronesien. 's-Gravenhage 1953, S. 71, 78 und 171 f.

versenken, damit sie in die Urheimat gelangen könnten, aus der sie eingewandert waren. Geschnitzte Kultbilder waren selten. Dagegen wurden auf vielen Inseln Steine als Sitz von Gottheiten angesehen. Masken kamen nur auf den Mortlock-Inseln in den Zentralkarolinen vor. Sie stellten eine gute Gottheit dar, und man trug sie bei Tänzen am Strande, um dadurch die Taifune zu bannen. Dadurch dienten sie auch der Förderung der Brotfruchtreife.

Die großartigsten Kultanlagen sind als Ruinen noch auf Ponape und Kusae erhalten. Hier sind, am gewaltigsten und eindrucksvollsten in Nan Matol auf Ponape (*Pon Péi* bedeutet „auf den heiligen Steinsetzungen"), aus Basaltblöcken mächtige Bauwerke errichtet worden [22]. Sie stehen auf dem Riff, sind von Kanälen durchzogen und enthalten Mauern, Begräbnisplätze, Kulträume, Wohnungen für Häuptlinge mit ihrem Gefolge und Priester und andere Bauten. Die Überlieferungen über diese Basaltstadt stehen im Zusammenhang mit dem Zusammenbruch des Ponape-Reiches und der Teilung der Insel in kleinere Häuptlingstümer. Es ist recht wahrscheinlich, daß die Bauten vor etwa 500 Jahren errichtet wurden. Die Stadt war dem Adel und den Priestern vorbehalten. Das Tabu für das Volk wurde nur zur Zeit der großen Feste wie der Darbringung von Erstlingsfrüchten oder Bootsbaufesten aufgehoben. Die Bauten stehen den großen Bauten der Marquesas-Inseln, der Osterinsel und anderer polynesischer Inseln an Großartigkeit in nichts nach, unterscheiden sich von ihnen aber grundlegend in der Konstruktion, so daß an einen Zusammenhang nicht zu denken ist.

Reiche Grabbeigaben und der sichere Verschluß der Steingräber auf Ponape lassen darauf schließen, daß man sich den Toten im Grabe fortlebend dachte. Auf anderen Inseln glaubte man, daß die Seele noch erst einige Tage nahe dem Toten verweile und sich dann ins Jenseits begäbe. Auch die häufige Bootsbestattung zeigt, daß das Totenland in weiter Ferne gesucht wurde. Die Reise dorthin galt als beschwerlich und gefährlich, was aber nicht ausschloß, daß die Toten doch immer wieder zu ihren Verwandten und anderen Menschen zurückkehren können, auch die Toten, die nicht zu Gottheiten geworden waren. Sehr häufig dachte man sie sich als Gespenster oder geradezu Dämonen (besonders auf Jap), aber auch als Tiere wie Vögel, Aale, Haie, Warane usw. Hier sind vielfach Zusammenhänge mit einem noch sehr lebendig gebliebenen Totemismus festzustellen. Nur ganz selten dachte man sich die Seele wie Rauch oder Wind zum Himmel aufsteigend und kam über ziemlich materielle Ansichten über sie nicht hinaus.

Wie in Polynesien hängen auch in Mikronesien Religion und Ethik nicht zusammen. Ein wohlerwogenes Urteil [23], das sich zwar nur auf das Atoll Ifaluk bezieht, aber unbedenklich durchaus auf ganz Mikronesien angewandt werden kann, lautet daher: „Es wird aus dem vorhergehenden klar, daß

---

22 *Paul Hambruch*, Ponape, III. Erg. d. Südsee-Exp. Hamburg 1936.
23 *Burrows–Spiro*, a.a.O., S. 243.

Ethik nur eine ganz geringe Rolle in der Ifaluk-Religion spielt. Das heißt nicht, daß die Ifaluker keinen Begriff von gutem Leben haben oder daß sie nichts mit Fragen der Moralität zu tun hätten. Das Gegenteil kommt der Wahrheit näher. Hier gibt es eine Gesellschaft, die gründlich mit Fragen der gesellschaftlichen und persönlichen Moral zu tun hat und in ihrer Aufführung einen hohen Grad von Zusammenarbeit und gegenseitiger Hilfe beweist, und dazu das äußerste Minimum von Angriffslust. Aber tatsächlich sind Religion und Ethik nicht so eng verbunden wie in westlichen Religionen. Die Ethik beruht auf Ifaluk nicht auf übernatürlichen Sanktionen. Ihre Sanktionen und Ausdeutungen sind völlig natürlich. Wenn auch der Priester das Volk ermahnen mag, gut zu sein, sind daher die Häuptlinge eher als die Priester die Amtsträger, die Moral zu lehren und die Kräfte für ihre Verbesserung bereitzustellen haben."

Mißverstandene Lehren des Christentums führten 1929–30 auf den südlichen Gilbert-Inseln zur Bildung einer neuen Sekte. Zunächst stritten sich Protestanten und Katholiken nur um wirtschaftliche Dinge und besonders um den Verkauf von Kopra, aber dann beriefen sich die Protestanten auf Visionen, nach denen Gott selbst die Insel Onotoa zu besuchen versprochen hatte. Frauen gaben sich als den leidenden und vergebenden Christus aus, und ein Mann behauptete von sich, er sei Gottes Prophet, später aber sogar, er sei Gott Vater selbst. Da sich die Bewegung sowohl gegen die Katholiken, die blutig verfolgt wurden, als auch gegen die Regierung richtete, konnte nur mühsam der Friede wiederhergestellt werden[24]. Heute sind davon keine Spuren mehr zu bemerken.

VI. MELANESIEN UND NEUGUINEA

Im Gegensatz zu dem kulturell und der Rasse und Sprache nach recht einheitlichen Polynesien zeigt sich in Melanesien und noch mehr auf Neuguinea eine außerordentliche Zersplitterung in kleine und kleinste Einheiten. Kennzeichnend sind dafür bereits die sprachlichen Verhältnisse. Zwar wird das Melanesische zum austronesischen Sprachstamm gerechnet, dem auch die indonesischen Sprachen und das Polynesische angehören, aber abgesehen von der Frage, ob es sich nicht dabei um eine Überlagerung nichtmelanesischer Sprachen, wie sie noch auf Neuguinea gesprochen werden, durch austronesisches Sprachgut handelt, ist die Aufspaltung in Sondersprachen so groß, daß z. B. die sieben Sprachgruppen auf Neukaledonien keine Verständigung miteinander möglich machen, während ein Polynesier von Tahiti nach Überwindung einiger Dialektschwierigkeiten sich durchaus mit einem Maori von

24 Pacific Islands Monthly, 19. 7. 1932, S. 19.

Neuseeland verständigen kann. Trotzdem kann man z. B. von einer melanesischen Kultur besonderer neukaledonischer Ausprägung sprechen, und auf Neuguinea haben in vielen Bezirken sogar Stämme mit „papuanischen" Sprachen dieselbe Kultur wie ihre Küstennachbarn, die melanesische Sprachen sprechen, während hier politisch keine Einheit besteht und die Häuptlinge geringer an Macht sind als die polynesischen oder überhaupt nur ein Rat der Ältesten der Totemgruppen besteht.

Bei aller Zersplitterung läßt sich doch manches Gemeinsame feststellen, besonders in der Mythologie und im Wesen der Kultbünde, die in großen Teilen Melanesiens und Neuguineas eine sehr einflußreiche Stellung einnehmen. Ebenso ist der Totemismus hier stärker ausgeprägt als in den übrigen Gebieten der Südsee und wirkt nachhaltiger auf das gesellschaftliche Dasein und die Religion ein.

Die Europäern geläufige Trennung von realer und übernatürlicher Welt gilt für die Melanesier nicht, ebenso wenig wie sie bei irgendeinem anderen Naturvolke streng durchgeführt ist. Das besagt, daß sie bei allen ihren Handlungen und Erlebnissen stets den Einfluß übernatürlicher Kräfte annehmen, daß also ihr ganzes Leben von Religion durchtränkt ist. Aber es besagt nicht, daß sie nur eine Art „magisches Denken" kennen und das entbehren, was wir als Logik bezeichnen[1]. Wie unter allen Völkern der Erde gibt es bei den Melanesiern kein kollektives Denken, sondern auch sie sind ausgesprochene Individuen, und neben recht realistisch handelnden Männern der Tat gibt es bei ihnen auch Grübler und dem Mystischen zugeneigte Leute, aber jeder ist in den Glauben seiner Vorfahren hineingeboren und kann ihn nicht wechseln, ohne damit seiner strengen gesellschaftlichen Bindungen ledig und damit allem Unheil irdischer und jenseitiger Herkunft ausgesetzt zu sein. Auch der Realist unter ihnen wird etwa zu einer Jagd seine Waffen instand setzen, sich sachgerecht anschleichen, genügenden Proviant mitnehmen und andere praktische Vorbereitungen treffen. Zugleich wird er aber auch seine Waffen und das Wild durch „Zauber", d. h. durch die Beschwörung übernatürlicher Wesen, so zu beeinflussen versuchen, daß die Jagd Erfolg hat, und er wird vorher freiwillig die Wohlgeneigtheit solcher Wesen dadurch zu erlangen suchen, daß er sich Tabus unterwirft, beispielsweise des Fastens oder sexueller Enthaltsamkeit in den Tagen vor dem Aufbruch. Entsprechend wird er in anderen Lebenslagen verfahren, und wenn er sich vielleicht über den Sinn einzelner magischer Handlungen nicht ganz klar ist, so verläßt er sich zum mindesten darauf, daß seine Vorfahren ihn gekannt und das Verfahren als wirksam erprobt haben.

In Melanesien ist vieles Tradition. Die Annahme, diese Naturvölker lebten ohne Bindungen und nur nach individuellem, gewissermaßen urhaftem Trieb-

---

1 *Hans Nevermann*, Ein Besuch bei Steinzeitmenschen. Stuttgart 1941, S. 24 ff.

leben, trifft für sie und ihr Dasein ebensowenig zu wie für alle anderen Naturvölker. Vielmehr verläuft alles nach strengsten Vorschriften, und statt religiösen Überschwangs trifft man häufig auf eine ausgesprochene Pedanterie, ganz besonders dann, wenn es sich um die Innehaltung eines Rituals handelt. Ein falsch gesprochenes Wort oder eine falsche Bewegung kann selbst nach tagelangen Zeremonien deren Wirkung völlig wieder zunichte machen, und deshalb hält man sich genauestens an das, was herkömmlich und darum Vorschrift ist.

Wenn auch die Tradition über alles geht, so fehlt es auch hier nicht an innerem Erleben. Besonders stark kann es werden, wenn bei Kultfesten Maskenträger auftreten, die jüngst Verstorbene darstellen, oder wenn einzelne Menschen oder auch Gruppen von ihnen glauben, Wesen zu begegnen, die der Welt ihres Glaubens angehören. Dann ist dem Melanesier ehrerbietige Liebe oder angstvolles Grausen nicht weniger gegeben als anderen Menschen. Es mag hier gleich dazu bemerkt werden, daß in den meisten Fällen die Furcht vor den Toten, wenigstens denen der eigenen Familie oder Sippe, bei weitem nicht so stark ist, wie man gewöhnlich annimmt, und daß das Gefühl der Zusammengehörigkeit bei allem Zurückweichen vor einem Totengeist doch wohl überwiegt. Anders steht es mit wirklichen Dämonen unbekannter Herkunft.

Die wichtigsten Grundlagen der melanesischen Religionen sind die Bindung an die Traditionsgemeinschaft der Lebenden und der Toten, die auch von den Kultbünden aufgenommen wird, und die Mythologie, die hier nicht tot ist, sondern das Warum der Welt und ihrer Erscheinungen erklärt und ihren Bestand sichert. Theologen sind die Melanesier dabei aber nicht, und sie nehmen oft Widersprüche in der Überlieferung ohne Kritik hin. So glauben die Marind-anim auf Süd-Neuguinea, daß die Toten als Skelette in einem Lande im Westen wohnen, aber wenn eine Sternschnuppe fällt, halten sie diese für einen Totenknochen. Niemand fragt, wie er an den Himmel gekommen ist. Man sieht zwar ein, daß hier ein Widerspruch vorliegt, wagt aber keine Entscheidung, denn beide Ansichten sind von den Vorfahren überliefert worden, und infolgedessen gilt jede Deutung für wahr. Eine Instanz, die hier entscheiden könnte, gibt es nicht.

Auch zwischen Traum und Wirklichkeit wird kein Unterschied gemacht. Nach melanesischer Auffassung kann sich die Seele schon während des Lebens zeitweise vom Körper entfernen, und der Inhalt des Traumes gilt dann als ihr Erlebnis während dieser Zeit. Schlafende plötzlich zu wecken gilt als gefährlich, da vielleicht die wandernde Seele nicht so schnell zum Körper zurückfinden kann und ihr Körper dann dem Verderben anheimgegeben ist. Meistens sind Träume willkommen, weil die wandernde Seele in ihnen Wesen besuchen kann, mit denen der wache Mensch keine unmittelbare Beziehung haben kann, und so manches erfährt, was diesem verborgen bliebe. Teilweise denkt man sich die wandernde Seele ebenso wie die des Toten als ein schattenhaftes Gebilde von menschlicher Gestalt[2], teilweise aber auch als ein Tier wie eine Maus, eine Schlange oder einen Vogel. Ebenso können Dämonen und Geister nichtmenschlicher Herkunft als Tiere, aber auch als Bäume, Steine usw. oder auch in menschlicher Gestalt auftreten, und so ist man sehr oft im Unklaren, ob man es mit natürlichen oder übernatürlichen Erscheinungen zu tun hat. In der Praxis wirkt sich das allerdings so aus, daß ein Jäger zuerst versucht, ein Wildschwein, das er trifft, zu erlegen, und erst, wenn sich irgend etwas Besonderes dabei ereignet, nimmt er an, daß es sich um kein gewöhnliches Wild, sondern um einen Dämon gehandelt habe.

Ein Beispiel für das Durcheinandergehen von Traum und Wirklichkeit brachte J. H. P. Murray, der frühere Gouverneur von Papua, in „Papua of Today" bei: Ein Eingeborener berichtete ihm von einer zoologisch unmöglichen Riesenschlange und gestand auf Befragen, wo und wann er sie gesehen habe: „Natürlich habe ich geschlafen."[3] Ähnliches erlebte der Verfasser. Ein Marind-anem erhob bei einem im niederländischen Dienst stehenden indonesischen Beamten Anklage gegen einen Nachbarn, dieser habe seine Tochter getötet und verzehrt. Über die Identität des Mädchens befragt, erklärte er, indem er auf ein junges Mädchen wies: „Diese da", und als ihm gesagt wurde, das Mädchen lebe ganz offensichtlich doch noch, entgegnete er nur: „Sie ist getötet und verzehrt. Das habe ich im Traum gesehen. Das Mädchen bei mir ist nicht mehr meine lebendige Tochter, sondern nur noch ein lebendiger Leichnam."[4]

Eine besondere Rolle spielt die von der Seele getrennt gedachte Lebenskraft. Sie verhält sich zum Körper etwa wie eine Pflanze zum Erdreich und kann erhöht oder verringert oder auch völlig zerstört werden, und das hat dann Krankheit oder Tod zur Folge. Nur höchst selten nimmt man einen natürlichen Tod an, sondern führt ihn meistens auf den bösartigen Zauber eines Gegners oder auch auf das Einwirken eines Geistes zurück. Soweit man Zauber durch Menschen annimmt, hat das dann Blutrache gegen den vermeintlichen Töter oder seine Angehörigen zur Folge. Dagegen kann die Lebenskraft durch bestimmte Riten wie Kraftübertragung durch Ältere auf Junge oder durch die Ahnen, aber auch durch Beschaffung eines lebenskrafthaltigen Schädels, also durch Kopfjagd, vermehrt werden. Auch der Name gilt als Teil der Lebenskraft. Daher hat die Verleihung eines neuen Namens oder

---

2 *Hans Fischer,* Studien über Seelenvorstellungen in Ozeanien. München 1965, S. 396 f.: Das „Traumego" steht dem Spiegel- oder Schattenbild nahe. Es gilt als gutartig und geht nach dem Tode ins Jenseits. Ein anderes, bei Lebzeiten unwirksames Geistwesen im Menschen wird nach seinem Tode zu einem aktiven, bösartigen Geist.

3 *Osmar White,* Parliament of a Thousand Tribes. London 1965, S. 78 (nach „Papua of Today". London 1925).

4 *Hans Nevermann,* Ein Besuch bei Steinzeitmenschen. Stuttgart 1941, S. 29.

Namenstausch zwischen zwei Freunden eine Vermehrung der Lebenskraft, die Nennung des eigenen Namens oft aber eine Verminderung zur Folge, und bei den genannten Marind-anim mußte für jedes neugeborene Kind nicht nur ein Schädel, sondern auch der dazugehörige Name eines Stammesfremden besorgt werden, um sein Gedeihen zu gewährleisten. Über die mehr oder minder starke Lebenskraft hinaus geht dann noch das dem polynesischen Mana entsprechende „Besonders Wirksame", das Menschen wie Medizinmännern, mächtigen Häuptlingen, erfolgreichen Kopfjägern, tüchtigen Pflanzern usw., aber auch Tieren, Geistern, Steinen und anderen Erscheinungen eigen sein kann. Bisweilen ist es erblich wie auf den Loyalty-Inseln in einem bestimmten Totemclan das zur Medizinmannschaft befähigende Mana, aber in den meisten Fällen weiß man seinen Ursprung nicht genauer anzugeben, und die Grenzen zwischen Mana und verstärkter Lebenskraft sind oft schwer zu ziehen.

Die Lebenskraft wirkt sich nicht nur in persönlichem Gedeihen aus, sondern auch in Fruchtbarkeit. In diesem Sinne besitzen sie auch Tiere und Pflanzen, und bei der pflanzerischen Grundeinstellung der Melanesier ist es ihr Hauptbestreben, diese Fruchtbarkeit besonders stark zu gestalten. Vermittler der Fruchtbarkeit sind in außergewöhnlich vielen Fällen die Ahnen. So ergibt sich ein enger Zusammenhang von Fruchtbarkeitszauber und Ahnenkult, der wieder bedeutsam für die Kultbünde mit ihren Initiationen ist, und andererseits bestehen wieder Beziehungen zur Kopfjagd. Hier ist der in Mikronesien (Gilbert-Inseln und Nauru) und Polynesien (Marquesas-Inseln und Osterinsel) nur noch in Spuren vorhandene Schädelkult noch lebendig. Allerdings hat er zwei Wurzeln: den Kult der Schädel der Ahnen und die Kopfjagd.

Seine stärkste Ausprägung hat der Fruchtbarkeitskult bei den Abelam in den Maprikbergen Nordost-Neuguineas[5] gefunden. Hier ist der Yams eine Pflanze, die als fast menschlich gilt. Daher werden nicht mehr keimfähige alte Knollen mit denselben Riten bestattet wie Menschen. Man sieht den Yams für männlich an; deshalb ist die Arbeit in den Gärten für Frauen tabu. Das Kreiselspiel der Knaben und Fadenspiele der Mädchen haben den Zweck, seine Ranken durch Analogiezauber sich drehen und verschlingen zu lassen; nach der Ernte werden die Yamsknollen mit kleinen Masken geschmückt und unter ihren Besitzern ausgetauscht, denn es gilt für schändlich, den selbst erzeugten Yams, der seinem Pflanzer so nahe steht, zu verzehren. Seine Fruchtbarkeit hat er aber von den Ahnen erhalten. Wenn auch ein so betontes Verhalten zu den Ausnahmen gehört, so ist das Pflanzen, Pflegen und Ernten von Nahrungspflanzen überall eng mit dem Ahnenkult verknüpft, und wenn häufig Felddiebstahl besonders hart bestraft wird oder auf der Frederik-Hendrik-Insel herabsetzende Bemerkungen über die Güte von Nahrungspflanzen zu blutigen Fehden führen können, so ist darin nicht ein Vergehen

5 *René Gardi,* Tambaran. Zürich 1956, S. 157 ff.

gegen Lebende allein, sondern gegen deren Ahnen zu sehen, die bestohlen oder als unfähig beschimpft worden sind. Da die Ahnen aber die Unterstützung der Lebenden brauchen, sind überall Männer, die sich auf den Wetter- und vor allem Regenzauber verstehen, hoch geachtet.

Es ist die Frage aufgeworfen worden, ob nicht auch der Kannibalismus in Beziehungen zum pflanzerischen Fruchtbarkeitskult stehe. Möglich ist es durchaus, wenn man bedenkt, daß bei den Marind-anim keine Kokospalme gepflanzt wurde, ohne daß bei ihr der Knochen eines verzehrten Menschen vergraben oder etwas von seinem Blute auf sie gestrichen wurde, und daß Kannibalismus in der Mythologie solcher Stämme von besonderer Bedeutung ist.

Die Totengeister sind nicht durchweg gut. Oft ist man ihnen in Liebe und Ehrfurcht und auch in Dankbarkeit für ihre Hilfe verbunden, aber andererseits befürchtet man, daß sie neidisch auf das glücklichere Los der noch Lebenden sind und ihnen darum Böses antun, oder daß sie bestrebt sind, Lebende zu sich zu holen. So unterscheiden die Gunantuna auf der Gazelle-Halbinsel Neubritanniens die glücklich lebenden guten *Tutanavurakit,* die den Menschen beim Dichten, Schnitzen und Malen helfen, ihnen zeigen, wie man neue Schmuckstücke anfertigt, und die sie nützliche Zaubersprüche wie Liebes- und Diebszauber lehren, von den unglücklichen und boshaften *Tabaran*[6]. Ob man nach dem Tode das eine oder das andere wird, hängt davon ab, ob die guten Toten einen erwählen oder nicht, aber nicht davon, ob der Mensch gut oder böse war. Einen Einfluß hat auch der Besitz an Muschelgeld, denn es ist nur zum Teile Geld im Sinne der Weißen, sondern ein Lebenskraftträger. Daher darf man das emsige Bemühen der Gunantuna und anderer Stämme, möglichst viel Geld zu erwerben, nicht allein als Habgier ansehen, sondern es hat den ausgesprochenen Zweck, das Leben vor und auch nach dem Tode angenehmer zu gestalten als das eines „armen Teufels".

Man stellt sich die *Tabaran,* die in einem unterirdischen, durch Höhlen zugänglichen Totenreich wohnen, als abgemagerte und ungepflegte Wesen vor, die sich von schmutzigen und faulen Dingen, hauptsächlich Kot, ernähren müssen. Sonst aber ist das Totenreich dem Diesseits ähnlich, und wie hier haben es auch dort die Reichen etwas besser, zumal mit ihrem Tode ihr Muschelgeld auch als gestorben angesehen wird und ihnen folgt. Ob jemand nicht als Tabaran, sondern als *Tutanavurakit* nach dem Tode existieren darf, hängt jedoch nicht von seinem Reichtum und Rang und schon gar nicht von dem Guten oder Bösen, das er im Leben getan hat, ab. Vielmehr wählen die Tutanavurakit unter den Lebenden ihre Freunde aus, verkehren schon bei deren Lebzeiten mit ihnen und holen sie später zu sich, damit sie an ihrem Glück teilnehmen. Das geschieht aber nur sehr selten, und auch bei dieser

---

6 *August Kleintitschen,* Mythen und Erzählungen eines Melanesierstammes. St. Gabriel-Mödling 1924, S. 92 ff., S. 228 ff. und S. 304 ff.

Wahl herrscht reine Willkür. Noch viel seltener ist es, daß Verstorbene von den *Kaia* genannten Dämonen in ihre Reihen aufgenommen werden. Wenn sie den Menschen begegnen, erscheinen sie ihnen in Schlangengestalt oder als Mischwesen aus Mensch und Schlange, bisweilen auch als Steine; auch an Vulkanausbrüchen, Überschwemmungen, Orkanen usw. erkennt man ihr Wirken.

Bisweilen nimmt man an, daß im Geisterreich die soziale Stellung der Verstorbenen der auf Erden gleich ist. Ein etwas groteskes Beispiel bringt R. Fortune dafür von den Admiralitätsinseln [7] bei, wo man annimmt, daß ein verstorbener Polizist unter den Toten sein Amt weiter ausübt, Steuern eintreibt usw.

In anderen Fällen ist das Schicksal nach dem Tode von Zufällen auf dem Wege ins Geisterland abhängig, z. B. bei den Stämmen am oberen Digul auf Südneuguinea davon, ob die wandernde Totenseele einem Buschgeist begegnet, der sie frißt und damit vernichtet, oder ob sie unangefochten in das Totendorf des guten Geistes *Tomarub* gelangt. Auch die Auffassung der Leute von Wuvulu, daß nach dem Tode alle Menschen gut werden, trägt nicht dazu bei, im irdischen Leben auch stets gut zu handeln. Immerhin erhofft man doch für die Guten, d. h. diejenigen, die sich im engsten Kreise als gut erwiesen haben, ein besseres Schicksal als für Unsoziale, besonders solche, die schon als Lebende aus der Gemeinschaft ausgestoßen und damit vogelfrei geworden sind.

Einen Beweis dafür, daß in Melanesien – im Gegensatz zu Polynesien und Mikronesien – durchaus ein Zusammenhang zwischen Religion und Moral bestehen kann, bilden die Admiralitätsinseln, heute nach ihrer hervorstechendsten Bevölkerungsgruppe Manus genannt. Hier verehrt jeder in seinem Hause den Schädel seines verstorbenen Vaters, der darüber wacht, ob die nach einheimischen Begriffen vorgeschriebene Moral auch beachtet wird. Der Geist des Vaters kann die Sündigen strafen, aber man nimmt an, daß er nach einem Sündenbekenntnis doch sehr zum Verzeihen geneigt ist. Man ehrt diesen Geist durch den Ausdruck *moen palit*, d. h. „Herr Geist", während die Geister anderer Familien nur *palit*, also eben nur Geister, sind. Nur Männer können *moen palit* werden. Krankheiten oder anderes Ungemach schreibt man nie dem eigenen Familiengeist, sondern nur fremden *palit* oder im Binnenlande wohnenden Geistern früherer Generationen zu. Schon der Geist eines Großvaters wird als nicht mehr ausreichend schutzgebend und wohlwollend angesehen. Dagegen kann der Geist eines Vaterbruders noch lange auf seine Angehörigen einwirken. Man darf dabei natürlich nicht die Maßstäbe europäischer Moral anlegen, denn hier ist gut, was der eigenen engeren oder weiteren Familie bzw. der Siedlungsgemeinschaft nützt, ebenso aber auch alles, was Feinde schädigt. Daher kann ihnen gegenüber Lüge, Raub

---

7 *R. F. Fortune,* Manus Religion. Philadelphia 1935, S. 9 f.

und Mord gerechtfertigt sein, während dies innerhalb der eigenen Gemeinschaft Verbrechen sind, die der eigene *moen palit* nie verzeihen würde [7a].

Die Totenseelen sind nicht unsterblich [8], sondern sie leben zunächst nur so
lange, wie ihr Gedenken dauert, bis sie sich in ein sterbliches, aber doch wieder
einer Seele teilhaftiges Tier verwandeln — aus naheliegenden Gründen nimmt
man häufig die Verwandlung in Würmer oder Insekten an —, bis ein Wächter
auf dem Wege zum Totenreich mit einem Tötungsversuch Erfolg hat oder
bis der Tote von anderen Toten wie in menschlichen Fehden oder auch, wenn
er Menschen lästig fällt, von diesen noch einmal und dann unwiderruflich
getötet wird. Der Unterschied zwischen Totengeistern und Dämonen besteht
wahrscheinlich, obwohl das nirgends festgelegt ist, darin, wie aus vielen
Mythen hervorgeht, daß der Totengeist für immer getötet werden kann [9], der
Dämon aber die Fähigkeit hat, zu neuem Leben zu erstehen. Bezeichnend
dafür ist die Mythe vom Schweine-Dämon *Divahib* oder *Nasr* bei den
Marind-anim von Süd-Neuguinea, der in eine Fallgrube fiel und starb, ge-
braten und gegessen wurde. Seine Seele (wörtlich: sein Kern oder Inneres,
das Leben gibt) nahm sogar an dem Festmahl teil, aß aber nicht mit (er konnte
sich ja nicht selbst essen), sondern sammelte nur die Knochen und bedeckte
sie mit Gras, aus dem später ein Eber und eine Sau sich erhoben. Sie waren
aus den Knochen entstanden, während *Divahib* unbeschädigt als Dämon
weiterlebte, neben ihm aber auch der Urahn aller Schweine und des
Schweinetotems, der aus seinen Knochen entstanden war. Zugleich wurden von
Divahib noch die Menschen oder Urmenschen, die von seinem Leibe gegessen
hatten, in dem Augenblick, als der gegessene Eber neu erstand, wegen ihrer
verschiedenen Schreckensrufe in Eber oder Säue verwandelt [10]. Die totemistische Verwandtschaft zwischen dem Wildschweinclan und den Schweinen
selbst beruht also nicht auf unmittelbarer Abstammung, sondern auf solchen
mythologischen Zusammenhängen, und die am Schreibtisch ausgeklügelten
Fragen, was denn nun eigentlich an den Dämonen unsterblich und an den
Menschen sterblich ist — Lebenskraft, Seele, Geist, Schattenbildwesen oder
anderes —, erscheint solchen Eingeborenen, die noch in ihrer alten Glaubenswelt leben, ziemlich unerheblich trotz der Genauigkeit von Wissenschaftlern,
die stets präzise Angaben darüber wünschen, was nun aus dem Toten, seinem
Körper und den übrigen Bestandteilen geworden ist. Darauf gibt es nur eine

---

7a *R. F. Fortune*, a.a.O., S. 12 ff. und S. 21.
8 *Rosalind Moss*, Life after Death in Oceania and the Malay Archipelago. London
1925, S. 149. — *Hans Fischer*, Studien über Seelenvorstellungen in Ozeanien. München 1965, S. 294.
9 *Kleintitschen*, a.a.O., S. 161 ff. und S. 221 ff. — *Gerald Camden Wheeler*, Mono-
Alu Folklore. London 1926, S. 58. — *Paul Hambruch*, Südseemärchen. Jena 1921,
S. 77 ff.
10 *Paul Wirz*, Die Marind-anim von Holländisch-Süd-Neu-Guinea, I, 2. Hamburg
1922, S. 170 f. — *Hans Nevermann*, Söhne des tötenden Vaters. Eisenach-Kassel
1957, S. 48 f.

höchst untheologische und unwissenschaftliche Antwort der Melanesier: „Wir wissen das alles nicht so genau, aber N. N. ist jetzt tot und etwas ganz anderes als wir. Etwas von ihm ist noch beim Grabe, etwas erscheint manchem im Traum (d. h. nach melanesischer Auffassung als wirklich existierend), und das meiste geht ins Jenseits." Dabei gibt es unter den noch nicht lange verstorbenen Toten Gute und Böse. Die einen sind froh, dem Leben entronnen zu sein, und gedenken mit Liebe ihrer Angehörigen und versuchen ihnen alles Gute anzutun. Von ihnen erwartet man denn auch Hilfe in bedrängten Lagen und bestimmt dann, wenn es sich um die Ernte handelt. Diese Toten werden ausnahmslos mit Ehrfurcht und mit dem Gefühl, daß sie gutartige Helfer sind, behandelt. So heißt es in der Klage um einen Häuptling auf Neukaledonien[11], der in der Zeit zwischen den Ernten starb, so daß seine Totenfeier nicht im Überfluß begangen werden kann:

> Er hat das Land verlassen.
> Er verließ es, und Stille herrscht.
> Nichts ist mehr da.
> Er verließ es mitten zwischen den Jahreszeiten,
> zwischen zwei Yams-Ernten.
> Er wird Böses beseitigen, wird reinigen,
> er wird Landabschwemmungen beseitigen,
> er wird den Kotpilz mit der brummenden Fliege zertreten,
> er wird sich auf die Zehen erheben
> und seine Verwandtschaft segnen.

Der dabei erwähnte Pilz enthält ein schwarzes Pulver, das sich Krieger ins Gesicht reiben, ist also ein Symbol für kriegerischen Geist, den der Verstorbene erwecken wird.

Entsprechend glaubt man auf den Admiralitäts-Inseln, daß die Ahnengeister, die vom Familienoberhaupt als Schützer ihrer Nachkommen geehrt werden, ihnen wohlgesonnen sind. Man opfert ihnen zwar nicht, ruft sie aber, wenn man ißt, an und bittet sie teilzunehmen. Dafür helfen sie ihren Verwandten wieder beim Schildkrötenfang. Knochen von verstorbenen Angehörigen gelten als wirksame Schutzmittel gegen böse Geister und werden im Hause aufgehoben oder als Amulette getragen[12]. Am wichtigsten ist auch hier der Schädel. Bemerkenswert ist es jedoch, daß sehr häufig in Melanesien der Unterkiefer für wichtiger als der Schädel angesehen wird.

Neben den gutartigen und hilfreichen Totengeistern gibt es andere, die gewissermaßen unproduktiv sind, an sich unschädlich, die aber schädlich werden können. Gegen sie haben sich die Menschen und ganz besonders die nächsten Angehörigen zu schützen, denn sie werden als neidisch auf diejenigen

11 *Maurice Leenhardt,* Documents Néo-Calédoniens. Paris 1932, S. 489.
12 *Hans Nevermann,* Admiralitätsinseln. Erg. d. Südsee-Exp. 1908–1910. Hamburg 1934, S. 375 f.

angesehen, die das Glück haben, noch zu leben. Verhüllungen der Witwe oder andere Mittel wie das Bestreichen der Trauernden mit weißer, also Gespensterfarbe sollen den mißlaunigen Toten erst gar nicht auf den Gedanken kommen lassen, daß er einen der beneideten Verwandten vor sich hat. Dabei ist es bemerkenswert, daß man Verstorbene meistens für sehr klug und listig hält, ganz im Gegensatz zu Buschgeistern, die häufig als ausgesprochen „dumme Teufel" gelten.

Der Weg ins Totenreich, das vielfach im Westen, aber oft auch unterirdisch gedacht ist, gilt manchmal als gefährlich. Aus Mitleid mit dem Toten, aber auch, um ihn loszuwerden, müssen ihm die Lebenden helfen, sicher dorthin zu gelangen. Am ausgeprägtesten erscheint diese Vorstellung auf Malekula in den Neuen Hebriden[13]. Hier kommt der Tote auf seiner Wanderung zu einem Felsen im Meere, auf dem die Herrin des Totenreiches sitzt. Sie beobachtet, ob er ein kompliziertes unfertiges Zeichen im Ufersande, das „der Weg" heißt, vollenden kann. Gelingt ihm das, so sieht er den Weg, muß sich dann über ein Wasser setzen lassen und gelangt schließlich ins Totenreich.

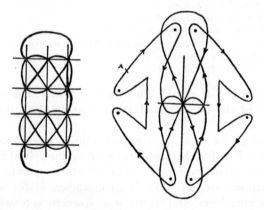

Schematische Zeichnungen des Labyrinths, das der Verstorbene durchwandern muß, bevor er ins Totenreich gelangt. Verfehlt er den Weg oder weiß er ein fehlendes Stück nicht zu ergänzen, so verschlingt ihn die Herrin des Totenreiches. *Malekula*, Neue Hebriden (aus *A. Bernard Deacon*, Malekula, London 1934)

Gelingt es ihm nicht, dann verschlingt ihn die Dämonin. Nun geschah es einmal, daß ein Toter ihr entfloh, zu den Lebenden zurückkehrte und seinen Bogen verlangte. Er bekam ihn, ging wieder bis zu dem Zeichen, erschoß die Dämonin und gelangte so doch noch an sein Ziel. Um nun jedem Toten eine

13 *John Layard*, Maze-Dances and the Labyrinth in Malekula. Folk-lore, 1936. — *A. Bernard Deacon*, Malekula. London 1934, S. 554 f.

glückliche Wanderung zu ermöglichen, werden dramatische Tänze aufgeführt, die merkwürdige Anklänge an die frühere Einweihung des Verstorbenen in einen Kultbund haben. Zunächst erscheinen Tänzer, die eine sexuelle Vereinigung, d. h. den früheren Mannbarkeitszauber, darstellen, der an dem jetzt Verstorbenen vollzogen wurde. Dann erscheint ein Tänzer, der einen Falken darstellt, das Tier, das ihn früher in das Leben als Erwachsener einführte. Er tritt vor fünfzehn Männer, die so aufgestellt sind, daß zwischen ihnen ein vielfach verschlungener Weg, eine Art Labyrinth, durchschritten werden muß, und bringt für den Toten ein Opfer vor ihnen. Zwei Fährmänner treten vor und deuten an, daß sie bereit sind, ihn ins Jenseits zu fahren. Nun spannt ein weiterer Tänzer seinen Bogen und erklärt, er schieße auf *Temes Sarsap*, die Todesdämonin. Darauf weichen die Labyrinthmänner zurück, und der Tänzer, der den Toten darstellt, tanzt durch ihre Reihen nach einigem Hin und Her glücklich hindurch. Hier liegen Parallelen mit Labyrinthvorstellungen auf Seran (Ceram) in den Molukken vor, aber bisher ist es noch nicht bekannt, welchen Weg diese Vorstellungen vom Totenreich-Labyrinth zwischen den beiden weit voneinander entfernten Gebieten genommen haben.

Meistens gibt man dem Toten für seinen Weg noch Nahrungsmittel mit, und selbst auf Gräbern christlicher Eingeborener kann man noch solche Gaben sehen. In anderen Fällen, z.B. bei den Gunantuna (Tolai) der Gazelle-Halbinsel Neubritanniens und der Herzog-York-Inseln (früher Neulauenburg), muß sein gesamtes Besitztum vernichtet werden. Zum mindesten ist es aber üblich, seine Pflanzungen für etwa ein Jahr für tabu zu erklären, damit er nicht aus Zorn auf plündernde Diebe den Menschen Böses tut.

Reichlich inkonsequent zu der Mitgabe von Nahrungsmitteln verhält sich ein Bericht der Marind-anim auf West-Süd-Neuguinea [14], daß ein Mann, der Sehnsucht nach seiner verstorbenen Frau hatte, ihr Gehirn aß, um Geistereigenschaften zu bekommen, aber Sagobrot dazu verzehrte und später wegen des Geruchs dieser Menschennahrung von den Toten vertrieben wurde. Nach seiner Rückkehr mußte er sich bei den Menschen dann einen starken Blutentzug gefallen lassen, bis sein Anteil am Wesen der Totengeister wieder verschwunden war. In derselben Geschichte heißt es aber auch, daß es im Totenreich nichts Genießbares gibt und daß die Toten nachts durch die Luft in ihre alten Gärten im Menschenlande fliegen und sich dort Lebensmittel holen — also auch Sagomehl.

Nach der Ansicht der Mbowamb [15] im Hagengebirge auf Neuguinea sieht es im Jenseits ähnlich aus wie im Diesseits, und die Toten leben dort ebenfalls nach Stammesverbänden getrennt und legen Gärten an, aber die Männer befürchten, daß sie dort nur Kot zu essen bekommen, während sie im Leben das

---

14 *Nevermann*, Söhne, S. 19 ff.
15 *Georg F. Vicedom* und *Herbert Tischner*, Die Mbowamb, II. Hamburg 1943, S. 342.

Gute gegessen und den Frauen das gegeben haben, was sie nicht mochten. Hier liegt einer der wenigen Fälle vor, in denen eine Vergeltung erwartet wird. Die Unterschiede zwischen Arm und Reich bleiben nach der Meinung der Mbowamb allerdings weiter bestehen, und sonst ist von Lohn und Strafe weiter keine Rede.

Soweit man Strafen der übernatürlichen Wesen für Vergehen befürchtet, glaubt man, daß sie schon im Diesseits eintreten und daß vor allem die Ahnen den Übertretern der von ihnen geschaffenen Ordnung Krankheit, Mißwuchs, Überschwemmungen oder anderes Unheil senden. Die Sittenordnung ist allerdings etwas ganz anderes als diejenige, die mit christlichen Maßstäben gemessen wird. Gewöhnlich gehören zu den schwersten Vergehen, die das Mißfallen der Ahnen erregen, Blutschande — die Kardinalsünde der Eingeborenen — im weitesten Sinne, also auch Heiraten innerhalb der eigenen Verwandtschaftsgruppe, wo nach abendländischen Begriffen schon keine Rede mehr von Blutsverwandtschaft sein kann, ferner Mißachtung von Eigentum, Gesundheit und Leben der Totem- und Stammesgenossen, nicht aber von Fremden, Nichtbefolgung von Riten, die die Ahnen oder Dämonen einsetzten, oder ihre schlechte Ausführung und die Übertretung von Tabus. Dagegen können Kannibalismus, Kopfjagd, sexuelle Orgien usw. nicht nur nicht verboten, sondern unter bestimmten Bedingungen sogar in das religiöse Leben einbezogen und daher unerläßlich sein.

Neben den Ahnengeistern treten örtliche Geister unbestimmter Herkunft und nicht örtlich gebundene schweifende Wesen auf. Beispielsweise nehmen die Einwohner von Mittel-Neuirland[16] an, daß an vielen Gewässern, Sümpfen, Steinen, Bäumen, Bergen und anderen Plätzen Wesen in der Gestalt von Schlangen, menschlichen Mißgeburten, Fischen, waldschratähnlichen Ungeheuern — z. T. mit Pflanzen statt der Haare —, Wildschweinen, Zwergen usw. wohnen, die den Menschen teils freundlich, teils boshaft gegenüberstehen oder nur den Einwohnern des Bezirks wohlgesonnen sind. Diese *Masalai* sind bloß untergeordnete Geister und haben nur lokale Bedeutung. Ein eigentlicher Kult ist ihnen nicht gewidmet, es sei denn, daß ihr Aufenthaltsort in einem Zusammenhang mit dem Regenzauber steht. Bedeutender sind die *Kaia* von Neubritannien[17], die als Menschen oder Schlangen oder auch in Mischgestalten auftreten und in Höhlen oder Bäumen wohnen, aber auch in Steinen oder Vulkanen verkörpert sein können. Ihnen wird in den meisten Fällen eine weit über ihren Bezirk hinausgehende Macht zugeschrieben, die sich in guter oder böser Weise äußern kann. Entsprechend kennt man auf den südlichen Salo-

16 *Augustin Krämer*, Die Malanggane von Tombara. München 1925, S. 36 ff. — *Hans Nevermann*, Tiergeschichten und mythische Stammbäume aus Neumecklenburg. Zeitschr. f. Ethnologie, 81, 1956, S. 183 ff.
17 *August Kleintitschen*, Mythen und Erzählungen eines Melanesierstammes. St. Gabriel-Mödling 1924, S. 304 ff.

monen[18] wieder örtlich gebundene Riffgeister, oft in Haigestalt oder als eine Art Fischmenschen, aber daneben auch Seedämonen, die nicht an bestimmte Wohnsitze gebunden sind. Wesentlich scheint es den Eingeborenen, sich die Wohlgesinntheit der Guten unter ihnen durch Opfergaben zu erhalten und auf die gleiche Weise die Bösen freundlicher zu stimmen.

Auf der Insel Guadalcanal unterscheidet man Geister verstorbener Krieger, Schlangengeister, die der Arbeit in den Gärten günstig gesinnt sind, und an den Küsten auch Haigeister, die die Seefahrer schützen[19]. Die Gururumba im Asaro-Tal im Hochland von Neuguinea kennen ebenfalls der Gartenarbeit freundliche Geister, denen man in kleinen umzäunten Häuschen in den Gärten Lebensmittel opfert, daneben aber auch bösartige Geister in nur halbmenschlicher Gestalt wie Fledermäuse mit Menschenköpfen, behaarte Wesen usw., denen man vor allem große Lüsternheit nachsagt[20].

Zum Teil nehmen diese Wesen wie die Vulkandämonen den Charakter von Naturgottheiten an, zu denen Gottheiten der See, des Gewitters und der Gestirne gehören. Da die Melanesier jedoch kein Hochseeschiffahrt treibendes Volk wie die Polynesier und Mikronesier sind, wird den Gestirnen keine große Bedeutung zugemessen. Der Mond ist zwar von einiger Bedeutung für die Zeitrechnung, aber die Sonne kaum, wenn auch beide in der Mythologie vorkommen.

Unter die Naturgeister kann man allerdings meistens kaum diejenigen rechnen, die sich als Riesenschlangen, Krokodile usw. sehen lassen, denn meistens muß man sie als die Urahnen der Eingeborenen betrachten[21]. Auch das Kulturheroenpaar kann als Sonne und Mond auftreten[22].

Selbst die Verehrung heiliger Berge und anderer Orte kann sich in erster Linie auf Geister oder Ahnen beziehen und nicht nur das Siedlungsgebiet, sondern auch die Siedlungsgemeinschaft meinen.

Die Vorstellung von einem über allen Wesen stehenden höchsten Wesen ist in Melanesien wenig entwickelt und fehlt vielerorts ganz. Wo sie vorkommt, schreibt man diesem Wesen zwar die Erschaffung der Welt zu, glaubt aber, daß damit seine Aufgabe beendet war, und widmet ihm keinen eigenen Kult. Nur ganz gelegentlich taucht dann in Redensarten oder Formeln sein Name auf.

Für diese Einstellung bezeichnend ist es, daß in einem Teile Neuirlands nicht einmal Gewißheit darüber besteht, welchen Geschlechtes das Höchste Wesen ist, obwohl hier der Name *Hintubuhet* mit dem Worte *hin* = Weib

---

18 *C. E. Fox*, The Threshold of the Pacific. London 1924, S. 89 ff. – *W. G. Ivens*, Melanesians of the South-East Solomon Islands. London 1927, S. 187, 200, 229.
19 *Ian Hogbin*, A Guadalcanal Society. New York 1964, S. 73 ff.
20 *Philip L. Newman*, Knowing the Gururumba. New York 1965, S. 62 f.
21 *H. Aufenanger*, Aus dem Leben der Duna am Kapiago-See in Neu-Guinea. Zeitschr. f. Ethnologie, 92, 1967, S. 54.
22 *Kleintitschen*, a.a.O., S. 60 ff.

zusammenhängt und dort Mutterrecht herrscht. Mit Recht kann gesagt werden: „Sie ist eine Göttin, welche sich um Welt und Menschen nicht mehr kümmert, welche allen Dingen ihren freien Lauf läßt und der niemand verpflichtet ist. Sie erläßt keine Gebote und Verbote, sie verlangt nichts, ist mit allem einverstanden, bestraft nicht und belohnt nicht."[23]

Viel bedeutsamer sind für den Glauben der Melanesier die Kulturheroen oder die kulturbringenden Urahnen der Totemclans, die mit einem Worte der Marind-anim als *Dema* bezeichnet werden.

Kosmogonien im Sinne der Polynesier fehlen in Melanesien. Die Entstehung der Welt und die Herkunft der übernatürlichen Wesen ist hier bei weitem nicht so wichtig wie die wiederum für die Polynesier nicht wichtige Frage nach der Schöpfung oder Herkunft der ersten Menschen und die Frage der Entstehung der Eigenarten der Welt, d. h. nach ihrer Ausgestaltung und nach der Entwicklung der Kultur.

In Melanesien wird kaum die Frage nach der Herkunft der Kulturheroen gestellt, sondern die nach ihren Taten, nach dem Warum der heutigen Zustände, aber auch die Frage, wie es in der Urzeit gewesen sein mag. Die Antwort lautet stets: Es war damals ganz anders als heute. Die Welt war in vielen Dingen noch unvollkommener, und erst der oder die Kulturheroen mußten sie besser machen. Andererseits brauchte damals noch niemand zu sterben, und erst durch Geschehen in der Urzeit — falsche Übermittlung der Botschaft „Der Mensch soll sterben und wiedergeboren werden, aber der Mond soll sterben und nicht wiederkommen", den Verlust der Fähigkeit, die Haut wie die Schlangen zu wechseln und immer wieder jung zu werden, oder auch den ersten Mord unter den Wesen der Urzeit — kam der Tod als unvermeidliches Übel in die Welt. Krankheiten, verderblicher Zauber, Hungersnöte, Zwietracht und andere Übel nahmen damals gleichfalls ihren Anfang. Zugleich wurden den Menschen aber auch die Nahrungsmittel, das Feuer, der Gebrauch der früher fehlenden oder unvollkommenen Genitalien zur Fortpflanzung, Kleidung, Hausbau und die Kenntnis vieler nützlicher Fähigkeiten vermittelt, ganz abgesehen davon, daß dem die Schaffung von Bergen und Flüssen auf der früher ebenen und trockenen Erde vorausging.

Wie wenig wichtig die Frage nach der Herkunft der Kulturheroen sein kann und wie wenig sie oft auch „Heroen" sind, zeigt eine Überlieferung der Bongu an der Astrolabebai auf Neuguinea[24]. Danach besaß eine alte Frau früher den Mond, den sie in einem Topf verwahrte, und das Meer, das alle Seetiere in sich barg, mit Brotfruchtbaumblättern abgedeckt an der Giebelwand. Neugierige lüfteten den Topfdeckel: der Mond entwich an den Himmel,

23 *G. Peekel*, Religion und Zauberei auf dem mittleren Neu-Mecklenburg. Münster i. W. 1910, S. 5 f.
24 *A. Hanke*, Grammatik und Vokabularium der Bongu-Sprache. Berlin 1909, S. 97 und S. 104 f.

und spielende Jünglinge durchbohrten mit einem Speer die Blätter über dem Meere, worauf es ausfloß. Wie Mond und Meer in den Besitz der alten Frau — vielleicht sogar zweier verschiedener Frauen — kamen und wie ihr Dorf und seine Bewohner entstanden, das wird überhaupt nicht untersucht.

Die Unvollkommenheit der Welt, wie sie heute ist, erklärt man sich zum Teil durch das Wirken zweier Kulturheroen, die auf der Gazelle-Halbinsel von Neubritannien *Kabinana* und *Purgo* oder *Karvuvu* heißen[25]. *Kabinana* wird alles Gute im wirtschaftlichen, gesellschaftlichen und sittlichen Leben zugeschrieben, während *Purgo* nicht aus Bosheit, sondern eher aus Unverstand alles Unerfreuliche veranlaßte, z. B. statt einen Thunfisch zu erschaffen, einen Hai machte, die Menschen das Töten lehrte oder die Früchte in den Baumkronen statt am Stamm wachsen ließ, so daß man heute Mühe hat, sie zu ernten. Beide Kulturheroen stehen fast an der Stelle eines Schöpfers und werden gelegentlich auch mit Sonne und Mond identifiziert.

Andere Gebiete kennen eine offenbar ältere Mythe von einem menschenfressenden Ungeheuer[26] in Riesen-, Schweine- oder Schlangengestalt, das alle Menschen in die Flucht treibt bis auf eine schwangere Frau, die sich als eine Art Erdgottheit in einer Höhle verbirgt und dort einen Sohn oder Zwillinge gebiert, die heranwachsen und das Ungeheuer schließlich töten.

Eine dritte weit verbreitete Mythe weiß von einer riesigen Schlange als Bringerin von Kulturgütern[27]. Entweder wird sie getötet und zerstückelt, und aus ihren begrabenen Teilen entstehen die Kulturpflanzen, oder diese Nahrungspflanzen und das Feuer werden von den ersten Menschen aus ihrem Innern geholt.

Eigenartig ist es, daß auf den Admiralitätsinseln zwar die Mythen von einer solchen kulturbringenden Schlange berichten, daß es aber keine künstlerische Darstellung von ihr gibt, während zu einem verbreiteten Motiv der Holzplastik, dem Krokodil, das einen Menschen verschlingt, bisher keine Mythe bekanntgeworden ist, zumal hier das Kultbundwesen, in das eine Verschlingermythe hineinpassen würde, fehlt. Aller Wahrscheinlichkeit nach sind mit dem menschenfressenden Krokodil Häuptlinge oder Krieger und vielleicht auch gefährliche Kriegsboote und -waffen gemeint.

Auch die dämonischen Vorfahren der einzelnen Totemclans gelten häufig

25 *Jos. Meier*, Mythen und Erzählungen der Küstenbewohner der Gazelle-Halbinsel. Münster i. W. 1909, S. 13 ff. — *August Kleintitschen*, Mythen und Erzählungen eines Melanesierstammes. St. Gabriel-Mödling 1924, S. 18 ff.
26 *Carl A. Schmitz*, Zum Problem des Kannibalismus im nördlichen Neuguinea. Paideuma VI, 1954–58, S. 381 ff. — *Ders.*, Die Jawik-Figuren der Pasum in Nordost-Neu-Guinea. Jahrb. des Mus. f. Völkerk. zu Leipzig, XVII, 1958. Berlin 1960, S. 38 ff. — *Augustin Krämer*, Die Malanggane von Tombara. München 1925, S. 42 f. — *Hans Ritter*, Die Schlange in der Religion der Melanesier. Basel 1945, S. 22. — *Alphonse Riesenfeld*, The Megalithic Culture of Melanesia. Leiden 1950 (zahlreiche Varianten).
27 *Richard Thurnwald*, Forschungen auf den Salomo-Inseln und dem Bismarck-Archipel, I. Berlin 1912, S. 409.

als Kulturbringer. Sie, die man mit einem Ausdruck der Marind-anim als *Dema* bezeichnet, lebten in der Urzeit in wechselnder Gestalt, bald Tier oder Pflanze und bald Mensch. Sie sind nicht unsterblich, sondern in den Mythen wird oft von ihrer Tötung gesprochen, und trotzdem sind sie noch immer vorhanden und wirksam. Von ihnen stammen alle Tiere und Pflanzen und zugleich auch die Menschen ab, die so ihre totemistischen Beziehungen zur Tier- und Pflanzenwelt haben. Zugleich sind die *Dema* die Erschaffer aller Kulturgüter, bisweilen nicht unmittelbar, sondern so, daß sie Emanationen in Gestalt nymphenartiger Wesen hatten, von denen wieder manche Pflanzen und Tiere herrühren. Am großartigsten und umfassendsten sind diese Vorstellungen bei den Marind-anim entwickelt, die sich redlich bemüht haben, alle Erscheinungen dieser Welt in ihre *Dema*-Mythologie einzuordnen. So gehören die Tauben zu den Bananen, weil sie unter Bananenblättern entstanden, und der Dema *Geb* hat nach der Mythologie etwas mit Termitenbauten, einer besonderen Bananenart, den Seepocken, einigen Muschelarten, der Kokospalme und dem Monde zu tun[28]. Nur wenige Dinge der Neuzeit haben keinen Platz in diesem System gefunden wie der Tabak oder aus Indonesien eingeführte Pflanzen, während andere — etwa ein Leuchtfeuer auf der Insel Daru im benachbarten Britisch-Neuguinea als Wohnort des Feuer-Demas oder ein um 1928 an der Küste gestrandeter Pottwal als Sagopalmenbeschützer-Dema — doch noch hineinkamen.

Zwar hat jeder einzelne Totemclan seinen eigenen Mythenkreis, aber es gibt doch eine gewisse Zusammenfassung, die sich hauptsächlich auf die Wanderungen der *Dema* in der Urzeit und die Entstehung der ersten Menschen bezieht. Nach ihr wanderten die Dema unter der Erde, nur der Hunde-Dema auf ihr. Als er nach dem heute noch mit Ehrfurcht betrachteten Platze Sendar bei Kondo-mirav kam, scharrte er ein Loch, aus dem die übrigen Dema ans Tageslicht kamen. Darauf lief das Loch voll Wasser. Auf dem Wasser schwammen fischartig aussehende Wesen, die aus Bambusabschnitten bestanden. Der Storch-Dema pickte nach ihnen, holte sie heraus und wollte sie fressen, aber der Feuer-Dema nahm sie ihm fort. Als die übrigen Dema sich zum Wärmen ein Feuer angezündet hatten, fielen die Bambuswesen zufällig hinein und platzten in der Glut. So bekamen die Wesen Arme und Beine, Augen, Ohren und Nasenlöcher, und als sie dann mit lautem Knall weiter aufplatzten, war die Sprache entstanden. Nun schnitzte der Feuer-Dema weiter an ihnen, bis sie Finger und Zehen hatten und Menschen wurden. Zuerst hatten sie noch Schwimmhäute, die er herausschnitt und fortwarf. Daraus entstanden die Blutegel. Aus diesem Wasserloche kamen nur echte Marind-anim. Andere für weniger wertvoll angesehene Menschen anderer Stämme kamen aus einem zweiten, erst später aufgegrabenen Loche[29].

28 *Wirz*, Marind-anim, I, 2, S. 43 ff. — *Nevermann*, Söhne, S. 26 und S. 99 ff.
29 *Wirz*, Marind-anim, I, 2, S. 184 ff. — *Nevermann*, Söhne, S. 15 ff.

Zu dieser Zusammenfassung verschiedener Mythen gehört noch die Geschichte von dem ersten Menschen, der starb und dann wegen seines Verwesungsgeruches von den andern Menschen fortgeschickt wurde und ins Totenland zog. Dann aber wird von jedem Dema gesondert berichtet, was er weiter tat. Die oft langen Geschichten beziehen sich vielfach auf bestimmte Orte, die etwas mit dem Dema zu tun haben, aber auch auf seine Taten. In ihnen taucht dann aber doch oft wieder das Zusammen- oder Gegeneinanderwirken der verschiedenen Dema auf, und es ist auch von ganzen Familien die Rede. Nur der Seuchen-Dema steht ganz außerhalb dieser Zusammenhänge. Über ihn scheint es keinen besonderen Mythus zu geben, so gefürchtet er auch ist.

Sehr häufig wird auf Neuguinea und im übrigen Melanesien die Frage nach dem Ursprung des Todes gestellt. Meistens wird seine Unvermeidlichkeit damit begründet, daß durch einen Fehler in der Urzeit den Menschen die ihnen zunächst zugedachte Fähigkeit, zu vergehen und wiederzukommen wie der Mond oder sich zu häuten und zu verjüngen wie die Schlangen, abhanden gekommen sei [30].

Wenn auch manchmal vom Tode der Dema die Rede ist, so handelt es sich nie um einen Tod für immer. Sie sind noch vorhanden und werden teils verehrt, teils gefürchtet — es soll das Furchtbarste sein, seinem eigenen Ahnendema zu begegnen —, aber die Wirksamkeit ihrer Schaffenskraft ist allmählich geringer geworden. Daher hat auch die Intensivität der Kultur erheblich nachgelassen, und nunmehr liegt es an den Menschen, die sich in der Mythologie auskennen, regelmäßig für eine Erneuerung der kulturbringenden Vorgänge der Urzeit zu sorgen. Das kann aber nur dadurch geschehen, daß man Riten vollführt, die gewissermaßen alles Geschehen der Urzeit erneuern und den gesamten Vorgang der Schöpfung und Kulturentstehung noch einmal wiederholen und damit neu wirksam machen. Gerade bei diesen Riten kommt es aber darauf an, daß alles ganz genau gemacht wird, damit bei der Wiederholung kein Fehler geschieht und damit der Ablauf der zukünftigen Geschehnisse nicht gefährdet wird und Vorkommnisse, wie man sie auf Neubritannien dem ungeschickten *Purgo* zuschreibt, vermieden werden, sondern daß die reine gute Absicht der Ur-Dema verwirklicht wird. Selbstverständlich liegt hier eine völlig andere Moral als die der Fremden zugrunde, und so ist u. a. die Kopfjagd als Mittel zur Beschaffung von Lebenskraft für den eigenen Stamm oder Clan nach melanesischen Begriffen eine ethische Tat.

Die Hüter solcher Traditionen sind in ganz Melanesien die sogenannten

30 *August Kleintitschen*, Mythen und Erzählungen eines Melanesierstammes. Mödling 1924, S. 71. — *Gerald Camden Wheeler*, Mono-Alu Folklore. London 1926, S. 12. — *R. H. Codrington*, The Melanesians. Oxford 1891, S. 265. — *H. Aufenanger*, Aus dem Leben der Duna am Kapiago-See in Neu-Guinea. Zeitschr. f. Ethnologie, 92, 1967, S. 61. — *B. Malinowski*, Moeurs et coutumes des Mélanésiens. Paris 1933, S. 131. — *R. Parkinson*, Dreißig Jahre in der Südsee. Stuttgart 1907, S. 715 f. — *A. Bernard Deacon*, Malekula. London 1934, S. 734.

Geheimbünde [31]. Diesen Namen verdienen sie eigentlich nicht, da die Mitgliedschaft bei ihnen keinerlei Geheimnis unterliegt, sondern nur das Ritual vor Unmündigen und Frauen verborgen bleiben muß. Es finden sich hier bemerkenswerte Ähnlichkeiten mit Kulten der afrikanischen Guineaküste und anderer Naturvölker (Nordwest-Amerika, Molukken), aber mit dem Unterschied, daß auf Neuguinea und in Melanesien der Kult ausschließlich Angelegenheit der Männer ist und daß die Frauen auch dort, wo ausgesprochenes Mutterrecht herrscht wie auf der Gazelle-Halbinsel, davon ferngehalten werden. Infolgedessen ist diese besondere Kultform oft auch mit der Institution des Männerhauses — auf den Salomonen auch des Boots- oder Häuptlingshauses — eng verknüpft, das die Eigenschaft eines Kultmittelpunktes übernommen hat und nicht nur Schlafhaus für Junggesellen und verheiratete Männer ist, sondern als bedeutendstes Gebäude der Siedlungen auch als Beratungshaus, Gästehaus und eine Art von Tempel dient, dabei aber Frauen und Kindern verboten bleibt. Zugleich sind diese Männerhäuser ein entscheidender Faktor im Leben der örtlichen Gemeinschaft, ganz besonders zu dem Zeitpunkt der Initiation, an dem die männlichen Kinder oder Jugendlichen in die Reihen der Erwachsenen übernommen werden.

Dem Kult, aber auch dem profanen sozialen Leben kann außer dem Männerhaus auch die gesamte Dorfanlage dienen, in der Plätze, Straßen oder Baumgruppen besonders bei Festen eine besondere Rolle spielen [32], so daß mit Recht diese Dinge theatergeschichtlich untersucht worden sind [33]. Besonders eindrucksvoll ist diese Umgebung in den *Horiomu*-Kult im Delta des Fly-Flusses auf Süd-Neuguinea einbezogen, der besonders den Totenkult betont und Maskierte als Repräsentanten der Verstorbenen auftreten läßt, so daß hier auf die Zuschauer eine außerordentlich starke Wirkung ausströmt [34]. In vielen, ja sogar den meisten Fällen geht der Kult ebenso wie die Vorbereitung der Novizen jedoch auf besonderen, von der Siedlung entfernten und Uneingeweihten unzugänglichen Plätzen vor sich.

Überall in Melanesien bestehen derartige Kultbünde, die sich in ihren Kultlegenden und in ihrem Endzweck sehr wesentlich voneinander unterscheiden können. Hier gibt es vom Femebund wie dem berühmt gewordenen *Dukduk* auf Neubritannien, der anstelle der machtarmen Häuptlinge die Rechtspflege übernahm, zugleich aber auch erpresserische Rundfahrten unternahm, bis zu

31 *Erhard Schlesier*, Die melanesischen Geheimkulte. Göttingen 1958. — *Ch. Keyßer*, Aus dem Leben der Kaileute. In: *Richard Neuhauss*, Deutsch-Neu-Guinea, III, Berlin 1911, S. 36 ff. — *Felix Speiser*, Eine Initiationszeremonie in Kambrambo am Sepik. Ethn. Anzeiger, IV, 1937, S. 153 ff. — *Ders.*, Über Initiationen in Australien und Neu-Guinea. Verhandl. der Naturforsch. Ges. in Basel, XL. Basel 1929, S. 53 ff.
32 *Maurice Leenhardt*, Gens de la Grande Terre. Paris 1937, S. 18 ff.
33 *Carl A. Schmitz*, Balam. Emsdetten 1955.
34 *Gunnar Landtman*, The Kiwai Papuans of British New Guinea. London 1927, S. 327 ff. — *F. E. Williams*, Drama of Orokolo. Oxford 1940.

dem wegen der angeblichen Zauberkünste seiner Mitglieder gefürchteten *Iniet*-Bund desselben Gebietes sehr viele Abstufungen. Gemeinsam ist diesen Kultbünden jedoch stets, daß sie mit der Aufnahme eine Art Jugendweihe, oft mit Beschneidung oder dem Anbringen von Narbenschmuck ("Geisterbissen") und eindrucksvoller Erziehung in der Abgeschiedenheit, vornehmen, daß sie eine Begegnung der Novizen mit den Ahnengeistern zu vermitteln suchen, wobei Masken und ein besonderes Mahl von ausschlaggebender Bedeutung sind, und daß sie versuchen, einen besonderen Fruchtbarkeitszauber für den Initianden, seine Familie und seinen Besitz auszuüben, auf ihn noch sonst besondere Kräfte zu übertragen und vor allem bei den großen Festen die Wiederholung des Schöpfungs- und Kulturbringungsvorganges zu seiner Erneuerung und Verstärkung durchzuführen. So wird im Rapa- und im Imo-Kult auf Süd-Neuguinea die Erschaffung des Feuers immer wieder dadurch wirksam gemacht, daß man das alte, gewissermaßen schwach gewordene Feuer verlöscht und es unter besonderen Riten neu entfacht. Die Taten der Dema werden den Teilnehmern an den Kultfesten durch dramatische Handlungen eindrucksvoll zum Bewußtsein gebracht, und diese Aufführungen, Tänze und Rezitationen sind mehr als reine Schauspiele, nämlich ein magisches Mittel, den Schöpfungsvorgang zu wiederholen oder wenigstens das, was seit ihm in der Welt alt und schwach geworden ist, mit neuer Kraft und Wirksamkeit zu erfüllen.

Zugleich dienen diese Feiern dazu, den Kultbünden neue Mitglieder zuzuführen. Die Aufnahme fällt in den meisten Fällen mit der Mannbarkeitsfeier zusammen und steht unter dem Symbol des Sterbens als Knabe und Profaner und des Wiedererstehens als Mann und Eingeweihter. Der Initiand stirbt dadurch, daß ihn ein Ungeheuer verschlingt, und wird neu geboren, wenn es ihn wieder von sich gibt. Das kann so geschehen, daß wie bei den Eingeborenen des Purari-Deltas[35] auf Neuguinea die Novizen durch das Innere einer riesigen krokodilartigen Figur aus Flechtwerk hindurchmüssen, aber auch so, daß sie sich von der Verschlingung durch ein Schweineopfer freikaufen können wie im Barlum-Kult des Finschhafengebietes, der übrigens Stämme mit ganz verschiedenen Sprachen und Kulturen umfaßt, oder schließlich kann man das Verschlingen innerhalb des Bundes übergehen, während die Nichteingeweihten davon überzeugt sind, daß es stattfindet.

Zum Verschlingen kann auch wie in Kambrambo am Sepik das Blutigkratzen mit Krokodilunterkiefern oder mit stachligen Rotanruten kommen[36], oder es genügt das Wohnen der Initianden bei hölzernen Kultkrokodilen, die man auch vor Kopfjagden über deren Ausgang befragt[37]. Gelegentlich

---

35 *F. E. Williams,* The Natives of the Purari Delta. Port Moresby 1924, S. 131 ff. — *Paul Wirz,* Beiträge zur Ethnographie des Papua-Golfes. Leipzig 1934, S. 80 ff.
36 *Paul Wirz,* Kunst und Kult des Sepik-Gebietes. Amsterdam 1959, S. 13 f.
37 *Herbert Tischner,* Das Kultkrokodil vom Korewori. Hamburg 1965, S. 17 f.

treten außer Dämonen und Krokodilen auch andere Verschlinger auf, sogar der Kasuar, obwohl dies zu seiner Lebensweise durchaus nicht paßt.

Die Stimme des auftretenden Ungeheuers wird von den Eingeweihten durch das geschwungene brummende Schwirrholz oder durch dumpf klingende „Geisterflöten" aus langen Bambusrohren wiedergegeben. Was hier wie ein Betrug an den Außenstehenden aussehen könnte, ist es nicht in vollem Maße, sondern auch die Eingeweihten betrachten diese Instrumente mit Scheu und Ehrfurcht als Verkörperung des Dämons oder wenigstens seiner Stimme.

Etwas anders steht es damit, daß man von den Außenstehenden für diesen Dämon Essen verlangt, das man dann selbst verzehrt. Aber auch hier liegt häufig noch die Idee zugrunde, daß dies gemeinsame Essen auf dem weit von den Siedlungen gelegenen Festplatz eine besondere Gemeinschaft der Eingeweihten untereinander und mit den Ahnen begründet. Auch die strenge Verpflichtung zum Schweigen über die Vorgänge bei der Einweihung, dessen Bruch rücksichtslos mit dem Tode gesühnt wird, schafft einen engen Zusammenhalt.

Der Missionar Keyßer [38] hat darauf aufmerksam gemacht, daß die uns oft roh erscheinenden Sitten bei der Einweihung einen erzieherischen Zweck verfolgen. Er hatte beobachtet, daß den Knaben und Jünglingen in seinem Arbeitsbereich (dem des Sattelberges in Nordost-Neuguinea) jede Erziehung fehlt — was aber nicht auf andere Gebiete Melanesiens und Neuguineas zutrifft —, und so meint er: „Sollte nicht das ganze Stammesgefüge zerstört, sollte die Einheit und der Bestand der Sippe erhalten werden, so mußte die männliche Jugend sich eingliedern lassen. Ein gewaltsames Brechen des Eigenwillens war dazu unbedingt notwendig. Die Burschen mußten Respekt bekommen vor den Anordnungen, Sitten und Bräuchen der Ahnen. Diesen Dienst leistete das große Fest der Jugendweihe. Seltsam erscheint, daß die Eingeborenen diesen Sinn der Feier so wenig lebendig erhalten haben." Es ist, so wichtig die erzieherische Seite der Feiern auch tatsächlich ist, allerdings doch nicht so seltsam, denn vor diesen gewollten oder ungewollten Nebenzweck tritt immer wieder das Bestreben, in den Riten die Schöpfung zu erneuern und die Welt, die an Kraft zu verlieren droht, wieder in einen stärkeren und dauerhafteren Stand zu setzen.

Was als Mutproben an den Novizen oder Quälerei erscheint, wird von den Mitgliedern der Kultbünde vielfach anders aufgefaßt. Entweder handelt es sich um Handlungen zur Beförderung der Lebenskraft, besonders der sexuellen Potenz, und damit stehen dann auch oft entsprechende Ausschweifungen im Zusammenhang, oder man bezieht sie auf die frühere Unwürdigkeit der Knaben, die ohne Kenntnis der Erschaffung der Kulturgüter durch die Dema schon von ihnen Gebrauch gemacht haben, also unbewußt Vergehen begangen

<hr>

38 *Christian Keyßer, A* jo! Nürnberg 1926, S. 120.

haben und dafür nun bestraft werden müssen, um entsühnt wissende Männer zu werden. Eine dritte Erklärung für anscheinende Quälereien ist wie beim Feuerlauf der Initianden bei den Tari des zentralen Hochgebirges von Neuguinea das Bestreben, sie von allem zu reinigen, was ihnen noch von kindlichem und von weiblichem Einfluß anhaftet, so daß sie in den Stand gesetzt werden, richtige Männer zu werden [39].

Stellenweise kommt eine Aufteilung der Kultbünde in Grade vor, die immer wieder neue Aufnahme- oder Beförderungsriten verlangen. Am ausgeprägtesten ist das beim *Suque* [40] (sprich *Sungue*) der Neuen Hebriden der Fall, wo das Kultbundwesen das gesamte Gemeinschaftsleben beherrscht und die Männer der höchsten Grade die Stellung einnehmen, die anderswo Häuptlinge haben. Die Zucht der für die Opfer bei Aufnahme und Graderhöhungen nötigen Eber mit künstlich gerundeten Hauern hat hier einschneidenden Einfluß auf das Wirtschaftsleben gewonnen, und an die Stelle des Ahnenkultes ist hier der Kult der verstorbenen *Suque*-Männer hoher Grade getreten, mit denen ihre Nachfolger schon zu Lebzeiten in Verbindung zu stehen glauben. Mit den einzelnen Graden sind besondere Plätze der verschiedenen Mitglieder im *Gamal,* dem Versammlungshause, verbunden, und jeder Grad hat außer besonderen Abzeichen auch besondere Kochfeuer. Die Benutzung des Feuers oder des Sitzplatzes eines niedrigeren Grades zieht sofort einen Rangverlust nach sich. Bezeichnend für Männer hohen Grades ist es hier, daß sie Figuren mit mehreren Gesichtern aufstellen dürfen, die versinnbildlichen, daß ihre Besitzer über verdoppeltes oder noch größeres Mana verfügen.

Nur wenige Kultbünde wie dieser *Suque* oder der *Iniet* auf Neubritannien haben keine Masken. Dafür kommt bei den Küstenbewohnern der Gazelle-Halbinsel außerhalb der Kultbünde die urwüchsigste Maskenform für den Ahnenkult vor, die aus dem übermodellierten Teil eines echten Ahnenschädels besteht [41]. In dem Augenblick, in dem jemand sie anlegt, soll der darin wohnende Ahnengeist auf ihn übergehen, und eine solche Besitzergreifung des Maskenträgers findet auch beim Tragen von anderen Ahnenmasken oder Dämonenmasken statt. Es handelt sich niemals um eine bloße Verkleidung, und in dem Augenblick, in dem nach einer Initiation die Einweihenden die Masken ablegen, sind die Neuaufgenommenen nicht etwa der Meinung, daß man sie betrogen hat, sondern die Masken gelten nach wie vor als beseelt, und die Männer, die sie tragen dürfen, genießen dieses Vorrechtes wegen hohe Achtung. Bisweilen ist es allerdings zu einer Degeneration der alten Bedeutung der Masken gekommen. Dafür ist der *Dukduk*-Bund [42] der Gazelle-Halbinsel ein Beispiel, bei dessen Feiern der Mythus vom Sterben und Wie-

39 *Maslyn Williams,* Neuguinea. Wien 1966, S. 213.
40 *Felix Speiser,* Südsee, Urwald, Kannibalen. Stuttgart 1924, S. 75 ff.
41 *Richard Parkinson,* Dreißig Jahre in der Südsee. Stuttgart 1907, S. 593 ff.
42 *Parkinson,* a.a.O., S. 574 ff.

dergeborenwerden eines Vogelgeistes verblaßt ist und einer Terrorisierung der Nichteingeweihten durch die maskierten Mitglieder, die Lebensmittel und Muschelgeld erpressen, Platz gemacht hat. Im übrigen ist das Auftreten der Maskenträger hier zu einem bloßen Schauspiel herabgesunken. Auch auf Neukaledonien, wo man — wie auf den Admiralitäts-Inseln, St. Matthias und Santa Cruz — keine Kultbünde kennt, ist das Maskenwesen seines alten Gehaltes entkleidet.

Im *Iniet*-Bund[43], dessen Kultlegende behauptet, nur die alten Iniet-Leute hätten früher das Feuer besessen und benutzt, gelten kleine Figuren in Menschen- oder Tiergestalt aus Stein als Sitz der Seelen verstorbener Bundesmitglieder. Sie dürfen nur von den Eingeweihten gesehen werden und gelten als untereinander verwandt. Den lebenden Iniet-Leuten schreibt man die Beherrschung aller Zauberei und die Fähigkeit zu, sich in Tiere verwandeln zu können. Sie müssen sich den Iniet-Ahnen zuliebe des Schweine- und des Känguruhfleisches enthalten, was bei der Seltenheit anderer Fleischnahrung ein wirkliches Opfer bedeutet.

Andere plastische Darstellungen[44] stehen in Melanesien weniger mit den Kultbünden als mit dem privaten oder öffentlichen Ahnenkult in Verbindung. Ein Übergang vom Ahnenschädelkult zur reinen Holzplastik ist bei den sog. *Korwaren* der Nordküste von West-Neuguinea gegeben, die noch den Schädel in einer Holzfigur enthalten, also wirklich noch als der Ahne selbst gelten dürfen. Neben echtem Schädelkult tritt aber sonst die Verehrung von geschnitzten Figuren auf, die als Sitz eines Ahnen oder auch eines anderen übernatürlichen Wesens gelten. Gewöhnlich betrachtet man sie als Mana-geladen. Die Verehrung äußert sich meistens in der Bitte um Gewährung von Wünschen und gelegentlichen Opfern, aber kaum jemals in etwas, was einem Gebet vergleichbar wäre.

Am großartigsten hat sich die kultische Schnitzkunst im Nordteil Neuirlands[45] entwickelt. Es ist nicht ausgeschlossen, daß hier der Einfluß alter Hochkulturen vorliegt. Bei aller künstlerischen Vollendung ist hier aber insofern ein Verfall eingetreten, als man die Rechte auf die Benutzung bestimmter Figurenarten bei den von Zeit zu Zeit stattfindenden Totenfeiern käuflich erwerben kann und das Gedenken der Toten von dem Gedanken an Schaustellung des Reichtums der Familie und Geltungstrieb beeinträchtigt wird. Zum Teil ist hier auch das Überladene der Figuren, der sogenannten *Malanggane,* nicht mehr der Ausfluß einer reichen Mythologie, sondern der

43 *Hubert Kroll,* Der Iniet. Zeitschr. f. Ethnologie 69, 1937, S. 180 ff.
44 *Ernst Vatter,* Religiöse Plastik der Naturvölker. Frankfurt a. M. 1926. — *Herbert Tischner* und *Friedrich Hewicker,* Kunst der Südsee. Hamburg 1954. — *Maurice Leenhardt,* Arts de l'Océanie. Paris 1947, S. 23 ff. — *S. Kooijman,* De kunst van Nieuw-Guinea. Den Haag o. J. — *Paul Wirz,* Kunst und Kult des Sepik-Gebietes. Amsterdam 1959.
45 *Augustin Krämer,* Die Malanggane von Tombara. München 1925.

eingetretenen Verwirrung zahlreicher mehr oder weniger unbedeutender mythologischer Einzelheiten. Im Gegensatz zu den echten *Malangganen,* die für Einzelahnen hergestellt werden — oder besser wurden —, stehen die zwitterhaften *Uli*-Figuren, die höchstwahrscheinlich Gruppen von Toten und wohl Häuptlinge oder andere einflußreiche Personen darstellen, die zwar Männer, aber gewissermaßen Mütter der Gemeinschaft waren, und die wohl auch zu den Ahnenfiguren zu rechnenden einfacheren Regenmacherfiguren, die auf besonderen Regenzauberplätzen aufgestellt werden. Statt dieser Figuren können aber auch Schädel oder manahaltige Steine, Tridacnamuscheln usw. auf diesen Plätzen die erste Stelle einnehmen.

Plastik im Zusammenhang mit anderen Gegenständen kann eine religiöse Bedeutung haben, wie es bei Figuren an Kultstühlen oder Nackenstützen der Fall ist. Dabei ist oft schwer zu entscheiden, ob es sich um Ahnen, Totemtiere, Geister oder Dämonen handelt oder ob überhaupt keine tiefere Bedeutung vorliegt. Eine Krokodildarstellung an der Spitze eines Einbaums, wie sie häufig auf dem Sepik in Nordostneuguinea vorkommt, soll das Fahrzeug so schnell wie ein Krokodil machen. Figuren an den oft Uneingeweihten verborgen gehaltenen, hölzernen Schlitztrommeln verstärken ihre Kraft, und Schnitzereien an Speeren sollen sie treffsicher machen. Damit ist jedoch nicht gesagt, daß jede figürliche Darstellung (wie z. B. Menschengestalten an Löffelstielen oder Kämmen) eine tiefere Bedeutung hat. Dagegen können wieder einzelne seltene Gegenstände wie besondere Steine oder von fremden Stämmen hergestellte geknüpfte Tragtaschen zu Kultobjekten werden, ohne daß man ihnen ihre Bedeutung zunächst ansieht. Das gilt besonders von steinernen Gegenständen, die man in der Erde gefunden hat und deren Bedeutung und Herstellungsweise die heutige Bevölkerung nicht mehr kennt.

Eine Zwischenstufe zwischen Kultfiguren und Masken nehmen die mit Baststoff bezogenen Masken des altertümlichen Volkes der Baining [46] auf Neubritannien ein, das neben echten Masken auch andere, ebenso hergestellte, riesige Gebilde kennt, die bis zu 10 Meter hoch sind und von Männern auf dem Kopfe — nicht zur Verhüllung des Gesichtes — getragen werden, während andere Männer diese *Hareicha* mit Stangen stützen. Lange gelingt das nicht, und gewöhnlich fällt der Kopfaufsatz schon nach wenigen Schritten seines Trägers zu Boden. Dann stürzt sich alles auf ihn und reißt Teile von der Baststoffbekleidung ab, um sie als Fruchtbarkeitszauber zu verwahren. Solche Feiern werden nach der Ernte veranstaltet und sollen sich günstig auf die Fruchtbarkeit der nächsten Anbauperiode auswirken. Mit Kultbünden haben sie nichts zu tun, und die *Hareicha* dürfen hier unbedenklich auch von Frauen und Kindern gesehen, angefaßt und zerrissen werden. Wo bei anderen Stämmen Kultbundmasken öffentlich auftreten wie bei den Sulka [47] derselben Insel,

46 *Parkinson,* a.a.O., S. 613 ff.   47 *Parkinson,* a.a.O., S. 635 ff.

lassen die Frauen sie bisweilen von ihren Kindern berühren, um deren Wachstum zu fördern. Aber hier ist doch eine große Scheu vorhanden, und die Träger der Masken bleiben unbekannt, meistens sogar die wirkliche Bedeutung der einzelnen Masken.

Auch die Marind-anim benutzen keine eigentlichen Masken in ihren Kultbünden, sondern geschnitzte figürliche Kopfaufsätze, die mit Wachs bestrichen und mit bunten Fruchtkernen beklebt sind. Ähnlich verzierte Palmrindenstücke bedecken den Körper, während das Gesicht des Trägers frei bleibt. Dazu kommen dann noch weitere Requisiten in den Händen der Darsteller der einzelnen Dema. In den Kultbund, der diese Aufführungen am prächtigsten gestaltet hat, den *Majo,* werden im Gegensatz zu den übrigen Bünden auch Mädchen aufgenommen, schon damit man mit ihnen Orgien feiern und sie zum Teil auch zu Kannibalenmahlzeiten umbringen kann, während andere davon verschont bleiben, so daß man hier alte Frauen treffen kann, die genauso wie die Männer in alle Geheimnisse des Bundes eingeweiht sind. Nachdem das Wirken aller Dema vorgeführt worden ist und die Novizen, die zuerst nackt waren und ungenießbare Nahrung erhielten, langsam der Kleidung, des Schmuckes und genießbarer Nahrung würdig gemacht worden sind, erscheinen die Träger der sogenannten *Gari,* riesiger halbkreisförmiger Gebilde, deren Anzahl den Eingeweihten verrät, wie viele der Novizen — auch männliche — zum Schlusse getötet werden sollen[48].

Hier ist das Recht zum Tragen bestimmter Kopfaufsätze ganz an die Zugehörigkeit zu bestimmten Totemclans gebunden. Wer den Dema des Seeadlertotems darstellt, muß unbedingt auch zu diesem Totem gehören und womöglich ein verheirateter oder mindestens verlobter Mann sein. Die alten Männer treten hier nicht mehr als Demadarsteller auf, wachen aber gemeinsam, jeder als Ältester seines Clans, über die korrekte Darstellung, die richtige Reihenfolge der Auftritte, die Genauigkeit der Gesänge und die Innehaltung des an manchen Stellen vorgeschriebenen feierlichen Schweigens. Sie sind es auch, die die Schweige-Verpflichtung den Neuaufgenommenen abnehmen und später aufpassen, daß sie nicht übertreten wird. Ebenso bestimmen sie, wer in den Majo aufgenommen werden kann oder muß.

Diese Totemclanältesten bestimmen auch, in welchem Dorfe die Majo-Feiern abgehalten werden sollen, achten darauf, daß sie zur Zeit der Reife eines bestimmten Fruchtbaumes stattfinden, und fordern nach der Einweihung der Novizen zu einer Kopfjagd auf, deren Ziel sie miteinander ausgemacht, aber bis dahin noch nicht verraten haben. Ihnen zur Seite steht eine alte eingeweihte Frau, die Majo-Greisin, die als Mutter aller Novizen angesehen wird. Die Verhaltungsmaßregeln werden den Initianden dagegen von ihren bereits eingeweihten Proponenten und Bürgen gegeben. Von ihnen erhalten

---

48 *Paul Wirz,* Die Marind-anim, II, 2. Hamburg 1925, S. 40 ff.

sie vor allem die Weisung, sich kurze Zeit nach der Aufnahme so zu benehmen, als wären sie neu geboren. Diese Männer müssen auch dafür sorgen, daß der Schmuck Erwachsener bzw. der Altersklassen, die auf das Knabenalter folgen, bereit liegt und daß die nicht eingeweihten Angehörigen der jungen Leute das Nötige zu den Festmählern pünktlich außerhalb des Festplatzes abliefern.

Neben dem Majo bestehen bei den Marind-anim und ihren Nachbarn noch andere Kultbünde, die aber keine weibliche Beteiligung dulden: der *Imo* mit Boots-, Feuer- und Fruchtbarkeitskult, der *Rapa*, ebenfalls mit Feuerkult, der *Sosom*-Bund, der den verschlingenden Riesen und das Schwirrholz kennt, und der ebenfalls Schwirrhölzer benutzende *Ezam*-Bund, dessen Geister jedoch als Zwerge gedacht zu sein scheinen. Es besteht jedoch keine Möglichkeit, daß man auf seinen Wunsch in den einen oder anderen aufgenommen wird, sondern als Minderjährige haben sich die Initianden dem zu fügen, was über sie bestimmt wird, und so richtet sich die Zugehörigkeit ganz danach, welcher Bund in einem Dorfe oder einer lokalen Totemgruppe vorherrscht, zu welchem die eingeweihten männlichen Verwandten gehören und wer überhaupt ausgewählt wird. Eigentlich werden nur körperlich mißgestaltete oder asoziale Menschen von der Aufnahme ausgeschlossen, so daß fast jeder erwachsene Mann einem der Bünde angehört.

Ganz im Gegensatz zum Majo-Bunde, der keine finanziellen Leistungen erfordert, denn den Marind-anim ist das Geldwesen völlig unbekannt, steht der *Suque* der Neuen Hebriden, bei dem schon der Eintritt von einem gewissen Besitz abhängig und der Aufstieg in höhere und höchste Grade nur vermögenden Leuten möglich ist. Die Leitung ist hier also den reichsten Leuten vorbehalten. Nicht viel anders ist es dort, wo man Häuptlinge hat. Meistens ist ihre Macht gering und davon abhängig, ob sie es in einem Kultbund zu Ansehen und Rang bringen. Nur dort, wo keine Kultbünde bestehen, können sie mit den Zauberern und Medizinmännern zusammen auf den Kult Einfluß gewinnen.

Wo wie im *Suque* (sprich *Sungue;* auf Malekula *Nimangki*[49]) eine Gradeinteilung besteht und die Macht der Häuptlinge weit hinter der der Männer hoher Grade zurücksteht, kommt es zu einer besonderen Betonung der Bedeutung des „Mana" der Bundesoberen, denen auch nach dem Tode noch höhere Macht zugeschrieben wird, so daß hier Unterschiede im Totenkult gemacht werden, die auf der Gradeinteilung beruhen.

An die Stelle von echten Schamanen und Priestern treten in Melanesien Leute, die sich auf Zauberei aller Arten verstehen. Man verlangt von ihnen die Fähigkeit, Kranke zu heilen, Regen zu machen oder zu vertreiben, Kriegszüge, Kopfjagden und andere Unternehmungen wie den Bootsbau günstig zu

---

49 *A. Bernard Deacon,* Malekula. London 1934, S. 270 ff.

gestalten, die Pflanzungen gedeihen zu lassen und viele andere Dinge mehr. Dabei kommt es auch zu Spezialisierungen, und viele Leute versuchen auf eigene Faust wenigstens kleinere Zaubereien. Wirklicher Medizinmann kann man aber nur werden, wenn man entweder aus einer manastarken Familie stammt oder glaubt, Mana auf besondere Weise erhalten zu haben, sich also selbst berufen fühlt, oder wenn man eine besondere Ausbildung erhalten hat. Das geschieht bei den Marind-anim [50] so, daß bekannte Zauberer Schüler annehmen, die sich freiwillig melden, sie zunächst in eine Klausur nehmen, ganz wie es die Kultbünde machen, und ihnen nach einer Entbehrungszeit Leichengift zu genießen geben. Wenn sie das überstehen, was keineswegs stets der Fall ist, werden sie mit der Geschichte des Demas *Waba* bekannt gemacht, der alle Mysterien und Riten erfand, und erst dann erhalten sie einen langwierigen Unterricht in Zauberei und Medizin. Der Glaube an die eigenen Fähigkeiten ist bei ihnen sehr stark, und man kann nur ganz wenige Ausnahmen unter ihnen für Betrüger ansehen. Allerdings benutzen sie manchmal kleine Tricks. So wird bei Krankenheilungen, bei denen Massage angewandt wird, gewöhnlich zum Schlusse ein kleiner Gegenstand wie ein Knochen, Stein oder Dorn vorgezeigt, der angeblich der von einem andern Menschen oder einem Geist in den Körper des Kranken hineingezauberte Krankheitserreger war. Das sieht nach Betrug aus, aber tatsächlich sind die Krankenheiler der Ansicht, daß sie den unsichtbaren Krankheitserreger entfernt haben und nun den Zuschauern, die das nicht kontrollieren können, etwas Sinnfälliges bieten müssen [51]. Bei äußerlich ganz ähnlichen Vorgängen kann der Sinn der Handlung aber auch der sein, daß der Heiler die vom Körper entfernte Seele wieder einfängt und sie während der Massage ihm wieder einfügt. Dann braucht natürlich kein Krankheitserreger vorgezeigt zu werden.

Über die innere Einstellung der Medizinmänner wird von den Trobriand-Inseln im Südosten Neuguineas, wo sie Verborgenes durch Träume — übrigens geradezu bestellte und nicht spontane Träume — zu erkunden haben, treffend berichtet [52]: „Einem zynischen Ethnographen könnte der Argwohn kommen, diese prophetischen Träume seien zweischneidiger Art; erfüllen sie sich, so ist dies nicht nur praktisch von Vorteil, sondern beweist auch die Geneigtheit der Ahnen und Macht und Wert der Magie; erfüllen sie sich nicht, so ist dies ein Zeichen, daß die Geister zürnen und aus irgendeinem Grund die Gemeinschaft bestrafen; die Gültigkeit der überlieferten Magie jedoch bleibt bestehen — der Traum tut dem Zauberer in jedem Fall seinen Dienst. Und in der Tat — heutzutage, in diesen Zeiten des Unglaubens und Sittenverfalls, haben die Geister häufig genug Grund zu zürnen, und der Zauberer bedarf aller verfügbaren Mittel, um seine persönliche Autorität und den Glauben an

---

50 *Wirz*, Marind-anim, II, 1, S. 65 ff.
51 *Hans Nevermann*, Die Je-nan. Baessler-Archiv, XXIV, 1942, S. 191.
52 *Bronislaw Malinowski*, Das Geschlechtsleben der Wilden. Leipzig o. J., S. 278 f.

seine Macht aufrecht zu erhalten. Doch in den alten Zeiten — und selbst heute noch in Gegenden mit ungeschwächter Tradition — konnte von fingierten Träumen nicht die Rede sein. Jedenfalls entsprangen sie nie der Angst des Zauberers um seine eigene Stellung, sondern der Sorge um den Erfolg des Unternehmens, dem er vorstand. In seinem Ehrgeiz, seinem Hoffen und Streben identifiziert sich der Gartenzauberer, der oberste Fischer oder der Führer einer Expedition weitgehend mit dem Interesse der Allgemeinheit. Es liegt ihm sehr am Herzen, daß alles gut ausgeht, daß sein Dorf alle andern übertrifft, daß sein Ehrgeiz und Stolz gerechtfertigt erscheinen und den Sieg davontragen."

Wie sehr die Tätigkeit der Zauberer anerkannt wird, erfuhr der Verfasser bei den Je-nan auf Südneuguinea. Als er hier für eine längere Flußfahrt ein Doppelboot bauen ließ, verlangten zwei Mann doppelte Bezahlung, der technische Leiter der Arbeit und der Zauberer, der das Gelingen der Arbeit und gutes Wetter während des Baues durch sein Wirken gesichert hatte, und niemand mißgönnte ihm seinen Lohn. Der Glaube an die eigenen Fähigkeiten geht hier bei den Zauberern so weit, daß sie fest davon überzeugt sind, sogar künstliche Dema aus Krokodilen, den angeblichen Erfindern des Todeszaubers, herstellen zu können, indem sie ihnen Kinderschädel zu fressen geben[53]. Derartige Zauberer setzen sich allerdings bisweilen persönlichen Verfolgungen aus, da der Todeszauber an Totem- oder Dorfgenossen für verbrecherisch gilt. Aus Rache für einen Todesfall darf er jedoch an dem vermeintlich schuldigen Zauberer ausgeführt werden.

Krankheiten und Todesfälle werden fast ausnahmslos auf bösartige Zauberei zurückgeführt, auch dann, wenn nicht wie bei Verwundungen oder Totschlag der Täter sofort feststeht. Außer Geistern, die Vergehen bestrafen wie z. B. Inzest — wozu bereits die Heirat von zwei nach europäischen Begriffen nicht verwandten Angehörigen derselben Totemgruppe oder Heiratsklasse gehört —, wird auch Menschen mißgünstiger Zauber zugeschrieben, wenn etwa jemand von einem Baum stürzt. Man ist dann davon überzeugt, daß irgend jemand durch Zauber veranlaßt hat, daß der Verunglückte seinen sicheren Griff lockerte. Die Suche nach dem Schuldigen, seine Bestrafung, die Rache seiner Angehörigen, die von seiner Schuld überzeugt sind, usw., kann dann zu einer langen Kette von Blutrache führen[54]. Oft tritt dies sogar ein, wenn jemand nach langem Siechtum oder an Altersschwäche gestorben ist. Bisweilen werden Unglücksfälle aber auch dem Wirken bösartiger Kobolde zugeschrieben, ohne daß man eine Strafe oder Böswilligkeit menschlicherseits vermutet[55].

---

53 *Nevermann*, Je-nan, S. 190.
54 *Hans Nevermann*, Ein Besuch bei Steinzeitmenschen. Stuttgart 1941, S. 28.
55 *Richard Thurnwald*, Forschungen auf den Salomo-Inseln und dem Bismarck-Archipel, I. Berlin 1912, S. 325.

Die Zaubersprüche zeichnen sich im Gegensatz zu vielen polynesischen, bei denen mythische Andeutungen eine große Rolle spielen, oft durch Einfachheit aus. Dagegen wird erheblicher Wert auf die Vehemenz des Vortrags und die zusätzliche Anwendung von Zaubermitteln gelegt. Um z. B. Tarowurzeln so dick und rund werden zu lassen, wie es der Mond oder kleine Kinder sind, genügt es auf dem mittleren Neuirland, zu sagen: „Der Mond ist rund, das Kind ist rund, die Taros werden rund." Entsprechend heißt ein Heilzauber: „Der Papagei ist davongeflogen, der Kuckuck ist davongeflogen, die Schnepfe ist davongeflogen, die Krankheit ist davongeflogen." [56]

Zauberei wird im melanesischen Pidjin-Englisch *poison* genannt, doch ist damit nicht immer Gift gemeint, sondern jedes Zaubermittel, das dem Schadenzauber dient, also auch Sprüche oder Gegenstände, die mit Zauberkraft geladen werden. Vielfach benutzt man Analogiezauber, also z. B. große runde Steine im Tarogarten, damit die Tarowurzeln so groß werden wie sie, Tridacnamuscheln zum Auffangen des erwarteten Regens usw. Gelegentlich haben Zauberer besondere Plätze für ihre Tätigkeit wie die Regenmacher auf Neuirland. Hier ist Fremden der Zutritt untersagt [57]. Ein Orakelplatz auf der Murray-Insel in der Torres-Straße, auf dem besonders Schlüsse aus dem Auftreten bestimmter Tierarten gezogen wurden [58], erscheint dagegen wie ein Fremdkörper.

Eine Besessenheit, wie sie die polynesischen Schamanen kennen, ist bei melanesischen Zauberern sehr selten. Hier ist nicht der Zauberer, sondern der Maskenträger der Besessene. Trotzdem kommen auch bei Zauberern Visionen vor, wie sie auch andere Menschen haben können, aber man versetzt sich kaum jemals absichtlich in einen Zustand, der einen dazu befähigt, mit übernatürlichen Wesen so in Berührung zu kommen, daß sie gerufen erscheinen und vom Rufer Besitz ergreifen. Anders steht es, wenn sie freiwillig dem Wachen oder Träumenden erscheinen [59].

Dagegen läßt eine blühende Einbildungskraft die Melanesier häufig Geister und Dämonen erblicken, besonders wenn sie allein an unheimlichen Orten wie etwa den Wohnplätzen der *Masalai* sind; die Erregung ist dann groß und nachhaltig. Daher kommt in Beschreibungen des Aussehens von Geistern und Dämonen immer wieder die Wendung vor, daß man sie mit eigenen Augen gesehen habe.

Sogar ganze Gruppen von Eingeborenen erliegen bisweilen einer Massensuggestion und sind dann fest überzeugt, Wesen nichtmenschlicher Art be-

---

56 *G. Peekel*, Religion und Zauberei auf dem mittleren Neu-Mecklenburg. Münster i. W. 1910, S. 91 und S. 104.
57 *Elisabeth Krämer-Bannow*, Bei kunstsinnigen Kannibalen der Südsee. Berlin 1916, S. 203 f.
58 *Alfred C. Haddon*, Head-hunters black, white, and brown. London 1932, S. 43 ff.
59 *E. Baxter Riley*, Among Papuan Headhunters. London 1925, S. 293 f. – *Gunnar Landtmann*, The Kiwai Papuans of British New Guinea. London 1927, S. 277 f.

gegnet zu sein[60]. In den meisten Fällen ist das mit dem Gefühl des überstandenen Grauens und der Genugtuung verbunden, einer furchtbaren Gefahr noch einmal glücklich entronnen zu sein. Es braucht sich dabei bisweilen nicht einmal um die vermeintliche Erscheinung von seltsamen Wesen — Schlangen mit Menschenköpfen, Riesen oder Zwergen mit Eberhauern, Mißbildungen und Mischgestalten befremdlicher Art — zu handeln, sondern in vielen Fällen werden Steine, Tiere usw., die man sonst für harmlos und alltäglich ansieht, in solchen Erregungszuständen plötzlich für Geister- und Dämonenwesen angesehen, ohne daß man genau anzugeben weiß, warum dies der Fall ist. Man weiß einfach, daß man kein Wildschwein oder einen Stein vor sich gehabt hat, sondern ein dämonisches Wesen. Sogar andere ungewohnte Dinge, etwa der Fund eines kleinen Steines in einem sonst steinlosen Sumpfgebiet, können solche Erregungen auslösen.

Das schließt jedoch nicht aus, daß man seine Freude an den Berichten von Streichen der Dämonen hat. Nur dürfen die Geschichten nicht stets und überall erzählt werden, vor allem nicht in der Nacht oder an den Aufenthaltsplätzen der Dämonen.

Polynesischer Einfluß liegt wahrscheinlich auf den südlichen Salomo-Inseln vor, wo man Priester kennt, die die Dorfheiligtümer bewachen. Von ihnen heißt es, daß sie, aber auch andere Leute, öfter von den Geistern besessen werden und dann durch sie ihren Willen erfahren. Vor Kriegszügen und Seefahrten wartet man erst ab, ob sich die Besessenheit bei einem Teilnehmer einstellt. Man merkt den Augenblick daran, daß beim Eintritt des Geistes in einen Mann das Boot heftig zu schaukeln beginnt oder daß sich im Hause die an den Mittelpfosten gelehnten Waffen hin und her bewegen[61].

Häufiger hält man in anderen Gebieten Geistesgestörte für von einem übernatürlichen Wesen besessen. Sie stehen dann außerhalb der strengen Gesellschaftsordnung und werden manchmal mit scheuem Respekt betrachtet. Allerdings kommt es auch nicht selten vor, daß man das Gegenteil annimmt, nämlich daß die Seele oder ein Teil von ihr den Körper des Kranken verlassen hat und der Körper nun ohne rechte Leitung ist. Eingegriffen wird nur, wenn der Verantwortungslose Dinge begeht, die ihn selbst oder andere in Gefahr bringen, etwa wenn er meint, von einem Geist oder Dema gerufen zu sein und sich immer weiter in die See begibt. Dann nehmen besonnenere Leute auf dies Wesen keinerlei Rücksicht und bringen ihn unter Umständen mit Gewalt in Sicherheit. Unklar bleibt es, was die Leute am oberen Digul[62] auf Neuguinea damit meinen, wenn sie von Geistesgestörten annehmen, sie seien von

---

60 *Hans Nevermann*, Ein Besuch bei Steinzeitmenschen. Stuttgart 1941, S. 29 f.
61 *C. E. Fox* und *F. H. Drew*, Beliefs and Tales of San Cristoval. Journ. of the Royal Anthr. Institute, 45, 1915, S. 169.
62 *Hans Nevermann*, Recht und Sitte der Digul-Stämme. Zeitschr. f. vergl. Rechtswiss., 52, 1937, S. 16.

einem Geist im Walde gebissen worden. Das kann bedeuten, daß durch den Biß ein Wesensteil entfernt worden ist, aber auch, daß dieser etwas vom Wesen des Geistes übertragen hat. Da man fürchtet, daß dieselbe Art Geister die ins Jenseits wandernden Totenseelen fressen und ganz vernichten können, ist wohl das erste anzunehmen. Praktisch wirkt sich das auch hier nicht anders aus, als daß man wunderlichen Leuten trotz sonst extrem strenger Verhaltungsvorschriften ihre Narrenfreiheit läßt.

Wenn sich in der Religion der Melanesier auch meistens sehr konservative Züge zeigen, so sind es doch nicht die Europäer allein gewesen, die sie zum ersten Male beeinflußt oder sogar schwer erschüttert haben. Auch von Polynesien aus ist Fremdes dazugekommen. Auf den nordöstlichen Neuen Hebriden und den Banks-Inseln haben die Melanesier vor langer Zeit Kenntnis von dem großen Gotte *Tangaroa* der Polynesier erlangt. Allerdings ist er hier wie der alte Kulturheros *Qat* als *Tagaro* ebenfalls zu einem Kulturheros oder zu *Qats* Helfer oder Gegenspieler geworden, auf den Banks-Inseln sogar in elffacher Gestalt, von denen nur einer, *Tagaro* der Weise, eine gute und nützliche Rolle zugeteilt bekommen hat [63].

1914 behauptete ein Mann in Orokaiva (Britisch-Neuguinea), ihm sei der Geist der Taro-Pflanze erschienen und hätte davor gewarnt, den Taro-Anbau weiter zu vernachlässigen. So entstanden neue Riten, die hauptsächlich in Tänzen bestanden, aber auch eine Art Trance mit Gliederzucken einschlossen. Sie waren als Mittel zur Förderung des Wachstums der Taropflanzen und zur Erfreuung der Ahnen gedacht. Der neue Kult verbreitete sich durch junge Leute rasch von Dorf zu Dorf über ein großes Gebiet, und diese Lehrer wurden als die Vorgesetzten ihrer Nachahmer betrachtet. Von christlichem Einfluß oder Fremdenfeindlichkeit war dabei keine Rede, vielleicht aber war es doch schon eine gewisse Reaktion auf den Zerfall des eigenen kulturellen Lebens unter dem Einfluß von Mission, Regierung und heimgekehrten Pflanzungsarbeitern. Die Idee wurzelte aber noch ganz im alten Gedankengut und brachte nur neue Zeremonien mit sich, die zugleich den Eingeborenen Freude machten [64].

VII. DER „CARGO-KULT"

Das Zusammentreffen mit den Weißen hat die Melanesier in ihrem religiösen und sozialen Leben schwer erschüttert. Zunächst hielt man die Fremden vielfach für keine richtigen Menschen, sondern für Totengeister. Als z. B. die ersten niederländischen Dampfer nach Süd-Neuguinea kamen, nahm man dort an, sie holten Kokosnüsse für die hungernden Toten im Geisterlande, das man immer schon im Westen vermutet hatte, und eine Zeitlang kam für dies Land

63 *R. H. Codrington,* The Melanesians. Oxford 1891, S. 168 ff.
64 *F. E. Williams,* Orokaiva Magic. London 1928, S. 3 ff.

die Bezeichnung Surabaia auf. Später erkannte man, daß es doch wirkliche Menschen waren, die allerdings unverständliche Ansichten, seltsame Gegenstände und einen unvorstellbaren Reichtum hatten. Schon jetzt setzten Erklärungsversuche ein, die noch in der alten Gedankenwelt wurzelten. So versuchte man sich bei den Marind-anim das Rauchen der Weißen und den Umstand, daß sie Zündhölzer besaßen, so zu erklären, daß sie früher beides noch nicht hatten, aber bei einem vergeblichen Landungsversuch vom Feuer-Dema brennende Hölzer zugeworfen bekamen, die sie zum Teil mit dem Munde auffingen[1]. Bei näherer Bekanntschaft merkte man dann, daß es sehr verschiedene Fremde gab, die nicht alle einer Herkunft waren, und daß abgesehen von den Weißen verschiedener Sprachen und Religionen auch andere Fremde kamen wie Chinesen, Indonesier und vor allem im zweiten Weltkriege Japaner. Man merkte, daß die Fremden sich in ihrer Lebensführung stark voneinander unterschieden und sehr verschiedene Meinungen hatten. Nur in ihrer Abneigung gegen Kopfjagden und Kannibalismus waren sie sich einig, und hier setzte auch die stärkste Wirkung ein. Vor Missionaren, Regierungsbeamten, Händlern und Pflanzern verschwanden diese Sitten oder bestanden nur noch sehr im Geheimen fort.

Eine geistige Beeinflussung fand, von der sehr geringen Zahl von Regierungsschulen abgesehen, nur durch die Missionen statt, aber es entging den Melanesiern nicht, daß auch hier keine volle Übereinstimmung unter den Fremden herrschte. Die Zeiten, in denen gewissenlose Arbeiterwerber ihren Beruf als einen kaum verkappten Sklavenfang betrieben, sind vorbei, und merkwürdigerweise ist daraus kein dauernder Haß entstanden, zumal später die weißen Beamten für gute Behandlung auf den Pflanzungen Sorge trugen. Sie erstreckte sich aber nur auf das leibliche Wohl der Arbeiter. Geistig hatte das Zusammentreffen von Eingeborenen sehr verschiedener Herkunft auf den Pflanzungen nur die Folge, daß jeder seinen Nachbarn für rückständig hielt und auf seine eigenen Ahnen und Geister stolz war, bis seine Nachbarn ihn durch Spott in seiner Überzeugung wankend machten. Nur das, was geistig auf geringerer Höhe stand, verbreitete sich hier, z. B. neue Arten von Liebeszauber und Ähnliches. Nach der Rückkehr in die Heimatdörfer trugen die „aufgeklärten" Arbeiter dann weiter dazu bei, die alte soziale und religiöse Ordnung ihres Stammes zu erschüttern. Allerdings wurden manche dieser Leute bald wieder in ihre Schranken verwiesen, wenn der auf der Pflanzung erworbene Lohn vertan und man ihrer Überheblichkeit satt geworden war. Das geschah besonders dort, wo die Kultbünde noch innerlich gefestigt waren wie der *Suque* der Neuen Hebriden.

Es ist keineswegs immer so gewesen, daß die Melanesier zu den Fremden als höheren Wesen aufschauten. Wohl bewunderte und beneidete man sie sehr

---

1 *Hans Nevermann*, Söhne des tötenden Vaters. Eisenach-Kassel 1957, S. 22 f.

um ihren Reichtum und ihre Macht und suchte in den Besitz nützlicher Gegenstände, vor allem von Eisen, zu kommen, aber man blieb sich oft doch des eigenen Wertes bewußt. Daß man sich innerlich den Fremden gleichwertig fühlte, zeigt eine erst 1952 aufgekommene Mythe der Asmat[2] in Niederländisch-Neuguinea, die mit den Fremden erst spät in Kontakt kamen. Danach verließen zwei Frauen der Urzeit, die eine Flut verursacht hatten, das Land mit einem selbstgefertigten Flugzeug. Im Lande der Weißen nahmen sie die Namen Maria und Wireremina (Wilhelmina) an. Von der einen stammt Jesus und die Mission, von der andern die niederländische Regierung ab. Beide sind also eigentlich im Asmat-Gebiet zu Hause. Diese Auffassung fand zunächst nicht allgemein Glauben, gefiel aber und könnte eines Tages doch zu einer echten Mythe werden.

Pessimistischer war die 1934 von den Kapaur südlich des MacCluer-Golfes auf West-Neuguinea gegebene Erklärung ihres Versagens angesichts der Betriebsamkeit der Fremden. Ihr Urstammvater hatte danach drei Söhne, denen er allerlei Geräte gab. Einer von ihnen legte sie unter einen Baum, tat weiter nichts und wurde schwarz dabei. Die beiden anderen aber gingen in die Fremde, erarbeiteten sich dort ihren Reichtum und wurden die Stammväter der Chinesen und der Weißen[3].

Zu dem Neid auf den Reichtum der Fremden kam eine Verärgerung, die durch ihre Eingriffe in das gewohnte Dasein hervorgerufen wurde. Verbote alter Sitten, die den Fremden anstößig erschienen, Kontrolle der Häuptlinge oder Einsetzung von neuen eingeborenen Verantwortlichen anstelle der Clanältesten, unwissentliche Übertretung von Tabus, Steuererhebungen, der Zwang, Mehrarbeit zu leisten, wenn man fremde Waren haben wollte, ungewünschte ärztliche Betreuung mit unangenehmen Nebenerscheinungen wie Impfzwang und Hygienevorschriften, die z. T. altgewohnte Wohnarten verboten, häufig auch Eingriffe in die Familienordnung — besonders die Vielehe — und dazu stets das unbehagliche Gefühl, das die Anwesenheit ungebetener Fremder hervorrief, führten bald zu einer tiefgehenden Abneigung und weiter zu ausgesprochenem Fremdenhaß. Dem steht nicht unbedingt entgegen, daß sich einzelne Eingeborene und Fremde freundschaftlich begegnen oder ganze Gemeinden im besten Einvernehmen mit ihren Missionaren oder verständnisvollen Pflanzern, Händlern und Beamten leben konnten. Im ganzen trauerte man jedoch den alten Zuständen nach und wünschte ihre Wiederkehr oder noch besser die alten Zeiten mit den anerkannten Errungenschaften der neuen Zeit. So entwickelte sich aus der Unzufriedenheit mit der Gegenwart die Hoffnung auf eine glückliche Zukunft.

Abgesehen von einem organisierten Aufstand der Neukaledonier, der 1874

---

2 *Jan Pouwer*, Enkele aspecten van de Mimika-cultuur. Den Haag 1955, S. 160.
3 *H. Nevermann*, Indonesische Einflüsse auf Neuguinea. Mitteilungsbl. der Ges. f. Völkerk., 1938, S. 24.

die Vertreibung der Franzosen bezweckte, aber niedergeschlagen wurde, äußerte sich die neue Zukunftserwartung, die von einheimischen Propheten getragen wurde, zuerst in ihren Grundzügen 1893 an der Milne-Bai in Britisch-Neuguinea[4]. Ein junger Mann verkündete hier, ein Geist habe ihm nahe bevorstehende Katastrophen mit Erdbeben, Gewitter und Sintflut vorausgesagt. Dabei würden alle Menschen vernichtet werden, die nicht seine Anhänger seien. Nach dem Rückgang der Flut würde ein großes Schiff mit den Geistern der Vorfahren erscheinen, die die alte Kultur wiederherstellen würden. Sie brächten viele Vorräte mit, und die Gärten würden dann reiche Frucht tragen. Daher könne man zunächst die alten Vorräte verzehren und die Schweine schlachten. Außerdem sei es nötig, die Ahnen in einem neugebauten Dorfe zu empfangen und alle europäischen Gegenstände zu vernichten, da deren Besitz sie kränken würde. Als nach zwei Jahren in Erwartung des Schiffes sogar die Feldarbeit eingestellt wurde und Hungersnot drohte, sah sich die Regierung genötigt, den Propheten zu verhaften. Bald darauf brach die Bewegung zusammen[5].

1913 traten auf Saibai in der Torres-Straße Propheten mit ähnlichen Gedanken auf[6], die sich „Generale" und „Kapitäne" ihrer neuen Religion nannten und mißverstandene Brocken aus dem Missionsunterricht in ihre Zukunftshoffnungen mischten. Sie erwarteten zum Karfreitag 1914 die Ahnen, die aber nicht erschienen, und deren Ankunft nun jeden Freitag oder Sonntag bevorstehen konnte. Geister würden auf einem Schiff aus Kanaan mit Messern, Beilen, Geld, Baumwollstoffen, Mehl usw. kommen und auf einer seltsamerweise German Town genannten Insel — einem Ersatz für das Reich der Toten — die Ahnen an Bord nehmen, mit ihnen zusammen die Weißen erschlagen und dann in Saibai die glückliche Zeit für die Anhänger der Propheten anbrechen lassen. Auch hier wurde die Gartenarbeit eingestellt, aber neu war der Gedanke, daß die Ahnen im Auftrage Jesu Christi kommen würden, denn Gott hätte ursprünglich allen Menschen gleich viel gegeben, aber die Europäer hätten den Eingeborenen ihren Anteil zu Unrecht vorenthalten.

Zwei andere Bewegungen von 1914, die ebenfalls durch Propheten ausgelöst wurden, hatten anderen Charakter. Die eine ist die *Taro*kult-Bewegung von Orokaiva, die auf alte Vorstellungen zurückging und nur den Anbau von Tarowurzeln durch neue Riten beleben wollte, die andere die Bewegung der *Kekesi*-Riten, ebenfalls auf Britisch-Neuguinea, die mehr christliche Schwarmgeisterei war. Beide waren jedenfalls nicht fremdenfeindlich und etwas an-

4 *Georg Eckert*, Prophetentum in Melanesien. Zeitschr. für Ethnologie, 69, 1937, S. 136. — *Andreas Lommel*, Der „Cargo-Kult" in Melanesien. Zeitschr. für Ethnologie, 78, 1953, S. 25.
5 *Osmar White*, Parliament of a Thousand Tribes. London 1965, S. 113 f.
6 *Eckert* und *Lommel*, a.a.O. — *A. C. Haddon*, Reports on the Cambridge Anthropological Expedition to Torres Straits, I. Cambridge 1935, S. 46 ff.

deres als die Bewegungen von der Milne-Bai und Saibai. Deren Gedanken griff erst 1919 die als Vailala-Wahn[7] bekanntgewordene Bewegung vom Papua-Golf wieder auf. Auch hier wurde ein Schiff der Ahnen mit Nahrungsmitteln erwartet, die Feldarbeit eingestellt und auf die Vertreibung der Europäer gehofft. Man traf große Vorbereitungen zum Empfang der Ahnen, für die man neue Gebäude errichtete, und stellte Wachen auf, die ihre Ankunft melden sollten. Auch hier berief man sich auf Gott und Christus und zerstörte ihnen zuliebe sogar die alten Kultgegenstände. Als das Schiff nicht kam, richtete man hohe Masten in der naiven Hoffnung auf, von Gott Funknachrichten über den Grund der Verzögerung zu bekommen. Nach vier, fünf Monaten ließ dann die Erregung nach, und allmählich nahm man enttäuscht das alte Leben wieder auf.

Vielfach wurden in der Folge auch an anderen Orten Flugplätze für die erwarteten Ahnen angelegt, Flugzeugattrappen gebaut und militärähnliche Organisationen geschaffen[8], die sich allerdings meistens auf Exerzieren und die Annahme militärischer Titel beschränkten. Dazu kam aber noch das Bestreben, mit den Toten an ihren Gräbern Kontakt aufzunehmen.

In den zwanziger Jahren griff die Zukunftserwartung in ähnlicher Form nach Melanesien über, zuerst 1923 nach Espiritu Santo[9] in den Neuen Hebriden, und wurde in den dreißiger Jahren besonders stark, vor allem auf Buka[10] in den Salomo-Inseln, wo man nun auch Feuerwaffen, Pferde, Kraftwagen und Flugzeuge von den Ahnen erwartete, Fahnenstangen errichtete, die zur Funkverbindung mit dem Himmel dienen sollten, für die erwarteten Ahnen zahlreiche Schweineopfer brachte, die Töpferei aufgab und sich durch Exerzieren für den Kampf gegen die Europäer an der Seite der Ahnen übte. Dazu wurde die Absicht ausgesprochen, in Zukunft auch die Frauen in die Kultbünde der Männer aufzunehmen. Auf der Nachbarinsel Bougainville zeigte man ihnen sogar die Schwirrhölzer und Kultmasken vor.

Ein wesentlicher Punkt bei diesen Vorstellungen ist der, daß die Melanesier niemals gesehen hatten, wie die begehrten Waren der Fremden hergestellt wurden. Sie waren einfach da und mußten aus einem glücklichen Lande, eben dem Reiche der Ahnen, stammen. Die Weißen galten demzufolge als diejenigen, die den Ahnen alle diese guten Dinge unrechtmäßig entwendet hatten. Dazu kam, daß man niemals sah, wie der weiße Händler, zu dem die Waren gebracht wurden, dem Kapitän dafür Geld oder Tauschmittel gab, denn das Ausschreiben eines Schecks übersah man völlig oder begriff den Vorgang nicht. Dagegen merkte man sehr wohl, daß der Händler dann wieder

7 *Eckert*, a.a.O., S. 137. – *Lommel*, a.a.O., S. 28 f. – *White*, a.a.O., S. 114 f.
8 *Joachim Sterly*, „Heilige Männer" und Medizinmänner in Melanesien. Köln 1965, S. 424 f. – *Theodore Schwartz*, The Paliau Movement in the Admiralty Islands, 1946–1954. New York 1962, S. 315.
9 *Eckert*, a.a.O., S. 137. – *Lommel*, a.a.O., S. 36.
10 *Eckert*, a.a.O., S. 138 f. – *Lommel*, a.a.O., S. 34 f.

von den Eingeborenen Bezahlung verlangte, und das für Waren, die er offenbar den Ahnen gestohlen und selbst nicht bar bezahlt hatte. Er mußte also ein Dieb und Betrüger sein. Diese Überlegungen führten zu wachsender Mißstimmung gegen ihn und seine Landsleute; denn die Weißen wurden alle als zu einer Sippe gehörend angesehen, und deshalb mußte einer für den andern haften, wie es ja auch bei Sippen und Clans in Melanesien der Fall war[11].

Obwohl der Gedanke an die Schiffsladung der Ahnen nur ein Teil der Zukunftshoffnungen und die Abneigung gegen die Fremden in einer Mischung mit christlich-chiliastischen Gedanken das Wesentliche war und vielerorts noch ist, erhielten diese Bewegungen den nicht ganz zutreffenden Namen „Cargo-Kult". Trotz großer Entfernungen verbreiteten sie sich über ganz verschiedene Inseln und Stämme in so guter Übereinstimmung der Grundzüge, daß an eine selbständige Entstehung an verschiedenen Stellen nicht gedacht werden kann, sondern nur an Modifizierungen, die bald mehr die alte Religion, bald mehr ein schwärmerisch aufgefaßtes „eigenes" Christentum herbeiführen wollten und oft zu einer mit Zukunftshoffnungen gemischten Weltuntergangsstimmung führten. Als Verbreiter der Ideen kommen wohl hauptsächlich einheimische Pflanzungsarbeiter und Matrosen in Betracht. Gelegentlich ist auch ein Verzicht auf das Religiöse und eine stärkere Betonung der Forderung nach politischer Unabhängigkeit und sozialen Reformen festzustellen, z. B. 1929 eine geheime Versammlung von Eingeborenen in Rabaul (Neubritannien), die offenbar unter dem Einfluß fremder Seeleute stand, aber keine ernsten Folgen hatte.

Unabhängig vom Cargo-Kult scheinen die messianischen Hoffnungen auf Biak[12] in der Geelvinkbai auf Neuguinea sich entwickelt zu haben. Sie gehen hier auf Mythen zurück, die älterer Art sind. Vielleicht ist aber an den Einfluß christlicher Indoneser aus den Molukken, wo Ambon und seine Nachbarinseln seit über 300 Jahren christlich sind, oder auch an aus Indonesien herübergebrachte Mahdi-Erwartungen zu denken. Allerdings müßte die Übertragung dann schon vor langer Zeit geschehen sein, da schon 1854 der Glaube in seiner späteren Gestalt belegt ist. Es handelt sich um den Kulturheros *Manggundi*, der als alter häßlicher Mann auftrat und auf seinen Wanderungen den Menschen kostbare Dinge und das vom Morgenstern erfahrene Geheimnis der Auferstehung nach dem Tode brachte. Da sie sich nicht gut verhielten, wanderte er weit nach Westen fort und nahm diese guten Gaben wieder mit sich. Eines Tages wird er, durch Feuer verjüngt und verschönt, wieder erscheinen, nachdem ein Bote seine Ankunft vorausgesagt hat, und dann wird eine glückliche Zeit anbrechen. Das ist der Hauptinhalt der Mythe in ihrer alten Gestalt,

11 *René Gardi*, Tambaran. Zürich 1956, S. 109 ff.
12 *Freerk Christiaans Kamma*, De Messiaanse Koréri-bewegingen in het Biaks-Noemfoorse cultuurgebied. Den Haag 1954. – *Osmar White*, a.a.O., S. 131 ff.

zu der noch viele Angaben über Tiere, Inseln usw. kommen, die bei den Wanderungen des Kulturheros von Bedeutung waren.

Ein Schiff mit Schätzen spielte, obwohl man seit über hundert Jahren *Manggundi* erwartet, erst 1886 eine Rolle, als ein als sein Vorläufer auftretender Mann die Ankunft eines Dampfers ankündigte und die Biaker nach einem Überfall darauf reiche Beute machten. Von einem Zusammenhang mit Manggundi war dabei aber keine Rede. 1897 kündete ein neuer Prophet die Ankunft eines Schiffes mit Baumwollstoffen, Gewehren, Munition und kupfernen Schüsseln an, das Jesus persönlich führen werde. Später wurde dann immer wieder der zurückkehrende Manggundi erwartet. 1936 wurde prophezeit, daß ein Krieg zwischen Japan und den Weißen kommen und in ihm alle Weißen umkommen würden, aber von einer Ankunft Manggundis oder der Ahnen war diesmal keine Rede. Später wurde die Manggundi-Idee immer mehr mit christlichen Messias-Erwartungen verquickt. Als die Niederländer Biak im zweiten Weltkriege verlassen hatten und die Japaner es besetzten, kam erst gegen die neuen Herren eine Stimmung auf, die etwas vom Cargo-Kult an sich hatte, aber sehr politisch betont war und den Glauben an die Wiederkehr Manggundis mit der Hoffnung auf die Amerikaner verband. Zugleich hoffte man aber auch auf die guten Geister der Bibel wie Johannes, Petrus, David und die Engel. Andere Biaker glaubten, bereits jetzt imstande zu sein, Geräte der Fremden herzustellen, alle Sprachen zu verstehen und als Geistliche auftreten zu können. Als im Juni 1944 amerikanische Flugzeuge erschienen und viele Leuchtraketen abwarfen, schien dieser Sternenregen den Manggundi-Anhängern das Ende der Welt zu bedeuten. Als aber Hunderte von Schiffen gerade auf Meok Wundi, der wichtigsten Insel in der Geschichte Manggundis, landeten und nun nach der Vertreibung der Fremden als Vertreter Manggundis die Amerikaner großzügig Lebens- und Genußmittel, Kleidung und andere Bedarfsartikel verteilten, glaubte man, nun sei tatsächlich die lange erwartete glückliche Zeit angebrochen. Die Rückkehr der niederländischen Verwaltung, die sparsamer wirtschaften mußte, brachte dann eine Ernüchterung, und so wird immer noch, besonders nach dem Wiederaufleben der Bewegung 1952/53, ein Himmelsschiff erwartet, mit dessen Ankunft sich alle Verhältnisse umkehren werden: Herren werden Knechte und Knechte Herren, die Weißen werden schwarz und die Schwarzen weiß, die Fische leben auf dem Lande und die Landtiere im Meere, und es werden Knollenfrüchte an den Bäumen wachsen und Kokosnüsse in der Erde.

Auch dort, wo ein echter Cargo-Kult wie der von Milne-Bai, Saibai usw. sich verbreitet hatte, wirkte der Krieg außerordentlich stark auf ihn ein. Die Bemühungen der Japaner, als die erschienenen Ahnen anerkannt zu werden, fanden nirgends Anklang. Wohl aber wurden die Amerikaner dafür angesehen, zumal da sie Farbige unter sich hatten und freigebig waren. Als dann die sparsamere Verwaltung der Engländer wieder einsetzte, entstand die

Hoffnung, statt der Ahnen würde nun doch einmal „Amerika" wiederkommen. Auf den Neuen Hebriden geht damit die Hoffnung auf das Fort-
gehen aller Weißen und die Wiedereinführung der alten Sitten parallel. Auf
West-Santo [13] wurden dazu als Bedingungen 1944/45 genannt: Ablegen von
Kleidern und Schmuck, Vernichtung aller von den Weißen kommenden
Gegenstände, Tötung aller Tiere in den Dörfern, Errichtung neuer Gemein-
schaftshäuser, die von Männern und Frauen getrennt bewohnt werden, und
die Einführung einer neuen gemeinsamen Sprache. Auf Lifu in den
Loyalitäts-Inseln erwartete man 1945 vergeblich, daß das Cargo-Schiff von
den französischen Kommunisten geschickt werden würde, während auf den
Salomo-Inseln die Bewegung das Schiff aus Amerika erwartet und nach neuer
sozialer Organisation auf friedlichem Wege gesucht wird und man sich bemüht, mehr Bildungsmöglichkeiten zu bekommen und so das Wissen und den
Lebensstandard der Weißen zu erlangen. Von den Ahnen oder irgendwelchen
im alten Glauben verankerten Vorstellungen ist hier keine Rede mehr. Der
„Cargo-Kult" ist heute kein Kult mehr, sondern hat sich in politische oder
soziale Bewegungen verwandelt.

In Vailala, wo 1919 der Cargo-Kult einen seiner stärksten Ausbrüche gehabt hatte, war dagegen zwölf Jahre später die feste Überzeugung entstanden,
daß man nicht vergeblich auf die Ahnen gewartet hatte. Alles das, was man
erträumt hatte, galt nun als wirklich geschehen. Das Paradies war wirklich
dagewesen, und man blickt auf die Zeit um 1919 als die schönste und glück-
lichste Zeit zurück, die man jemals erlebt hatte.

---

13 *Lommel,* a.a.O., S. 44 f.

Zeittafel

(Für die Zeit bis um 1650 schwanken die Daten um ± 25 Jahre, und für die ersten Jahrhunderte läßt sich nur über Polynesien etwas sagen)

Zwischen 2. Jh. v. Chr. und 1. Jh. n. Chr.

	Besiedlung von *Samoa* und *Tonga*
Um 450	Erste Besiedlung von *Hawaii* durch *Hawai'i-loa*
Um 650	Beginn der ersten großen Seefahrerzeit Polynesiens mit Vorstoß *Ui-te-Rangioras* in die Antarktis. Ende der Wanderungen von Zentral- nach Ost-Polynesien
Um 700	Gründung des polynesischen Zentralheiligtums in *Opoa* auf *Ra'iatea*
Um 725	*Tahiti* von *Ra'iatea* unterworfen; Verbreitung des *Tangaroa*-Kultes
Um 775	Ende der ersten großen Seefahrerzeit
Um 850	Besiedlung von *Rarotonga*
Um 950	Beginn der *Tuitonga*-Dynastie auf *Tonga*. Zweite Wanderung von Tahiti nach den Marquesas-Inseln. Neue Antarktisfahrt des *Te-Ara-tanga-nuku*
Um 1000	Suprematie der Insel *Manu'a* (Samoa) über Samoa, Tonga usw.
Um 1050	*Aitutaki* (Cook-Inseln) besiedelt und als entstandenes Lichtland geschildert
Um 1100	Neue Blüte der polynesischen Seefahrt. Zweite Besiedlung Hawaiis von den Gesellschaftsinseln her
Um 1125	Fahrt der Prinzessin *Pere* nach Hawaii und Beginn des *Pele*-Kultes
Um 1150	Von Rarotonga aus *Mangareva* besiedelt, die *Osterinsel* von Mangareva. Erkundungsreise des *Toi* von *Rarotonga* nach Neuseeland (vielleicht erst nach 1225)
Um 1200	Tonganische Herrschaft über Samoa
Um 1250	Große Fahrten der Seehelden *Hiro, Karika, Tangiia* usw.
Um 1275	Der Priester *Paao* aus *Taha'a* bringt den Tangaroa-Kult nach Hawaii. Die ersten Polynesier in *Nukuoro* und *Kapingamarangi*
Um 1300	Erkundungsreise des *Kupe* nach Neuseeland. Ende der Tonganerherrschaft auf Samoa.
Um 1350	Große Auswandererfahrt *(Heke)* nach Neuseeland
Um 1400	Gründung des *'Arioi*-Bundes mit *'Oro*-Kult
Um 1450	*Marae*-Schändung auf *Ra'iatea*; Ende des gemeinpolynesischen Kultes
Um 1525	Beginn der Kriege der *Tane*- und *Tangaroa*-Anhänger auf den Cook-Inseln. Ende des Kannibalismus auf Samoa
1567	Entdeckung der Salomo-Inseln durch *Mendaña*
1595	Entdeckung der Marquesas-Inseln durch *Mendaña*
Um 1600	Starke West-Wanderung aus Polynesien in unbesiedelte Gebiete am Rande Melanesiens
1606	Entdeckung der Neuen Hebriden durch *Quiros*
1642–44	*Tasman* entdeckt Neuseeland, Tonga usw.

114

1668	Beginn der Mission auf den Marianen
Um 1675	Vernichtung der Polynesierkolonie auf *Nissan* durch *Buka*-Leute. Tonganer kolonisieren die Lau-Inseln (Fidschi)
1722	*Roggeveen* entdeckt die Osterinsel
Um 1750	Bürgerkriege und Kulturniedergang auf der Osterinsel. Tonganer kolonisieren *Lakemba* (Fidschi). Einwanderung von *Uvea*-Leuten in die Loyalty-Inseln
1767	*Wallis* entdeckt Tahiti. Bau des *Marae* von Mahaiatea begonnen
1768	*Bougainville* besucht Tahiti und die Salomo-Inseln
1769	*Cook* besucht Tahiti; erste gute völkerkundliche Beobachtungen durch G. Forster
1778	*Cook* entdeckt Hawaii; wird dort 1779 erschlagen
1789	Beginn der *Pomare*-Dynastie auf Tahiti
1797	Die ersten Missionare auf Tahiti
1806	*W. Mariner* auf Tonga gefangen
1819	Abschaffung des Tabus auf Hawaii durch *Liholiho*
1820	Die ersten Missionare auf Hawaii
1822	Verbot der 'Arioi auf Tahiti und Nachbarinseln
1846	*W. Grey* zeichnet die ersten *Maori*-Mythen auf
1854	Neukaledonien französisch
1855	Beginn messianischer Erwartungen in Nordwest-Neuguinea
1864	Beginn des *Paimarire*-Kults auf Neuseeland
1873/74	Erkundungsbeginn von Britisch-Neuguinea
1874	Fregatte „Gazelle" im Bismarck-Archipel
1884	Nordost-Neuguinea deutsch
1893	Prophet von Milne-Bai
1895	Hawaii amerikanisch
1899	Marianen und Karolinen deutsche Kolonie
1900	Teilung Samoas zwischen Deutschland und USA
1907—14	Einzelforschungen im deutschen Kolonialgebiet
1914	*Taro*-Kult in *Orokaiva* (Papuagolf) entstanden
1918	Mikronesien größtenteils japanisch; buddhistische Mission; Ende der deutschen Kolonialzeit
1919	„Wahn von *Vailala*"
1929	Beginn der Erschließung des Hochlandes von Neuguinea
1931	Starke Ausbreitung des *Cargo*-Kultes
1936	Entdeckung des Gebietes der *Ekari* usw. im Hochland von West-Neuguinea
1941—45	2. Weltkrieg. Große Teile Melanesiens und Neuguineas von Japanern besetzt. Heftige See- und Landkämpfe (bes. auf *Guadalcanal*) bis zu ihrer Vertreibung
1946—54	*Paliau*-Bewegung auf den Admiralitätsinseln; auch sonst in Melanesien Anwachsen des *Cargo*-Kults, der sich aber stellenweise in Sozialbewegungen umwandelt
1952	Erschließung des *Asmat*-Gebietes (Südwest-Neuguinea)
1963	Niederländisch-Neuguinea wird als West-Irian indonesisch

1. Allgemeines

Dixon, R. B.: Oceanic. In: Mythology of all Races, IX. Boston 1916.
Fischer, H.: Studien über Seelenvorstellungen in Ozeanien. München 1965.
Hambruch, P.: Südseemärchen. Jena 1921.
Lehmann, Fr. R.: Mana. Leipzig 1915.
Moss, R.: Life after Death in Oceania and the Malay Archipelago. London 1925.

2. Melanesien mit Neuguinea

van Baal, J.: Godsdienst en Samenleving in Nederlandsch Zuid Nieuw Guinea (Diss.). Amsterdam 1934.
Codrington, R. H.: The Melanesians. Oxford 1891.
Damm, H.: Zeremonialschemel vom Sepik. In: Kultur und Rasse (Festschrift Reche), München 1939.
Deacon, A. B.: Malekula. London 1934.
Fortune, R. F.: Manus Religion. Philadelphia 1935.
Ders.: The Sorcerers of Dobu. London 1932.
Fox, C. E.: The Threshold of the Pacific. London 1924.
Galis, K. W.: Papua's van de Humboldt-Baai (Diss.). Den Haag 1950.
Haddon, A. C.: Magic and Religion of the Western Islands. In: Reports of the Cambridge Expedition to Torres Straits, V. Cambridge 1904.
Ders.: Sociology, Magic and Religion of the Eastern Islands. Ebd., VI. Cambridge 1908.
Ders.: Head-hunters black, white, and brown. London 1932.
Held, G. J.: The Papuas of Waropen. Den Haag 1957.
Hogbin, I.: A Guadalcanal Society. New York 1964.
Keyßer, Ch.: Aus dem Leben der Kaileute. In: *R. Neuhauß:* Deutsch-Neu-Guinea, III. Berlin 1911.
Kleintitschen, A.: Mythen und Erzählungen eines Melanesierstammes aus Paparatava, Neupommern. Mödling 1924.
Krämer, A.: Die Malanggane von Tombara. München 1925.
Krämer-Bannow, E.: Bei kunstsinnigen Kannibalen der Südsee. Berlin 1916.
Kroll, H.: Der Iniet. Zeitschr. f. Ethnologie, LXIX, 1937.
Landtman, G.: The Kiwai Papuans of British New Guinea. London 1927.
Laufer, C.: Rigenmucha, das höchste Wesen der Baining. Anthropos 41–44, 1946–49.
Layard, J.: Stone Men of Malekula. London 1942.
Leenhardt, M.: Notes d'Ethnologie néo-calédonienne. Paris 1930.
Ders.: Documents Néo-Calédoniens. Paris 1932.
Ders.: Gens de la Grande Terre. Paris 1937.

Literaturverzeichnis

Lehner, St.: Geister- und Seelenglaube der Bukaua und anderer Eingeborenenstämme am Huongolf, Neuguinea. Hamburg (Mitt. aus dem Mus. f. Völkerk., 14) 1928.
Malinowski, B.: Argonauts of the Western Pacific. London 1922.
Ders.: Coral Gardens and their Magic. London 1925.
Ders.: Moeurs et coutumes des Mélanésiens. Paris 1933.
Meier, Jos.: Mythen und Erzählungen der Küstenbewohner der Gazelle-Halbinsel (Neupommern). Münster 1909.
Meyer, H.: Das Parakwesen in Glauben und Kult bei den Eingeborenen der Nordküste Neu-Guineas. Annali Lateranensi, VII. 1943.
Nevermann, H.: Masken und Geheimbünde in Melanesien. Berlin 1933.
Ders.: Söhne des tötenden Vaters. Eisenach-Kassel 1957.
Ders.: Ein Besuch bei Steinzeitmenschen. Stuttgart 1941.
Newman, Ph. L.: Knowing the Gururumba. New York 1965.
Oosterwal, G.: People of the Tor. Assen 1961.
Parkinson, R.: Dreißig Jahre in der Südsee. Stuttgart 1907.
Peekel, G.: Religion und Zauberei auf dem mittleren Neu-Mecklenburg. Münster 1910.
Riesenfeld, A.: The Megalithic Culture of Melanesia. Leiden 1950.
Ritter, H.: Die Schlange in der Religion der Melanesier. Basel 1945.
Le Roux, C. C. F. M.: De Bergpapoea's van Nieuw-Guinea en hun woongebied. Leiden 1950.
Schmidt, Wilh.: Die geheime Jünglingsweihe der Karesau-Insulaner, Anthropos, II, 1907.
Schmitz, C. A.: Balam, der Tanz- und Kultplatz in Melanesien. Emsdetten 1955.
Ders.: Beiträge zur Ethnographie des Wantoat Tales, Nordost-Neuguinea. Köln 1960.
Ders.: Historische Probleme in Nordost-Neuguinea. Wiesbaden 1960.
Schlesier, E.: Die melanesischen Geheimkulte. Göttingen 1958.
Söderström, J.: Die Figurstühle vom Sepik-Fluß auf Neu-Guinea. Stockholm 1941.
Speiser, F.: Über Initiationen in Australien und Neu-Guinea. Verhandl. der Naturforschenden Ges. in Basel, XL, 2. 1929.
Sterly, J.: „Heilige Männer" und Medizinmänner in Melanesien. Köln 1965.
Strauss, H., und *Tischner, H.:* Die Mi-Kultur der Hagenberg-Stämme im östlichen Zentral-Neu-Guinea. Hamburg 1962.
Thurnwald, R.: Forschungen auf den Salomo-Inseln und dem Bismarck-Archipel, I. Berlin 1912.
Tischner, H.: Das Kultkrokodil vom Korewori. Hamburg 1965.
Vicedom, G. F., und *Tischner, H.:* Die Mbowamb. Hamburg 1943—48.
Wheeler, G. C.: Mono-Alu Folklore. London 1926.
Williams, F. E.: The Natives of the Purari Delta. Port Moresby 1924.
Ders.: Papuans of the Trans-Fly. Oxford 1936.
Ders.: Drama of Orokolo. Oxford 1940.
Williams, M.: Neuguinea. Wien 1966.
Williamson, R. W.: The Mafulu Mountain People. London 1912.
Wirz, Paul: Die Marind-anim von Holländisch-Süd-Neu-Guinea. Hamburg 1922 und 1925.
Ders.: Beitrag zur Ethnologie der Sentanier. Nova Guinea XVI, Leiden 1928.
Ders.: Die Gemeinde der Gogodara. Nova Guinea, XVI, Leiden 1934.
Ders.: The kaia-munu, ebiha, gi cult in the Delta Division and Western Division of Papua, Journ. Roy. Anthr. Inst. 67, 1937.
Ders.: Kunst und Kult des Sepik-Gebietes. Amsterdam 1959.
Zahn, H.: Die Jabim. In: *R. Neuhauß:* Deutsch-Neu-Guinea, III. Berlin 1911.

3. Der sog. Cargo-Kult

Burridge, K.: Mambu. London 1960.
Eckert, G.: Prophetentum in Melanesien. Zeitschr. f. Ethnologie, 69, 1937.
Höltker, G.: Die Mambu-Bewegung in Neu-Guinea. Annali Lateranensi, V, 1941.
Ders.: Schwarmgeister in Neu-Guinea während des letzten Krieges. Neue Zeitschr. f. Missionswiss., II, 1946.
Kamma, Fr. Ch.: De Messiaanse Koréri-bewegingen in het Biaks-Noemfoorse cultuur-gebied (Diss.). Den Haag 1954.
Lommel, A.: Der „Cargo-Kult" in Melanesien. Zeitschr. f. Ethnologie, 78, 1953.
Miller, J. G.: Naked Cult in Central West Santo. Journ. Polynesian Soc. 57, 1948.
Schwartz, Th.: The Paliau Movement in the Admirality Islands, 1946–1954. New York (Anthr. Papers of the Amer. Mus. of Natural Hist., 49, 2) 1962.
White, O.: Parliament of a Thousand Tribes. London 1965.
Williams, F. E.: The Vailala Madness and the Destruction of the Native Ceremonies in the Gulf Division. Port Moresby 1923.
Ders.: The Vailala Madness in Retrospect. In: Essays presented to C. G. Seligman, London 1934.
Worsley, P.: The Trumpet shall sound. London 1957.

4. Mikronesien

Böhme, H. H.: Der Ahnenkult in Mikronesien. Leipzig 1937.
Bollig, L.: Die Bewohner der Truk-Inseln. Münster 1927.
Burrows, E. G., und *Spiro, M. E.:* An Atoll Culture. New Haven 1957.
Erdland, A.: Die Marshall-Insulaner. Münster 1914.
Hambruch, P.: Nauru. Hamburg 1914–15.
Ders. und *Eilers, A.:* Ponape. Hamburg 1932 und 1936.
Krämer, A.: Palau. Hamburg 1917–29.
Ders.: Truk. Hamburg 1932.
Ders. und *Nevermann, H.:* Ralik-Ratak. Hamburg 1938.
Lessa, W. A.: Tales from Ulithi Atoll. Berkeley, Cal., 1961.
Müller-Wismar, W.: Yap. Hamburg 1917–18.
Sarfert, E.: Kusae. Hamburg 1919–20.
Schlesier, E.: Die Erscheinungsformen des Männerhauses und das Klubwesen in Mikronesien. Den Haag 1953.

5. Fidschi-Gruppe

Deane, W.: Fijian Society. London 1921.
Derrick, R. A.: A History of Fiji. Suva 1946.
Hocart, A. M.: The Northern States of Fiji. London 1952.
Joske, A. B.: The Nanga of Viti-Levu. Internat. Arch. f. Ethnogr., II, Leiden 1889.
Larsson, K. E.: Fijian Studies. Göteborg 1960.
de Marzan, J.: Sur quelques Sociétés secrètes aux îles Fiji. Anthropos III, 1908.
Ders.: Le Culte des Morts aux Fiji, Grande île-Intérieur. Anthropos IV, 1909.
Rougier, E.: Maladies et Médecines à Fiji autrefois et aujourd'hui. Anthropos III, 1908.
Williams, R. W.: Fiji and the Fijians. London 1860.

6. Polynesien

Aitken, R. T.: Ethnology of Tubuai. Honolulu 1930.
Anderson, J. C.: Myths and Legends of the Polynesians. London 1928.
Arning, E.: Ethnographische Notizen aus Hawaii 1883–86. Hamburg 1931.

Bastian, A.: Die heilige Sage der Polynesier. Leipzig 1881.
Beaglehole, E. und *P.:* Ethnology of Pukapuka. Honolulu 1938.
Beckwith, M. W.: The Hawaiian Romance of Laieikawai. Washington 1911.
Dies.: Kepelino's Traditions of Hawaii, Honolulu 1932.
Dies.: The Kumulipo. A Hawaiian Creation Chant. Chicago 1951.
Best, E.: The Maori. Wellington 1924.
Buck, P. H. (Te Rangi Hiroa): Ethnology of Tongareva. Honolulu 1932.
Ders.: Ethnology of Manihiki and Rakahanga. Honolulu 1932.
Ders.: Ethnology of Mangareva. Honolulu 1938.
Ders.: Vikings of the Sunrise. New York 1938.
Ders.: The Coming of the Maori. Wellington 1950.
Burrows, E. C.: Ethnology of Futuna. Honolulu 1936.
Ders.: Ethnology of Uvea. Honolulu 1937.
Colum, P.: Legends of Hawaii. New Haven 1937.
Eichhorn, A.: Alt-hawaiische Kultobjekte und Kultgeräte. Baessler-Archiv XIII, 1929.
Eilers, A.: Inseln um Ponape. Hamburg 1934.
Fornander, A.: Hawaiian Antiquities and Folklore. Hrsg. von *Th. G. Thrum.* Hono-
    lulu (Memoirs Bishop Mus. IV–VI) 1916–20.
Gifford, E. W.: Tongan Myths and Tales. Honolulu 1924.
Gill, W. W.: Life in the Southern Isles. London 1876.
Ders.: Myths and Songs from the South Pacific. London 1876.
Ders.: Historical Sketches of Savage Life in Polynesia. Wellington 1880.
Grace, J. Te H.: Tuwharetoa. Wellington 1966.
Grey, G.: Polynesian Mythology. London 1855.
Handy, E. S. C.: Polynesian Religion. Honolulu 1927.
Ders.: Marquesan Legends. Honolulu 1930.
Henry, T.: Ancient Tahiti. Honolulu 1928 (= Tahiti aux temps anciens. Paris 1962).
Kalakaua, D.: The Legends and Myths of Hawaii. New York 1888.
Krämer, A.: Die Samoa-Inseln. Stuttgart 1902–03.
Laval, H.: Mangaréva. Braine-le-Comte and Paris 1938.
Lehmann, Fr. R.: Die polynesischen Tabusitten. Leipzig 1930.
Loeb, E. M.: History and Traditions of Niue. Honolulu 1926.
Luomala, K.: Maui-of-a-Thousand-Tricks. Honolulu 1949.
Dies.: Voices on the Wind. Polynesian Myths and Chants. Honolulu 1955.
MacGregor, G.: Ethnology of Tokelau Islands. Honolulu 1937.
Mariner, W.: An Account of the Natives of the Tonga Islands. London 1817.
Métraux, A.: Ethnology of Easter Island. Honolulu 1940.
Ders.: Die Osterinsel. Stuttgart 1957.
Moerenhout, J.-A.: Voyages aux îles du Grand Océan. Paris 1837 (Nachdruck 1959).
Mühlmann, W. E.: Arioi und Mamaia. Wiesbaden 1955.
Nevermann, H.: Götter der Südsee. Stuttgart 1947.
Palmer, G. B.: Tohungaism and Makutu. Journ. Polyn. Soc. 63, 1954.
Plischke, H.: Kukailimoku. Berlin 1929.
Reiter, S. M.: Traditions Tonguiennes. Anthropos II, 1907.
Routledge, S.: The Mystery of Easter Island. London 1919.
Sarfert, E., und *Damm, H.:* Luangiua und Nukumanu. Hamburg 1929 und 1931.
Scheffrahn, W.: Tangaroa. Tübingen 1965.
Schulze-Maizier, F.: Die Osterinsel. Leipzig o. J.
Shortland, E.: Traditions and Superstitions of the New Zealanders. London 1856.
Smith, S. P.: Hawaiki, the Whence of the Maori. Journ. Polyn. Soc. VII–VIII,
    1898–99 (Neuauflage 1910).

von den Steinen, K.: Die Marquesaner und ihre Kunst. Berlin 1923 und 1928.
Stimson, J. F.: Tuamotuan Religion. Honolulu 1933.
Ders.: Songs and Tales of the Sea Kings. Salem, Mass., 1957.
Stuebel, O.: Samoanische Texte. Berlin (Mus. f. Völkerk.) 1896.
Taimai, Arii: Denkwürdigkeiten. Hrsg. von *P. Hambruch.* Hamburg (Mus. f. Völkerk.) 1923.
Taylor, R.: Te Ika a Maui. London 1855.
Thomson, W. J.: Te Pito te Henua. Washington 1891.
Thrum, Th. G.: Hawaiian Folk-tales. Chicago 1907.
Turner, G.: Samoa. London 1884.
White, J.: The Ancient History of the Maori. Wellington 1887–90.
Williamson, R. W.: Religious and Cosmic Beliefs of Central Polynesia. Cambridge 1933.

Abbildungsnachweise

Vorlage für Abb. S. 53:
Karl von den Steinen, Die Marquesaner und ihre Kunst, Bd. II, Berlin 1926
Vorlage für Abb. S. 86:
A. Bernard Deacon, Malekula, London 1934

NAMEN- UND SACHREGISTER

Australische
Eingeborenen-Religionen

von

Ernest A. Worms SVD †

und

Helmut Petri

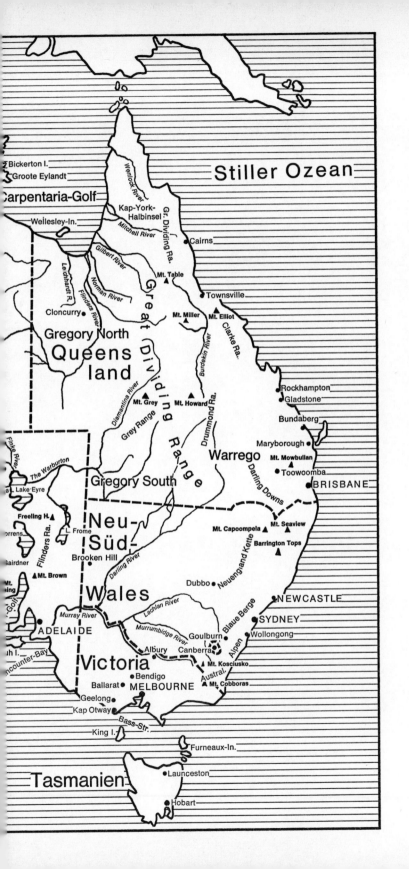

VORWORT

Das vorliegende, die Religionsformen der australischen Eingeborenen zusammenfassende Werk konnte vom Verfasser leider nicht so zu Ende geführt werden, wie es ihm ursprünglich vorschwebte. Nach langem, schwerem Leiden verschied Pater Ernest A. Worms am 13. 8. 1963 im St.-Vincent-Krankenhaus in Sydney, Australien. Das Mutterhaus der Pallottiner-Missionsgesellschaft in Limburg/Lahn, der er seit seiner Priesterweihe angehörte, sandte ihn zu Beginn der dreißiger Jahre in den Norden des australischen Kontinentes, der ihm zur zweiten Heimat und Stätte einer vielseitigen Wirksamkeit wurde. Von Anfang an gewannen die Farbigen des fünften Erdteils als Menschen und Träger archaischer Kulturformen nicht nur seine Sympathie und persönliche Anteilnahme, sondern erregten auch seine wissenschaftliche Neugier. Soweit es ihm seine Verpflichtungen als christlicher Sendbote, Seelsorger und Pionier in einem der Zivilisation noch wenig erschlossenen Lande, aber auch die verschiedensten Aufgaben administrativer Natur erlaubten, widmete sich Pater Worms dem Studium der Eingeborenen unter den verschiedensten Aspekten. Neben den Sprachen dieser Menschheitsgruppe, zu denen er unter Anleitung des Linguisten P. H. Nekes bald einen wissenschaftlichen Zugang fand, faszinierten ihn besonders ihre oralen Überlieferungen, ihre stark spiritualistisch betonte Religiosität und die daraus erwachsenen Formen des Kultus, Ritus und künstlerischer Betätigung. Seine sich in einem tiefen Verständnis für geistige Werte ausdrückende Persönlichkeitskultur führte ihn zu der Erkenntnis, daß in diesen Institutionen und Erscheinungen der traditionellen Eingeborenenkulturen die verschiedensten Ansätze lagen, um unter den Farbigen Verständnis für christliche Glaubensinhalte zu wecken.

Für sein weitgestecktes Ziel, die geistigen Kulturäußerungen der meisten australischen Stämme und Sozialverbände in Vergangenheit und Gegenwart nicht nur zu verstehen, sondern auch systematisch zu erforschen und zu koordinieren, war Pater Worms von Haus aus eigentlich nur theologisch vorbereitet. Zu den Techniken der Feldarbeit sowie zur Methodik und zu den Denkkategorien der ethnologischen Wissenschaft mußte er teils auf autodidaktischem Wege, teils durch kontinuierliche Kontakte mit den verschiedensten Gelehrten und Experten des In- und Auslandes die erforderlichen Zugänge

129

gewinnen. Er hatte es also in jeder Hinsicht schwerer als ein für seine Aufgabe wissenschaftlich vorgebildeter Kulturanthropologe bzw. Ethnologe. Um so höher sollte unsere Achtung vor seinem Lebenswerk sein, das als eine an tiefgründigen Erkenntnissen besonders reiche Leistung im Gebiet der Religionsethnologie dasteht und durch neuere Forschungsresultate nur noch ergänzt werden kann.

Von solchen Gesichtspunkten ließ sich der Bearbeiter und Mitherausgeber dieses letzten und nachgelassenen Werkes von Pater Ernest A. Worms leiten. An der ursprünglichen Fassung des Textes wurden nur dann Veränderungen vorgenommen, wenn es im Interesse der Klarheit unbedingt erforderlich war. Neuere und neueste Forschungsergebnisse, die vom Verfasser nicht mehr berücksichtigt werden konnten und die sein dargelegtes Material ergänzen, unterbrechen den Originaltext in Form von in Petit gesetzten Zusätzen. Da Pater Worms kaum photographische Aufnahmen hinterlassen hat, die sich zur Reproduktion eigneten, mußte zur Illustrierung dieses Bandes auf andere Bildvorlagen zurückgegriffen werden.

Es sollte auch nicht übersehen werden, daß diese Studien zu den australischen Eingeborenen-Religionen in mancher Hinsicht torsohaft sind und es auch leider Gottes bleiben mußten, da es dem Autor nicht mehr vergönnt war, sein Werk auf jene breite materialmäßige Grundlage zu stellen, wie er sie ursprünglich geplant hatte.

Köln, im April 1968   Helmut Petri

Die Sprachen Australiens gehören zur Gruppe der sog. australiden Sprachen, die zwar sehr voneinander abweichen, deren phonetische Werte aber im gesamten Kontinent die gleichen sind.

Die Vokale haben dieselben Lautqualitäten wie im Deutschen, ebenso die meisten Konsonanten.

Besonders zu vermerken sind:

ng	wird stets getrennt ausgesprochen
ŋ	das „velare" *n* lautet wie in ‚bange'
ŋg	wie im englischen ‚finger'
ṛ	zerebrales *r* klingt wie im Amerikanischen
ḍ ṇ ḷ	diese zerebralen Konsonanten werden gebildet, indem man die Zunge an den oberen Gaumen legt
dj	ist ein Interdental (Zunge zwischen den Zähnen) und eigentlich ein Ersatz für „s", das fehlt
r	wie lateinisches r

Die Diphthonge *„au"*, *„ai"* und *„ei"* sind leicht getrennt auszusprechen.

Betonung liegt weit vorn im Wort, in drei- oder viersilbigen Wörtern meist auf der ersten Silbe.

Zu bemerken ist, daß Pater Worms keine phonetischen Zeichen benutzt und sich durchgehend an die Schreibweise der älteren Quellen hält, während H. Petri diakritische Zeichen verwendet *(ŋ, ṛ, ḍ, ṇ, ḷ)*. Ferner ist darauf hinzuweisen, daß in australiden Sprachen bestimmte Konsonanten und Vokale austauschbar sind – je nach lokalen dialektischen Verschiedenheiten. Es handelt sich ja um nichtliterarische Sprachen. Damit erklären sich die unterschiedlichen Schreibweisen von Eigennamen usw., die bisweilen im Text vorkommen.

Abkürzungen

Außer den Abkürzungen für Himmelsrichtungen (N, O, W, SW, NO usw.), die sich
von selbst verstehen:

Arn.-Ld.	Arnhem-Land	SA	Südaustralien
Kimb.	Kimberley	WA	Westaustralien
NSW	Neu-Süd-Wales	Z	Zentral
NT	Nordterritorium	ZA	Zentralaustralien
Qsld.	Queensland		

EINLEITUNG

Die Entdeckungsgeschichte und die Bevölkerung Australiens

Die Entdeckungsgeschichte des australischen Festlandes und Tasmaniens interessiert uns hier insofern, als sie uns von den frühesten Berührungen der Eingeborenen mit Europäern und von den ersten Eindrücken berichtet, die die westlichen Entdecker von den Küstenbewohnern des fünften Erdteiles empfingen. Die sagenhafte Terra Australis Incognita erschien vermutlich zum ersten Mal mit noch unsicheren Angaben langer Küstenstrecken auf der Dauphin-Landkarte (1530) und auf der von J. Rotz (1542). Diese beruhen vielleicht auf der Erforschung der Westküste durch die Portugiesen. Solange die Archive Lissabons uns keines anderen belehren, ist nichts Näheres über Begegnungen mit den Ureinwohnern bekannt. Im Jahre 1606 landete Pedro Fernando De Quiros mit einer spanischen Flottille auf den Neuen Hebriden in der irrtümlichen Annahme, den unbekannten Erdteil gefunden zu haben. Zu Ehren Philipps III. und des Hauses Austria gab er ihm den Namen Australia del Espiritu Santo. Diese Bezeichnung ist der größten Insel der Neuen Hebriden verblieben. Unhaltbar sind die Vermutungen, daß Quiros an der Küste Queenslands in der Nähe der Stadt Gladstone — 510 km nördlich von Brisbane — gelandet sei. Im gleichen Jahre erblickte sein Unterkommandant Luis Vas de Torres die Nordspitze der Kap-York-Halbinsel, als er die nach ihm benannte Torres-Straße zwischen Neuguinea und Australien durchsegelte. Ebenfalls 1606 näherte sich das holländische Schiff „Duyfken" (Täubchen), von Batavia kommend, unter Willem Jensz dieser Meeresenge von entgegengesetzter Richtung und drang in den Carpentaria-Golf ein. Er segelte entlang der Westküste dieser Halbinsel, die er für einen Teil Neuguineas hielt. Hier fand das erste geschichtlich gesicherte Treffen der beiden Rassen statt. Leider war es ein unglückliches; es kam am Wenlock-Fluß zu einem Scharmützel, bei dem ein holländischer Seemann von den Eingeborenen getötet wurde. Beim Besuch Kpt. Jan Carstensz' im Jahre 1623 mit der „Pera" und „Arnhem" an derselben Küste ergaben sich wiederum Kämpfe mit den Eingeborenen, die mit der ersten Verschleppung eines Australiers nach Batavia endeten. Der Kapitän machte folgende Logbucheintragung, die in ähnlicher Form auch bei dem englischen Entdecker Dampier wiederkehrt: „Dieses ist die trostloseste Gegend, die auf Erden

133

gefunden werden kann. Die Einwohner sind die elendesten und ärmsten Kreaturen, die ich gesehen habe." Der Holländer G. F. De Witt stieß 1628 mit der „Vyanen" auf die SW-Küste Kimberleys und spricht von einer „unreinen und unfruchtbaren Küste, von grünen Feldern [ein Eindruck, den die mit Stachel- oder Spinifexgras (Triodia) bedeckten Ebenen hervorrufen] und von sehr wilden, schwarzen und barbarischen Einwohnern" [1]. Als in der Monsunzeit 1688 der englische Freibeuter William Dampier seine „Cygnet" (Schwan) für zwei Monate zur Reparatur auf den Sand einer kleinen Bucht im King-Sund (N-WA) setzte, kam er in nur mittelbaren Kontakt mit dem Stamme der Bād. Die Pallottiner von Limburg a. d. Lahn begannen 1910 dasselbe kleine Völkchen zu missionieren. Elkin studierte es 1928/29; Nekes und Worms untersuchten es wiederholt von 1931—1950 linguistisch und ethnologisch. Der pessimistische, aber auch informierende Bericht Dampiers, den wir eingehend analysierten (Anthropos 1959 A) — die Bewohner seien das armseligste Volk der Erde, sie unterschieden sich kaum von Tieren, hätten unschöne Gesichter usw. —, genügte, ihr Land für über 200 Jahre unbehelligt zu lassen. Fast 100 Jahre nach Dampier trafen Weiße zum ersten Male Australiden an der Ostküste, als Kpt. James Cook im April 1770 mit der „Endeavour" die Botany-Bai entdeckte, 15 km südlich des von Gouverneur Arthur Philip 1788 gegründeten Sydney. Die Menschenfreundlichkeit Cooks, die ihn 1779 an der Karokakoo-Bai auf Hawaii das Leben kostete, verhütete ein Rencontre mit speerschwingenden Eingeborenen durch einige Schrotschüsse. Noch zweimal, einmal durch Anzünden von Grasfeuern, wehrten sie Cooks Landungsversuche weiter nördlich an der Encontre-Bai ab. Mit der Gründung von Sydney entstand eine Strafkolonie, die bis 1839 mit Sträflingen vom Mutterland beliefert wurde und einen unheilvollen Einfluß auf die eingeborene Bevölkerung von Neu-Süd-Wales ausübte.

Abel Jansen Tasman, der Entdecker Tasmaniens im Jahre 1642, sah keinen Tasmanier in Vandiemensland, wohl aber an Bäumen frisch geschlagene Kerben, die von den Eingeborenen bei der Opossumjagd benutzt worden waren. Der nächste Besuch durch den Franzosen Marion du Frêsne im Jahre 1772 ist in die Literatur (Bonwick 1870) als „die erste Schlacht" eingegangen. Als die Eingeborenen die Eindringlinge zu vertreiben suchten und du Frêsne und einen Offizier durch Steinwürfe verletzten, antworteten die französischen Gewehre. Mehrere Tasmanier wurden erschossen und verwundet. Dieses war das traurige Vorspiel des „Black War", der 1804 mit dem Gemetzel am Derwent-Fluß begann und 1835 mit der Gefangennahme der letzten freien Insulaner und ihrer Verbannung nach der Flinders-Insel in der Bass-Straße endete.

Zur Zeit der Entdeckung mögen auf dem Festland, das mit 7 704 165 km² dreiviertel der Fläche Europas ausmacht, etwa 350 000 Australide gewohnt haben, die sich auf etwa 500 Stämme verteilten; andere Schätzungen sprechen

1 Vgl. Australian Encyclopaedia, Sydney 1958, III, S. 469 ff.

von 300 000, sogar nur von 150 000. Das bedeutet im ersten Falle 4,5 Menschen auf 100 km². Das viel kleinere Tasmanien mit 26 215 km² zählte 2000 bis 7000 Negride, d. h. 7,6—26,6 Einwohner auf 100 km². 1953 lebten etwa 49 000 vollblütige Australide und 30 000 Mischlinge. Wenigstens 2250 nomadische Australide lebten im Jahre 1961 ohne Kontakt mit europäischer Zivilisation. An die verschwundenen Tasmanier erinnern nur noch etwa 100 Mischlinge.

Im allgemeinen sind die dolichokephalen Australiden in den wüstenartigen Gebieten von gedrungener Gestalt und helldunkler Hautfarbe, in den nördlichen Küstengebieten über 1,70 m groß und dunkelbraun. Ihr Haar ist langgewellt, ihre bräunlichen Augen liegen tief unter den stark entwickelten superziliaren Bogen. Der Nasensattel ist tief eingebuchtet, die Nasenflügel sind weit und die Lippen dick. Die schlanken Hände sind wohlgeformt, mit länglichen Nägeln und hellen, hohen Nagelmöndchen. Die Beine sind lang, dünn, aber sehnig. Die brachykephalen Tasmanier waren kleiner gebaut, von bläulich-schwarzer Hautfarbe, hatten kurzes Kraushaar und dünne Lippen. Viele Vollblutaustralier leben praktisch auch heute noch in der Steinzeit. Fest verankert in einer sehr alten Kultur, wird es ihnen schwer, sich auf die moderne Zivilisation umzustellen. Oft geschieht dies nur äußerlich. Diese Tatsachen werden bei neuzeitlichen, drängenden Assimilationsbestrebungen nicht überall genügend in Betracht gezogen.

Auf drei Wegen können die Negriden und Australiden nach Australien gewandert sein. Der östliche Weg führte von Neuguinea über die Torres-Inseln nach Kap York; der westliche von Indonesien (Timor) über die Arafura-See nach dem Norden Westaustraliens; ein mittlerer Weg ging von Celebes und den Molukken über Ceram, die Kai-Inseln und Timorlaoet nach Nord-Arnhem-Land. Aus dem Alter menschlicher Brandherde in Süd-Viktoria ergibt sich, daß Negride oder Australide schon vor 18 000 Jahren an der Küste Viktorias lebten.

Diese Schätzung beruht aber auf einer wenig zuverlässigen C-14-Datierung. Zu neueren C-14-Datierungen, die von prähistorischen Horizonten Süd-, Südost- und Ostaustraliens Zeitwerte ermitteln, die sich zwischen 14 000 v. Chr. und 1600 n. Chr. bewegen, s. *F. J. Micha*, Zur Geschichte der australischen Eingeborenen, Saeculum 16, 1965, 327 ff.

Man wird nicht fehlgehen, wenn man die äußerst zögernde Inbesitznahme des unbekannten Kontinents in seiner ganzen Länge und Breite vom Norden her auf 2000 Jahre veranschlagt. Damit liegt die erste Ankunft von Einwanderern im Norden etwa 20 000 Jahre zurück, d. h. sie erfolgte in der letzten pleistozänen Eiszeit der südlichen Hemisphäre, als die südlichen australischen Alpen und Tasmanien noch teilweise vereist waren, die Strandterrassen sich ungefähr 20 m über dem heutigen Ozeanspiegel erhoben und die austronesische Inselwelt einschließlich Tasmaniens näher an den australischen Kontinent heranreichte.

A. DIE RELIGIONEN DES AUSTRALISCHEN FESTLANDES

I. HEILIGE GERÄTE, MUSIK, STEINE UND BILDER

1. Heilige Geräte

a. Die Begriffe *bugari* und *djalu*

Die Kultgeräte des australischen Festlandes sind sehr mannigfaltiger Art. Hinter ihnen steht der einheitliche Glaube eines einfachen Wildbeuter- und Nomadenvolkes an die durch diese Geräte erwirkte, fortdauernde Nähe übernatürlicher Wesen und die Reaktivierung der von ihnen ausgehenden unsichtbaren Kräfte sowie an die mythische Förderung alles menschlichen und kosmischen Geschehens, das aus der mit dem Gerät verknüpften Liturgie hervorbricht. Zur Herstellung dieser Geräte ist dem Australier jedes Material willkommen und heilig – ob Holz oder Stein, Knochen oder Haare, Rinde oder Gras, Muscheln oder Früchte. Die auf ihnen angebrachten Verzierungen und konventionellen Motive dokumentieren in einer ursprünglichen Weise des farbigen Australiers Glaubenswelt, sein religiöses Empfinden und seine Daseinserwartungen im Zusammenhang mit tonalen, deklamatorischen und dramatischen Riten. Sie sind sein Geheimnis und seine geheimnisvollen Waffen, Zeichen seines sakralen Ranges und seiner weitreichenden Macht. Sein lokal differenzierter Gestaltungssinn entdeckt immer wieder neue Variationen liturgischer Geräte, von denen er sich mit noch größerer Gewißheit einen noch engeren Kontakt mit der geistigen Überwelt und seiner materiellen Umwelt verspricht. Die hinter dieser Vielzahl von Kultgeräten stehende kontinentale Übereinstimmung der Grundidee spiegelt eine unerwartete religiöse Einheit des Kultlebens des australischen Festlandes wider, die auch auswärtige Einflüsse fast nahtlos in sich aufnahm.

Folgende mit den Geräten verbundene Grundlehren seien vorweggenommen: sie sind die Selbsthinterlassenschaft der in ein Jenseits zurückgekehrten Geister; sie sind realistische oder symbolhafte Darstellungen dieser anthropomorphen Wesen oder auch nur ihrer Körperteile, die das Ganze genauso wirksam vergegenwärtigen; sie gewähren dem durch die Initiation autorisierten Eingeborenen mythische Teilnahme an der über unsern Zeitbegriff hinausgreifenden Urzeit oder *bugari* der anfangslosen Geisttätigkeit und einen ebenso tatkräftigen Anteil an der schöpferischen Kraft oder *djalu* der Geister zur steten Wiederauffrischung und Transzendentalisierung der Natur.

Nach Durchlaufen mehrerer Initiationsgrade sind die Männer zur Herstellung solcher Kultgeräte berechtigt; und wo immer sie dies mit ritueller Genauigkeit tun, ist die Anwesenheit des Geistes und seines *djalu* verbürgt und das Wohlergehen des Stammes gesichert. Wir betonen: die Männer sind die alleinberechtigten Liturgen. Nach häufig auftauchenden Mythenaussagen waren die heiligen Geräte von weiblichen Wesen allein den Frauen anvertraut worden, wurden ihnen jedoch später von Männern entrissen. Eingeborene Frauen, die auch nur zufällig mit einem Sakralobjekt in Berührung kamen oder das Geheiminstrument erblickt hatten, wurden und werden noch heute blutig geschlagen, mißbraucht oder getötet.

Ähnliche gewaltsame Entwendungen von Kultgegenständen, die vorher in den Händen von Frauen waren, werden aus Neuguinea und Neubritannien in bezug auf heilige Schwirrhölzer und Flöten und aus Zentral-Brasilien hinsichtlich der drei heiligen Trompeten berichtet[1]. Während es in diesen Fällen Männer sind, die den Frauen sakrale Geräte stehlen, entwenden nach anderen australischen Mythen Frauen den Kulturheroen Dinge von großem materiellem Wert, z. B. das erste Feuer, das durch ihre Hände zu den nur die Rohkost kennenden ersten Menschen gelangte. Darin steckt vielleicht ein Hinweis auf eine beginnende Arbeitsteilung nach Geschlechtern.

Zu den australischen Ritualobjekten zählen die aerophonalen Schwirrhölzer, die mannigfachen Formen der *tjurunga* aus Holz-, Stein-, Muschel- und Knollenmaterial[1a], die ätherischen Fadenkreuze und erdverwachsenen Bäume, die beweglichen Rindenbilder sowie die unverrückbaren Höhlen- und Felsbilder und Steinsetzungen. Gegenstand hoher Achtung sind ferner die esoterischen, tonalen Instrumente wie Dröhnhorn und Holzgong, die heiligen Stätten mit ihren sakralen Grenzen, Hütten und Gruben. Ehe wir diese Gegenstände und Einrichtungen im einzelnen besprechen, müssen wir zwei wichtige und oft wiederkehrende Termini der australischen Mythologie, *bugari* und *djalu,* untersuchen, von denen ersterer auf den vorzeitlichen Ursprung der Kultgeräte usw., letzterer auf die in ihnen ruhenden persönlichen Kräfte der mit ihnen verbundenen heiligen Wesen verweist.

Unter *bugari* wird jene mythologische Urzeit verstanden, in der die Geister unter idealen äußeren Bedingungen lebten, wenngleich ihr gegenseitiges Verhältnis reich an unerquicklichen Vorkommnissen wie Lieblosigkeit, Neid, Blutschande und Totschlag war. Während dieser Vorzeit durchzogen diese unerschaffenen Geister in menschlichen oder tierischen Gestalten — als Adlerhabichte, Schlangen, Eidechsen, Dingos, Schmetterlinge und dergleichen — die schon immer existierende Welt und formten das Gesicht der Erde und die

---

[1] *Haekel* 1953, S. 132–133.
[1a] *tjurunga* ist eine Begriffsbestimmung der zentralaustralischen Aranda, die nicht nur ihre Kultobjekte, sondern auch alle damit assoziierten Vorstellungen, Überlieferungen und Sakralhandlungen einbezieht. Aus Gründen textlicher Vereinfachung gebraucht *Worms* diesen Terminus stellvertretend für diese kontinentweit verbreiteten „heiligen Gegenstände" (Petri).

rudimentären Körper der zukünftigen Menschen. Gegen Ende dieser Schöpfertätigkeit, die nichts von einer creatio ex nihilo an sich hat, stiegen sie zu den Sternen hinauf, nicht ohne zuvor auf geheimnisvolle Weise sich selbst und ihre Schöpferkraft oder *djalu* in Felsen, Bäumen, Bildern, Geräten und Menschen zurückgelassen zu haben. Rituelle Handlungen geben den Anstoß dazu, daß die übernatürliche Urkraft erneut in Tätigkeit tritt und neues menschliches, tierisches und pflanzliches Leben in die immer wieder ersterbende Welt strömt[2].

Die Grundbedeutung von *bugari* ist *buga, bugan*, „Kind, Knabe, Mann, Frau" oder allgemein „Person, persönliches Wesen". In diesem Sinne wird das Wort bei den Eingeborenen in Westaustralien, Südaustralien, am Darlingfluß im Westen von Neu-Süd-Wales, in Viktoria und Queensland gebraucht. In diesen und anderen Regionen wird *buga* auch auf mythologische Geistwesen und deren Wohnsitze angewandt. So finden wir z. B.:

Buga-djimbi, Heroenpaar, N-WA   *Buga-mini*, Totengeist, Begräbnis,
Buga-bidni, Geist, Südküste[3]   Grabpfosten, Tabu, Bathurst-Insel
Bugam-beri, Geist, NW-NSW[4]   *Buga-ladji, Baga-dringa*, Geist, NT,
                                  Bathurst-Insel[7]
Bogu, Gott, NSW, Qsld.[5]   *Mira-buga*, Kreuz des Südens[8],
                                  Darlingfluß
Buga, Venus, Qsld.[6]   *Goli-buga*, Centaurus, Darlingfluß[8]

Nach allgemeinem australischen Gebrauch umfaßt der Begriff *buga* auch die mythologische Urzeit und das Ergebnis der Schöpfertätigkeit der Geister, die *tjurunga* oder das Schwirrholz, und die von diesen verordneten Gesetze, Gebräuche usw.

> *Bugari, Bugaru*, Urzeit, N-WA, NSW
> *Bugari-gura*, Urgesetz, W-Kimb. (auch *Bugari-gara*)
> *baguri-nj*, Initiation, NSW[9]
> *lari-buga*, Initiation, W-Kimb.
> *dig-bag*, rituelles Fingerknipsen, W-Kimb.
> *buga-di*, ritueller Federschmuck, O-Kimb., ZA
> *bugurum*, Schwirrholz, NSW[10]

Die mit *buga* gebildeten Verbalformen: *ma-bugan, bugari mana* (Kimb.), vielleicht *bagureigu* (N-NSW), wörtl. „einen Mann (Geist) sehen", drücken

2 *Strehlow* 1947, S. 35—46.
3 *Curr* 1886, Bd. II, S. 5, 7.
4 *Curr* 1886, Bd. II, S. 185.
5 *Curr* 1887, Bd. III, S. 81.
6 *Curr* 1887, Bd. III, S. 303.
7 *Mountford* 1956, S. 305; 1958, S. 44.
8 *Curr* 1886, Bd. II, S. 210.
9 *Smythe* 1949, S. 52.
10 *Zerries* 1942, S. 88; *Worms* 1957 A, S. 739.

einen wichtigen Prozeß im seherischen Glaubensakt eines Eingeborenen aus. Durch ein mehr oder weniger unbewußtes, visionäres Sehen, Erinnern und Wünschen nähert dieser sich den urzeitlichen Geistern und reaktiviert gleichzeitig deren Tätigkeit. Durch diesen psychologischen Vorgang des Geistsehens, der an eine mythische Intuition heranreicht, leitet er den Fruchtbarkeitsstrom der *bugari*-Geister in die Gegenwart zur Erfüllung aller völkischen und ökonomischen Bedürfnisse seiner selbst und seines Stammes. Eine solche persönliche Schau wurde uns gegenüber im Dampier-Land in folgende einfache Form gekleidet: *"Ṿer ŋanem-bugar ŋimber, wananinj ŋan-djaredjar"* − "Den Geist habe ich gesehen nachts, visionär berührt bin ich aufgestanden." Die Loritja (ZA) benutzen eine ähnliche Wendung: *"Tukura nangani"* − "Den *Djugura* habe ich gesehen" [11] (S. 255). Durch die englische Version "to dream, dreaming, dream time", die heute von vielen Eingeborenen übernommen worden ist, wird besonders die schwer definierbare, traumhafte und mythische Annäherung an den Geist hervorgehoben, dem die Gegenwärtigkeitssetzung seiner Schöpferhandlungen ohne weiteres folgt. Das Recht zur *bugari*-Teilnahme, verliehen durch die Mysterienweihen und betätigt in symbolreichen Zeremonien, gibt den Wildbeutern jenes religiöse *djalu*-Vertrauen auf sicheren Bestand ihrer selbst und der Natur, von dem ihre Religion und ihr tägliches Leben durchwoben und getragen sind.

Auch *djalu, djala, talu, tal* mit der Grundbedeutung "Person" ist tief in den mythologischen Sprachschatz ganz Australiens eingebettet. Dieses Wort bezeichnet nicht nur den Geist selbst und seine lebenbringenden Kraftäußerungen, sondern auch sehr weitgreifend den Liturgen, der sich zur Fortsetzung der Urgeschehnisse befähigt fühlt, die wirkungsmächtigen Riten, die dabei benutzten heiligen Geräte sowie den geheimen Männerplatz, auf dem die Vermehrungszeremonien, Initiationen usw. stattfinden. In folgender Zusammenstellung läßt sich der Wechsel der ursächlichen, mittel- und zweckhaften Bedeutung von *djalu* usw. in den verschiedensten Teilen Australiens verfolgen: im Süden *Djali-widju-buga*, Geist, wörtl. "Person-Geist-Geist"; am oberen Murray-Fluß *Buda-djal*, Gott, Mt. Emu, Viktoria [12]; in der SO-Ecke und an der Ostküste *Tulu-gal*, Totengeist (Gippsland), *Ganai-talu-ŋ*, esoterischer Name für den Urzeit-Heroen *Muŋan ŋaua* (Gippsland), *djalganjan*, Schwirrholz (Ostküste) [13]; im Zentralgebiet *tal-gara*, Steintjurunga (Aranda) [14], *Balja Djalu Djalu*, Geist, wörtl. "guter Geist" (Gogadja); in der Südwestecke *Djalan-guru ("ya .. elangooroo")*, Abkömmling einer Gottheit [15] (vgl. *djalŋgaŋuru*, Medizinmann, Kimb.); in Kimberley *Djala*, Regen-

11 *C. Strehlow* 1907, Bd. I, S. 2.
12 *Curr* 1887, Bd. III, S. 501, 503; vgl. Bd. III, S. 280, 275.
13 *Howitt* 1904, S. 491, 495; *Smythe* 1949, S. 34.
14 *C. Strehlow* 1908, Bd. II, S. 75.
15 *Lyon* 1833, S. 56.

geist als Höhlenbild, *djalai* oder *talu*, Männerplatz, *djala-ra*, schwarzer Zeremonialstein, *djalu-ŋga*, *djal-ŋ*, Vermehrungsplatz, Kraft des Medizinmannes, des Sehers, Sängers und der *tjurunga*, *Djalu-walan*, Urzeit, *djaludabara*, Fadenkreuz[16]. Vielleicht sind *djalaŋgur*, Medizinmann, und *Juluŋgur*, die mythische Regenschlange im O-Arnhem-Land, sprachlich identisch. Unter *djalu* ist also immer ein persönliches Wesen oder dessen Kraft zu verstehen, so daß für eine magische Erklärung wenig Raum bleibt.

b. Schwirr- und Seelenhölzer oder *tjurunga*

Die heiligen Schwirr- und Seelenhölzer Australiens werden wohl seit B. Spencer und F. J. Gillen sowie seit C. Strehlow[17] mit dem allgemeinen Arandawort *tjurunga* bezeichnet, obwohl für beide Geräte in den verschiedenen Gegenden eine oder mehrere synonyme Sonderbezeichnungen zu finden sind. Der englische Sprachgebrauch begnügt sich meistens mit dem populären „bullroarer" ohne Hervorhebung seiner beiden Grundarten. Viele Ethnologen pflegen den Begriff *tjurunga* auf Schwirr- und Seelenhölzer einzuengen, während T. G. H. Strehlow nachdrücklich darauf hinweist, daß dieses Wort wenigstens bei den Aranda in ZA einen viel weiteren Sinn hat (vgl. Anm. 1a S. 137). Diese stellen nämlich jenen beiden Hölzern noch andere Ritualgeräte und religiöse Einrichtungen wie Steintjurunga, Fadenkreuze, heilige Pfosten und Erdhügel, Körperbemalungen und Zeremonialschmuck gleichwertig zur Seite[18]. Dementsprechend haben wir in unsere ganz Australien umfassenden Abhandlung auch noch die heiligen Holzfiguren, Kristalle und Linga, die heiligen Musikinstrumente sowie die esoterischen Höhlengemälde, Rindenbilder, Felsgravierungen und esoterischen Plätze, Waffen und Früchte einbezogen und damit den Großteil der religiösen Phänome erfaßt. Trotz dieser Erweiterung zögern wir nicht, in erster Linie den beiden Ritualbrettern den Namen *tjurunga* zu überlassen. Alle hier aufzuzählenden Geräte und Institutionen sind in den gläubigen Augen der Eingeborenen *tjuruŋa*, d. h. Einrichtungen, die ein außernatürliches Wesen mit der Bestimmung eingesetzt hat, seiner eigenen Vergegenwärtigung und der Ausstrahlung seiner lebenerweckenden Kräfte zu dienen. *Tjurunga* ist ein „theologisches" Wort, das nicht Zweck, sondern Ursprung und Wesen hervorhebt.

Eine linguistische Untersuchung des Wortes *tjuruŋa* wird ein besseres Verständnis der Wesensbestandteile der verschiedenen Tjurungaformen an-

16 *Davidson* 1951, S. 266. Wörter ohne Quellenangabe sind *Nekes–Worms* 1953, Teil III, entnommen. Andere Wörter für *djalu* sind u. a. *bia* (NW-NT), *joia* (SO-Ecke, *Howitt* 1904, S. 523) und *yayari* (N-Kimb., *Jensen* 1951, S. 145; *Petri* 1954, S. 157).
17 *Spencer–Gillen* 1899; *C. Strehlow* 1907–1908.
18 *Strehlow* 1947, S. 84–86.

bahnen. Wir stellen fest, daß aller Wahrscheinlichkeit nach die beiden Wörter *tjuru-ŋa* und *djala-ŋa* „Person, Mann, Geist" bedeuten, denen ein adverbiales Suffix der Zugehörigkeit, „an, in, drinnen, verbunden", angefügt ist; daß ferner beide Wörter sich durch den Wandel der Alveolarlaute *l* und *r* nur phonetisch unterscheiden. Ihre Grundformen bestehen in Neu-Süd-Wales nebeneinander, wo an der Mittelküste *djula*, im westlichen Nachbargebiet *djuru* für „Mann" gebräuchlich war. Auch die Anwendung von *djara* usw. auf die *tjurunga* selbst und auf andere mythologische Begriffe wird aus nachstehender Liste ersichtlich.

djula[19], *tjura (dura, yura, urē), djur*, Mann[20]

Tura-wal, Wira-djuri, Ŋa-djuri, Djaru, Stammesnamen in NSW, SA, WA[21]

duru-kiai, Mann, Torresstraße[22]

Djur-buyu (Djuru-Baia-ma), Gott; wörtl. „Mann-Alter", N-Qsld.[23]

dara-gu, daru-gu, tjurunga, Markierung und Aufbewahrungsort der *darogo tj.*, Vermehrungsplatz, Tabu-Charakter, Kimb.[24, 24a]

ŋanana-djurugu, heiratsfähige Mitglieder der anderen Stammeshälfte, wörtl. „unsere Leute", SA[24b]

djuruŋ, Felsengeist, Steintjurunga, ZA

djurun, djuruŋa, Holz- und Steintjurunga, ZA

djuru djuru, breites Schwirrholz, O-Arnh.-Ld.[25]

djurun, angespitzter Beschwörungsstock, Spindel-tjurunga, Kimb.

Das Schwirr- oder Seelenholz und alle anderen *tjurunga*-Geräte und Einrichtungen sind nach dem Glauben der Australier nicht einfach Erinnerungsstücke an den Geist, sondern sie stellen ein Gegenwärtigmachen und Verörtlichen des Geistes und seiner schöpferischen *djalu*-Kräfte dar auf Grund seines persönlichen Beschlusses, ehe er sich an seinen überirdischen bzw. unterirdischen Wohnsitz begab. Ob die Tjurungagegenwart als eine koexistierende, zirkumskriptive oder wesentliche gedacht ist, läßt sich aus den Unterhaltungen mit den einfachen Eingeborenen nicht mit Sicherheit entnehmen. Sie sind aber überzeugt, daß eine persönliche Geistgegenwart überall besteht, wo in Nachahmung des vom Geist erschaffenen Urexemplars und Ritus' ein Gerät hergestellt oder ein Gesang komponiert wurde. Im gleichen Gerät ist auch die Lebenskraft des menschlichen Besitzers enthalten, da seine „Kindseele" oder *rai (ratapa)* mit diesem übernatürlichen Wesen in der Urzeit in Berührung

19 Mittlere Ostküste von NSW; *Schmidt* 1919, S. 112.
20 Eyre- und Yorkhalbinsel und Oberer Darling-Fluß, *Schmidt* 1952, S. 112; *Curr* 1886, Bd. II, S. 116, 120, 124; *Nekes–Worms* 1953, Teil III.
21 *Tindale* 1940, S. 193, 195, 180, 202 usw.
22 *Schmidt* 1919, S. 198.
23 *Curr* 1886, Bd. II, S. 315.
24 *Worms* 1957 A, S. 745.
24a Vgl. *Petri* 1966, S. 332.
24b Vgl. *Berndt–Johnston* 1941, S. 190.
25 *Berndt–Berndt* 1951, S. 140; 1964, S. 186.

gekommen war. Nach Strehlow jr., dem Kenner der Aranda, ist die *tjurunga* der unsterbliche Körper des Wesens und seiner Söhne. Was immer mit diesen Geistern in der mythologischen Vorzeit Fühlung hatte, also auch als Geistkind der jetzige Eigentümer der *tjurunga*, ist, ähnlich wie der Geist und die Urtjurunga, mit Lebenskeimen gesättigt[26]. Schabt z. B. ein Aranda-Mann Staub von seiner Steintjurunga und bläst er diesen über die trockene Steppe mit ihrer abgemagerten Fauna, dann wird besonders in dem traditionellen Bereich der *tjurunga* frisches Leben erstehen. Diese Auffassung in bezug auf das Wesen der *tjurunga* ist eine fundamentale Glaubenslehre und der Hauptgegenstand des Unterrichtes, der den Initianten unter dem Siegel der Verschwiegenheit erteilt wird. Häufige geometrische oder naturalistische Eingravierungen und Bemalungen, die die esoterischen Symbole nicht nur des innewohnenden Geistes, seiner rituellen Taten und Umstände, sondern auch des Objektes, auf das sich seine Kraft positiv oder negativ auswirken soll, darstellen, kennzeichnen die *tjurunga* als visuelle Bezeugungen des Glaubens der Eingeborenen an die Gegenwart des Geistes in ihnen und seiner Einflüsse nach außen.

Der Medizinmann der Ualarai, im Quellgebiet des Darling (Neu-Süd-Wales), lehrte die jungen Männer, der große Geist *Gajande* sei in den Schwirrhölzern zugegen[27]. Eine Djaber-Djaber-Frau im Dampier-Land (W-Kimb.) erklärte uns unter Vermeidung des esoterischen Namens der *Galiguru*tjurunga: *„Bibur Bibur in-djun-og, ŋer gabad yaŋar-djun djēn“* — *„Bibur Bibur* er — spricht — stets wenn, der Geist dann wir sagen er", d. h. „Wenn immer das Schwirrholz spricht, dann sagen wir: das ist Er selbst".

1. *Tjurunga*formen

Die Formen der Schwirr- und Seelenhölzer zeigen eine große Verschiedenheit. Die meisten sind längliche Bretter, an den Enden abgerundet oder zugespitzt, auf beiden Seiten flach oder gewölbt, oder auf der einen Seite flach und auf der anderen konkav oder konvex, in selteneren Fällen gekielt. Ihre Länge kann sich von wenigen Zentimetern bis auf zwei Meter ausdehnen, doch sind die gebräuchlichsten Stücke etwa 60 cm lang und an ihrer breitesten Stelle etwa 8 cm breit. Die kleinsten Tjurunga oder *mandagi* bzw. *mandagidgid* sind lanzettförmige Schwirrhölzchen, auf denen häufig Frauenfiguren eingeritzt sind. Sie werden zur mythologischen Anregung menschlicher Fruchtbarkeit von den Männern benutzt und von den Europäern nicht ganz zu Unrecht „Liebeshölzer" genannt. Eine besondere Art bilden die etwa 30 cm langen und 6 cm dicken Spindeltjurunga und die niedlichen Tellerseelenhölzer mit einem Durchmesser von 4 bis 10 cm. Die ersteren sind mit Figuren

---

26 *Strehlow* 1947, S. 16–18.
27 *Langloh–Parker* 1905 (vgl. *Petri* 1953, S. 208).

verziert, die letzteren, die in der hohlen Hand leicht verborgen werden können, um ihre *djalu* unauffällig auszusenden, sind ganz und gar mit parallellaufenden, mit einem Känguruhzahn gerillten feinen Kreisen oder Spiralen überzogen. Individualistischere *tjurunga* weisen Rhomben-, Zwiebel- und Propellerformen auf, die alle Voluten- oder Mäanderlinien tragen und an ihrem unteren Ende in einen Dorn auslaufen, an dem man sie bei rituellen Feiern oder beim Tanz in den Händen hält und dann aufrecht in den Sand steckt. Eine eigenartige Kombination stellen die sog. *labiribiri* dar, die aus einem ovalen Mittelstück und an seinen Enden angefügten Tellerhölzchen bestehen. Hinter solchen komplizierten *tjurunga* steht derselbe Gedanke, den wir bei den „Tjurungahäufungen" antreffen werden (S. 147), nämlich der einer Verstärkung der *djalu*-Wirkkraft. Eine weitere Seelenholzart — treffender sollte man „Geistholz" sagen —, die sich sehr vom Lamellenstil der üblichen *tjurunga* unterscheidet und eher eine extreme Verdünnungsform der Spindeltjurunga ist (S. 148), stellen die „Todesspitzen" oder *djurun* dar, eine Bezeichnung, die deutlich auf *tjuruŋa* hinweist. Im Englischen wird dieses Instrument „pointing bone" genannt, obgleich es auch aus Holz gefertigt wird. Es sind 1 cm dicke und etwa 20 cm lange, an beiden Enden angespitzte, runde Stöckchen oder nur an einem Ende geschärfte Menschen- oder Tierknochen. Zuweilen werden zwei dieser Spitztjurunga mit einem kurzen Seil aus Menschenhaaren verbunden, um eine erhöhte Wirkung zu erzielen. Darauf kommen wir ebenfalls später zurück.

Bei den meisten uns bekannt gewordenen australischen Sozialverbänden werden die *tjurunga* je nach Größe, Form, Ornamentierung, aber auch Traditions- und Kultzugehörigkeit klassifiziert und dementsprechend benannt. Beispielsweise gibt es unter den Stämmen und Gruppen am Nordrande der Westlichen Wüste u. a. folgende Klassen: bis zu 2 m lange Kultbretter in der beschriebenen Form, die einmal als *djaware*, mit konzentrischen Kreisen, Bögen, parallelen Linien-Kompositionen usw. ornamentiert, auftreten und bestimmten Wanderkulten (*Kuraŋ-gara*, s. S. 188 f.) assoziiert sind, und zum anderen als *birmal*, *djilbir* oder *jirimare*, mit mäanderartigen Motiven verziert, zu den führenden Kultgeräten der „Zwei Männer"-Traditionen (*Bagadjimbiri*, *Wati Kutjara* usw., s. S. 147) gehören (s. auch *Petri*, 1956; *Berndt–Berndt*, 1964, S. 186 ff.).

Auf diesen verschiedenartigen Schwirrhölzern und Ritualbrettern finden wir eine außerordentliche Mannigfaltigkeit von Eingravierungen. Eine kleine Anzahl davon ist in der deutschen und englischen Literatur zugänglich gemacht worden[28]. Im Binnenland begegnet man am häufigsten konzentrischen Kreisen, Spiralen und Vierecken, oft umgeben von blumenblätterähnlichen Bogen sowie Bandmustern aus parallelen Rillen, die Hufeisenbogen verbinden, ferner stilisierten Emu-, Känguruh- und Eidechsenspuren

28 *Spencer–Gillen* 1899, S. 131, 146–150, 163, 273; *C. Strehlow* 1907, Bd. I, Tafel I–IV; *Birket–Smith* 1948, Fig. 187; *Worms* 1950 B, S. 653–666; *Petri* 1954, S. 120–122, Tafel XIV a und b; *Adam* 1958, S. 1–50; *Mountford* 1956, S. 460 ff.

und Schlangen in unzähligen Zusammenstellungen. Sie beruhen auf einer fast unveränderten Tradition äußerster Ausnutzung einer beschränkten Anzahl von Mustern — man möchte sie Universalmuster nennen —, deren Deutung fast ganz von den diesbezüglichen Vorstellungen des Herstellers abhängt. In der Darstellung einer Mythe, die ein Eingeborener in seine *tjurunga* einritzen will, können die Spiralen einen Geist oder, was effektiv dasselbe ist, dessen Körperteile meinen, während ein anderer die gleichen Zeichen zur Darstellung von Hügeln und Lagerplätzen, einer Vagina oder einer Höhle, eines Tieres oder eines Wasserloches verwertet. Deshalb haben *tjurunga,* die man erwirbt, nur dann vollen Wert für den Sammler, wenn ihm der mit den Zeichnungen verbundene esoterische Mytheninhalt mitgeteilt wurde.

Je weiter man vom Nordwesten in das Innere Australiens vordringt, desto zahlreicher werden Männer-, Frauen- und Tierdarstellungen auf Sakralhölzern. Zwischendurch begegnet man, z. B. am Ayers Rock, ZA, *tjurunga* mit halbnaturalistischen Zeichnungen von menschlichen Gestalten, die anstelle eines Kopfes mehrere Kreise tragen[29]. Auf einer kleinen *tjurunga* in unserer Sammlung[30] sind Kopf und Unterleib durch je eine Spirale, der Körper lediglich durch eine geschwungene Linie, die beide Spiralen verbindet, angedeutet. Über dem Kopf steht ein Doppelbogen mit Federn als Symbol der für Fruchtbarkeit verantwortlichen Regenbogenschlange, ähnlich wie wir sie auf den *Wandjina*-Höhlenbildern (N-Kimberley) antreffen. An die untere Spirale schließt sich ein Dreieck an, das die Vagina, verbunden mit zwei plumpen Füßen, veranschaulicht. Dem Fremden erscheint diese Gravierung rätselhaft, dem Eingeweihten ist sofort klar, daß er ein *mandagidgid* bzw. eine Liebestjurunga vor sich hat, die in Verbindung mit einem Fruchtbarkeitsritus benutzt wurde.

Unter günstigen Umständen kann man im NW auf Schwirrhölzer mit naturalistischen Menschenfiguren stoßen, die entweder als Einzelbilder die ganze Vorder- oder Rückseite einnehmen oder einander, wie auf Spielkarten, als Ganz- oder Halbfiguren auf derselben Seite, oft mit ausgeprägten Genitalien, gegenüberstehen. Neben den Frauengestalten werden oft Schlangen oder kleine Spiralen als angemessene Wunschandeutungen einer durch diese *tjurunga* hervorzurufenden Schwangerschaft angebracht. Im Vertrauen auf die diesen *tjurunga* innewohnenden Lebenskräfte lassen Männer sie in nächtlichem Dunkel kreisen, um durch den so erzeugten Ton, der im stillen Busch- und Steppenland weithin hörbar ist, Frauen ihren erotischen Wünschen gefügig zu machen.

Andere *tjurunga* weisen durch ihre Eingravierungen auf einen höheren Geist mit seinen Emblemen und kultischen Handlungen hin. So fanden wir bei den Bād im Dampier-Land in der Mitte eines Kultgerätes den Schöpfer-

---

29 *Worms* 1940, S. 241; *Adam* 1958, S. 24.
30 *Worms* 1952, S. 543.

geist *Djamar* als eine Spirale, die auch den Wirbelwind wiedergibt, in dem er durchs Land eilt. Neben ihm liegt eine Schlange, das Sinnbild seiner männlichen Kraft. Ihm zur Seite steht der Geisthund *Guriwi,* der treue Begleiter auf seinen schöpferischen Wanderungen. In der rechten Ecke ist ein flaches Oval zu erblicken, jene natürliche Felsenmulde, in die *Djamar,* zum Vorbild aller zukünftigen Blutlassungs- und Bluttrinkfeiern, *gangulari* und *laringili* bzw. *warba* = Blut aus seiner Armvene fließen ließ, nachdem er selbst davon gekostet hatte. In Gegenwart dieses hl. Holzes besangen die älteren Männer diese Urtat *Djamars* mit folgenden Worten:

Bibin djao	Nahe der kühlen See
Djamara nalja	Liegt Djamaras tjurunga.
Banana galuda	Mit spitzem Holz (öffnet die Ader) der Alte.
Warba djil djil innja	Zu tropfen begann sein Blut,
Gundu lal banda	In den Trog er fallen es sah [31].

(Sprache der Bād)

Der mythische Hund, als Begleiter des *Djamar,* begegnet uns in der australischen Religion zu verschiedenen Malen. Für die Eingeborenen von Viktoria war er der Gefährte des großen *Bundjil* [32]. *Nugaman,* der Heros der Murinbata (NW-NT), besitzt zwei Hunde, die in den Mondflecken sichtbar sind. Die Loritja (W-ZA) fürchten den bösen *Intapini,* den Langohrigen; sein Hund *Wolkantu,* der Gestreifte, ergreift die Menschen mit den Zähnen, damit *Intapini* sie töten und verschlingen kann [33]. Aus dieser engen Gemeinschaft von Geistern und Hunden erklärt sich der Glaube der Australier, daß Hunde ebenso wie Medizinmänner einen besonderen Spürsinn für die Gegenwart unsichtbarer Geister besitzen. Deshalb schlagen die Hunde der Bād in der Nacht an, wenn der Totengeist eines kürzlich Verstorbenen das Lager umschleicht. Nach einem persönlichen Bericht eines Tunavuvi (Bathurst-Insel) war ein Mann von einem Baum gestürzt und hatte sich das Genick gebrochen. Es handelte sich hier nicht um einen natürlichen Tod; er war „vergiftet", d. h. durch einen Geist getötet worden. Als Zeuge galt sein Hund, der ihn begleitet und durch sein Heulen die Anwesenheit des Geistes gemeldet hatte. Diese Fähigkeit hängt nach dem Glauben der Eingeborenen mit der Fortdauer des urzeitlichen Tier- und Menschenzustandes der Geistwesen und Stammesahnen zusammen. Zugrunde liegt dabei ihre Ansicht, daß bei Krankheit und Tod nicht physiologische Naturgesetze, sondern einzig überirdische Potenzen wirksam sind.

Die Murinbata überließen uns eine *tjurunga* von 58 cm Länge und 7,5 cm Breite, die von *Kadu Punj* [34] den Namen *ŋau'uru* erhalten hatte. Auf diesem

31 *Worms* 1950 B, S. 648—649.
32 *Howitt* 1904, S. 363—364.
33 *C. Strehlow* 1908, Bd. II, S. 17—18, 40.
34 Vielleicht ein Sohn des Dema *Gunmaŋgur.* Vgl. S. 245 f.

heiligen Holz erscheint *Kadu Punj* in Gestalt eines Nachtvogels, sein Lager als Spiralen und der Viktoriafluß *Ibilin ŋalo* (wörtl. „Fluß großer") als eine gewundene Linie. Daneben sind die Sterne der Milchstraße, der Heimat der Geistkinder (s. auch S. 274), und einige Bumerangs zu sehen. *Kadu Punj* verbarg das erste *ŋau'uru* in einem Baum, aber eine Hochflut schwemmte es stromabwärts, wo es von zwei fischenden Frauen aufgegriffen wurde. *Kadu Punj* war über dieses Sakrileg derart erzürnt, daß er es ihnen sofort entriß und sie enthauptete. Durch ähnlich grausame Maßregeln war die australische Frauenwelt von Besitz und Kenntnis aller heiligen Geräte und den damit verbundenen Zeremonien, an denen sie bisher Anteil gehabt hatte, ausgeschlossen worden.

Weltberühmt sind die mit Mäandermustergravierungen verzierten Holz- und Muscheltjurunga der *Yaoro, Njaŋomaḍa* und *Garadjari* in SW-Kimberley. Diese werden noch heute hergestellt und mit den *tjurunga* der Stämme an der Küste des Indischen Ozeans und des Hinterlandes ausgetauscht. Durch feine, im Winkel von 45° zusammentreffende Fischgratgravierungen wird auf ihnen ein Gewirr von symmetrischen und unsymmetrischen Bändern hervorgerufen, in dem man zuweilen mit einiger Mühe ineinandergehakte Menschenfiguren entziffern kann. Sie gleichen in ihrer Gegenüberstellung den oben erwähnten Spielkartenbildern auf den *tjurunga* und erinnern an die verschlungenen weiblichen und männlichen Felsbilder am Yule-Fluß (s. S. 227). Ähnlich verschachtelte Mäandermuster sind in Haarstöcke *(lara)*, Schilde *(garbina)* und Speerschleudern *(wolbara)* der Garadjari eingekerbt. Bekannter sind ovale Perlmutterschalen oder *ridji*, in die dieselben Muster eingeritzt werden. Sie wirken wegen des spröden Materials weniger elegant, treten jedoch durch ihre Ockerfärbung schärfer auf dem schillernden Hintergrund der Muschel hervor.

Es besteht die Möglichkeit eines ursächlichen Zusammenhanges dieses Schraffierstiles im südwestlichen Kimberley mit Indonesien [35]. Den heutigen Garadjari ist die Auslegung ihrer traditionellen Mäandermotive als zeichnerische Anthropomorphismen fremd; sie erklären sie als Abbildungen der Regenbogenschlange oder als Sandrillen, die die Ebbe am Strande zurückläßt und „die schon immer von ihnen so gemacht worden seien".

Konzentrische Kreise und Spiralen werden nicht bloß als symbolische Markierungen auf Schwirr- und Geisthölzer gesetzt, sondern von den nördlichen Wüstenstämmen auch auf die Schulterblätter und das Rückgrat oberhalb des untersten Lendenwirbelknochens mit bunten Ockerfarben zum Zeichen eines höheren Initiationsgrades junger Männer gemalt. Sie stimmen mit den sakralen Bodenbildern, *rala ilbantera* oder *indipilara*, der Nord-Aranda überein [36]. In beiden Fällen bedeuten sie Schlupflöcher für die mythische

---

35 *Schuster* 1951, S. 219–220.
36 *Strehlow* 1947, S. 58, 86; Tafel 4. – Vgl. Anm. 178.

Känguruhratte oder Schlange auf ihren Wanderwegen. Kleine Klumpen von eingetrocknetem Armblut der Liturgen mit eingeklebter Pflanzenwolle sind über das ganze Rückenbild verstreut[37]. Bei den Küstenstämmen werden menschenähnliche Rückenbemalungen als Bilder des *Djanba*-Geistes erklärt[38]. Die schon früher erwähnte kombinierte *labiribiri-tjurunga* zeigt auf der Vorderseite des ovalen Mittelstückes einen Mann und auf der Rückseite eine Frau, beide mit betonten Geschlechtsmerkmalen. Die Männerfigur stellt nach Aussage der Bād (Dampier-Land) ebenfalls den gefürchteten *Djanba* dar, der hier als Wächter der Ehe auftritt. „Wenn ein Mann eine Frau gestohlen hat, dann wird dieses *labiribiri* den Entführer entdecken und (durch Unterbrechung des geistverliehenen Lebensstromes) töten." *Biribiri* ist in Kimberley und SO-Arnhem-Land die Regenbogenschlange und im östlichen Neu-Süd-Wales der Gürtel des Orion. Gewöhnlich kommen die Spindeltjurunga, *wadaŋgara* oder *djurun* genannt, in O-Kimberley als Instrumente für magische Tötungen in Betracht. Wie die Trompetentjurunga der Aranda werden sie gegen den Leib des Opfers gepreßt, um den tödlichen Biß und das Verschlingen durch die mythologische Schlange zu versinnbildlichen: ihr Mund wird durch entsprechende Einschnitte am Ende der Spindel angedeutet. Letztere Markierungen betonen auch den phallischen Fruchtbarkeitssinn der *wadaŋgara* oder *djurun* und machen sie zu Lingahölzern. Spindeltjurunga als Verwünschungsinstrumente waren noch vor 70 bis 80 Jahren im südöstlichen Australien (W-Viktoria) bekannt, wo sie vor dem Gebrauch im Feuer heiß gemacht wurden. Sie gingen hier unter dem Namen *guliwil*[39].

2. *Tjurunga*häufungen

In einigen Fällen sind Tjurungahäufungen zur Steigerung und Sicherstellung der Geistkräfte *(djalu)* bekanntgeworden. So zählten wir bei einer intensiven Regenzeremonie nicht weniger als zehn *minburu*-tjurunga[39a]. Die Spitzen derselben waren mittels einer mit Daunen beklebten Haarschnur oder *mundagul* verbunden, welche die Regenschlange darstellte. Sieben Todesspitzen oder *djurun*, zwei Fadenkreuze oder *waŋa* (bzw. *wanigi*) waren neben der Bastfigur *Djanbas*, vor dem dessen kraftschleudernder Phallus *Guraŋada* ausgelegt war, in den Boden gesteckt[40]. Solche Massenanwendung machtvoller Geräte erfolgt nicht nur zwecks Herbeirufung des Regens, sondern auch um eine Bilokation zu ermöglichen und um Straf- und Rachewünsche erfüllen zu

---

37 *Worms* 1957 B, Abb. 15.
38 *Worms* 1940, S. 270.
39 *Howitt* 1904, S. 363–364.
39a Eine Klasse von *tjurunga*-Kultobjekten, mit konzentrischen Kreisen usw. ornamentiert, die sich mit den *Kuraŋ-gara*-Wanderkulturen verbindet (vgl. S. 188) (Petri).
40 *Worms* 1942, S. 223–225, 234; Abb. 224, 234.

können. Im letzteren Fall tritt die Zerstörung einer Rachepuppe hinzu. Die bei solchen Anlässen zur Verwendung gelangenden tjurunga werden gemeinsam mit solchen, die man auf dem Tauschwege aus entfernteren Gegenden erwarb, „ausgestellt". Sie zeigen ebenso gravierte wie leere Flächen; die letzteren, deren oberes Ende mit weißer Farbe und den immer wachsamen schwarzen Augenflecken *Djanbas* bemalt ist, verraten ihre Herkunft aus N-Kimberley [41].

3. Spitz*tjurunga*

Auf den Todesspitzen oder *djurun* oder *mangir,* die echten *tjurunga*-Charakter haben, schlingt sich von einer Spitze zur andern eine langgezogene Spirale, eine Darstellung der Regenbogenschlange, die in ihnen ihre Macht ausübt. Um die Kraft der *djurun* zu vermehren, werden vom Ausübenden zwei miteinander verbunden, das Bindeseil mehrmals um den Kopf geschlungen und die *djurun* in das Haar der Schläfengegend gesteckt, so daß sie wie Hörner in die Blickrichtung des Trägers ragen. Im *bugari*-Zustand angestrengten Denkens und Wünschens ist er befähigt, Gesänge und Tänze zu komponieren, begehrte Frauen anzulocken und seine entfernten Gegner zu schädigen oder zu töten. Elkin [42] beschreibt eine von ihm im Nordwesten von Südaustralien beobachtete Methode, die von Nordwest-Australien dorthin gelangt sein soll. Ein in diesen Dingen erfahrener Mann singt zuerst über den beiden knöchernen Todesspitzen oder *gundela* den Namen des Opfers und wirft sie von einer Anhöhe in dessen Richtung. Das Haarseil steuert die Spitzen unfehlbar in den Rücken des Feindes, und das angeklebte Harz brennt sich in seinen Körper ein. Nur ein Medizinmann ist kraft seiner Geistverbundenheit fähig, diese magischen Todesgeschosse unwirksam zu machen. Ebenso wie das schon früher behandelte *djurun* bekundet auch das Wort *gun-dela* oder *gun-djala* den Glauben an die in diesen Instrumenten gegenwärtige Geistkraft. *Gundela* und seine abgekürzten Formen finden sich in Südaustralien [43], in Kimberley, in der Westlichen Wüste, an der nördlichen Küste und in Nord-Queensland [44].

Von einigen Stämmen in Kimberley wird diese Kraft auf Grund der schnell wirkenden Strychninköder, die von den Weißen zur Vernichtung der Dingos ausgelegt werden, „poison" genannt; die mythisch wirksam gemachten Todesspitzen und Speere wurden als „poisoned" (S. 143) bezeichnet. Nach brieflicher Mitteilung von T. G. H. Strehlow haben die Aranda dafür das Wort *arúŋkulta.* Wie die Aranda eine sehr giftige Schlangenart *arúŋkult utnúnutnuna* oder tödliche Beißer (S. 202) nennen, so bezeichnen sie auch die

41 *Petri* 1954, Tafel XIV; *McCarthy* 1957, Abb. 96, 158.
42 *Elkin* 1956, S. 271–272.
43 *Curr* 1886, Bd. II, S. 138, 149, 381.
44 *Curr* 1886, Bd. II, S. 329.

von Geistwesen tödlich imprägnierten Felsen, Bäume und Plätze mit *aruŋkulta* und den Ritus des Schädlichmachens ihrer Todeshölzer und Speere mit *aruŋkulta ljima*, „mit tödlicher Kraft besingen".

Die mit diesen Spitzinstrumenten verknüpften Riten sind keine rein mechanischen Handlungen; sie sind tief in der religiösen Auffassung der Eingeborenen verwurzelt. Wo bei der eigenen Kultur entfremdeten Australiern der alte Glaube an die urzeitliche Geistunion zerstört ist, entwickelt sich der Gebrauch solcher *tjurunga* zu einer flachen, mechanisch wirkenden Magie, um nach und nach in Anpassung an das moderne Rechtsleben ganz aufgegeben zu werden.

4. Herstellung der *tjurunga*

Die Anfertigung eines Schwirr- und Seelenholzes ist keine bloße Holzschnitzerleistung, sondern wesentlich ein hochreligiöser Akt, der die mythologisch fortdauernde Tat des Urzeitwesens nachvollzieht und erneut mit allen Urkräften in die Gegenwart stellt. Wir wollen uns zu den Njol Njol im Dampier-Land begeben und die Herstellung der *Galiguru-tjurunga* verfolgen. Als *Djamar* seine Urtjurunga schwang, riß das Haarseil. Sie flog in die Nähe des Kreuzes des Südens oder des *Arean*, des Adlerhabichtsymbols *Djamars*, des Reiches des Urzeitwesens und der Totengeister. Nach Einsetzung der geheimen Blutlassungsfeier, *warba* oder *warwai* genannt, brachte *Djamar* ein mächtiges Ebenbild des *Galiguru* unter die von der Meeresbrandung umspülten Felsen und zog sich zum Himmelsgewölbe zurück[45]. Singend begeben sich heute die alten Njol Njol zu jenem Baum, in dessen Schatten sich *Djamar* in der *bugari*-Zeit von seinen weiten Wanderungen, die die Erde gestalteten und die Menschen beglückten, ausruhte und die Original-Tjurunga verfertigte. Auf der Suche nach dem schon von *Djamar* erwählten Silbereukalyptus-Baum dringen sie, stets singend, tiefer in den Urwald ein. Singend umschreiten sie den gesuchten Baum und schlagen mit ihren Steinbeilen tiefe Sanduhrkerben in ihn. Wenn der Baum zu fallen beginnt, umfangen sie ihn ehrfurchtsvoll und legen mit ihm *Djamar* selbst sorgsam auf einen vorbereiteten Blätterteppich nieder. Bei den Loritja der Westwüste ist eine ähnliche feierliche Niederlegung Sitte, ehe sie eine kleine *tjurunga* für ein neugeborenes Kind aus dem Baum herausschlagen[46]. Unter Mythengesängen, die die Urhandlung beschreiben, wird der Stamm in entsprechend lange Brettchen zerlegt. Da alle abfallenden Rindenstücke und Späne die *djalu*-Kraft bereits enthalten, werden sie sorgfältig vergraben, um ihre Lebenskeime nicht unkontrolliert wirken zu lassen. Um sich auch äußerlich den ewig jungen Geistern anzupassen, salben sich die Männer mit rotem

45 *Worms* 1950 B, S. 644–648.
46 *C. Strehlow* 1908, Bd. II, S. 82.

Ocker und Eidechsenfett. Sie überführen feierlich die rohen Hölzer zum geheimen *djalai*-Platz in einer Waldlichtung. Unter weisen Belehrungen werden sie von früher initiierten Jungmännern fertiggeschnitzt, geglättet und mit heiligen Zeichen versehen. Dazu benutzen sie Stichel aus Känguruhzähnen, neuerdings auch aus abgeflachten Eisendrähten. Dabei bewegen sie das untere Ende des Meißels gegen die Brust, während sie das Brett langsam um seine Achse herumdrehen. Zuweilen dünkt die Hersteller die Kraftausstrahlung des neuen Werkstücks so stark, daß sie die Spitzen der *tjurunga* mit Rindenstückchen abbinden. Wir teilen die Aussprüche von zwei Eingeborenen des Dampier-Landes mit, die ihre Überzeugung vom Wesen und Wirken der *tjurunga* widerspiegeln. „Diese *Mamuliri-tjurunga* ist mein eigentlicher Meister. Ich strecke sie Blitzen und Stürmen, Menschen und Krankheiten entgegen, sie wird sie alle bannen. Sie war schon da, ehe Menschen wuchsen. Ich gebe dir diese *Gundji-tjurunga,* weil ich mich fürchte. Wenn meine Stammesgenossen krank werden sollten, werde ich dafür beschuldigt, weil ich sie im Verwahr habe." *Mamu* in *Mamuliri* erinnert an die Namen der Urzeitwesen der SW- und SO-Ecke Australiens (S. 259, 240).

Nach *Petri* (unveröffentlichte Feldnotizen) spielt sich die Herstellung eines *gogur* (= „unsichtbar" = Sammelbegriff für sämtliche Klassen von *tjurunga*) bei den Walmadjeri, Mangala, Garadjari, Njaŋomaḍa und Julbaridja in den nördlichen Regionen der Westlichen Wüste auch heute noch in analoger Weise ab. Dieses als eine Sakralhandlung zu bewertende Schnitzen eines *gogur* wird außerdem von der Vorstellung getragen, daß das zu erarbeitende Objekt, also die *tjurunga,* mitsamt ihrer Ornamentierung bereits im Holz des Baumstammes vorhanden ist. Dem Menschen falle nur die wiederum als kultisch zu interpretierende Aufgabe zu, sie „herauszulösen", d. h. sie durch die Tätigkeit des Schnitzens freizulegen. In den mythischhistorischen Überlieferungen der genannten Stämme finden wir gelegentlich, daß *gogur* und Bäume identifiziert werden (*Petri* 1966, S. 342 ff.). Vielleicht ist die Auslegung zulässig, daß man das *tjurunga*-Gerät als die Essenz oder das Wesen des Baumes oder bestimmter Bäume schlechthin konzipiert. Für die menschliche Existenz trifft das zweifelsohne zu. Die *birmal, djilbir* usw. (s. S. 146) werden in ihrem Bezug zum Menschen als *bina-bina-dja* = „vom Rückenmark her" bezeichnet. Sie gelten als Manifestationen der menschlichen Vitalkräfte, die sich im Rückenmark konkretisieren (*Petri* 1960 b, S. 19). Ein Njaŋomaḍa-Gewährsmann sagte einmal, daß das Innere eines Menschen im *birmal* sei und sein Totengeist könne auch als *birmal* sichtbar werden. Mit diesem Vorstellungskreis mag auch zusammenhängen, daß im Schöpfungsmythos der Garadjari die frühesten Menschen der Urzeit „Stöcke" waren, die von *Djaware,* der Krähe, durch Schnitzen und Schneiden zu lebensfähigen Menschen gestaltet wurden (*Petri* 1965 a, S. 475). Es wäre also der Gedanke nicht abwegig, daß die *tjurunga,* eventuell sogar auf einer breiteren Basis, in Australien mit dem Wesen und der Essenz bestimmter Erscheinungsformen in der Natur identifiziert wird.

5. Aufbewahrung der *tjurunga*

Während die kleineren *tjurunga* wie die *mandagidgid* vom Eigentümer unauffällig im dicken Haarschopf oder in der Armhöhle umhergetragen wer-

den, werden die größeren in ein Etui aus Rinde, Menschenhaaren und Emufedern verpackt und in der Nähe des Lagerplatzes unter einem Stein, in
einem hohlen Baum oder in einer Höhle stets griffbereit hinterlegt. Andere
tjurunga und besonders die über zwei Meter großen *garindil* (bei Gruppen
der nördlichen „Western Desert") werden auf dem Männerplatz, der von
Nichteingeweihten sorgfältig gemieden und mit wispernder Stimme *darugu*
genannt wird, aufbewahrt. Die Zahl der aufgestapelten heiligen Hölzer ist
gewöhnlich viel größer als die der Stammesmitglieder; neben eigenen und
geschenkten *tjurunga* der Vollberechtigten liegen hier auch solche von Verstorbenen, bis sie durch Wetter, Brand und Termiten zerstört sind. Die in die
Hunderte gehenden Hölzer werden durch neue der frisch aufgenommenen
Jungmänner immer wieder vermehrt. Aufgeschichtet auf tischartigen Astgestellen unter dem Schatten eines immergrünen Baumes oder in Reihen im
Hintergrund dunkler Höhlen auf einsamer Bergeshöhe aufgestellt, erwecken
sie bei dem Besucher in ihrer ernsten und monotonen Einfachheit den ehr-
furchtgebietenden Eindruck, an geweihter Stätte religiöser Naturmenschen
zu stehen. Sie sind beredte Zeichen, randvoll erfüllt von religiöser Bedeutung,
ein stilles Zeugnis des Glaubens an die mysterienhafte, konzentrierte Gegenwart des Geistes und an die wenn auch unsichtbare, so doch wirksame Ver-
bundenheit mit der transzendentalen Welt. Hier steht der Eingeborene
bewußt an der sichtbaren Quelle seiner biologischen und sozialen Sicherheit
und seines religiös unterbauten Selbstbewußtseins, Teilnehmer an der Verteilung des von der Urzeit her fließenden Lebensstromes zu sein. Hier ist
sein inhaltsreiches Stammesarchiv, das ihm und seinem Volk den notwendigen Stolz geschichtlicher Kontinuität von „Geistesgnaden" verleiht. Umgekehrt weiß er sich aus seiner mythologisch-irdischen Existenz herausgerissen und unfähig, zum Leben des Kosmos beizutragen und den Angriffen
natürlicher und außernatürlicher Geschehnisse zu widerstehen, wenn seine
tjurunga sakrilegisch zerstört oder geraubt werden. Auf unserer Expedition
1960 hörten wir die ergreifende Klage eines Aranda-Mannes, der mit den
Rechtsverhältnissen der Europäer vertraut war: „Zwei Weiße haben meine
große *tjurunga* aus meiner Höhle gestohlen. Das war nicht gerecht. Wenn ein
weißer Mann in ein fremdes Haus einbricht, dann werden sie auf ihn
schießen. Sie hätten mich besuchen und fragen sollen: ‚Wir bieten dir Geld
an', dann würde ich vielleicht gesagt haben: ‚Gut, ihr könnt sie haben.' Aber
sie handelten unehrlich. Die *tjurunga* stammt von meinem Vater und von
meinem Großvater und von seinem Vater."

Diese Art der Magazinierung von Sakralobjekten ist stellenweise im Laufe der letzten Jahre „modernisiert" worden. Nicht selten wurden die Pfahlroste, die der Stape-
lung der *tjurunga* dienen, durch solche aus Metall ersetzt (mit Zaundraht montierte
Gestelle aus ausrangierten Eisenrohren, Stangen, Bahnschienen usw.). An die Stelle
des Zweigmaterials, das der Abdeckung der magazinierten Kultobjekte diente, traten
Wellblechbahnen, die einen wirkungsvolleren Schutz gegen Regen und Tau bieten.

Die gegenwärtigen Lokal-Gruppen von Anna Plains Station und von Port Hedland, die in stammlicher und sprachlicher Hinsicht bunt zusammengesetzt sind, haben sich sogar feste und verschließbare Wellblechhütten erbauen lassen, in denen die mit den verschiedensten Kult- und Überlieferungssystemen assoziierten *tjurunga*, auf Regalen geordnet, eingelagert wurden. Zum Bau solcher Hütten, von den Eingeborenen übrigens als „Museum" bezeichnet, hatte man sich entschlossen, nachdem einige ihrer Kultplätze mit den *tjurunga*-Magazinen alten Stiles von interessierten Händlern, Sammlern und Kuriositätenjägern weißer Hautfarbe geplündert worden waren (s. o.). Wie in vielen anderen Lebenssektoren der farbigen Australier wurde also auch hier eine Einrichtung der technisierten Zivilisation in den Dienst der traditionellen Wertordnungen gestellt und damit „akkulturiert".

Eingeborene werden den Aufbewahrungsort der *tjurunga* nur in Begleitung des Ältesten des betreffenden Stammes betreten. Leise singend nähern sich die Garadjari dem heiligen Platz, einige werfen mit warnenden Rufen Rinden- und Holzstücke, um etwa anwesende Totengeister zu verscheuchen. Unter Beobachtung der kultischen Kranich- oder Nilotenstellung, die dem Wissenschaftler vom oberen Nil und von Felsbildern Süd-Rhodesiens her bekannt ist [47], umstehen sie in weitem Kreis die aufgehäuften heiligen Hölzer. Eine dicke Blätterschicht wird auf dem Boden ausgebreitet. Mit immer wiederholten staunenden Ausrufen werden die Ritualbretter mit sichtlicher Ehrfurcht eins neben dem andern auf die Blätter niedergelegt [48]. Dann setzen sich die Männer auf ihre untergeschlagenen Beine und beginnen, mit tiefgeneigten Köpfen die *tjurunga* Verstorbener zu beweinen. Nach dieser offiziellen Trauerbezeugung umarmen sie sich, reichen die Hölzer umher, erzählen deren alte Geschichte und bewundern die Eingravierungen darauf. Besinnlich reibt der Besitzer einer *tjurunga* mit seinem Zeigefinger die eingravierten Zeichnungen von der Spitze zur Mitte hin und singt dabei in archaischen Kurzversen. Dem Inhalt nach sind diese Verse bekannt, oft jedoch sind sie in ihren Worten unverständlich geworden. Wenn er beim Reiben des Holzes auf ein wichtiges Ereignis stößt, gibt er das sog. *bindaloy-* oder *dal*-Zeichen — ein Knipsen des Daumens und des Zeigefingers. *Bindalo indari baber* — „Knipsend es spricht die Hand". Handelt es sich um eine längere *tjurunga*, dann beginnt ein Freund, der ebenfalls ein Recht auf diese Mythe hat, von der gegenüberliegenden Spitze der *tjurunga* aus den Rillen singend zu folgen, bis sich die Hände beider Liturgen in der Mitte des Holzes treffen. Am Schluß der Gesänge werden die Hölzer auf das Gestell zurückgelegt und vollständig mit Blättern bedeckt. Bei einigen Stämmen deuten die niedergelegten *tjurunga* in dieselbe Richtung, die die Schöpfergeister während der Schöpfungsperiode gewandert sind.

So ist die *tjurunga* das ungeschriebene Religions- und Geschichtsbuch des Australiers. Die Wichtigkeit seiner „Lesung" wird dadurch erkenntlich, daß

47 *Scougal* u. *Rail* 1959, S. 1–12.
48 *Elkin* 1956, Abb. zu S. 222.

diese nicht einfach in einer Rezitation langer Epenreihen besteht. Ähnlich wie bei dem rituellen Einfetten und Bestreichen der *tjurunga* mit Ocker, beim Auffrischen der farbigen Höhlengemälde des Nordens und bei dem mühsameren Reduplizieren alter Felszeichnungen im Nordwesten geht es bei den Wiederholungen dieser Erzählungen um einen metaphysischen Aufruf der ersten Schöpferstunde zur außernatürlichen Existenzsicherung des Sängers und seines Stammes. Die *tjurunga* ist ihm eine fast tägliche Erinnerung an seine geheimnisvolle Einigung mit dem Geist und dessen zeitlosen Handlungen, Beschützer seiner physischen Kräfte. Wie eine stets bereite Medizin wehrt sie eigene und fremde Krankheiten ab und hält sie schädliche geistige Mächte fern. So ist dem Eingeborenen s e i n e *tjurunga* die treue Gefährtin auf Wanderungen, bei Jagden und Kämpfen, sie ist s e i n Ausweis bei nahen und fernen Männertreffen, die in religiöse Tiefe hinabreichende Besiegelung seiner Freundschaften. Mit ihr hält er die ihm von Jugend an versprochenen Frauen in seinem Bann und füllt sie durch Berührung mit dem kleinen *mandagidgid*, wörtlich „Geist-Holz", mit einem neuen Leben, nachdem ihm das „Geistkind" in der *bugari*-Vision begegnet ist.

Außerdem, und das gilt vornehmlich für die Stämme und Verbände der Westlichen Wüste, dient die *tjurunga* der Sicherung der vier Grundelemente der physischen Existenz des Menschen. Es sind das: *wiga* = Feuer, *ŋaba* = Wasser, *mai* = pflanzliche Nahrung und *goi* = Wildbret bzw. Fleisch ganz allgemein. In der gegenwärtigen Kontaktsituation (Berührung zwischen traditioneller Eingeborenenkultur und abendländischer Zivilisation) gewinnen die *tjurunga* noch eine weitere Bedeutung. Sie werden bewußt verglichen mit den in Banken deponierten Vermögenswerten der Weißen. Im Kimberley und in der Westlichen Wüste bezeichnet der Farbige seine Kultobjekte als seine „wahren Dinge"; er möchte damit zum Ausdruck bringen, daß sie seinen eigentlichen Besitz, seinen Reichtum darstellen, der allerdings auch im Tauschwege abgegeben werden kann. Damit gewinnen die *tjurunga* auch den Charakter eines Wertmessers (*Petri* 1959 b, S. 18 ff.).

6. Namen der *tjurunga*

Verschiedene Namen für Schwirr- und Seelenhölzer sind uns bereits bekannt. Zerries[49] hat zahlreiche Benennungen zusammengestellt, die auf Grund neuerer Forschungen beträchtlich vermehrt werden können. Das gleiche gilt von den über 50 Bezeichnungen, die wir 1957 brachten[50]. Die meisten Namen der *tjurunga* stimmen mit denen ihrer ursprünglichen übernatürlichen Hersteller überein, z. B. *Diŋari* und *Gulbundja* der nördlichen Wüste, *Gundji, Maiaŋari, Mirin, Ŋali, Djaban* an der NW-Küste, *Karwadi, Tjuban* und *Bagula* (vgl. *Bagali* in der nördl. Wüste) an der N-Küste und *Taŋdaŋ* in Viktoria. Diese methodische verbale Gleichsetzung von *tjurunga* und Geist enthüllt den Glauben an den überirdischen Ursprung dieser hei-

---

49 *Zerries* 1942, S. 1—242.
50 *Worms* 1957 A, S. 739—761.

ligen Hölzer und an die persönliche und dynamische Gegenwart der Geister, die trotz deren Rückzuges nach ihren astralen Residenzen uneingeschränkt fortdauert.

7. Herkunft der *tjurunga*

Die Herkunft der *tjurunga* als Schwirr- und Geistbrett aus der indonesischen und melanesischen Inselwelt ist als eine Möglichkeit in Betracht zu ziehen, wenn wir an sonstige Importgüter denken, die von zwischen Asien und Australien liegenden Inseln wie Neuguinea, Neu-Britannien, Timor, Celebes, Borneo und Java Eingang in Australien fanden. Die Trauerflagge oder *pantaturini*, die bunte Trauermanipel oder *pamatjini*, die hohen Grabfiguren oder *puruntjuriŋa* auf der Bathurst- und der Melville-Insel, die Blatt-, Blumen- und Mäanderlinien auf Schilden, Vorhängemuscheln und *tjurunga* der NW-Küste, die mit versenktem Handgriff versehenen Parierschilde, die gespreizten Hockfiguren und starren Höhlenbilder, die unsymmetrische Farbenverteilung auf Körben, Keulen und Körpern, die Bemalung von Schädeln, der mehrstimmige Gesang, das ausgehöhlte Einbaumkanu im Norden und die Knebelbartdarstellungen im nordöstlichen Arnhem-Land bestärken uns in dieser Annahme[51]. Daß gleichzeitig auch religiöse Anschauungen, wie etwa der Kult der Fruchtbarkeitsmutter, von auswärts kamen, darf gleichfalls vermutet werden. In breiterer Front mögen sich im Laufe der Jahrhunderte Kulturen von Norden her langsam und beharrlich bis an die dem 17. südlichen Breitengrad entlanglaufende Nordwestküste und die fast an den 10. Grad südlicher Breite heranreichende Nordküste Australiens vorgeschoben haben.

L. Adam stellte in Anlehnung an F. D. McCarthy in seiner letzten größeren Arbeit folgende These hinsichtlich der Herkunft und Weiterentwicklung des australischen Schwirrholzes auf: das Schwirrholz ist fast sicher ein proto-australisches Kulturgut der „Neuguinea- und australischen Region", das sich vor oder nach (meist wahrscheinlich aber nach) der Trennung des australischen Festlandes von Neuguinea in Australien (besonders in der SO-Ecke) weiterentwickelte. Neue Wellen brachten später von Papua über Kap York oder in direkt südlicher Richtung weitere Formveränderungen, z. B. buntgestippelte *tjurunga* mit einem „gekerbten", besser gezahnten „Mund"[52], die wir noch kürzlich auf der Bathurst-Insel vorfanden.

Wir weisen noch auf die auffallende Ähnlichkeit der australischen und amerikanischen Schwirrhölzer hin. Noch heute benutzen die Pueblo-Indianer ein 36 cm langes und 5 cm breites Holz, dessen rechteckiges Ende ein

---

51 *McCarthy* 1939, S. 405–438; 1939, S. 171–195; 1953, S. 243–261. Bzl. Hockerdarstellungen s. *Lommel* 1961, S. 458–461.
52 *Adam* 1958, S. 39–42, 48–49.

Loch für die Schwingschnur hat. Das andere Ende läuft in drei Stufen aus, die Flächen tragen zuweilen eine sich windende Schlange. In einer Zusammenstellung von australischen, amerikanischen und afrikanischen Schwirrhölzern, die Birket-Smith bringt, besitzt das australische als einziges keinen „Peitschenstiel". Die von Zerries beschriebenen Schwirrhölzer Ost- und Zentralbrasiliens und Kolumbiens zeigen neben Tropfformen solche, die man wegen ihrer „Fischschwänze" und menschlichen Umrisse mit den *Maraian-tjurunga* Nordaustraliens vergleichen kann. Ähnlich letzteren sind sie mit Fisch- und Menschenfiguren und geometrischen Mustern bemalt, werden erst nach der Initiation bekanntgegeben und vor Frauen geheimgehalten. Im Gegensatz zu den australischen *tjurunga* personifizieren sie nicht höhere Geister, sondern Totengeister (in einem Falle eine monströse Wasserschlange) und spielen darum bei Totenriten eine besondere Rolle. Während in Australien die heiligen Hölzer bis zu ihrem natürlichen Verfall sorgfältig aufbewahrt werden, werden diese von den südamerikanischen Indianern bald nach Gebrauch vernichtet [53].

Obgleich die australische Steintjurunga nach Bedeutung, Behandlung und Verzierung der Holztjurunga gleichgesetzt erscheint, werden wir erst später unter dem Abschnitt „Heilige Steine" darauf zu sprechen kommen. Wir wollen jedoch dieses Kapitel nicht abschließen, ohne auf drei Sonderformen der *tjurunga* einzugehen, nämlich auf die Waffen-, die Muschel- und die Knollentjurunga.

8. Sonderarten

α) Die Waffen*tjurunga*

Die von uns im Norden des Dampier-Landes gefundenen und sonst kaum bekannten Bumerang-tjurunga bestehen aus zwei stets zusammengehörenden, ganz ähnlichen und gleichschenkeligen Bumerangs, die symbolisch die exogamen Stammeshälften der Bād-Leute repräsentieren und mythisch die Einheit des Stammes ausdrücken und erhalten. Man könnte sie auch Ritualbumerangs oder Doppelbumerang-tjurunga nennen, ohne sie jedoch mit den in N-Queensland bekannten in Kreuzform verbundenen Spiel-tjurunga zu verwechseln.

Das erste Paar der Bumerang-tjurunga wurde in der *bugari*-Zeit von *Minburu* oder *Minau,* dem Kulturheroen der erst spät eingeführten Beschneidung, durch einen einzigen Steinbeilhieb aus dem heiligen *Bandara*-Baum oder Lebensbaum herausgespalten. *Bandara* ist derselbe Baum, an dem das höhere Wesen *Galalaŋ* zum Himmelsgewölbe stieg, nachdem es von den Menschen erschlagen und sein Körper ins Meer geworfen worden war [54].

---

53 *Birket–Smith* 1948, S. 19, Fig. 7; *Zerries* 1953, S. 275–309, Fig. 1–7.
54 *Worms* 1952, S. 546.

Aus dem Holz des *Bandara*-Baumes verfertigte auch der Geist *Wede-wede*, Strandvogelmann, einen Bumerang, mit dem er seine treulose Frau in zwei Teile hieb, die noch heute als Felsen am Strande der Garadjari (SW-Kimberley) liegen[55].

Bandara ist endlich Wohnsitz der präkonzeptionellen Geistkinder oder *rai*, die vom untersten Ast dieses Baumes in unterirdische Wasserläufe hinabtauchen. Aus Quellen, die von der Regenbogenschlange behütet werden, kommen sie wieder ans Tageslicht, um ihren zukünftigen, in Gedanken versunkenen Vater zu besuchen und mit seiner Zustimmung in seine Frau einzugehen. Ehe *Minau* den Bād eine Nachbildung des Original-Doppelbumerangs verlieh, schleuderte er beide Bumerangs hoch über die Dampier-Halbinsel und den benachbarten King-Sund. In entgegengesetzten Richtungen kreisten sie in gewaltigen Flügen Hunderte von Kilometern durch die Luft. Wo sie auf die Erde oder die See aufschlugen, gestalteten sie Hügel, Küsten, Inseln, Buchten und Flußrinnen. Dann kehrten sie zum Ausgangspunkt zurück und legten sich zu beiden Seiten des schattigen *Bandara* nieder. Was *Minau* mit seiner in den Bumerang-tjurunga verborgenen Kraft ausrichtete, das vollbrachten in Zentralaustralien die Geister mit dem schluchtenschmetternden Schwirrholz, die Geistwesen des Arnhem-Landes mit ihren nachschleifenden Genitalien und *Djamar* an der NW-Küste mit seiner kreisenden *tjurunga*, die Wälder abrasierte und Sandhügel aufwarf. Das dem Bād-Mann verliehene Waffentjurungapaar, dessen Abbildungen auf mondsichelförmigen Muschelstückchen eingraviert und von den Männern als Halsgehänge getragen werden, erwies sich als so machtvoll, daß es nach Ansicht des alten Besitzers im Kriegsjahre 1942 die japanischen Fluggeschwader vom Bombenwurf auf sein Stammesgebiet abhielt. Zwei Jahre vor seinem Tod erzählte uns der Bād-Mann, daß einer dieser beiden Bumerangs zerbrochen sei, als er bei einem neuen Flug auf einem 250 km entfernten Ort niederfiel. Bald hörten wir von dem Alten die Klage, daß durch den mit dem Zersplittern des Bumerangs fast gleichzeitig eingetretenen Tod seines Schwagers die eine Stammeshälfte erloschen sei und er selbst seine physischen Kräfte schwinden fühle[56]. Hieraus geht wiederum hervor, daß dieses Bumerangpaar ebenso wie die übrigen Tjurungaformen für den Eingeborenen eine Personifizierung des Geistes und seines eigenen Ichs ist.

Weit verbreitet ist in Australien die Idee, aus fremden und nur unklar bekannten Gebieten importierte Bumerangs gemeinsam mit den eigenen *tjurunga* auf den geheimen Buschplätzen der Männer zu magazinieren. Es tritt damit ein Bedeutungs- und Funktionswandel dieser Geräte ein: Aus Waffen werden Sakralobjekte bzw. von *djala* erfüllte Embleme mythischer Bezogenheit (*Berndt–Berndt* 1964, S. 234 ff., *Petri* 1959 b, S. 16 ff.). Im Jahre 1966 konnte *Petri* in La Grange, im Stammesgebiet der Garadjari, beobachten, daß zu den Paraphernalia eines gerade aus dem nördlichen Zentral-

55 *Worms* 1940, S. 264–265.
56 *Worms* 1957 c, S. 40–48.

australien eingeführten und als *worgaia* bezeichneten synkretistischen Kultkomplexes auch ungleichschenklige Bumerangs gehörten, die bis dahin in dieser Region unbekannt waren und die als die wundertätigen Waffen und Werkzeuge mythischer Gruppen betrachtet wurden, die in der Urzeit in westöstlicher Richtung quer durch den Kontinent wanderten, heute aber auf gleichen Wegen als Geisterwesen und unterirdisch reisend in ihre Ursprungsgebiete bei Lake Disappointment zurückkehren. Das Konzept der das Landschaftsbild gestaltenden Doppelbumerangs des Bād-Heroen *Minau* findet sich in verwandter Form auch im Schöpfungsmythos der Ungarinyin im nördlichen Kimberley: Die Schlange *Uŋud* in ihrer Eigenschaft als Demiurg tauchte aus den Tiefen des Weltmeeres empor und ließ durch einen gezielten und kreisförmig verlaufenden Bumerangwurf die Landmasse aus dem Salzwasser hervorgehen (*Petri* 1954, S. 100 f.).

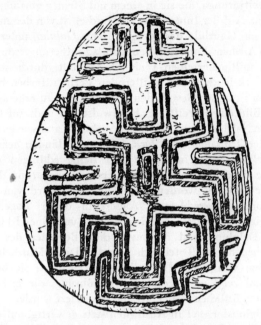

1. Muscheltjurunga aus dem Küstengebiet Nordwest-Australiens

β) Muschel*tjurunga*

Tjurungabedeutung haben auch die Perlmutterschalen der Aviculai margaritiferae, die eine Längsachse von ungefähr 20 cm besitzen und meistens mit Eingravierungen versehen sind (S. 146). An der NW-Küste werden sie *goan* und *ridji*, im Inland *djaguli* und *wildjaŋana*, „dem Adlerhabicht gehörig", genannt. In ihrem Ursprungsland werden sie von den heiratsfähig gewordenen jungen Männern, den *buŋana* und *mambuŋana* (S. 271), beim Tanz an einer Schnur aus Menschenhaaren über den Schamteilen getragen. In den nördlichen Wüstengegenden gelten sie als sehr geheime und kraftvolle *tjurunga,* während weiter östliche Stämme ihnen keine esoterische Bedeutung zuschreiben. Als hochgeschätzte Tauschobjekte gelangen sie von der NW-Küste des Indischen Ozeans bis in die über 2000 km entfernte Gegend des Lake Eyre und an die Südküste Australiens. Auf diesem weiten Wege können sie auf Grund der typischen Eingravierungen wie beringte Zugvögel verfolgt werden. Manche verlieren bedeutend an Umfang, da sie wie einige Steintjurunga bis auf einige Randstücke zu Staub zermalen werden; es geschieht das als Maßnahme des Regenzaubers. Nach langem Überlegen schenkten uns 1960 Gogadjas am Gregory Salt Lake (SO-Kimberley) eine wertvolle Muscheltjurunga, die sie in einem mit Steinen verrammten Felsloch verborgen hielten. Auf der Innenseite der Muschel ist von den nordwestlichen Küstenstämmen ein Ganzbild des dortigen Dema *Galalay* unter Anwendung der sonst nur im Arnhem-Land üblichen Kreuzschraffierungstechnik aus vielen Hunderten von millimeterfeinen Linien hergestellt; durch das mit Ocker gerötete Gitterwerk leuchten die schillernden Perlmuttfarben hindurch. Die Gogadja glauben in dieser Gestalt den *Djanba*-Geist zu erkennen. Auf dem Kopf trägt das Bild einen dreifachen Haarwulst, der auch auf tjurunga und Höhlenbildern in N-Kimberley und im W-Arnhem-Land wiederkehrt. In den Haaren steckt der Tanzstock oder *lara,* in beiden Händen befindet sich ein rechtwinkliger Bumerang. Um Arme und Beine schlingen sich Körperbemalungen, die durch eine technisch schwierige Aussparung der Schraffierungen zustande gebracht worden sind. Die Figur wird von einem dreifachen Regenbogen eingeschlossen. Außerhalb dieser Bogen sind zwei Delphine mit fein ausgeführten Kiemen, Flossen und einer Ichthyocollalinie zu sehen. Die Delphine sind die mythischen Begleiter des Totenkanus, das die Verstorbenen zum Totenreich bringt[57]. Diese Muscheltjurunga befand sich 650 km von ihrem Herstellungsort entfernt; sie bezeugt einen Totenglauben und zeigt eine technische Ausführung, die bisher allein im 1500 km entfernten östlichen Arnhem-Land registriert wurde.

So ist der Religionsforscher in Australien stets gewärtig, auf eine in ihren Grundideen ähnliche Religion mit lokalen und linguistischen Variationen zu stoßen. In diesem Lande ist noch viel Forschungsarbeit von Ethnologen, Archäologen, Linguisten und Erforschern primitiver Kunst zu leisten, mit entsprechender Integration ihrer Forschungsergebnisse.

Eine Mischform von Muschel- und Holztjurunga erscheint in dem etwa 50 cm langen *djibi*-Seelenholz der Njol Njol an der NW-Küste. Lanzettförmige Muschelstücke, die auch zur Anregung visionärer Schau in die Schläfenhaare gesteckt werden (S. 200), werden kunstvoll in die Oberfläche dieser tjurunga eingelassen und mit Harz befestigt. Es soll eine getreue

57 Vgl. *Mountford* 1956, S. 325–329.

Replik der Originaltjurunga des Dema *Djamar* sein, die seit der Vorzeit von Seemuscheln überwuchert in den Brandungswellen des Indischen Ozeans ruht (S. 253).

Den Perlschalen des australischen Nordens kommt nun nicht nur die Bedeutung einer Exportware im System des kontinentweiten zwischengrupplichen Handels zu, bis zu einem gewissen Ausmaße gewinnen sie auch den Charakter eines Wertmessers bzw. Geldsurrogates. Mit oder ohne Ornamentierung konnten sie und können sie teilweise auch heute noch für alle materiellen Güter und geistigen Werte, die gehandelt werden, in Zahlung gegeben werden (*Petri* 1950, S. 33 ff., 52; 1959 b, S. 13 ff.; *Berndt–Berndt* 1964, S. 107 ff.).

γ) Knollen*tjurunga*

Von den Tunavuvi der Bathurst- und der Melville-Insel werden wildwachsende, lebensnotwendige Erdknollenfrüchte bei der Initiationsfeier oder *kulama* (wörtl. „Yamsknolle") als lebensvolle *tjurunga* und wie Seelenhölzer als Inkorporationen der Schöpfergeister betrachtet. Dem Initianten wird eine Fasertasche mit solchen Knollen über den Kopf gestülpt; dann wird er im Wasser untergetaucht, um so symbolisch den Tod des Ertrinkens zu erleiden. Er steigt aus dem Wasser als ein „Geweihter", ist in eine höhere kultische Sphäre eingetreten und nun zur Liturgie berechtigt. Seine Mannesreife wird durch die bartartigen Fasern der Knollen angedeutet [58].

c. Figuren

In den schlichten Holztjurunga — Bretter, Spindel und Spitzstöckchen — tritt uns ihr Wesen als Personifizierung und Schrein der übernatürlichen Wesen nur schwach entgegen. Die nicht einmal notwendigen realistischen oder abstrakten Symbolverzierungen und Bemalungen lassen so verschiedenartige Erklärungen zu, daß sie selbst einem Eingeborenen ihre volle Bedeutung ohne Kenntnis der Mythe, die dem Künstler vorschwebte, nicht zu enthüllen vermögen. Ihre esoterischen Namen, die ihnen erwiesene ehrfürchtige Behandlung und ihre rituelle Anwendung gewähren dem Forscher jedoch einen tieferen Einblick in ihre religiöse Bedeutung. Etwas eindrucksvoller eröffnet sich dem Beschauer die gleiche Grundauffassung von Verkörperung und Gegenwart der Geister in den luftigen Fadenkreuzen und Gittergestellen. Wie das durchbrochene Steinwerk des Filigrans die Schwere des behauenen Materials vergeistigt, so überwinden diese leichten, vom Licht durchschienenen Geräte die Unbeholfenheit der dunklen Brett-Tjurunga und offenbaren etwas von der alle Erdenschwere überwindenden Freiheit der übernatürlichen Wesen, die sie repräsentieren.

58 Vgl. *Spencer* 1914, S. 99, 102–103.

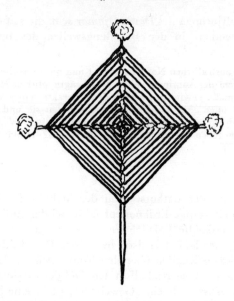

2. Fadenkreuz aus Zentral-Australien aus Haarschnüren, mit Vogeldaunen verziert

1. Fadenkreuze und -räder, Gittergestelle und -masken

Alle vier Arten werden von Eingeborenen weit voneinander entfernter Distrikte *waŋa, wanigi, waŋgara* oder *waninja* genannt; daneben sind mannigfache Spezialbezeichnungen in Umlauf. Solche *tjurunga* sind längst nicht so dauerhaft und widerstandsfähig wie jene aus massivem Holz. Deshalb können sie im Gegensatz zu den Schwirrhölzern nicht der Verehrung von Generationen dienen. Zwei bis sechs überkreuzte kurze Stöcke werden mit mehreren parallellaufenden Strähnen aus geflochtenem Menschenhaar, heute vielfach mit bunten Wollfäden, so verbunden, daß vier- bis dreizehneckige „Sterne" mit einem Durchmesser von 20 bis 100 cm entstehen. Bei den Aranda sind die Haarfäden dichter aneinander gereiht als im Nordwesten und durch angeklebte Flaumfedern sowie durch Anbringung von Habicht- und Emufedern an den Ecken sorgfältiger herausgearbeitet. In den Kimberleys sehen wir durchgängig eine einfache Bespannung mit weißen, blauen, roten und grünen Wollfäden, die durch Kauf oder Austausch erhältlich sind. Diese sternartigen Kreuzrahmen oder *waŋa* werden beim sakralen Tanz an kurzen Stielen entweder in den Händen getragen oder mit den Zähnen gehalten; handelt es sich um ein Doppelfadenkreuz, so wird dies mit beiden Händen hin und her gewiegt. Kleinere Fadenkreuze steckt man unter die Armbänder, in das Kopfhaar, oder man befestigt sie mit Hilfe eines Graskinnbandes oder Kopfringes so, daß sie wie Harfen über den Scheitel herausragen. Oft werden

Fadenkreuze an Stangen gebunden und mit Hüftbändern am Rückgrat verschnürt. Geisterhaft — was ja auch ihr Name ausdrücken soll — schweben sie im Schein der flackernden Lagerfeuer über den Köpfen der Tänzer[59]. In Südaustralien wird das Haar eines Verstorbenen in ein kleines *wanigi*-Fadenkreuz verarbeitet, sorgsam in Blätter gehüllt und als „Todesanzeige" an abwesende Verwandte geschickt. Später werden aus seinen Haaren Armbänder geflochten, die man ins Wasserloch der bunten Riesenschlange *Wonam-bo* wirft, wo sie, und damit der Tote, von dieser verschlungen werden.

Eine Weiterentwicklung des Fadenkreuzes ist das Fadenrad. Haarflechten oder verschiedenartige Fäden werden so zwischen 8 bis 10 Speichen verwoben, daß sie konzentrisch um eine ovale Nabenöffnung liegen. Wenn der Träger sein Gesicht durch diese Öffnung hindurchzwängt, sind Stirn und Kinn wie von einer Aureole umrahmt. Solche *waŋa* sind besonders in der Großen Viktoriawüste zu Hause[60], wo sie beim Iguanatanz benutzt werden. Auf der sog. Ooldea-Plakette, einer rautenförmigen Steintjurunga, sehen wir einen Tänzer eingraviert, dessen Gesicht von einer derartigen Fadenradmaske umgeben ist — auf diese Plakette werden wir später noch zurückkommen. Beim Aufsetzen des Fadenrades und anderer Fadengeräte, die alle als Masken gelten, beginnt der Prozeß der Impersonifizierung des Wildbeuters mit dem Schöpfer- und Ahnenwesen, das im ebenerwähnten Falle in der urzeitlichen Tiergestalt der Großechse auftritt. Solche Geistvereinigung wird noch deutlicher durch das Umlegen eines elfeckigen Riesenrades von 4 m Durchmesser dramatisiert, wenn der nackte Tänzer seine Hüften zum Mittelpunkt eines aus acht konzentrischen Ringen bestehenden Fadenpolygons macht und das mächtige Rad vor einem Feuer in wellenförmige Bewegungen versetzt. Ein phantasievolles Schauspielerkleid könnte den Geisteffekt kaum packender gestalten. Nur einmal konnten wir dieses Riesen-*waŋa* beobachten. Es war am unteren Sturt-Fluß, in dessen Hinterland die noch wenig erforschten *Walmala, Ŋalia* und *Bindubi* umherziehen.

Die Gittergestelle, die ebenfalls Geister darstellen, sind über 2 m hohe und 20 bis 60 cm breite Rahmen, leicht zerbrechlich, weil nur aus dünnen Zweigen hergestellt. Die beiden Außenseiten sind durch Querstäbe versteift; das obere Ende wird durch einen Bogen oder ein hochstehendes Fadenkreuz abgeschlossen. Durch Einfügen von Fäden und Stöckchen entstehen innerhalb des Gestelles Quadrate, Mäander- oder langgezogene Zickzacklinien, in denen Augenringe durch gespleißte Holzstifte bezeichnet werden. Auf gleiche Weise werden Kopfhaare angedeutet. Auch in den Höhlengemälden in N-Kimberley erscheinen Augenbrauen und Kopfhaare als steife, durch Punkte beendete

59 *Worms* 1940, S. 243 (Abb. von Fadenkreuzen auf Tragstangen); *C. Strehlow* 1907, Bd. I, Tafeln VI—VIII (Abb. einfacher und doppelter Fadenkreuze als Darstellungen mythischer Tiere und des Regenmannes *Kwatja atua*); *Berndt—Johnston* 1942, S. 198, 205.
60 *Elkin* 1938, Abb. z. S. 144; *Adam* 1958, Tafel I.

Striche. An einem einzelnen Gestell erklärte uns ein Yaoro-Freund, daß die Markierungen die Augen seines verstorbenen Vaters seien.

Diese Erzeugnisse werden in verborgenen Waldlichtungen in den Sand gesteckt; bei Tänzen befestigt man sie am Rücken. In seltenen Fällen wird die *waŋa* in *tjurunga* eingraviert, wie L. Adam eingehend beschrieb [61].

Die durchbrochenen *djirwanj*- oder *gudugud*-Masken, ebenfalls aus Zweigen und Wollfäden verfertigt, ahmen mit ihren weit vorgeschobenen Zahnreihen den Totenschädel des *Balaman*-Geistes nach [62]. Sie gleichen in etwa den gröberen Masken der Krokodilahnenwesen *Iwai* (wörtl. Krokodil) auf Kap York (N-Queensland), die von Neuguinea über die in der Torres-Straße liegenden Inseln als Sprungbrett zum australischen Festland gelangten. Von Neuguinea stammt vermutlich auch die Idee der australischen Gittergestelle, die sich in Papua zu den überhohen Orokolomasken entwickelten [63].

Wie schon einige vorhergehende Bemerkungen verrieten, sind die ätherischen *waŋa* ebenso wie die Tjurungabretter symbolische Erscheinungsembleme von Geistern. Von einer rituellen Überreichung — wie bei der *tjurunga* — ist uns jedoch nichts bekannt. Ihr Gebrauch beschränkt sich auf Tänze mit religiöser, aber auch profaner Thematik. Die sorgfältige Aufbewahrung, die den Schwirrhölzern jahrelang zuteil wird, fehlt. Obwohl es viele Mühe kostet, sie für eine Feier herzustellen, werden sie nur einmal gebraucht und dann beiseite gelegt. Man versteckt sie unter einem Blätterhaufen in der Nähe des *Djalai*-Platzes und läßt sie verfallen.

In den meisten Fällen werden sie aber heute nach ihrer kultischen Verwendung „demontiert" und ihre Bestandteile, Wolle und Holzstäbe, für neue Fadenkreuz-Konstruktionen aufbewahrt.

Diese rasche Zerstörung ist der Hauptgrund, weshalb die wenig widerstandsfähigen *waŋa* so selten ihren Weg in ethnologische Sammlungen finden.

Die Aranda nennen diese antennenartigen Fadenkreuze *waniŋa;* an der Kimberley-Küste ist daraus *wanigi* und *wangi* geworden. Diese Bezeichnung wird von ihnen auf das Gestell des Regenwesens *Kwatja-atua,* wörtl. „Regen-Mann", sowie auf Tänze und Initiationsfeiern übertragen. Ferner gelten *waniŋa* als totemistische Erscheinungsformen von Tieren, Vögeln und Geistkindern [64]. In Kimberley ersetzt man die Bezeichnung der Aranda häufig durch *waŋa, waŋara, waŋgara, waŋar(w)aŋgara* und meint dabei nicht nur das Fadenkreuz, sondern auch den von ihm repräsentierten Totengeist, den Geist eines kürzlich Verstorbenen, die Totenfeier und Totenklage. So gewinnt man den Eindruck, diese Geräte seien in Kimberley eng mit dem Totenkult verbunden, während das Schwirrholz mehr zu den Gestalten und den Ahnen der Vorzeit gehört. Eigenartig für Kimberley ist die Anwendung

---

61 *Adam* 1958, Abb. 9.
62 *Worms* 1942, S. 229, 231; Abb. 5, 8, 9.
63 *McCarthy* 1957, 126 A; *Williams* 1940.
64 *C. Strehlow* 1907, Bd. I, Tafel VI–VIII.

der Wörter für Fadenkreuz auf Spinngewebe und Spinnen selbst, wohl auf Grund ihrer äußerlichen Ähnlichkeit.

Die Grundbedeutung aller Bezeichnungen für Fadenkreuze scheint „Mann, Geist" zu sein. In O-Neu-Süd-Wales heißt *wayara* einfach „Mann"[65]; in Südaustralien, Queensland und in Arnhem-Land wird es schon mehr für Geister benutzt[66], während es in Südaustralien und Kimberley neben den Tänzern auch die Initiierten, Medizinmänner und Visionen mit umfaßt, im Arnhem-Land zudem noch die Ritualtrommel *nayuri-woya*[67]. Daneben gibt es in Westaustralien für Fadenkreuze die uns bekannten Ausdrücke *djalu* sowie *buyana*, „Initiierte", und das vielsagende *min-mir-raba*, wörtl. „Mann-Geist-Häuptling" (Ältester)[68], der Kandjara-Gruppe in den Hamersley-Bergen (Mittel-Westaustralien).

Zusammenfassend stellen wir fest: Fadenkreuze und ihre verschiedenen Abarten sind echte Ritualgeräte von temporärer Bedeutung. Die Australier glauben, daß sie übernatürliche Wesen in rudimentärer Bildform wiedergeben und enthalten. Deshalb sind sie den Holz- und Muscheltjurunga gleichwertig. Als indirektes Ursprungsland kann man Zentralaustralien ansehen, das wegen seiner eigenartigen kultischen Expansionskraft dem Großteil des Kontinents bis in die historische Zeit hinein auch seine Circumcisions- und Subincisionssitten sowie seine Heiratssysteme aufgedrängt und die NW-Ecke mit einer Flut von Mythen und Zeremonien bis in die Neuzeit überschwemmt hat. Auf die letztlich ähnlichen, jedoch übergroßen Tragmasken von Neuguinea haben wir schon hingewiesen. Den zentral- und nordwestaustralischen *waya* auffallend ähnlich sind die nach H. E. Kauffmann „in ungeahnter Häufigkeit" auftretenden Rauten- und Hexagonalfadenkreuze SO-Asiens, Assams, Nord-Burmas, Pakistans und Süd-Vietnams. Er macht die für Australien wichtige Beobachtung, daß die mit roten, blauen, weißen und schwarzen Fäden versehenen Kreuze besonders bei den Naga in Assam „im wesentlichen Zusammenhang" mit dem Totenkult stehen und wahrscheinlich dem hinterindischen Megalithenkomplex angehören[69]. Letzterer ist auch im nördlichen Australien aufspürbar, wie wir später bei der Behandlung der Steinsetzungen sehen werden. Es sei noch auf die den *waya* ähnlichen Kreuzchen auf den prähistorischen Weltallbildern der Puebloindianer verwiesen[70], wo sie den von Wasserschlangen beschützten Wolkenbogen aufgepflanzt wurden.

Neben den in ihrer Form und Gestaltung festliegenden Fadenkreuzen, die, besonders in Zentralaustralien, in die mythisch-historischen Traditionen und in das aus ihnen

65 *Curr* 1887, Bd. III, S. 340.
66 *Curr* 1886, Bd. II, S. 126, 305, 428, 430; *Warner* 1936.
67 *Berndt–Berndt* 1941–1944; 1943, S. 129, 130.
68 *Davidson* 1951, S. 263–273; *Schmidt* 1919, S. 216.
69 *Kauffmann* 1960, S. 40–41, 64, 65.
70 *Underhill* 1944, S. 129.

resultierende Kultleben integriert sind, gibt es auch solche, die sich hinsichtlich Form und Sinngehalt als Neuschöpfungen ausweisen. Es handelt sich hier um *wanigi* (*waŋa* usw.), die persönliche und in dramatische Gesangs- und Tanzkompositionen umgestaltete Trance- oder Traumerfahrungen eines Medizinmannes oder inspirierten Mediums vergegenständlichen (s. S. 201). Solche Kompositionen, eindeutig melodramatischen Charakters, in der Westlichen Wüste als *jinma* und in der Literatur vielfach als ‚Corroborees‘ bezeichnet, gelten als Eigentum ihres Dichters und Komponisten und werden außerdem zu einem „geistigen Gut" im System des zwischengrupplichen Handels. Sie wandern von Lokalgruppe zu Lokalgruppe und von Stamm zu Stamm in ungleichen Zeitabständen, nicht selten quer durch den ganzen Kontinent. Ihre Thematik umspannt die verschiedensten mythischen Vorstellungen und Jenseitserlebnisse, in unserer Zeit aber auch bestimmte Erfahrungen mit der westlichen Zivilisation und historische Ereignisse, soweit sie für das Eingeborenenleben von Gewicht sind. Jedoch nur bis zu einem gewissen Grad sind diese ‚Corroborees‘ öffentliche Schaustellungen. Vielfach gliedern sie sich in einen öffentlichen und einen nur den vollinitiierten Männern sichtbaren geheimen Teil. Im Verlauf des letzteren treten dann Männer mit Fadenkreuzen auf, die Geisterwesen, Regenschlangen usw., aber auch Erscheinungen der Zivilisation, wie Flugzeuge, Automobile usw., symbolisieren können (*Petri*, unveröffentlichte Feldnotizen; *Strehlow* 1965, S. 142 f.).

2. *Tnatantja* – Stangen*tjurunga*

Den hohen Zeremonialstangen der Aranda, *tnatantja*, wörtl. „Baum", und den *wana-buga* der Nachbarstämme erkennt man größere Macht zu als einzelnen Tjurungabrettern und Fadengestellen. Es handelt sich hier um 3 bis 4 m lange, gebündelte Speerschäfte, die mit Eukalyptusblättern umwickelt sind. Zur Verzierung sind Ringe aus Federdaunen mit *djalu*-trächtigem Menschenblut angeklebt. An der Spitze tragen sie Federbüsche und zuweilen einen ausladenden Bogen aus geflochtenen Grashalmen. Arm- und Penisstöcke, die daran angebracht sind, beweisen ihren anthropomorphen Charakter. Gegen Ende der Beschneidungsfeiern errichten die Nordaranda über 7 m hohe Kreuzmasten, auch *kauaua* genannt. Bis zu 50 Schwirrhölzer hängen daran herab. Sie werden als die größten *tjurunga* gepriesen und gelten als Leben und Kraft enthaltende Darstellungen von Ahnenwesen sowie als Symbole männlicher Fruchtbarkeit. Von ihren Urformen glauben die Aranda abzustammen. Es ist erklärlich, daß sie jene Nachbarn verachten, die ihre Herkunft von den bescheideneren *waniŋa* ableiten.

In der mythischen Vorzeit schlummerte der „Große Vater" *Karora* zu Füßen einer *tnatantja*, während aus seinen Achselhöhlen und seinem Nabel eine Unmenge von Tieren und Menschen in Gestalt von kleinen *tjurunga* schlüpfte (vgl. dazu auch S. 261). Mit diesem mächtigen Kultgerät schlugen die Urzeitwesen tiefe Schluchten oder *ntariba* durch die steilen Ketten der *Tjoritja*- oder MacDonnel-Berge [71]. Vom Flugzeug aus konnten wir diese

---

71 *Strehlow* 1947, S. 7, 23–24, 77–78; Abb. der *tnatantja* z. S. 88, des *kauaua* z. S. 104; *C. Strehlow* 1907, Bd. I, Taf. VIII, nennt auch etwa 70 cm lange anthropomorphe daunengeschmückte Tjurungahölzer *tnatantja*; Bd. I, S. 42, 86.

Berggassen bewundern, die die meilenlangen, kaum übersteigbaren Felsenmauern durchbrechen und den Eingeborenen kürzere Verkehrspfade eröffnen. Diese Mythen von tälerbrechenden Geistern sind bis zu den Garadjari am Indischen Ozean gedrungen. Die *Gamari*-Wandersage (S. 188) weiß von einem mit einer *tjurunga* geschlagenen Felsentor zu berichten, durch das die Wanderheroen des Stammes in den ihnen unbekannten, geheimnisvollen Südosten eingedrungen sind.

Die langen Stangen- oder „Baum"-*tjurunga* werden bei den Initiationsfeiern in den Boden gepflanzt. Die mit Zweigen geschmückten Jungmänner, *intumana* oder *iliara,* umschreiten langsam die Stangen und berühren sie mit ihren Händen. Die Zeremonien dauern wochenlang. Danach reißt man sie aus dem Boden, zertrampelt sie und wirft sie in nahe Erd- oder Felslöcher. Hier zerfallen sie vollständig und verlieren damit, genau wie Fadenkreuze und Fadengitter, alle mythischen Kräfte. Was uns eine vandalistisch-sakrilegische Zerstörung kostbarer Geräte, die wochenlang den Stamm in ihrem Bann hielten, dünkt, ist dem Eingeborenen ein gläubiger Selbstschutzakt gegen unwillkommene Realisierungen der Geistkräfte. Jedes Lebewesen, das sich unbedacht der alten *tnatantja* nähern könnte, soll von allem physischen und psychischen Leid verschont bleiben.

Wie die *tjurunga* und die *waŋa* hat auch die *tnatantja* den Weg nach dem Nordwesten nicht ohne manche Umgestaltung zurückgelegt. Hier wird eine Einzelstange, manchmal ein langer Speer, errichtet, den der *balel*-Initiant (S. 271) am Tage vor der Beschneidung umfaßt, während trauernde Frauen ihre wundgeschlagenen Köpfe an seine Knie drücken und Männer ihn klagend umarmen. Diese Geste ist sein sinnbildliches Bekenntnis zu dem Geist, der ihn am folgenden Morgen zu seinem wissenden Mystologen machen wird[72].

3. Baumkult

Der Baum ist in der Religion des australischen Festlandes und im Kultleben der Eingeborenen tief verwurzelt. Nach dem Weltbild einiger Stämme ruht das anthropomorphe Himmelsgewölbe (S. 240 f.) auf vier Baumstämmen. Jeden Abend ersteigt im Osten der Mondmann *Taia* der Aranda den hohen Bluteukalyptusbaum, um von dessen Wipfel aus die nächtliche Wanderung über das Himmelsgewölbe nach dem Westen anzutreten[73]. In der Krone des *Bandara*-Baumes warten die Seelen als „Geistkind" auf den Augenblick, wo sie in die unterirdischen Quellenzugänge tauchen und in die Hüften ihrer Mütter eingehen können (Bād, NW-Australien). Als Knaben mußten sie sich des Fleisches des Baumkänguruhs enthalten, da diese Tiere von den zarten Wipfelblättern jener Eukalyptusbäume lebten, in denen das große

72 *Worms* 1938, S. 150.
73 *C. Strehlow* 1907, Bd. I, S. 17—18.

3. Dendroglyph aus dem Dubbo-Distrikt (Neu-Süd-Wales)

Urzeitwesen *Djaramaljan (Daramulun)* wohnte; später wurde ihnen sein in den Stamm geritztes Bild enthüllt [74] (S-Küste von Neu-Süd-Wales). Seit die jungen Yirrkalla-Initianten wie Embryos im Blättertunnel gelegen hatten, wußten sie, daß sie aus ihm wie aus dem Schoß der Fruchtbarkeitsmutter *Gunabibi* wiedergeboren waren [75] (Arnhem-Land). Baum und Geist waren ihnen eins, seit sie gehört hatten, wie sich *Laindjuŋ* nach seiner Ermordung durch ihre undankbaren Vorväter in einen weißen Eukalyptusbaum verwandelte [76]. Deshalb heilte der Baumgeist so schnell die Axtwunde, die der böse Berggeist *Wiraŋo* dem Stamm beigebracht hatte, auf den sich ein junges Ehepaar vor ihm geflüchtet hatte. Schnell ließ sich der Baumgeist mit seinem Baum in die Lüfte wachsen, damit er, wenn er sich mit seiner Last niederbeugte, das Paar im Lande *Djur* in Sicherheit absetzen konnte [77]. Je weiter ein Murinbata-Jäger einem geflohenen Mädchen auf dem glattrindigen Baobabbaum (Brachychiton rupestris) nachzuklettern versuchte, desto höher

74 *Howitt* 1904, S. 538, 542; Abb. 540.
75 *Berndt* 1951 a, S. 14.
76 *Mountford* 1956, S. 281.
77 *Worms* 1940, S. 235—236.

166

wuchs auch dieser Baum oder sein Geist und rettete es vor seinem Verfolger [78]. Bei der *maiaŋari*-Feier der Bemba in N-Kimberley klettern die jungen *badjagani* oder Initianten an einem mit Zeichnungen und Einschnitten reich verzierten Baum, der selbst die Regenbogenschlange *Uŋud* darstellt, zum Nest des mythischen Adlerhabichts empor. Rhythmisches Händeklatschen der Alten und Schlagen der Klangstäbe begleiten sie dabei. Beim Abstieg vernehmen sie zum erstenmal die Stimme des *Mayo* in den surrenden Schwirrhölzern [79]. Bekannt ist uns bereits die Achtung, die bei den Einwohnern des Dampier-Landes und der Westlichen Wüste beim Fällen von *Tjurunga*-bäumen dem in diesen wohnenden Geist gezollt wird [80]. Anderwärts können wir dieselbe Beobachtung machen: bei festlichen Prozessionen heben und senken die Aranda behutsam die langen *tnatantja*- und *kauaua*-Stangen [81]. Bei den Ganai (Viktoria) tragen Männer den heiligen Stamm auf ihren Schultern, und die Neulinge reiten darauf in heiligem Spiel, stolz auf das ihnen eben offenbarte Geheimnis der Baumgegenwart des Geistes [82]. Auf der Hochbahre des Baumgrabes, *gar-baga-djana* (wörtl. „Knochen-Baum-darauf") [83], ganz in der Nähe der Stätte, wo ihre Geistkindseele auf ihre Inkarnation gewartet hatte, bereiten die Njol Njol (Dampier-Land) ihrem toten Stammesgenossen das erste Begräbnis in derselben Weise, wie sie ihre heiligen Hölzer und Geistfiguren im lianenumschlungenen Baumgeäst verbergen. Im Süden von Westaustralien wurden in der Nähe der Erdgräber und Initiationsplätze Bäume mittels eingehackter Ringe gekennzeichnet. Bei Dubbo (Neu-Süd-Wales) finden wir Stämme mit meterhohen Spiral- und Rautenmustern, den Symbolen der Totengeister. Auch in der Umgebung von Sydney wurden Bäume zu beiden Seiten der konischen Grabhügel mit „unregelmäßigen Einschnitten" versehen [84].

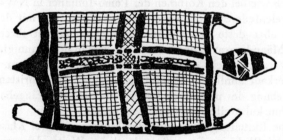

4. *Raŋga* des Kakadu-Stammes, Nordwest-Arnhem-Land, eine Schildkröte
darstellend

78 *Robinson* 1956, S. 3—4.
79 *Perez* 1957, S. 38—41; *Hernandez* 1961, S. 119—123.
80 *C. Strehlow* 1908, Bd. II, S. 82.
81 *Strehlow* 1947, Abb. z. S. 104.
82 *Howitt* 1904, S. 631.
83 *Worms* 1959 B, S. 303.
84 *Curr* 1886, Bd. I, S. 348, 369; *Wilkes* 1852, S. 227.

4. Raŋga

Was die *tjurunga* in Zentralaustralien ist, das ist für das Arnhem-Land die *raŋga*. Beide rühmen sich eines außerirdischen Ursprungs. Übernatürliche Wesen haben sie eingeführt und eingesetzt; beide werden als ein habitaculum einer übernatürlichen Geist- und Schöpfungskraft geachtet; beide werden zur Betonung ihrer Personhaftigkeit mit Wörtern beschrieben, die an sich nur dem menschlichen Individuum vorbehalten sind; endlich beanspruchen beide eine zentrale Stellung bei den religiösen Feiern, zu denen nur der zugelassen wird, dem sie bei beginnender Reife unter festlichen Riten offenbart wurden.

Raŋ, raŋa, raŋga bezeichnen zumal in Kimberley lebenswichtige Funktionen und Organe: Atmen, Schlucken, Saugen, Herz, Lunge. In den Kimberleys bedeutet *raŋan* ein Verwandtschaftsverhältnis und eine damit assoziierte Heiratsordnung. *Raŋur* nennt man auch den jungen Mann nach seiner Subincision[85].

Die *raŋga*-Formen sind mannigfaltiger als jene der *tjurunga:* bemalte und eingravierte Kiesel, gröbere und feinere Nachbildungen von menschlichen Figuren, von Symboltieren[86] und deren Organen, selbst von Nahrungsmitteln, deren Wachstum Geistwesen fördern sollen, die an bestimmten Wasserstellen gegenwärtig sind.

Raŋga gibt es aus Stein, Holz, Gras und Ton. Meistens weisen sie feine, farbige Parallellinien und Kreuzschraffierungen *(rarg)* auf. Diese komplizierten und konventionellen Muster sind mythologischen Inhalts. Neben puppenartigen und flachen Holzfiguren finden wir auch gerade, gekrümmte und gegabelte *raŋga*-Stöcke. Zuweilen umwickelt man diese mit Kordeln, in die, ähnlich wie bei den Körbchen der Pomo-Indianer in NW-Kalifornien, bunte Papageienfederchen eingeflochten sind. Verglichen mit den zwar einheitlicheren, aber desto geheimnisvolleren *tjurunga* mit ihren stilisierten Spiral- und Mäandergravierungen, tritt uns hier in der Mannigfaltigkeit von Form und Verzierung ein größerer Individualismus entgegen. Daß neuerdings der Verkauf ähnlicher semiprofaner Figuren an Touristen und Agenturen der Hebung des primitiven Lebensstandards der Eingeborenen dient, kann nicht ohne kulturelle Rückwirkungen bleiben.

Durch seine Einteilung der *raŋga* der Murngin in drei Klassen läßt uns Warner einen Blick in die außerordentliche Weite des *raŋga*-Begriffes gewinnen. Seine Dreiteilung beruht weniger auf der Bewertung der Objekte als vielmehr auf den mit ihnen verknüpften persönlichen religiösen Erlebnissen. Organische Objekte und physiologische Vorgänge (z. B. Haifischleber,

---

85 *Curr* 1886, Bd. II, S. 275, 244; *Tindale* 1940, S. 171.
86 Vgl. Abb. in *Mountford* 1956, Tafel 11, 12 (Groote Eylandt), Taf. 130–144 (Yirrkalla), 148–149 (W. Arnh. Ld.); *Spencer* 1914, S. 218–225.

Teile des Krokodils, Enteneier, Menstruationsblut und Husten) gehören der ersten Klasse an; Walfische, die Vorhaut, herangereifte Frauen, Orchideen und Kanubäume zählen zur mittleren; Fische, Blumen, Sterne, Grabpfosten und Schiffsmasten werden der untersten oder *garman*-Klasse zugerechnet [87].

Im Quellgebiet des Süd-Alligator-Flusses und an der Ostküste des Bonaparte-Golfs wurden wir auf Kiesel und Steinplatten mit Eingravierungen von Tier- und Menschenspuren aufmerksam gemacht, die wahrscheinlich als Gegenstücke zu den bemalten *raŋga*-Holzgeräten zu gelten haben, die bei den *yabuduruwa*- und *mara-ian*-Feiern in der Geisthütte, dem Mutterschoß eines Fruchtbarkeitswesens, aufbewahrt werden [88]. Ähnlichen Charakters ist ein handgroßer Flachkiesel mit eingravierter Schildkröte, den uns eine Eingeborenenfrau des Tweedflußdeltas (NO-Ecke von Neu-Süd-Wales) im Jahre 1960 überreichte.

Wie bei den *tjurunga* wechselt die mythologische Herkunft der *raŋga* entsprechend den begleitenden Mythenberichten. Als Beispiel führen wir an: Die *Dua*-Hälfte der Yirrkalla (NO-Arnhem-Land) ererbte die *raŋga* von dem Geist *Djaŋgawal* und seinen Schwestern, die sie aus dem Totenreich, dem Land des Morgensternes, brachten; die *Jiritja*-Hälfte dagegen von den Vater-Sohn-Wesen *Laindjuŋ* und *Banaidja*. Interessant ist, daß die Mythen auch dieser Gegend von dem Ritualdiebstahl der Männer, die den Geistfrauen die *raŋga* und die dazugehörigen Mythen entwendeten, zu erzählen wissen. Im W-Arnhem-Land entstammen die *raŋga* u. a. der Regenbogenschlange *Unjaut*, in deren Namen vielleicht die mythische Schlange *Uŋud* [89] wiederzuerkennen ist.

Die *raŋga* spielen die Hauptrolle in den religiösen Kulten der sog. *mara-ian*-Feiern. Im Gegensatz zu den nüchterneren westlichen und zentralaustralischen religiösen Handlungen und Tänzen der Fruchtbarkeits-, Wachstums- und Trauerriten sind die *mara-ian* lebhafter und aufwendiger. Nicht selten enden sie mit Austausch und geschlechtlicher Hingabe der Frauen. Dahinter steht weniger eine egoistische Sensation als ein auf das Gesamtwohl gerichteter Wille; bezweckt man doch, alle zur Stammeserhaltung notwendigen Faktoren mit Hilfe der bei diesen Feiern freiwerdenden übersinnlichen Schöpfungskräfte dauernd in Tätigkeit zu erhalten, den Wandel der Jahreszeiten und den Übergang der alles verdorrenden Südostwindzeit zur feuchten Monsunperiode zu veranlassen und etwaige drohende Überschwemmungen zu bannen.

Während der *mara-ian*-Feier ruhen die *raŋga* in einer eigens errichteten niedrigen Zweighütte, *kundjili*, dem symbolischen Mutterschoß der Fruchtbarkeitsmutter *Gunabibi* oder *Ŋagorgok*. Im Unterschied zu den Schwirr-

87 *Warner* 1936, S. 39 ff., 306—308.
88 *Elkin* 1960, S. 172; 1961, S. 2, 14.
89 *Berndt* 1951 B, S. 232; *McCarthy* 1957, S. 119; *Mountford* 1956, S. 462.

hölzern, die in Höhlen oder auf Astgestellen aufbewahrt werden, versenkt man sie später in den sumpfigen Grund von Quellen, in welche die Geistwesen die Originalstücke gelegt haben sollen. Auf diese Weise fesselt man den Geist, der in ihnen aktiv bleibt, an seinen urzeitlichen Ort und verhindert seine gefürchteten Besuche von Lagerplätzen.

Mara-ian ist ein Kollektivwort. Es umfaßt, wenn auch nicht esoterisch, die kultische Annäherung an die Geistwesen, den Gebrauch ihrer Namen, die Kultplätze mit ihren Einrichtungen, die Kultgeräte, die Mythengesänge und ihre weiten Wanderwege. Neben *mara-ian* gibt es im östlichen Arnhem-Land noch andere Bezeichnungen, von denen das auf Groote Eylandt gebräuchliche *ara-waldja*[90] auf das westaustralische Wort für „Adlerhabicht" etymologisch hinzudeuten scheint. *Mara-ian* ist wohl dem nordwestaustralischen *ni-maradjan (mara-ian), ni-mara-dja (mara-ia)* und *mara-i*, „Schatten, Spiegelbild, Seele, Geist" gleich, das zutiefst identisch ist mit dem fast über ganz Australien verbreiteten *mara, mala, mana*, „Mann, Mensch"[90a].

5. Gras- und Rindenfiguren

Wir wollen kurz auf die religiöse Bedeutung einiger west- und nordostaustralischer Gras- und Rindenfiguren hinweisen sowie auf die dort gebräuchlichen Brettfiguren und Holzskulpturen. Die berühmt gewordenen mächtigen Grabpfosten auf der Bathurst- und der Melville-Insel werden wir uns im 8. Abschnitt näher ansehen. Im Dampier-Land verfertigt man aus roh zusammengebundenen Rindenstücken eine etwa 60 cm große menschenähnliche Figur und durchstößt sie mit einem Speer. Daran wird sie von zwei Männern zwischen deren Schultern bei halböffentlichen Tänzen getragen. Es handelt sich bei ihr um eine Darstellung des mythologischen Waldzwerges *Djaŋgala*, ein Name, der bezeichnenderweise in O-Kimberley dem umfänglichen Flaschenbaum und führenden Persönlichkeiten beigelegt wird. Bei ihren geheimen Vermehrungs- und Beschwörungsfeiern errichten die Yaoro zwischen in den Boden gesteckten Tjurungahölzern eine kleine, mit Menschenhaaren verschnürte Graspuppe mit vorgelegtem großen Phallus, *bandja* genannt. Diese Figur ist mit gespleißten weißen Federn und einem Federkopfschmuck verschönert, der auch in den Höhlenbildern N-Kimberleys und des W-Arnhem-Landes nicht unbekannt ist. Die Graspuppe ist ein Bild des heute gefürchteten, vor 50 Jahren jedoch geachteten Geistes *Djanba*. Die Murngin im SO-Arnhem-Land begehen ihre nächtlichen Weihefeiern um konische Rindenbündel, *alku-wira*[91], von 1 m Länge und etwa 15 cm Breite.

90 *Elkin* 1961, S. 2; 1960, S. 171–172; *Berndt–Berndt* 1951, S. 138–139; *Mountford* 1956, S. 21.
90a Vgl. *Berndt-Berndt* 1964, S. 233; Schreibweise *maraiin* und *rangga* (Petri).
91 Das erste Element von *alku-wira* ist wahrscheinlich linguistisch und ideologisch mit dem Bād- und Yaoro-Wort *olgu-danj, wolgu-danj* für die mythologische „Einäugige" Regenbogenschlange identisch.

Diese repräsentieren *Banaidja,* der entweder als Sohn des einflußreichen Geistes *Laindjuŋ* betrachtet oder mit ihm identifiziert wird. Die Eingeborenen schlagen diese grob anthropomorphen Bündel auf den Boden. Das auf diese Weise entstehende dumpfe Geräusch wird als die Stimme des Geistes erklärt, die Frauen und Uneingeweihte vor dem Betreten des Zeremonienplatzes warnt[92]. In zwei uns bekannt gewordenen Fällen erhalten Personen darstellende Rindenbündel in Verbindung mit Bestattungsfeiern eine eschatologische Bedeutung. Die Yirrkalla (NO-Arnhem-Land) geben ihren Toten kleine Rindenfiguren der Buschgeistgeschwister *Wuluwait* und *Bunbuluna* mit, damit diese die Seelen auf der Kanufahrt zur Toteninsel begleiten. Die Alawa, südlich des Roper-Flusses, behämmern beim endgültigen Begräbnis den Boden mit Rindenstäben, deren Name *madjula* auf ein persönliches Wesen hinweist. „Das Geräusch ist die Stimme des Verstorbenen"[93].

6. Brettfiguren

Hölzerne Flachfiguren sind im nordwestlichen Kimberley außerordentlich selten. Nach jeder feierlichen Aufstellung auf dem Männerplatz werden sie von älteren Männern sorgfältig wieder in Baumkronen verborgen. Meistens fallen sie in ihren vergessenen Verstecken den Termiten zum Opfer, so daß sie für den Ethnologen heute praktisch unerreichbar sind. Entgegen der Sitte im nördlichen Arnhem-Land sind sie nie für profane Zwecke vervielfältigt worden.

Der sakrale Charakter der Brettfiguren wird im Dampier-Land stets durch eingravierte Spiralen, Mäanderlinien oder durch eingefügte Perlmutterstückchen betont. 1934 entdeckten wir bei den Njol Njol eine Männerbrettfigur von 140 cm Länge mit Hochreliefaugen und einem tief eingekerbten Mund, die zusammen mit der mythologischen „Himmelsleiter" (S. 262) aus einem geheimen Baumrest herabgeholt wurde. Beide Stücke sind aus dem dunkelroten Holz der „letzten Reste" des himmelan reichenden Baumes der Vorzeit verfertigt. Auf der Vorder- und Rückseite sind sie mit insgesamt 240 Spiralen von 1 bis 3 cm Durchmesser und mit 3 bis 4 schlangenartigen Rinnenparallelen bedeckt. Die Männerfigur repräsentiert den großen Gesetzgeber *Galalaŋ* (S. 252). Andere Brettfiguren in NW-Australien, von nur 30 cm Länge, können zugleich esoterisch und exoterisch sein. Die mit langen Mäanderlinien eingefaßte Vorderseite, die einen gesichtslosen Kopf und zwei zickzackartige Schlangen in der Hüftengegend aufweist, darf nur von Initiierten angeschaut werden, während die mit Gesicht und Körperbemalung versehene Rückseite, die keine Eingravierungen zeigt, allen Blicken zugänglich ist. Wie die Geistfiguren von Neuirland tragen beide Brettfiguren geschnitzte Dornen

---

92 *Warner* 1936, S. 502; *Mountford* 1956, S. 281; *Berndt* 1958, S. 258.
93 *Mountford* 1956, S. 443—444; *Elkin* 1960, S. 170.

an den Füßen, mit denen sie in den Sand gesteckt werden. Nach mündlicher Mitteilung von H. Petri im Jahre 1955 gelangten 10 bis 25 cm große menschliche Flachfigürchen unter dem Namen *jandaɲal* oder „Geistkinder" von den wenig bekannten Yulbaridja der Großen Sandwüste zu den Njaŋomaḍa der Nordwestküste am Indischen Ozean, die ihnen keine esoterische Bedeutung beimessen. Sie dienen pädagogischen Zwecken.

(Vgl. *Petri* 1965 b, Abb. S. 281). Analoge Flachfiguren, aus Mulgaholz gearbeitet, jedoch beträchtlich größer und schwerer, wurden von Mr. Tonkinson, einem Mitarbeiter des Dpt. of Anthropology, im Jahre 1964 im Bereich der Jigalong-Mission bei Lake Disappointment in der mittleren Westlichen Wüste festgestellt. Sie sollen eine nicht näher spezifizierte Funktion im Rahmen eines Geister-‚Corroborees' (s. S. 182) gehabt haben. Ein Exemplar, das sich im Westaustralischen Museum zu Perth befindet, hat die Höhe von etwa 120 cm.

Sehr ähnliche, mit Ockerfarben bemalte, etwa 40 cm lange Brettfiguren treten aber auch im Süden der Kap-York-Halbinsel, im Lande der Pygmoiden, auf. Deren religiöse Bedeutung als Darstellung des feuerbringenden Geistes wird durch ihre Verschnürung mit Bündeln von Feuerbohrern hervorgehoben. Auf Grund derselben Anschauung werden in Kimberley Vorratspaketchen von Drillbohrern mit Federn des mythologischen Adlerhabichts und Feuervogels *Garidja* verziert. Bei den Bād werden heute noch ungefähr 25 cm hohe Flachfiguren der Gewittergeister *Binarar* aus Holz oder aus dem Blech alter Benzinkanister geschnitten und mit dem roten Ocker der Tänzer bestrichen. Allem Anschein nach ist die Idee der Brettfiguren als Geistdarstellungen zusammen mit dem Feuerbohrer, von Papua kommend, über Kap York fächerartig bis nach Zentral- und Westaustralien vorgedrungen[94].

7. Skulpturen

Auf den Grabpfosten des östlichen Arnhem-Landes begegnet man häufig sakralen Schnitzereien und anthropomorphen Ganzfiguren, die mit Linien und Zeichnungen bemalt und nur mit Hilfe der geheimen Mythentexte „lesbar" sind. Man hat versucht, die Skulpturen des südöstlichen Arnhem-Landes in solche weltlichen und sakralen Charakters einzuteilen. Zur ersten Gruppe werden Grabpfosten und Darstellungen angeblich indonesischen Ursprungs gezählt, zur zweiten Bilder vergeistigter Ahnen und mit heiligen Symbolen versehene Profanfiguren[95]. Wichtiger als die Darstellungen von Waldgeistern oder *magoi* sind Statuetten des *Djaŋgawal*-Geistes und seiner Schwestern, die als heilige *raŋga* behandelt und in besonderen Hütten und Zeremonienplätzen gehütet werden. Die Figur des männlichen Geistes ist allen Initiierten zugänglich, die der Geisterschwestern aber nur wenigen

---

94 *Worms* 1942, S. 228–230; 1950 A, S. 148 mit Abb. S. 150.
95 *Berndt–Berndt* 1947, S. 309.

älteren Männern. Erwähnenswert sind die geschnitzten und bemalten Bilder des Regengeistes *Djambu-wal,* dessen Name mit dem *Djanba*-Geist der westlicheren und südlicheren Regionen übereinzustimmen scheint. Wie die Heroengeister der Aranda und der Garadjari spaltete er mit der Wetterkeule *Burungunda* die Felsen der Küste. Die symbolischen Schraffierungen erzählen dem Wissenden von Steinsplittern, die sich in Wolken und Yamsfrüchte verwandelten, und von dem Phallus, der unter den Sturmwolken in dem vorwärts strebenden Regenvorhang sichtbar wird. Nach liturgischem Gebrauch werden diese Figuren des Gewittergeistes in Quellgründe versenkt. Andere Schnitzereien sind Nachbildungen der Köpfe von mythologischen Kämpfern und Ahnen und von indonesischen Besuchern; Vollplastiken versinnbildlichen Erdfrüchte, Eidechsen, Schlangen, Fische und Schildkröten als *raŋga*-Geräte und Erinnerungszeichen an traumhafte Erlebnisse[96].

Jedem, der sich an die einfachen zentral- und westaustralischen Kunstdarstellungen, die einer rauheren Umgebung und härteren Lebensbedingungen entsprechen, gewöhnt hat, erscheinen die Skulpturen des Arnhem-Landes trotz ihrer teilweisen Aufnahme in das Stammesritual als Fremdkörper. Tatsächlich erinnern sich auch ältere Yirrkalla-Künstler an die regelmäßigen Besuche der Trepangfischer, die von Makassar (Celebes) kamen und ihre Väter die Herstellung von Ganzfiguren für ihre Gräber lehrten. Ein früher Kulturaustausch, vielleicht schon im 16. Jahrhundert beginnend, läßt sich an Hand archäologischer Scherbenfunde und alter, landfremder Tamarindenpflanzungen, die sich von der Küste des Dampier-Landes bis nach O-Arnhem-Land hinziehen, an Hand der Metalltechnik, des Einbaumbootes mit Segel, der Spitzbärte und der den Opiumpfeifen ähnlichen Tabakpfeifen usw. verfolgen[97]. Erst 1907 wurden diese Besuche von der australischen Regierung unterbunden. Auch auf der Bathurst- und der Melville-Insel stellt man aus Weichholz ähnliche kleine Vollskulpturen indonesischen Stiles her als Erinnerungsstücke an verstorbene Kinder und an die unglückliche Urfamilie des *Purukabali.* Sie sollen erst vor wenigen Jahrzehnten auf Umwegen über O-Arnhem-Land hierher gelangt sein.

Bei einer Würdigung der polychrom bemalten vollplastischen Figuren des Arnhem-Landes, die zweifelsohne in der kulturellen Umwelt Australiens fremdartig wirken, sollte jedoch nicht übersehen werden, daß die sich mit ihnen assoziierenden Vorstellungen und Glaubensinhalte kaum indonesische Beeinflussungen erkennen lassen. Sie scheinen vielmehr in die als ‚totemistisch‘ bezeichnete und für den ganzen Kontinent mehr oder weniger verbindliche Religiosität und Lebensphilosophie voll und ganz einbezogen zu sein. Hinsichtlich Bedeutung und Sinngehalt sollten wir sie, gemeinsam mit den anderen *raŋga,* der *tjurunga* und ihren Verwandten zur Seite stellen.

96 *Mountford* 1956, S. 415–443; *Berndt* 1958, S. 259–260.
97 *Berndt* 1948, S. 93; *McCarthy* 1953, S. 254–256; 1958, S. 190.

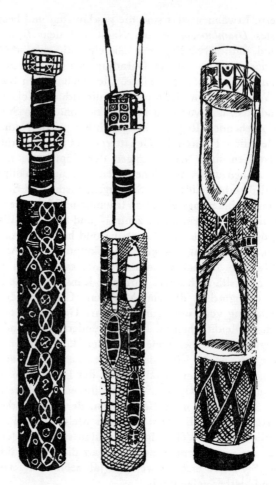

5. Grabpfosten von der Bathurst- und der Melville-Insel

8. Grabpfahlskulpturen

Eine eigenartige Überraschung bieten die von Ethnologen und Liebhabern primitiver Kunst hochgeschätzten grobgeschnitzten Grabpfosten der Bathurst- und Melville-Inseln, die sich sonst nirgends in Australien finden. Die Tunavuvi bezeichnen diese kostspieligen Skulpturen mit dem ebenso anspruchslosen Namen *puruntjuriŋa*, Baum, wie die Aranda ihre wertvollste *tjurunga* schlechthin *tnatantja*, Baum, heißen. *Tadiŋi*, Mann, ist ihr zweiter Name. Äußerlich ganz verschieden von den eben erwähnten kleinen Ganzfiguren und den luftigen Eintagsgebilden der Fadenkreuze und Stangenfiguren.

174

stehen diese massiven Grabdenkmäler auf einsamer Wacht in den tropischen Wäldern dieses Inselpaares. Zum ersten Male wurden sie 1824 von der Besatzung des vorübergehend bestehenden britischen Vorpostens von Fort Dundas an der NW-Küste von Melville gesehen. H. Klaatsch machte im September 1906 beim Besuch dieser Insel ein Lichtbild eines 2 m hohen Grabpfostens. Glücklicherweise erhielt er dessen Namen *wonderolla,* was nach unseren Untersuchungen *wanda-rala,* „hoher Mann", bedeuten kann[98]. B. Spencer und besonders C. P. Mountford haben diese Grabmäler beschrieben und dargestellt[99]. Es sind 1 bis 3 m hohe Stämme einer harten Eukalyptusart, die senkrecht in den Boden eingelassen sind. Mit scharfen Muscheln oder *wirinati* und Steinäxten oder *markani* wurden sie entrindet, geformt und ausgehauen. Auf diese Weise schuf man „Fenster", tiefe Nischen und Kerben, kopfartige Aufsätze, die wie flache Chirurgenkappen aussehen, und zuweilen einen oder mehrere elefantenzahnartige hölzerne Zinken. Letztere haben die Form der prähistorischen, zylindrisch-konischen, vielleicht tjurunga-wertigen Steine, die entlang der von Norden nach Süden laufenden Völkerstraße des Darling-Flusses gefunden wurden. Adam wollte in den Zinken stilisierte Elefantenzähne wiedererkennen, die auf einigen indonesischen Inseln beim Totenkult eine Rolle spielen. Wir finden sie auch auf dem nahen Festland bei der zweigeschlechtlichen Regenbogenschlange *(W)ambi-dji* oder *Mari-dji* der Murinbata, die sie mit *Tapura* bezeichnen. Manche Höhlenbilder Nordaustraliens zeigen Kopfaufsätze aus keulenförmigen Federn. Während die Nischen und „Hörner" in Weiß gehalten sind, werden der Oberfläche in weißen, gelben und braunen Erdfarben geometrische Figuren aufgesetzt wie Kreise, Rechtecke, Rauten, parallele Stäbe und mit nordöstlichen Kreuzmustern reich durchsetzte ringförmige Bänder. Um die Farben wetterfest zu machen, wird zunächst der Stamm leicht angebrannt und mit Blättersäften eingerieben. Der Inhalt der Zeichnungen auf den Grabpfosten ist sehr individuell und fast ebenso vielsagend wie die Gravierungen der *tjurunga.* Sie beziehen sich auf tierische und menschliche Organe, auf mythologische Personen und Gegenstände sowie auf landschaftliche Einzelheiten. Das tropische Klima mit seiner Hitze und seinen Regengüssen sowie Waldbrände zerstören bald die bilderreiche Oberfläche der Grabmäler. So fanden wir von Feuer geschwärzte Bildstämme wie Ungetüme in dem übermannshohen Speergras und im Dickicht von Cyadpalmen und Hibiskusbäumen, einsam, vergessen und vermodernd. Uns interessiert vor allem ihre religiöse Bedeutung. Die alten Mythen der Inselbewohner oder *tuna-vuvi,* d. h. „dunkle Menschen" (nicht *tiwi,* wie sie in der ethnologischen Literatur genannt werden), berichten, der erste Grabpfosten, *puruntjuriŋa,* wörtl. Baum, oder *taku, tuka,* sei nach dem Tode des Ahnengeistes

---

98 *Klaatsch* 1907, S. 584.
99 *Spencer* 1914, S. 230 ff.; *Mountford* 1958, S. 107–118; *Odermann* 1959, S. 99 ff.

Puru-kabali errichtet worden. *Puru-kabali* ist der Sohn der Urmutter *Mudjaŋgala;* er ertränkte sich aus Gram über das Hinscheiden seines kleinen Sohnes *Djinini* im Meere. Nach vielen Zeremonien, Tänzen, Klageszenen und nach einer mehrmonatigen Wartezeit pflanzt man heute noch dieselben Pfähle an das Grab des *mapu-ka,* eines Verstorbenen, um den Totengeist, *mapu-diti,* an die nächste Umgebung zu binden und seinen unerwünschten Besuch im Lager zu verhindern. Dasselbe dringliche Anliegen der Hinterbliebenen kann man vielerorts bei Begräbnisfeiern beobachten: baldige Ausführung der Trauerriten, Heftigkeit im Ausdruck des Trennungsschmerzes, Beigabe oder Zerstörung des Eigentums, Anzünden von kleinen Feuern, Bereitstellung von Wasser. Auf diese und manche andere Weise versucht man, den ruhelosen Geist des Verstorbenen aus der Nähe zu verbannen. Da die Baumskulpturen als tabu oder *puka-mini* gelten, werden entferntere Verwandte gebeten, sie gegen eine besondere Entschädigung herzustellen [99a].

Nach Abschluß lebhafter Trauerbezeugungen stürmen die anwesenden Männer und Frauen auf den Grabpfosten zu und rennen an ihm vorbei, um den in der Nähe des Males verweilenden Totengeist endgültig in den Mangrovendschungel zu verscheuchen. Nach dieser Szene kümmert sich niemand mehr um das so teuer erstandene Pfahlmal. In solcher fast ostentativen Vernachlässigung ist ein verhältnismäßig einfacher Gedankengang der Tunavuvi zu erkennen: am Ende der getreu ausgeführten Trauerzeremonien (*pukamini* oder *bugamini*) ist der Totengeist befriedigt, und er zieht sich aus seiner nur zeitweiligen Wohnung im Grabpfosten ins Totenreich zurück. Der Grabpfosten hat seine Bestimmung erfüllt und ist nun zu einer fast bedeutungslosen Schale geworden. Diese Auffassung läßt uns den großen Unterschied zwischen dem *purun-tjuriŋa* und dem Schwirr- und Seelenholz des übrigen Australiens erkennen; letzteres wird in der Regel nie vernachlässigt und behält seinen sakralen Wert als dauernde Wohnstätte des Geistes bis zum möglichst weit hinausgeschobenen Verfall.

Die Isoliertheit der Tunavuvi ist gelegentlich überbetont worden. Tatsache ist, daß jüngere Kulturströmungen des nahen Festlandes das Kultleben der Insulaner fast ganz unberührt gelassen haben. Deshalb besitzen die Tunavuvi weder Schwirrhölzer noch Bumerangs noch Heiratsklassen; ihre Initiationsfeiern sind wie in SO-Australien für beide Geschlechter gemeinsam; sie kennen keine Beschneidung, wohl aber die Narbenbeschneidung (Skarifikation) und auch die Zahnausschlagung. Männer und Frauen werden durch esoterische Schranken kaum getrennt. Auf der anderen Seite jedoch unternahmen die Insulaner von alters her auf Rindenkanus, *burai,* aus der Rinde der Myrtaceae Eugeniae Holzii, Frauenraubzüge über die Clarence-Straße hinweg zum Festland, die von den Angegriffenen ebensolche Gewalttaten

99a Nach *Berndt–Berndt* (1964, S. 376) haben diese *bugamini*-Pfosten die Bedeutung einer Gabe für den Toten (Petri).

herausforderten und so wiederholte Gelegenheiten eines gewissen Kulturaustausches schufen. Sprachlich zeigen die mythologischen Termini der Tunavuvi deutliche Verbindungen mit dem Innern, dem Südwesten und dem Südosten Australiens. In dem Synonym *tuka, taka* (Grabpfosten) sowie in den Namen der Erdmuttertochter *Tukim-bina*, des weiblichen Regengeistes *Tumi-tuka*[100] und des rituellen Federballes *Taku-aina* ist unter Vorbehalt die Verwandtschaftsbezeichnung *djuga* des Südwestens von Westaustralien enthalten. Im Namen des Ahnenwesens *Puru-kabali* erscheint das in Westaustralien und Südaustralien weit verbreitete Verwandtschaftswort *gabali* (Vaters Vaters Schwester); im Eigennamen der insularen Urmutter *Mudjaŋgala* (S. 248) taucht überraschend das *Mudja-gali* (S. 242) für die ersten vom Schöpferwesen *Baiami* in O-Neu-Süd-Wales geschaffenen Menschen auf. So scheint das Wort eines Tunavuvi: „Wir kamen vom Westen" durch die Linguistik bestätigt zu werden.

Durch die äußere Form und die innere Bedeutung des ehrwürdigen *purun-tjuriŋa* schimmern ozeanisch-indonesische Kulturen hindurch. Bei den Aiga und Binandela des oberen Kumusi- und unteren Mambare-Flusses im nicht weit entfernten südlichen Papua finden wir die *materari*-Totenpfosten mit ähnlichen Zickzacklinien und Kopfaufsätzen bereichert wie auf Bathurst und Melville, ebenso ist ihre natürliche Schwere durch „Fensterausschnitte" behoben worden[101]. Die mit den Grabpfosten einhergehenden Totengesänge heißen in Papua *java* oder *ja*, hier auf den beiden australischen Inseln *jo'i*. Dies sei nur erwähnt. Sprachliche und kulturelle Zusammenhänge sind möglich, jedoch nicht erwiesen. Die Dayaks in S-Borneo haben die *padjahan*-Totenbrettfiguren und die hohen *sapundu*-Grabpfosten zusammen mit den geschnitzten *sandongs* oder Knochenbehältern, die mit den *laragan* des O-Arnhem-Landes verglichen werden können[102]. Auf Ontong Java, einer kleinen Insel nordwestlich der Salomon-Inseln, werden Grabfiguren aus Korallenblöcken, die den Haifischgeist verkörpern, gemeißelt, dann bemalt und mit Matten behängt[103]. Auf Bathurst und Melville werden bunt bemalte Rindentaschen oder *tuŋa* über die Köpfe der Grabpfosten gestülpt. Dieses geschieht erst, wenn die Tunavuvi den Grabbaum umarmt und ihre Köpfe in die „Fensternischen" gelegt haben[104]. Bei unserer Expedition im Jahre 1960 fiel uns eine kleine, vor den Grabpfosten aufgestellte Fahne oder *pantaturini* auf, eine an Hinduismus und Islam erinnernde Kulturerscheinung, auf die wir später zurückkommen.

So besteht ein gewisser Verdacht, daß sich in breiter Gürtelform von

---

100 *Mountford* 1958, S. 44 ff.; *Curr* 1886, Bd. I, S. 326 ff.
101 *Williams* 1930, S. 116, 228 ff.
102 *Allard* 1945, S. 259 ff.
103 *Collinson* 1926, S. 46, 47.
104 *Mountford* 1958, Tafel 26. *Mountford* weist auf ähnliche Pfosten hin, die bei der Malanggane-Trauerfeier auf Neuirland benutzt werden (a.a.O., S. 109).

Borneo über Papua und die melanesischen Inseln zwischen dem Äquator und dem 10° südlicher Breite ein ziemlich einheitlicher Brauch ausbreitet, der von dem Glauben an das Wohnen des Totengeistes in oder bei einem Grabpfosten zeugt. Dieses südostasiatisch-ozeanische Glaubenselement mag schon lange vor der Ankunft der Europäer in das religiöse System der Eingeborenen Nord-Australiens Eingang gefunden haben. Es war keine absolut neue Auffassung, da sie mit der allgemein-australischen Tjurunga-Idee, die sich mit dem Grabpfostenkult verbindet, im Grunde genommen übereinstimmt. Allerdings wäre auch eine im umgekehrten Sinne verlaufende kulturelle Dynamik durchaus denkbar.

Es wäre hier noch ergänzend zu vermerken, daß im nördlichen Australien im Zeremonialleben sakraler aber auch nichtsakraler Natur Pfosten unterschiedlicher Größe und unterschiedlicher künstlerischer Gestaltung eine breite Verwendung fanden, beispielsweise im westlichen und östlichen Arnhem-Land im Zusammenhang mit der *Kunapipi*-Überlieferung (s. S. 247 f.), aber auch in den nördlichen Regionen der Westlichen Wüste, wo sie nicht selten als bedeutungsträchtige Symbole spiritualistischer Konzepte im Ablauf der sogenannten ‚Traum-Corroborees' unter der Bezeichnung *Walgararu* als geheime Objekte eine Rolle spielen (*Berndt–Berndt* 1964, S. 376/77; *Petri*, unveröffentlichte Feldnotizen). Der ideen- und sinngemäße Zusammenhang mit den *tnatantja*- bzw. *nurtunja*-Pfosten der nördlichen Aranda Zentral-Australiens (s. S. 152 f.) ist zweifelsohne gegeben und bedürfte noch einer eigenen Untersuchung.

2. Heilige Musik

a. Musikinstrumente

Es wäre verwunderlich, wenn die Australier ihre tiefen religiösen Anschauungen nicht auch durch Instrumentalmusik, durch Tänze und Gesänge kundgeben würden. Die Zahl der Instrumente ist jedoch sehr gering; das am weitesten verbreitete ist die Schwirrholz-*tjurunga*, die Wohnung und Stimme des Geistes zugleich ist. Daneben stehen gleichwertig die Trompete oder das Dröhnhorn (ein hohler Ast), heute bei allen farbigen Australiern unter der Bezeichnung *didjeridu* bekannt, die Trommel oder der Baumgong (ein hohles Baumstück) und schließlich das Schlagbrett.

Die beiden ersten Hohlinstrumente heißen bei den Aranda *ulbara*, bei den Gogadja *ulburu* und im Arnhem-Land *ubara, ubar, uwar* und *uwa.* Wir haben es hier mit einem echt zentralaustralischen Wort für einen hohlen Ast oder Stamm eines Eukalyptusbaumes zu tun, der an den meist trockenen Wasserläufen wächst. Die Grundform dieser Bezeichnungen ist *dalbara*, die sich wie folgt weiterentwickelt hat: *dalbara* (Musgrave-Berge), *dalwar* (Dampier-Land) >*ulbura* (Aranda), *ulburu* (Gogadja), *ulbara* (Walbiri)

>*alaru* (Flinders-Berge); *abera* (Musgrave-Berge) >*ubara* (Arnhem-Land) >*ubar* (Arnhem-Land) >*uwar* (Arnhem-Land) >*uwa* (Arnhem-Land)[105]. Daraus ergibt sich die Ausbreitung dieser ausgehöhlten Musikinstrumente mit ihrem religiösen Hintergrund als Schlangensymbol von Zentralaustralien, wo ihre Riten bereits als archaisch gelten, nach dem Norden. Dort kommt ihnen bei Beschneidungsfeiern als „Trompete" und bei höheren Männerfeiern als „Baumgong" eine gewichtige Rolle zu. Die Walbiri, die nordwestlich der Aranda sitzen, besingen *Ulbara-ri* als den großen Fluß der Milchstraße, die wiederum die mythische Regenschlange symbolisiert:

Ulbara-rina relimbi-limbi   Der Ulbara-Fluß glitzert wie Glas
Gulja-ŋi wandin djana   Südwärts Milchstraße sie.

Beim Horn und Gong handelt es sich ebenso wie bei dem xylophonen Schlagbrett um esoterische Tjurunga-Geräte, in deren Tönen sich die Kraft des ihnen innewohnenden Geistes manifestieren soll.

1. Trompeten oder Dröhnhölzer

Die Trompete oder das Dröhnholz bzw. *didjeridu* der Stämme Zentralaustraliens ist ein 60 bis 240 cm langer, von Termiten ausgehöhlter Ast mit einem Durchmesser von 5 bis 30 cm, der mit einem Steinmeißel der ganzen Länge nach gerillt, mit rotem Ocker bestrichen und mit weißen Federdaunen beringt ist. Wenn das Instrument mit vibrierenden Lippen geblasen wird, erschallt der dumpfe Ruf der mythischen Schlange, deren Kehle das Holzgerät symbolisiert. Die Aranda nennen es *tjurunga ulbara*, einfach „der Tjurunga-Hohlast". Bei Ausübung eines Liebesritus füllt der Bläser das Rohr über einem Feuer mit Rauch und preßt seinen Kopf in die Höhlung des symbolischen Schlangenleibes, um den Dampf einzuatmen. Seine Stimme und seine Person werden eins mit dem Schlangenwesen; gemeinsam rufen sie die erwünschte Frau, die den Ton vernimmt, in den Fruchtbarkeitsbann des geisterfüllten Liturgen[106]. Am Tage einer rituellen Zuverlässigkeitsprüfung oder *ilkilajabia* ruft das Dröhnhorn — oder, was dasselbe ist, die mythische Schlange — die Jungmänner herbei. Mit hocherhobenen Armen tragen sie auf Geheiß eines älteren Mannes eine brennende Rindenfackel. Man droht ihnen mit dem tödlichen Biß der Schlange, falls sie den Feuerbrand vorzeitig sinken lassen sollten. Solches Los wurde ihnen schon früher durch das Stoßen der *ulbara* gegen den Unterleib angekündigt, was das Beißen der Schlange symbolisiert[107]. Die liturgische Bedeutung eines solchen Gerätes tritt bei den Beschneidungs- und Blutlassungsfeiern *djuŋgawan* (NT), wo

---

105 *C. Strehlow* 1907—08, Bd. I, S. 39, 74, 85; Bd. II, S. 38, 40, 41; Abb. II; vgl. *Cleland—Johnston*, Trans. Roy. Soc. S.A., 63 (1939) und Oceania Bd. 8 (1937).
106 *C. Strehlow* 1908, Bd. II, S. 78; Abb. 77.
107 *Strehlow* 1947, S. 78—81, Abb. 89; *Spencer-Gillen* 1899, S. 547, 607.

dieses Instrument als *Juluŋgur,* die „Große Schlange" oder auch der „Große Vater", angesehen wird, deutlich zutage. Gelegentlich wird *Juluŋgur* auch dem wichtigen Schlangenwesen *Muit* gleichgestellt, ohne daß eine geschlechtliche Differenzierung dieser Wesen betont wird. In der Urzeit verschlang *Juluŋgur* die beiden schwangeren Schöpferschwestern *Wauwelag,* in deren Gemeinschaft es das außernatürliche Vermehrungsprinzip repräsentiert. Während bei der *djuŋgawan*-Feier Männer das Horn auf den Schultern tragen, ruft einer der Träger in dasselbe hinein. Tief und laut erschallt der Schrei der Großen Schlange über die zitternden Beschneidungskandidaten hinweg. Dann wird es auf die Leiber jener Männer gerichtet, die ihr Armblut − das Blut *Juluŋgurs* − in Rindentröge träufeln lassen. Mit dem Blut besprengen sie sich selbst und ihre Geräte. Diese Szene ist nach Ritus und Sinn der vom Schöpfer *Djamar* eingesetzten *Gangulari(Gaŋolari)*- oder *Laringila*-Blutfeier des Dampier-Landes ähnlich. Während die Trompete ruft, vollzieht sich unsichtbar das niemals abgebrochene Geschehnis der Urzeit: die Große Schlange entsteigt ihrer Quellenbehausung, verschlingt das *Wauwelag*-Paar, gleichzeitig aber auch die Initianten, um beide wieder in den neuen Lebenszyklus der ganzen Natur zu erbrechen. Am Schluß mannigfacher Zeremonien und Tänze wird das *didjeridu* am Quellgrund vergraben, wo *Juluŋgur* bis zum Beginn der nächsten Jahreszeit verweilt[108].

Das *didjeridu* des Arnhem-Landes als ein vorzugsweise in das Kultleben hineingestelltes Musikinstrument hat in neuerer Zeit in Verbindung mit bestimmten Gesangessequenzen nicht immer sakraler Bedeutung eine weitere Verbreitung in westlicher, östlicher, aber auch südlicher Richtung gefunden. In den östlichen und zentralen Gebieten der Westlichen Wüste wurde es seit 1945 stellenweise beobachtet (*Berndt– Berndt* 1964, S. 309/10). Im zentralen und nördlichen Kimberley-Distrikt tauchten *didjeridus* gegen Ende der dreißiger Jahre dieses Jahrhunderts erstmalig auf, und zwar als Begleitinstrumente zu Gesanges- und Tanzkomplexen, die unter den Bezeichnungen *djarada* und *waŋa* besonders die jüngeren Männer und Frauen beschäftigten. Wie das *didjeridu* selbst kamen sie nach Aussagen der Eingeborenen aus *Waringari* (Synonym für alles Land im Osten) und beinhalteten vornehmlich erotische Motive als eine Art von Liebeszauber. Im Jahre 1954 war das Dröhnrohr, und zwar in Gestalt von ausrangierten Eisenrohren, über Broome und La Grange bis nach Anna Plains vorgedrungen, und im Jahre 1966 hatte es in dieser Form schließlich die Region von Roebourne im äußersten Nordwesten des Staates Westaustralien erreicht. Die damit vergesellschafteten Gesänge und Tänze waren jedoch nicht mehr *djarada* (auch erwähnt von *Berndt–Berndt,* a.a.O.) und *waŋga,* sondern eine mit artistischen Tanzschritten aufgeführte Komposition, die unter dem Namen *Ninji-ninji* das Traumerlebnis eines Medizinmannes vom Victoria-River (NT) mit fischschwänzigen Frauen dramatisierte. Auch im westlichen Verbreitungsgebiet des *didjeridu* sind es vorzugsweise jüngere Leute und auch Kinder, die zu seiner Begleitung singen und tanzen (*Petri,* unveröffentlichte Feldnotizen). Ein aus seinem ursprünglichen kulturellen Zusammenhang herausgelöstes Sakralobjekt wurde also zu einem Gerät des Spieles und der Unterhaltung. Es ist das ein in Australien nicht seltenes Erscheinungsbild (*Petri* 1959 b, S. 7; *C. H. Berndt* 1965, S. 257 f.).

108 *Warner* 1936, S. 259–290; *Berndt* 1951 b, S. 230–241.

2. Trommel oder Baumgong

Eine Verwandtschaftsform der Trompete finden wir im Arnhem-Land in den schlitz- und fellosen Trommeln oder Baumgongs, die auch den zentralaustralischen Namen mit nur geringer Veränderung beibehalten haben. Wie die brummende *tjurunga* und die dröhnende *ulbara*-Trompete dienen auch sie der zeitlosen Vergegenwärtigung des Geistes. Mit akustischer Dringlichkeit verkündet die *ubara*-Trommel (*ubar* oder *uwar* nach Berndt-Berndt 1964, S. 310) ihre Einheit mit dem Schlangengeist *Muit*. Diese Gleichsetzung erscheint stark bei der *Ṇurlmag*-Zeremonie der Trockenzeit, bei der Männer, die vor längerer Zeit die Circumcision erhalten haben, in höhere Weihegrade eintreten.

Der Baumgong ist etwa 150 cm lang bei einer Dicke von etwa 20 cm. In der Mitte trägt er einen breiten Fries mit roten und gelben Zeichnungen von Schlangen, Emus, Pflanzen und Waffen, während die restliche Fläche mit dunklen Punkten bedeckt ist. Der Trommler klemmt den Gong unter seinen Arm und läßt die eine Seite auf dem Oberschenkel, die andere auf der Erde ruhen. Er wird mit einem Stumpf der Pandanuspalme auf eine durch ein gelbes Rechteck markierte Stelle, die am lautstärksten ist, geschlagen. In einer einsamen Kulthütte, die den Leib der Schlange symbolisiert, wird der Gong vorbereitet. Seine Rolle ist nicht so bedeutend wie die der Trompete, was vielleicht seiner späteren Einführung zuzuschreiben ist. Der mystische Känguruhmann *Kandark*, der in der Nähe des einzelstehenden weithin sichtbaren Felsenhorstes *Nimbawa* (Z-Arnhem-Land) lebte, soll den Baumgong hergestellt und den initiierten Männern geschenkt haben [109].

Bei der *gunabibi*-Fruchtbarkeitsfeier in NW-Arnhem-Land werden weder das Dröhnhorn noch die Baumtrommel, sondern das mit Farben und Blut bedeckte Schwirrholz *mandelprindi* benutzt. Der Name ist ein südliches Lehnwort, das den etwa 2400 km entfernten *Gulag-ŋad* und Gippslandstämmen (westlich und östlich von Melbourne) entstammt und ohne Veränderung in die *gunabibi*-Feier eingebaut wurde. *Mandel* und *pri* bedeutet „Mann" und somit den mit der *tjurunga* verbundenen Geist. Auch dieses Holz meldet die Personifizierung *Muits* oder *Juluŋgurs* und der verschlungenen Schwestern. Das symbolische Verschlingen der Kandidaten wird hier durch eine längere Grube dramatisiert, die *Muit* oder die *Wauwelag*-Schwestern und deren Mutterschoß darstellt. Die Initianten steigen in dieselbe herab und werden mit Rinde bedeckt, wie es auch die Bemba-Jungen in N-Kimberley bei der *maiaŋari*-Feier tun, ehe sie auf einen mit dem *Uŋud*-Schlangenbild verzierten Baum klettern. Wenn die jungen Männer der *gunabibi* emporblicken, sehen sie über sich die zwei Schlangenpfosten *jelmalandji*, die in die Grube gestoßen werden, um im heiligen Schauspiel das Niederfallen *Juluŋgurs*

109 *Warner* 1936, S. 280, 311–329, 469, 503; *Mountford* 1956, S. 223, 458.

nach dem Verschlucken der beiden weiblichen Urwesen nachzuahmen. Am Ende der Feier verbergen sich die Jungen unter dem länglichen Blättergestell *djepalmandji*, wo sie sich in den Uterus dieser Wesen versetzt glauben, aus deren „Schwanz" sie als Neugeborene hervorkriechen[110], was auffällig an die Tiersymbolkulissen der Initiationsfeiern der ozeanischen Inseln erinnert.

Als der nordamerikanische Ethnologe W. L. Warner die Resultate seiner Forschungen unter den Murngin oder Wulamba (1926–29) im O-Arnhem-Land niederschrieb und dabei insbesondere die drei oder vier großen Festkreise, in denen sich die oben beschriebenen symbolisierenden Szenen abspielen, schilderte, zog er einen grandiosen Vergleich, den nur ein Forscher solchen Ranges sich zutrauen konnte: er verglich diese wochenlang dauernde religiöse Feier primitiver Menschen mit dem Nibelungenring Richard Wagners. Er fügte hinzu (von uns übersetzt): „Der tiefste Unterschied (zwischen beiden Kompositionen) besteht darin, daß diese Erzählung für die Murngin nicht eine Mythe, sondern ein Dogma ist, und daß sie für sie dieselbe Bedeutung hat wie die Messe für einen gläubigen Katholiken"[111] — Gedanken, die uns beim Anblick der Hingabe der Eingeborenen während ihrer religiösen Feiern im Laufe der Jahre wiederholt aufstiegen, die wir aber in dieser Form nicht auszusprechen wagten.

3. Klanghölzer

Zur Instrumentalbegleitung der religiösen Feiern gehören außer den ärophonen Baumtrompeten und den idiophonen Baumtrommeln noch die xylophonen Holzstäbe, die Brettratschen und Brettgongs. Die Klangstäbe von etwa 20 bis 30 cm Länge und 2 bis 3 cm Dicke sind zigarrenförmige Stöcke, die von Sammlern zuweilen mit Botenstäben verwechselt werden. Ihre esoterische Bedeutung ist leicht an zahlreichen eingravierten Rillenspiralen, Schlangen- und Fußspuren erkennbar, wie wir es schon von den *tjurunga* wissen. Ihr weittönendes scharfes Klicken gehört neben dem schrillen Endschrei der Tänzer zu den typischen Geräuschen der australischen Tropennächte. Es ist für die Tänzer das alles durchdringende Tonsymbol des anwesenden Geistes, das sie mit seiner ausstrahlenden *djalu*-Kraft Freund und Feind, dem Wetter und allem Lebenden entgegensenden. Einige Klangstäbe sind durch leicht übersehbare Markierungen als Objekte gekennzeichnet, in denen die Eingeborenen, wie in vielen ähnlichen Fällen, die ganze Geistperson gegenwärtig sehen.

Der Name für Klanghölzer ist *gangan* oder *ganbag, gundala, dimbil-dimbil* und *djirm-djirm*. Bei den westlichen Wüstenstämmen beziehen sich

110 *Jelmalandji* stimmt phonetisch mit dem Wort *jermarindji* der Murinbata (NW-NT) für das Regenbogenwesen überein. — *Berndt* 1951 b, S. 238–239; *Berndt–Berndt* 1964, S. 240 ff.
111 *Warner* 1936, S. 260.

diese Bezeichnungen auch auf Schwirrhölzer, Todesspitzen und Medizinmänner. Der mythologische oder auch der physische Mörder schleicht sich
nach Benutzung der Klangstäbe auf Sandalen aus Menschenhaaren und Emufedern (*kadaitja*, Zentralaustralien) [112] oder aus Rinde und Fell (*guridja* oder
maŋar, Dampier-Land) lautlos und ohne Hinterlassung von Spuren an das
Opfer heran. Ein Njigina-Mann erklärte uns die Wirkung der Tarnsandalen
mit folgenden Worten: *„Maŋar-bari ŋa-nan bugandi"* — „Auf den Sandalen gehe ich dunkel, d. h. unsichtbar wie ein Geist".

4. Schrape

Die Brettschrape oder das *ramo, ram* ist ein 23 cm langes, mit Ocker be-
strichenes Rundholz, 3 cm dick, dessen eine Seite abgeflacht ist und bis zu
35 tiefe Kerben zeigt. Über die scharfen Kanten wird ein messerartiges
Handholz rhythmisch auf- und abgeschrammt, um ein knarrendes Geräusch
zu erzeugen. Sehr oft erfüllen auch die eingravierten Muster eines Kampfschildes diese Funktion. Sehr ähnliche Schrapen mit 10 bis 14 Kerben werden
auch von den Pueblo-Indianern am Rio Grande gebraucht, wo sich eigen-
tümlicherweise selbst Schwirrhölzer und Wurfstöcke finden, die den australischen ganz ähnlich sind. Schrapen werden heute in Neu Mexiko und Arizona
bei Erntetänzen verwendet.

5. Brettgong oder Schlagbrett

Bei den Alawa im östlichen Arnhem-Land ist das bis zu 75 cm lange und
10 cm breite rechteckige Schlagbrett oder *margan* von großer Bedeutung. Die
Enden sind verzahnt und das Ganze mit eingravierten Ringen verziert. Es
repräsentiert den Knochenmann gleichen Namens, den Sohn der All-Mutter,
und findet reiche Anwendung bei der *yabuduruwa*-Feier, die Initiations-,
Vermehrungs- und Begräbnisriten umfaßt. Dem Schlagbrett unterliegt eine
weibliche, dem dazugehörigen Hammer eine männliche Deutung. Sein
distinkter Ton kündet den Beginn der Feier auf dem Zeremonienplatz an;
sein wechselnder Takt fordert die Initianten und älteren Männer auf, sich
dort einzustellen. Bei der Feier selbst dirigiert es die Handlungen des *ludus
sacer* und gibt die Zeichen zum Szenenwechsel. Es verrät die große liturgische
Beweglichkeit der Australier, wenn sie in diesem Schlagholz ein weibliches
Fruchtbarkeitswesen oder die Regenbogenschlange erkennen und zudem die
Töne des Holzes als mythologische Warnungssignale der Ureidechse (Varia-
nus) hören, die durch ihren intuitiven Spürsinn die Annäherung rituell
bedingter Gefahren vorausverkündet. Der ganze Stamm, Frauen und Kinder
eingeschlossen, unterbricht beim Ertönen des *margan* sofort jede Bewegung

112 *Spencer—Gillen* 1899, S. 477 ff. mit Abb. *Maŋar*, die Rinde des Buscholiven-
baums, wird mit Fellstreifen der Känguruhratte unter die Fußsohlen geschnürt.

und Handlung in dramatischer Nachahmung des plötzlichen Innehaltens der Echse, wenn diese ein verdächtiges Geräusch vernimmt[113]. Zum Orchester der heiligen Feiern gehört neben diesen Instrumenten das Händeklatschen, das Schlagen der hohlen Hand in die Leistengegend, wie wir es bei den tasmanischen Tänzen wiederfinden, gegen das Gesäß und auf den Boden, das Tippen der Fingernägel oder eines Steinstückchens gegen ein Holzstück, das Stampfen und Schleifen der Füße, lautes, stoßweises Atmen sowie das Stakkato und Tremolo der Endspitzen der Bumerangpaare, die durch den erregenden Gegenschlag der einander gegenüberliegenden vier Enden mehrere Hunderte von Anschlägen in der Minute zuwege bringen. In all diesen Geräuschen und Handlungen sieht der Initiierte die Manifestation des Geistes, den er im Augenblick verkörpert; damit ist M. Schneiders Bemerkung auch für Australien voll bestätigt: „Für den Naturmenschen ist der Klang der Leib des Unsichtbaren oder Unfaßbaren"[114].

Beim Anhören der von diesen Instrumenten verursachten Geräuschmusik drängt sich dem Beobachter der Gedanke auf, ob dem Australier die Rhythmik nicht wichtiger ist als die Melodie. In der Tat fanden wir nicht selten allein sitzende Eingeborene, die stundenlang die Klanghölzer ohne Wort und Tanz „spielten", wie weltverloren ins Lauschen auf den monotonen Klang versunken, wohl deshalb, weil sie in ihm die Stimme des Geistes zu vernehmen glaubten.

b. Tänze und Gesänge

Wie die Instrumente, so stehen auch die menschliche Stimme und der Tanz beträchtlich im Dienste des Kultes der Eingeborenen. Als akustische und dramatische Offenbarungen der Geistgegenwart erweisen sich beide als starke Mittel, die Natur in den Machtbereich des Transzendenten zu versetzen. Vom frühen Mannesalter an sind die Männer zum Erlernen der Gesänge und zur Teilnahme am Gemeinschaftsgesang verpflichtet. In sehr vielen singbaren Kurzversen[115] vermitteln ältere Vorsänger den jungen Stammesmitgliedern die Kenntnis alter Sitten- und Religionslehren. Dabei ist es nicht der Mund allein, der singt. Die gläubige Begeisterung, die Verstand und Herz der Sänger erfüllt, bringt auch ihr Muskelsystem in Bewegung, so daß die erregten Gestalten den Gesangesinhalt noch eindrücklicher in die Zuhörer hineintragen. Die Männerstimmen sind für unsere Ohren scharf und metallisch, und in höheren Lagen erscheinen sie heiser und zu reich an Nasal- und

---

113 *Elkin* 1960, S. 173, 196—197.
114 *Schneider* 1958, S. 82.
115 *Berndt* 1952, mit 118 Gesängen aus dem O-Arnhem-Land; *Petri* 1960 a; *T. G. H. Strehlow* hat ein umfangreiches Werk über die Gesänge ZAs in Vorbereitung; *Worms* 1957 D.

Rachenlauten, die bei einigen Gesängen plötzlich in ein langgezogenes trillerndes Falsetto wie ein abschließendes Amen ausklingen. Wir lassen die Beobachtungen der wenigen Musikforscher zu Worte kommen, die wie M. Schneider das von uns gesammelte Material der NW-Küste und wie A. P. Elkin und T. A. Jones die Gesänge des Arnhem-Landes untersuchten. M. Schneider charakterisiert den Gesang der Eingeborenen des Dampier-Landes wie folgt:

„Der Stimmklang des Australiers ist dünn und spröde. Die zahlreichen Tonrepetitionen seiner ausgedehnten, melodischen Linie, die einförmig aus der transponierenden Wiederholung eines kurzen Motivs gestaltet wird, sind durch eckige und stoßhafte Pulsationen in kleine, regelmäßige Gruppen geteilt. Gänzlich unpathetisch scheint uns der Gesang wie ein unbehindertes, gleichmäßiges Gefälle in gleichmäßig engem Flußbett zu verlaufen. Statt des freien Ausschwingens zwischen mehreren melodischen Funktionen herrscht hier trotz der Fülle der musikalischen Schritte der Eindruck einer unveränderten Schwingungsbreite, einer vielfältigen Zerlegung einer einzigen Funktion vor. Das Tempo ist außerordentlich rasch und die Bewegungsformen sehr einförmig." [116]

Elkin und Jones gaben (in Übersetzung) folgende Analyse, die hauptsächlich die nordaustralischen Gesänge betrifft:

„Die Gesänge des Arnhem-Landes benutzen gemeinsam mit vielen anderen primitiven Stilarten die diatonische Tonleiter weit öfter als die chromatische; ihre Melodien beobachten das allgemeine Prinzip der absteigenden Bewegung und sind so geneigt, die Theorie eines doppelten Ursprunges der Musik zu unterstützen; der Rhythmus gebraucht ständig Synkopen und sukzessive Wiederholungen des Motivs; einfache Wiederholung ist die normale Methode, lange Formen auszubauen, die fast aller primitiven Musik eigen ist. Sonst fast unbekannt unter primitiven Völkern ist die australische Vorliebe für die vollständige heptatonische Tonleiter und isometrische Struktur, für die bevorzugte Verwendung von Mehrstimmigkeit, ohne zum Parallelismus zu neigen, der Gebrauch von Instrumentalpausen, um eine Rondo-Formlinie in weltlichen Gesängen aufzubauen, die Konstruktion langer Gesangzyklen und Tänze durch kunstvoll variiertes Grundmaterial zusammen mit ständiger Anwendung einer ruhigen, unbetonten Vortragsweise und einer hochentwickelten Gewandtheit in Komposition, Gesang und Spiel der Instrumente." [117]

Während die westaustralischen, meist pentatonischen Gesänge mehr dem Gregorianischen Gesang gleichen, durchbricht der Gesang der Bewohner der Bathurst-Insel und — wie eben erwähnt — auch der des nördlichen Arnhem-Landes diese ursprüngliche Enge durch die heptatonische Weite und über-

---

116 *Schneider* 1939, S. 141.
117 *Elkin–Jones* 1958, S. 369. Vgl. *Davies* 1927 und 1931.

raschende Mehrstimmigkeit, die sehr wahrscheinlich von einem jüngeren malaiischen Einfluß herrührt.

Wie bei allen Naturvölkern zeigen auch die australischen Tänze eine große Mannigfaltigkeit (s. auch S. 180). Obwohl ausführliche Regionalbeschreibungen vorliegen, ist bisher noch keine Gesamtdarstellung erschienen. Meistens handelt es sich um religiöse Männertänze; doch sind Profan- und Frauentänze nicht ungewöhnlich. Äußerlich und innerlich identifizieren sich die Tänzer, mögen sie als Menschen oder als Tiere auftreten, mit den Geistern. Die Eingeborenen versetzen sich in die mythische Schöpfungszeit. Durch ihre Gesten symbolisieren sie die Schöpfungsakte; durch Rückversetzung in die Vorzeit lassen sie die ursprünglichen Kräfte in die Umwelt ausstrahlen, um in der Jetztzeit neues Leben erstehen zu lassen. Die Tänzer sind meistens solche Männer, die durch die Durchschreitung mehrerer Initiationsgrade eingehend mit der mythologischen Vergangenheit vertraut sind. Frauen und Kinder nehmen mit Hingabe an den Profantänzen teil. Wird aber dabei eine sakrale Zwischenszene eingelegt, werfen sie sich mit dem Gesicht auf den Boden und bedecken sich mit Zweigen oder Wolldecken. Ein älterer Mann, der eine Holzkeule trägt, versucht mit drohenden Gebärden jedes Auslugen der neugierigen Frauen zu verhüten. Im Arnhem-Land wird den Frauen am Ende der großen esoterischen Feiern eine gewisse aktive Teilnahme gewährt. Nach Elkin dürfen sie beim Abschluß der *yabuduruwa*-Liturgie am frühen Morgen in einer Feuerprozession an der symbolischen Mutterschoßhütte, die die heiligen Geräte birgt, vorüberschreiten. Im O-Arnhem-Land wird die *gunabibi*-Feier durch den zeremoniellen Beischlaf mit Frauen beendet; die Partner müssen in der Regel bestimmten Stammessektionen angehören, so daß man hier nicht von Promiskuität sprechen kann[118]. Noch gegen Ende Dezember 1961 kam bei Katherine (an der westlichen Grenze des Arnhem-Landes) eine *gunabibi*-Zeremonie nach vierwöchiger Feier zum Abschluß.

Aus dem Dampier-Land wollen wir zwei semisakrale Tänze im einzelnen beschreiben. Wir konnten sie mit eigenen Augen verfolgen. Der erste ist *biṛuṛu*, ein kombinierter Gruppen- und Einzeltanz der Männer, der zweite, der seltenere, ist ein ritueller Zweigeschlechtertanz gelegentlich der *Juna*-Feier. *Juna* ist der Name eines bestimmten Geistwesens, der überall an der 2000 km langen Westküste auftaucht. Nach Sonnenuntergang ertönten vom Lager her ein kurzer Schrei und das Rattern der Bumerangs als Einladung zum Tanz. Von allen Seiten her drängten sich jung und alt durch das Dunkel des Busches zum Festplatz. In parallelen Reihen ließen sich die Zuschauer auf dem Sand nieder, ihre Augen auf eine 20 m entfernte Blätterwand ge-

118 *Spencer–Gillen* 1899; *Warner* 1936; *Strehlow* 1947; *Berndt* 1951 a; *Stanner* 1959 bis 1960; *Elkin* 1960.

richtet, hinter der die Tänzer sich gegenseitig schmückten und bemalten. Sie zogen weiße Streifen über Stirn und Wange, von der Brust zu den Schienbeinen, wodurch sie im Dunkeln den Eindruck wandelnder Skelette und Totengeister erweckten. Die Männer der ersten Zuschauerreihe stimmten den Gesang an und begleiteten ihn mit scharf akzentuierten Bumerang- und Klangholzschlägen. Zwei Feuer auf beiden Seiten der Arena leuchteten auf. Aus dem Versteck der Blätterwand schlüpften in breiter Front an die zehn Männer mit federnden, tief in die Knie einsinkenden Schritten auf die Anwesenden zu. Die Musik verstärkte sich durch dumpfe Schläge von Händen und Stöcken auf den Boden. Unmittelbar vor dem Orchester machte die Reihe halt, stieß einen schrillen Schrei aus, kehrte um und verschwand hinter der Kulisse. Lautes Beifallachen, lebhaftes Besprechen der Tänzer und freie Unterhaltung füllten die erste Pause. Wiederum begannen die „Kapelle" und der Gesang, bis ein Einzeltänzer, mit einem Holzpfeil oder *lara* (oder *djiniŋ*) in den Haaren des Hinterkopfes und mit kleinen Fadenkreuzen in den Händen, plötzlich aus dem Dunkel heraussprang. Dann näherte er sich langsam den Zuschauern. Ruckartig zog er die gebeugten Knie so hoch wie möglich und stampfte wuchtig mit den Füßen, so daß der Staub hoch aufwirbelte. Dabei hielt er die *waŋa* in halber Höhe vorgestreckt. Sein keuchendes Atmen war im Takt mit den Holzinstrumenten und dem gedämpften Bodenschlag der Begleitmusik des hingerissenen Auditoriums. Jeder sah das rhythmische Aufspringen der Schulterblätter und das Zucken der Brust- und Bauchmuskeln, das symbolische Aufrufen seines seelischen Inneren, seines *djalu,* das nun reiche Geistkraft auf Zuschauer und auf jene Lebewesen aussendet, die er verkörpert. Kein Wort oder Gesang kam von seinen Lippen, doch sein ganzer Körper redete eine Sprache, die von den meisten Anwesenden verstanden wurde. Plötzlich schnellte er hoch in die Luft, warf sich herum und verschwand in die Nacht. Zuerst verdoppelte sich das Tempo der Musik, dann verlangsamte sie, bis sie erstarb.

Beim *Juna*-Tanz, d. h., wenn Novizen vor ihrer Beschneidung von der Frauenwelt Abschied nehmen, bildeten Frauen und Männer zwei gemischte Reihen. Sie hielten sich nicht unmittelbar an den Händen, dafür faßten sie die Enden von Bumerangs an. Die Reihen zogen sich in die Länge und rollten sich in zwei Spiralen zusammen, bis ihre Mittelpunkte ein Gewimmel von Menschenkörpern bildeten, das sie mit einem gemeinsamen Schrei wieder auflösten. Das Bild wurde noch bewegter, als sich die Reihen in entgegengesetzten Richtungen in eine Rechts- und eine Linksspirale zusammenwickelten. Es ist ein ausgelassener labyrinthischer Kulttanz, in dem sich Leben und Tod begegnen. In naturvölkischer Einfachheit weist dieser Tanz auf das Fruchtbarkeitsgeheimnis hin, zu dem die Initianten bald zugelassen werden. Das von der Mutter überwachte Jugendleben hört auf zu existieren. In einen höheren Status rituell hineingeboren, erhalten die Jünglinge das Recht zur

187

Familiengründung mit der Verpflichtung, zur Erhaltung des ökonomischen und sakralen Stammeslebens praktisch und religiös in steigendem Maße beizutragen.

c. Gesangtexte

Zusammen mit H. Petri konnten wir im Oktober 1960 einige esoterische Gesänge der Garadjari aufnehmen. Wir geben nur ihre Stichworte, da Petri den vollen Text später veröffentlichen wird. In kurzen Strophen erzählen die Gesänge von Gruppen-Wanderungen mythischer Vorfahren, mit denen die Sänger sich während des Singens identifizieren. Viele Worte sind örtlich unbekannt, da der Text z. T. von anderen Stämmen verfaßt wurde oder auch archaische Elemente enthält, die zur materiellen Gedächtnisstütze des traditional wohlbekannten Mytheninhalts geworden sind. Es ist kaum begreiflich, wie diese einfachen Eingeborenen Tausende von Versen ohne schriftlichen Rückhalt im Gedächtnis aufspeichern und nahtlos vortragen können. Die kaleidoskopische Erinnerung an die dem Wanderwege sich entlangziehenden Landschaften, in denen sich das Berichtete abspielt, sowie jahrelanges Kommemorieren, das schon vor der Buschschule der Initianten geübt wurde, mag sie zu dieser Leistung befähigen. Die Rezitation einer Strophe nimmt durchschnittlich 45 Sekunden in Anspruch. Vor jeder Strophe wird die folgende kurz besprochen und nach dem Vortrag in lebhafter Unterhaltung erörtert und erweitert. Wenn der Chor erschreckende Naturereignisse, etwa Wald- und Steppenbrände oder Gewitterstürme schildert, werden die Gebärden stürmischer und in ihrem Tempo beschleunigt. Wir konnten von dem Gesicht eines Sängers die tiefe Ergriffenheit ablesen, wie er fast ekstatisch mit geschlossenen Augen und aufwärtsgerichtetem Kopf dem Gesang seiner Stammesgenossen lauschte.

Jede mythische Gruppe bzw. „Linie" zog unter einem eigenen Namen ihren eigenen Wanderweg. Zwei sollen hier kurz beschrieben werden: Die *Bilijaŋu-Wandji*-„Linie" nahm ihren Ausgang von *Nuluŋu* bei Broome und wanderte in südöstlicher Richtung nach *Garo*, einer Wasserstelle und einem zwischenstammlichen Kultzentrum in den ariden Zonen südlich des Fitzroy River. Dort legten sie ihre *darogo* (= *tjurunga*, s. S. 140 f.) nieder, was besagt, daß sie ihre bisherige kultische Praxis und Ideologie aufgaben. Nach Vereinigung mit anderen Gruppen, die aus den verschiedensten Gebieten des Nordens und der Westlichen Wüste gleichfalls Garo erreicht hatten und nach gemeinsamer Aufnahme von neuen *darogo*, also einer neuen kultischen Ideologie und Praxis, setzten sie unter der Bezeichnung *Gamare* oder *Gamari* (Name des mythischen Führers dieser vereinigten Gruppe bzw. „Linie") ihre weiträumigen Wanderungen in östlicher bzw. südöstlicher Richtung fort mit den Zielen, „das Land zu eröffnen" (d. h. es zu erschließen) und schließlich das mythische Land *Diŋari* „am großen Salzwasser im Osten" zu erreichen. Bevor sie am Fuße eines glatten und unübersteigbaren Felsenmassives, das das Land Diŋari gegen Westen abschirmte, angelangt waren, schloß sich ihnen *Lon* oder *Lun*, der totemistische Eisvogelvorfahre, an, der eine Gruppe unbotmäßiger Initianten anführte. Den Durchgang durch die

Felsenbarriere erzwangen sich diese mythischen Wandergruppen, indem sie ihre *darogo* gegen das Gestein warfen, wodurch sich eine breite Schlucht öffnete (s. auch S. 164/165).

Sowohl die Gamare- als auch die Lon-„Linie" sowie die sogleich noch zu erwähnenden *Beṛiwaṛi*- und *Waiuŋgari*-Wanderlinien gehören zu einem in der Westhälfte des Kontinents weit verbreitetem Überlieferungs- und Kultkomplex, der unter dem Namen *Guraŋara* bzw. *Kuraŋ-gara*, „dem Geiste (nach Ursprung und Zeit) bzw. der Vitalkraft zugehörig" zusammengefaßt wird. Soweit es sich um die hier genannten und noch einige andere Wander-Traditionen handelt, wird meistens die Bezeichnung *Diŋari-kuraŋ-gara* oder nur *Diŋari* gebraucht [119].

In früheren Veröffentlichungen [119a] haben wir den *Guraŋara* fast ausschließlich von der negativen Seite aus betrachtet. Zweifellos enthält er „gefährliche" Zeremonien, die schon 1891 im Nordwesten das Bedenken der ersten Missionare auf sich zogen. Sie bilden aber nicht seinen überwiegenden Bestandteil. Zum Großteil stellt er mit starken kerygmatischen Tendenzen die mythologische Glaubenswelt und das in dieser fundierte Sozial- und Sittenleben der Eingeborenen dar. In dichterischer Form besingt er ferner die politischen und geographischen Verhältnisse der Umwelt und die wechselnden Freuden und Leiden des Daseins.

Die *Gamari*-„Linie", die nur bei Anwesenheit ihres legitimen Chorführers gesungen werden darf, schildert das Finden von wildem Tabak oder *Ŋamari* (Nicotiana excelsior) und dessen Wirkung (Schwindel und Durchfall). Ein Fremder macht sich in der Nähe der Wanderstraße durch Schnarchen bemerkbar; er wird aufgestöbert und flieht, er wird verfolgt (wobei sein Kot ihn verrät) und schließlich getötet. Dann wird das Wassertragen in einer Holzmulde und das Sammeln von Akazienböhnchen zur Zubereitung eines Mahls besungen. Die nächsten zwölf Strophen schildern das Treiben am ersten Wasserplatz: ein Wasserloch wird gegraben, die Führer umtanzen es mit einem heiligen *daragu(darogo)*-Holz. Wegen einer Tabuverpflichtung wird einem Manne das Essen von Känguruhratten verboten. Die nächsten Verse werden lebhafter: die Männer begegnen einer schwangeren Frau, die ein glimmendes Lagerfeuer zurückgelassen hat; sie hatte die Glut ihrem Leibe entnommen. Der Tabumann benutzt diese Glut und zündet ein Buschfeuer an, das alle Teilnehmer der Gruppe vernichtet — eine Strafe dafür, daß die erst kürzlich beschnittenen jungen Männer der Frau nachgelaufen waren. Dessen ungeachtet betreten sie bald darauf ein felsiges Land, dessen heißer Boden ihre Sohlen verbrennt. Kaum haben sie den Wanderweg einer andern mythischen Wandergruppe, der *Beṛiwaṛi*, gekreuzt, naht sich ihnen eine neue Katastrophe: Wolken türmen sich ringsum auf. Die Männer bedecken sich mit Zweigen, aber ein sich heranwälzendes Waldfeuer verbrennt sie ein

---

119 *Petri* 1956, S. 153—168; *Berndt—Berndt* 1964, S. 160, 224, 225, 374; *Stanner* 1965, S. 207—237; *Micha* 1965, S. 333/34; *Petri* 1966, S. 331—369; 1967, S. 1—33.
119a *Worms* 1942, S. 207—235; *Petri* 1950, S. 34—120.

zweites Mal. Einige *Mandjildjara,* die die roten Inlanddünen bewohnen, sehen das Unglück; sie schaufeln mit ihren *tjurunga* Sand auf das Feuer und ersticken es. Dabei entdecken sie Knochen früher verbrannter Menschen. Das Feuer soll heute noch brennen. Zum zweitenmal lebendig geworden, geben die Männer Bäumen, Tieren und Vögeln Namen. Beim Betreten einer andern felsigen Gegend treffen sie die Träger der *Beṛiwaṛi*-Wandersage; singend ziehen sie auf getrennten Wegen, aber in derselben Richtung weiter. Im neuen Lande entdecken sie die *Lerinja*-Sprache, treffen starke Männer, die einen Speer über der Stirn biegen können. Endlich finden sie Wasser in Felsenlöchern und auch einen alten Medizinmann. Damit schließt der siebzig Strophen lange *Gamari*-Sang [120]. Im Gegensatz zu den Gesängen im O-Arnhem-Land finden sich in ihm kaum sexuelle Elemente; wo sie erscheinen, stehen sie mit illegalen Handlungen in Verbindung, denen bald die Strafe folgt.

Eine zweite Wandersage der Gruppen in der Westlichen Wüste ist die erwähnte *Lun-* bzw. *Lūn*(-Linie). *Lūn* bedeutet wiederum einfach „Mann", entsprechend einer Wurzel, die im weit entfernten Gippsland einen Verwandtschaftsgrad bezeichnet und auch dort auf das Geistwesen *Lun* ausgedehnt wird, das sein Volk aus einer von einem Frosch verursachten mythologischen Wasserflut errettete [121]. Der Gesang beschreibt einen Gewalt- und Prüfungsmarsch junger *maliki* = Initianten. *Lūn,* weit drunten im Südosten wohnhaft, hat sie an der *Waiuŋgari*-Wanderlinie, die von O-Kimberley nach dem Süden läuft, übernommen. Er führt sie durch wasserloses Grasland, das er ständig niederbrennt, so daß die Jungen zur Strafe für schlechtes Auswendiglernen der Gesänge fast acht Tage ohne Wasser und Nahrung sind. Er selbst saugt reichlich Feuchtigkeit aus seinem Bart. Manche Burschen werden schwach und fallen ohnmächtig zu Boden. Er hebt sie auf, trägt sie auf seinem Nacken und Rücken, auf seinen Armen und seiner Brust und legt sie in dem Schatten eines Baumes nieder. Er geht allein zum nächsten Wasserloch, wo er trinkt und ißt. Dann bindet er seinen Oberarm ab, um sein Armblut fließen zu lassen. Auch erweitert er seine Subincisionsnarbe, deren Blut er mit der Erde eines Termitenhügels mischt, um damit seinen Körper festlich zu bemalen. Ein Teil des Penisblutes fließt als klarer Wasserlauf zu den verdurstenden Novizen. Sie trinken, leben neu auf und fangen große Eidechsen, die sie verzehren. Diese *Guraŋara*-Tradition zählte vielleicht 140 Strophen [122].

Eine gründliche Einsicht in die esoterischen Gesänge der N-Aranda bietet das von T. G. H. Strehlow veröffentlichte *Ankotarinja*-Epos, das wir mit dem von uns aus dem Englischen übersetzten Text nebst drei Strophen in

120 *Petri* 1960 a.
121 *Curr* 1887, Bd. III, S. 548, 556.
122 *Petri* 1960 a.

Aranda dem Leser in Gesang- und Prosatext vorführen wollen. Nach Strehlow ist diese Mythe das persönliche Eigentum eines Mannes, der die „Inkarnation" des *Ankotarinja*-Geistes zu sein glaubt. Der von Termiten ausgehöhlte Leib des elternlosen Helden ruhte in tiefem Schlaf unter der Erdoberfläche. Als er aufwachte, sah er neben sich eine große *tnatantja*, die bis an das Himmelsgewölbe reichte. Sofort entschloß er sich, seine Nachbarn zu überfallen. Er zog gen Westen durch unterirdische Gänge, tötete schlafende Männer und Frauen der *Tjilpa*- oder Wildkatzenleute und verschlang sie. Gesättigt sank er in einen tiefen Schlaf. Ein zurückkehrender *Tjilpa*-Mann überraschte und enthauptete ihn. Aus dem rollenden Kopf traten die Verschlungenen hervor, begannen sofort zu tanzen und freudig die Schwirrhölzer zu schwingen. *Ankotarinja* hatte noch Leben in sich und sagte: „Mein Heim ist nicht weit entfernt, laß mich dorthin zur letzten Ruhe zurückkehren." Er vereinigte sich mit seinem Kopf und machte sich auf den Weg nach *Ankota*, wo er für immer in die Erde hinabstieg.

Der heilige Gesang lautet:

(Vers 1–5: der geschmückte *Ankotarinja* in seiner unterirdischen Wohnung)

1. Rot sind die Daunen, die mich bedecken,
   Rot bin auch ich, als ob im Feuer ich glühte.

2. Rot bin auch ich, als ob im Feuer ich glühte,
   Rot scheint der Ocker, den dem Körper ich aufrieb.

3. Rot bin auch ich, als ob im Feuer ich glühte,
   Rot ist die Höhle, in der ich jetzt liege.

4. Rot bin ich, wie das Herz des flammenden Feuers,
   Rot ist die Höhle, in der ich jetzt liege.

5. Rot die *tjurunga*, die auf dem Kopfe mir ruht,
   Rot ist die Höhle, in der ich jetzt liege.

(Vers 6–7: auf seinem Kopfe steht die himmelberührende *tjurunga*)

6. Wie ein Wirbelwind türmt es zum Himmel sich auf,
   Wie eine Säule von Rotsand türmt es zum Himmel sich auf.

7. Die *tnatantja* türmt zum Himmel sich auf,
   Wie eine Säule von Rotsand türmt es zum Himmel sich auf.

(Vers 8–9: Beschreibung der Umgebung von *Ankota*)

8. Eine Menge roter Kiesel bedeckt die Ebene,
   Kleine, weiße Sandrillen bedecken die Ebene.

9. Reihen von roten Kieseln streifen die Ebene,
   Reihen von weißen Sandrillen streifen die Ebene.

(Vers 10–13: dem Geruch folgend, schreitet *A.* zur Höhle)

10. Ein unterirdischer Gang liegt offen vor mir,
    Zum Westen führend, liegt er offen vor mir.

11. Ein Höhlenweg liegt offen vor mir,
    Zum Westen führend, liegt er offen vor mir.
12. Er saugt in den Mund den Bart mit Wut,
    Wie ein Hund spürt er die Fährte.
13. Schnell eilt er dahin dem eifrigen Hunde gleich,
    Wie ein Hund spürt er die Fährte.

(Vers 14: er verschlingt die *Tjilpa*-Leute in *Parr 'Erulja*)

14. Rasend und schäumend vor Wut —
    Wie ein Wirbelwind zusammen er reißt sie.

(Vers 15–17: niedergestreckt, sieht er seine Heimat, durch den Höhlenweg kehrt er dorthin zurück)

15. Nicht weit von mir liegt drüben *Ankota*,
    Die Untergrundhöhle öffnet sich weit vor mir.
16. Ein gerader Weg öffnet sich weit vor mir,
    Eine Untergrundhöhle öffnet sich weit vor mir.
17. Ein Höhlenweg öffnet sich weit vor mir,
    Eine Untergrundhöhle öffnet sich weit vor mir.
18. Rot bin ich wie das Herz des flammenden Feuers,
    Rot ist die Höhle, in der ich nun ruhe.

Wir beobachten hier einen an den Parallelismus der Psalmen erinnernden Strophenbau, in dem sich sinnreimige Verse ähnlichen Inhalts in oft wechselndem Versmaß gegenüberstehen. Der Gesangtext besteht aus auseinandergerissenen Teilen des Spruchtextes, die nach traditionellen Versmustern umgeordnet und neu zusammengefügt werden. Dabei weicht die Prosabetonung der Versbetonung; die vokalischen Quantitäten und Qualitäten der Alltagssprache werden dem Versrhythmus entsprechend geändert: *r* wird in *l*, *ka* in *kw* + Vokal verwandelt, wie aus den nebeneinandergestellten Gesanges- und Spruchtexten von drei Versen des *Ankotarinja*-Gesanges ersichtlich wird:

Gesangtext		Spruchtext	
Vers 1			
'No:mabau'e:	're:rlano'pa:i	'Bauerela	'nopa'nama
'No:maja'tin:	'tje:lano'pa:i	'Ja:tint'jala	'nopa'nama
Vers 9			
Wa'tu:wa te:	'la: lum'ba:tnu	'To:ato'lala	'mba:tnuat'nua
	wa:t'nu		
Wa'li:le:rtje:	'la: lum'ba:tnu	'Liertje'lala	'mba:tnuat'nua
	wa:t'nu		

Vers 18

'No:maark'we:	*'rka:rlano'pa:i*	*Urkurkala*	*nopanama*
'No:matnjen'ja:	*'tje: lano'pa:i*	*Tnjanja albala*	*nopanama* [123]

Manche Gesänge sind aus sich wiederholenden geographischen Namen zusammengestellt. Dem uneingeweihten Zuhörer sind sie bloße Namenhäufungen; hinter ihnen verbergen sich jedoch lokalisierte mythische Ereignisse. Zuweilen besteht der ganze Gesang aus einem einzigen Satz, der das Skelett einer längeren Mythe ist. Für jeden dieser Fälle bringen wir eine Mythe, die Mountford 1948 auf Groote Eylandt gefunden hat [124].

Nabira — mira   Dumuan — dipa   Namuka — madja   Ai — aitjura.

Der Sinn ist folgender: zur Schöpfungszeit warfen die *Nabira-mira*-Männer, Vater und Sohn, erfolglos ihre Speere nach Fischen. Unwillig verwandelten sie die Speere in Felsenriffe, die *Dumuan-dipa,* und sich selbst in Klippen namens *Namuka-madja,* die in der Nähe der kleinen Insel *Ai-aitjura* liegen.

Kaia-muru nili — kuna ilapina   Numbarilja.
Junduruna er-wandert, ruhte bei *Numbarilja.*

Diese wenigen Worte der *Iŋura* [125] erzählen folgende Geschichte: der vorzeitliche Heros *Junduruna,* dessen esoterischer Name *Kaiamuru* war, zog mit seiner Familie der Westküste des Carpentaria-Golfes entlang und hinterließ Wasserlöcher, Zeremonienplätze, Felsbilder, Steinsetzungen und die Beschneidungsfeier. Nach einem Besuche des Lagers von *Numbarilja* auf der Bickerton-Insel zog sich die kleine Gruppe in das Innere von Groote Eylandt zurück und verwandelte sich dort nach Erschaffung des *Junduruna*-Berges in Felsblöcke. Geist und Berg werden eins, wie es so oft in der australischen Mythologie geschieht.

Mit freundlicher Erlaubnis T. G. H. Strehlows bringen wir einen von den Aranda an den Regengeist *Kantjia* gerichteten Gesang, den Strehlow in der Arandasprache aufgenommen und ins Englische übersetzt hat. Die deutsche Übersetzung stammt von uns. Dieses Gedicht ist religionswissenschaftlich von besonderer Wichtigkeit, da es in Strophe 8—11 ein Bittgebet aufweist, das bei den Australiern selten auftaucht.

1. Zwischen gekräuselten Wassern sitzt er ohne Bewegung. —
   Es ist *Kantjia,* der da sitzt so ohne Bewegung.
2. Unbeweglich wie ein Stein, so sitzt er;
   Sein Haar benetzt vom Regen, so sitzt er.
3. Auf zerritzten Felsplatten sitzt er,
   Auf Felsplatten mit hervorquellendem Wasser sitzt er.

123 *Strehlow* 1933, S. 187—200. Vgl. *Worms* 1957 D, S. 227—229.
124 *Mountford* 1956, S. 62, 63.
125 *Tindale* 1940, S. 217.

4. Vom Regen besprengt sitzt er da ohne Bewegung,
Zwischen gekräuseltem Wasser sitzt er da ohne Bewegung.

5. Vom Regen besprengt, eine rote Glut überdeckt ihn,
Zwischen gekräuseltem Wasser eine rote Glut überdeckt ihn.

6. Der Himmel ist bedeckt vom Wassermoos,
Der Himmel teilt den Regen aus.

7. Über die Felsplatten schon rauscht die Flut, –
Über die Felsplatten, grün vom Moos.

8. „Du Moosbedeckter,
Send' aus Deine Wasser!"

9. „Du Moosbedeckter, komm,
Gieß aus Deine Wasser!"

10. „Kommt, schäumende Häupter,
Kommt, breitet aus Euere Wasser!"

11. „Kommt, treibendes Reisig,
Kommt, breitet aus Euere Wasser!"

12. Im sonnengedunkelten Flußbett hallt die Stimme des Donners, die
Stimme des Donners,
Aus sich türmenden Wolken dröhnt die Stimme des Donners, die Stimme
des Donners.

13. Erste Schauer des Sturmes, –
Erste Schauer des Sturmes fallen in Tropfen herab.

14. Die ersten Schauer des Sturmes, –
Die ersten Schauer des Sturmes in Bächen sie gießen herab, in Bächen sie
gießen herab.

15. Die Flamme des Blitzes
Schüttelt die Bäume in Fetzen.

16. Die Flamme des Blitzes
Lähmt und erschreckt.

17. Überfließen die Ufer in seitliche Arme,
rollt die Flut hinab ihre Wogen.

Der Geist *Kantjia* (S. 193), der immer von Regenfäden umgeben ist, hält in der Trockenzeit Wolkenbrüche durch sein fest verschnürtes Haarband zurück. Reißt er aber in der Regenzeit eine Masche aus demselben heraus, dann leuchten die Blitze über das ausgetrocknete Land[126]. In diesem Gesang finden wir eine poetisch-religiöse Schilderung eines Gewitters, das durch die Bitten der Aranda aufgestiegen ist und dem dürstenden Wüstenland den langersehnten Regen bringt. Es ist das Gedicht einfacher Nomaden Zentralaustraliens, dessen „Stimme des Donners" man mit der φωνὴ Κυρίου des

---

126 *Strehlow* 1950, S. 20–21. Mit „Moos" sind langsträhnige Süßwasseralgen gemeint.

28. Psalms und mit den schroffen 125 Takten des 4. Satzes der Sechsten Symphonie Beethovens vergleichen möchte. Wie der Gesang der Hirten des Wiener Waldes im 5. Satz, so erheben sich nach dem Gewittersturm in traditionellen Kadenzen die Stimmen der Aranda in Glück und Dankbarkeit. Zum Verständnis der Wendung „sonnengedunkeltes Flußbett" im 12. Vers, der nach Strehlow wörtlich lautet: „Über dem mitternächtlichen Sand des Flusses erschallt die Stimme des Donners", erklärte uns der Forscher in einer brieflichen Mitteilung: der sonst blendend weiße Sand der Flußläufe verdunkelt sich durch herbeigewehten roten Wüstenstaub und schwarze Grasasche, ebenso durch vertrocknete und verfallene Baumblätter. In dichterischer Übertreibung gebraucht der Sänger der Aranda für „gedunkelt" das Wort „mitternächtlich".

3. Heilige Steine

a. Stein*tjurunga*

Außer den vielgestaltigen heiligen Holzgeräten werden von den Eingeborenen bearbeitete und unbearbeitete Einzelsteine oder Gruppen von Steinen als Steinsetzungen in den religiösen Dienst einbezogen. Beide Arten gelten ihnen als kultisch gleichwertig und der Verehrung würdig, denn beide sind übernatürlichen Ursprungs, Sitz eines Geistes und Aufspeicherungsgefäße überirdischer Kräfte.

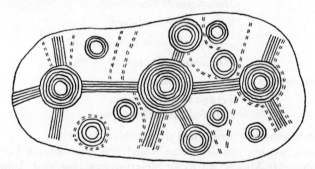

6. Steintjurunga des Heuschreckentotems, Ngalia-Stamm, Zentral-Australien. Die konzentrischen Kreise stellen Campplätze und Wasserlöcher dar, die in der zu dieser Steintjurunga gehörenden Mythe eine Rolle spielen

An erster Stelle sind die Steintjurunga der zentralen und westlichen Wüstengegend zu nennen. Die Mehrzahl von ihnen ist mit auf die Person bezogenen, aber traditionell festgelegten geometrischen und esoterischen Eingravierungen markiert, die der Zentralaustralier den leichter durchschaubaren realistischen Darstellungen des Nordens im Interesse einer sicheren

Verhüllung seines totemistischen Tjurungageheimnisses vorzieht. Andere sind mit parallellaufenden geraden oder mäandrischen Linien bemalt, auf die Kapokfasern geklebt wurden. Andererseits weiß der Australier die Wirksamkeit der Tjurunga unabhängig von jeder Ornamentierung und macht mit vollem Vertrauen von solchen Gebrauch, deren Flächen vollständig leer gelassen sind. Im Jahre 1960 überreichte uns ein alter Aranda-Mann, etwa 100 km südöstlich von Alice Springs, eine sorgfältig verpackte, 135 mm lange und 60 mm breite *tjurunga* aus grünlich-gelbem Speckstein, der jede Eingravierung fehlte. Schon seine Vorväter hatten sie oft mit einem härteren Stein geschabt und den Staub zum Fettmachen der Euro, einer Känguruhart, ausgestreut; deshalb hieß sie *Djuran andéra* oder Eurofett-Tjurunga. Beim Abschaben wurden einige uns unverständliche Verse gesungen, die in ein langgezogenes *badidja-baum* ausklangen. Wir begegneten einem ähnlich ausgedehnten Schlußlaut am Ende der Gesänge der Gunavidji am Liverpool-Fluß (N-Arnhem-Land) als Nachahmung von Geisterstimmen; er entsprach dem dumpfen *ululu* der Frauen beim Morgenruf des Leiters der *gunabibi*-Feier, dem erregten *hā-urr-ō*-Schrei der Murinbata (NW-Arnhem-Land) angesichts der verkohlten menschlichen Knochenreste und dem im höchsten Falsetto durch die Zähne gestoßene *trrrí* der Tänzer im Dampier-Land.

Auf unsere Bitte nahm T. G. H. Strehlow denselben Gesang des alten *Awankara* im Jahre 1962 erneut auf und stellte ihn uns mit englischer Übersetzung freundlichst in folgender Fassung zur Verfügung:

Matarā́ŋatarkŏ́umbilarŏ́u

ŋatarā́ŋatarkŏ́umbilarŏ́u

ŋaljā́mbouljā́u / mbatĭtjabā́u

Maljā́mbouljā́u / mbatĭtjab ā́u

Die Übersetzung des aufgeteilten Prosatextes

'I éraŋa térkambílaráŋa
Ljámbaljámba títjabúma

lautet: Vom moosgelben Stein tropft stets reichlich das Fett.

Sehr häufig werden von den Aranda und den benachbarten Loritja oder Gogadja abstrakte Muster auf ovale Steintjurunga eingeritzt, konzentrische Kreise oder Spiralen, Linienbänder, Hufeisenformen, Fußspuren verschiedener Lebewesen, die ähnlich wie die farbigen Schraffierungen auf den Geräten im Arnhem-Land unterschiedlich gedeutet werden. So können die konzentrischen Kreise und Spiralen Lagerplätze von Geistern, von mythischen Ahnen und Tieren vorstellen, ebenso Körperbemalungen, menschliche Brüste oder Nieren, Tierhöhlen, Sonne, Phasen des Mondes oder auch Feuerstellen. In Hufeisenformen mag man Windschirme, liegende Personen und Tiere oder deren Körperteile sehen. Die Bänder zeigen Pfade oder Tanzplätze,

Wanderwege der Heroengeister, Gedärme erjagter Tiere, Schleifspuren, Dünen oder Bergketten. Wie schon früher erwähnt, sind nur der Hersteller und sein Freundeskreis mit der Auslegung der Zeichnungen vertraut, denn er schenkte ihm mit der *tjurunga* zugleich auch deren Mythe. Bei den Loritja oder Gogadja entdeckten wir vor kurzem jene 4 bis 5 cm großen mit einer einzigen dichten Spirale eingravierten Tellersteintjurunga, die C. Strehlow vor über 50 Jahren bei den Aranda mit dem Namen *aragutja-ilba*, d. h. Frauen-Uterus, fand, ferner 5 bis 6 cm lange raupenartige Steintjurunga oder *bunara* mit frei getrennten Kleinspiralen; endlich die selteneren sanduhrähnlichen, wulstigen, natürlichen Steinkonkretionen von 8 cm Länge, deren etwas verdickte Enden je einen mit einer Zwischenlinie verbundenen konzentrischen Kreis trugen. Nach einer uns an Ort und Stelle gegebenen Erklärung sind sie die Heilsteine der Medizinmänner oder *maban,* die letztere aus dem Körper eines Kranken „herausholen", mit neuer Kraft füllen und durch eine drastische Massage in den Leib zurückbefördern. C. Strehlow griff ein ähnliches Stück bei den Aranda auf; in diesem Falle stellte es die Niere eines Totengeistes (eines Verstorbenen?) oder *imora topparka* dar [127].

Wandergeister brachten den Garadjari außer den Holztjurunga und dem weißen Beschneidungsmesser *djimari* den kraftgeladenen schwarzen *yagobandja* oder *djagubandja,* wörtl.: „des Mannes Testikel", einen durch langen Gebrauch polierten linsenförmigen Stein von 4 cm Durchmesser. Der alte Yaoro-Mann *Djabudjabu Ŋuriŋurin* holte ihn für uns aus dem vermoderten Holz eines hohlen Baumes hervor mit der Bemerkung: „Dieser *djagubandja,* den du hier siehst, ist wirklich kraftvoll. Wir haben diesen Stein in das Herz eines Mannes gelegt. Später werden wir zurückkehren und den *djagubandja* aus dem Leib des Mannes herausnehmen. Dann wird er gesund sein. Du darfst diesen Stein nicht lächerlich machen. Er ist von Süden her zu uns gekommen. Du darfst nicht mit anderen von ihm reden." Danach stammte dieser Stein aus der Großen Sandwüste, der Heimat der Loritja oder Gogadja.

An diese Stelle gehört auch die sechseckige Rautentjurunga aus Schieferstein von Ooldea. Sie wurde durch die Arbeit des 1960 verstorbenen L. Adam weit bekannt. Herkunftsort ist der Südrand der Viktoria-Wüste in Südaustralien [128]. Nur 70 mm lang und 50 mm breit, zeigt sie auf der Vorderseite die Eingravierung einer Tänzerfigur, deren Gesicht von einem zehneckigen Fadenrad umgeben ist und die in ihren Händen zwei zierliche Fadenkreuze trägt. Auf der Rückseite ist ein rautenförmig stilisiertes, weibliches Organ mit angedeuteter Clitoris erkennbar [129]. Die Finderin, Frau Daisy Bates, gab

---

127 *C. Strehlow* 1907, Bd. I, Tafel IV, Fig. 2; Tafel III, Fig. 4.
128 *Adam* 1958, S. 15–18, Tafel I.
129 Dieses Stück befindet sich im Australian Museum, Sydney, unter der Nummer E 269 554.

zu diesem Stück (zitiert nach L. Adam, S. 16—17) eine nicht in jeder Hinsicht befriedigende Erklärung: „Sie ist eine starke Waffe übler Magie; reibt man sie über den Leib eines Menschen von unten nach oben in der Magengegend, dann wird er eines qualvollen Todes sterben. Wird die Plakette aber von einem Freund quer über den Leib gerieben, so heilt sie den Kranken". Es handelt sich hier nicht um ein „magisches" Instrument, sondern um ein Fruchtbarkeitsemblem von religiöser Bedeutung, dessen Kräfte durch den Tänzer, der den Iguana-Geist (vielleicht *Djanba*) personifiziert[130], freigemacht und auf eine Frau gerichtet werden, die das allgemeine Vulvazeichen symbolisiert. C. Strehlow erhielt uns eine Mythe von den Eidechsenmännern, die nach der *wongapa*, einem Loritja-Synonym des Aranda-Wortes *tjunba* = *djanba* für die Iguanaechse, *Wongapa*-Männer geheißen werden[131]. Wir möchten in der südaustralischen Rautenplakette eine ältere Parallele zu den sexual betonten kassitisch-assyrischen Siegelrauten vermuten[132]. Die Rautenstein-Tjurunga von Ooldea eröffnet zum mindesten zwei weitere Ausblicke: erstens auf die entgegengesetzten Wirkungen des falschen und des richtigen Gebrauches eines heiligen Instrumentes, zweitens auf die vielseitige Anwendung von kultischen Massagen. Letztere werden nicht nur mit Stein- und Holztjurunga, sondern auch mit geglätteten Reibsteinen und mit eingefetteten und geockerten Händen ausgeführt. Ihre Objekte sind menschliche Körper, Knochen von Menschen und Tieren, Höhlenbilder, Fels- und Tjurungagravierungen.

b. Reibesteine

Hochgeschätzte und oft verwendete Instrumente sind die etwa 25 cm langen und 12 cm dicken eierförmigen Reibestein-Tjurunga. Wir fanden sie wiederholt in den einsamen Bildhöhlen von N-Kimberley und W-Arnhem. Auf einem großen Quaderstein, dessen Frontalseite mit dem Doppelbild der mythischen Gewitterbrüder bemalt war (S. 213 f.), lagen neben etwa 70 becherartigen Vertiefungen vier solcher Steine. Sie zeugen von einer alten Reibeliturgie und dienten im Prinzip dem gleichen Zwecke, der mit dem Einfetten der Holztjurunga und dem Neubemalen der Höhlenbilder verbunden ist, nämlich Regen und frisches Leben herbeizurufen. Durch häufiges Quirlen haben die Steine Vertiefungen in den harten Felsen gebohrt und sind dabei selbst glatt und glänzend geworden. Die Reibesteine werden von den Ungarinyin (N-Kimberley) als die versteinerten Eier der bunten Regenbogenschlange *Uŋud* angesehen, deren Bildnis über den Steinen steht und deren Leib mit langen Doppelreihen von Eiern, dem Bilde ewiger Schwanger-

130 *Elkin* 1956, S. 144.
131 *C. Strehlow* 1908, Bd. II, S. 37, 65.
132 *Jaritz* 1960, S. 55—56.

schaft, gefüllt ist. Das Motiv der fruchtbaren Regenschlange kann man unter verschiedenen Namen durch den ganzen Norden des Kontinentes bis zu den Gestaden des Carpentaria-Golfes verfolgen.

c. Zylindrisch-konische Steine

Ausgesprochen archaischen Charakters sind die zylindrisch-konischen Steine im Gebiete des Darling-Flusses im mittleren Neu-Süd-Wales, vornehmlich dort, wo Bodenerosionen die Erdoberfläche angerissen haben. Sie sind lange vor der Ankunft der Europäer in Gebrauch gewesen; erklärende Mythen sind unserer Zeit nicht überliefert. Die 10 bis 85 cm langen geglätteten Schiefer- oder Sandsteine könnte man mit Elefantenzähnen vergleichen. Sie zeigen leicht eingeritzte Kreise, Fischgrätenmuster, parallele Linienbündel und Vogelfußspuren. Das untere Ende hat oft eine konkave Vertiefung, in deren Nähe Narben von Absplitterungen zu entdecken sind, die vermutlich das Material für Vermehrungsfeiern geliefert haben, wie wir es bei den Muschel- und Steintjurunga sahen. Der Lauf des Darling-Flusses war, wie schon W. Schmidt feststellte[133], für Jahrtausende die wichtige Völkerstraße, die den prähistorischen Wanderstrom von Kap York, der Papua nächstgelegenen Nordspitze Australiens, entlang der Westseite der Australischen Alpen zur Mündung des großen Murray-Stromes gelenkt hat. Diese denkbare ethnische Bewegung läßt auch die Vermutung zu, daß solche zylindrisch-konischen Steine in Beziehung stehen zu zwei Kulturgütern eventuell südostasiatischen Ursprunges: den Holzhörnern der plastischen Grabpfosten auf der Bathurst- und der Melville-Insel und den Zacken der Knochenbaumsärge im Arnhem-Land. Verstärkt wird diese Annahme dadurch, daß jene Steine sowohl auf der Melville-Insel selbst als auch auf dem nördlichen Festland und in Queensland gefunden wurden[134].

d. Kristalle

Von allen Gesteinsarten besitzen die Quarzkristalle das höchste Ansehen. In dem wenigen Gepäck, das der Eingeborene mit sich trägt, werden sie mit größter Ehrfurcht behütet. Für ihn sind es keine Produkte der Natur, da sie, seinen Vorstellungen nach, unmittelbar aus den anthropo- und zoomorphen Leibern der Geisterwesen stammen; für ihn sind sie Träger übernatürlicher Kräfte, und durch sie steht er mit der Überwelt in Verbindung. Wir konnten eine überraschend große Anzahl unbearbeiteter Quarzkristalle oder *wayamad*

133 *Schmidt* 1919, S. 44 ff.
134 *McCarthy* 1946, S. 66–68.

aus den Muschelhaufen der äußersten Südwest- und Südostecke des Erdteils sammeln. Nicht jeder dieser Steine muß religiösen Zwecken gedient haben; sie können z. T. auch als scharfe Steinwerkzeuge, als sägeartige Besetzung von Speeren *(gimbo)* oder als Schmuckgehänge gedient haben. Doch sind der Mythen über ihren Geistursprung so viele, daß man den Schluß ziehen darf, wenigstens einige der Steine seien mit dem Gedanken an ihre übernatürliche Herkunft gehandhabt worden. In den westlichen Wüstenbezirken trägt fast jeder ältere Eingeborene einen kleinen Beutel mit Quarzkristallen oder Obsidiansplittern um den Hals, so wie im Norden Knochenstücke von Verstorbenen als Selbstschutz und als Regen- oder Heilmittel getragen werden. Im Nordwesten sollen diese Steine von der gefederten *Uŋud*-Schlange unter heftigen Schlingbewegungen ausgeschieden und aus den Tiefen ihrer Wasserwohnung ans Land geworfen worden sein. Bevorzugten Sehern gab die Schlange mit Hilfe dieser durchsichtigen Steine ein neues Gehirn und somit prophetische, hellseherische und telepathische Fähigkeiten[135]. Die Njol Njol sagen von einer so ausgezeichneten Person: *Wamba mirur-djun i-djeden,* d. h. „Mann Geist mit er geht", mit andern Worten: „Dieser Mann geht wie ein Geistbegabter einher"[136]. Ältere Männer glauben, solche Eigenschaften dadurch an sich ziehen zu können, daß sie zwei mit einem Haarseil verbundene Kristalle oder Perlmutterstücke *(bindje bindje)* in die Haare des Schläfenbeines stecken und mit dem Seil fest um den Kopf binden. Nördliche Wüstenstämme ersetzen die Steine zuweilen durch angeschärfte fingerlange Knochen, die als „Todesspitzen", *djurun* oder *mangaer (mangir)* genannt, bei gefürchteten Beschwörungen gebraucht werden. Um die Wirkung der kleinen Fruchtbarkeits*tjurunga* oder *mandagidgid,* „Mann(Geist)-Holz", zu erhöhen, werden Kristalle darangebunden. Eine Mythe der Süd-Queensländer erzählt im Anklang an die Kimberley-Auffassung, daß die Regenbogenschlange in den tiefen Wasserlöchern, die an den Erdberührungspunkten des Regenbogens liegen, Kristalle erbricht, die nur von ihr ausgewählte Taucher heraufholen können. Die Kristalle werden gelegentlich von den Eingeborenen zermahlen. Ihr Staub wird in die Luft geworfen, um Regentropfen zu versinnbilden und zu erzeugen, wie es die Aranda und Gogadja mit dem abgefeilten Staub der Stein- und Muscheltjurunga tun. Aus dem gleichen Grunde wickeln die Bewohner von Kimberley Quarzstücke in Rinde und legen dieses Päckchen in ausgetrocknete Wasserplätze. In SO-Australien erscheinen Kristalle wiederholt in unmittelbarer Nähe der höheren Wesen wie des Geistes *Baiami* und *Djaramaljan.* Mitglieder der Medizin-

---

135 *Petri* 1954, S. 231–232.
136 Auch der Gürtel des Orion wird im Dampierland *Mirur* oder *Min-mēd,* d. i. „Geister", genannt. In derselben Konstellation sehen heute die christlichen Eingeborenen die „Drei Weisen aus dem Morgenlande" unter Beibehaltung des alten Gebrauches der Identifizierung der Geister mit Himmelskörpern, den wir auch auf Tasmanien beobachten können.

mann-Gilde, die an einer Kordel zum Himmel kletterten, konnten *Baiami* neben Kristallen, umgeben von seiner Familie und seinen mythischen Tieren, sitzen sehen. Teile der Kristalle, die sich in flüssigem Zustand befinden, pflegte er schlafenden Medizinmännern einzuspritzen [137]. Eine seiner Geistfrauen trug einen kristallbesetzten Schulterumhang, den sie anlegte, wenn sie während eines Gewittersturmes auf die Erde hinabstieg. Die Eingeborenen von Neu-Süd-Wales trugen gerne Quarzkristalle oder *guru-galaŋ* in kleinen, aus Haaren von Verstorbenen verfertigten Säckchen mit sich. Der geistige Charakter dieser Steinchen wird auch aus dem Zusammenhang ihres Namens mit dem der Initiationsplätze: *guringal* („Kuringal") ersichtlich. Die weitverbreitete Wertschätzung der Kristalle ist vermutlich sehr alt.

Von fast allen uns bekannt gewordenen ethnischen Einheiten Australiens haben wir Belege, daß Quarzkristalle zu den erstrangigen Machtsymbolen und Kraftträgern der Medizinmänner oder Schamanen wurden. Bei den Garadjari und Njaŋomaḍa in der mittleren nördlichen Region der Westlichen Wüste erfreuen sich des höchsten Ansehens im allgemeinen die sogenannten *maban wangu-djadiŋ* = „Medizinmänner mit Stein". Es handelt sich hier um Vertreter dieser Berufung, die von den jenseitigen Mächten mit besonders wirksamen Quarzkristallen ausgestattet wurden und durch sie die Befähigung haben, in Traum oder Trance ihre Seele auf Wanderschaft zu schicken, um im Reich der Geister, jenseits der Sterne, im Inneren der Erde, aber auch in fernen, unbekannten Ländern Offenbarungen zu erhalten oder Erfahrungen zu sammeln, die für die gegenwärtige oder zukünftige Lebensgestaltung ihrer Gruppe von entscheidender Bedeutung sein können. Ihre Quarzkristalle, sichtbar als Paraphernalia und unsichtbar im Inneren ihrer Körper, befähigen sie außerdem dazu, durch Menschen und alle Materie hindurchzusehen, rückwärts in die Vergangenheit und vorwärts in die Zukunft zu schauen, das Wetter zu kontrollieren, die Vermehrung tierischer und pflanzlicher Spezies zu fördern, durch magische Handlungen bedrohlichen Situationen entgegenzuwirken, Gesetzesbrecher zu bestrafen und schließlich körperlich und seelisch Kranke zu heilen. Sie verbinden also ihre Kompetenzen als Mittler zwischen den Dimensionen des Sichtbaren und Unsichtbaren mit den Aufgaben eines Propheten, Sehers, praktischen Physiologen, Wettermachers, Wahrers der Rechtsnormen und Heilkundigen (s. S. 202 f.) (*Petri* 1952/53, Teil I [1952], S. 249 ff.; *Petri* 1962, S. 173; *Berndt–Berndt* 1964, S. 271).

e. Phallus- und Vulvasteine

Außerordentlich selten sind in Australien Stein-Lingi, zahlreicher jedoch, aber auch vergänglicher, solche aus leichterem Material. Während erstere mit Namen gewisser Altersklassen bezeichnet werden, werden letztere in Kimberley *wirimaŋguru* (eine Baumart) oder wegen ihrer Keulenform *gadaba* oder *gadawuru* genannt. Wir wollen zuerst die leichteren Phalli behandeln, da schon bei ihnen eine sakrale Beziehung zu Geistwesen klar hervortritt.

Es sind entweder geschnitzte Holzknüppel von 70 cm Länge und 4 cm Dicke oder verschnürte Bündel von hartem Speergras (Andropogon affinis),

---

137 *Howitt* 1904, S. 358, 502; *McCarthy* 1957, S. 136, 145.

die bei Wachstums- und Fruchtbarkeitstänzen von den Männern umgebunden werden. Bei einer Regenfeier der Yaoro an der NW-Küste wird ein Grasphallus von 250 mm Länge als ein Teil des ithyphallischen Geistes *Djanba* betrachtet und unmittelbar vor seine Bastfigur gelegt [138]. Bei Kap-Arnhem-Land wird ein Holzphallus des Ahnengeistes *Borolo-Borolo,* der unter dem Namen *Burala* in N-Queensland als der gute Schöpfer bekannt ist, auf der Mitte einer Salzebene aufgestellt. Letzterer hat dieselbe Form wie jener der Yaoro, nur daß er in typisch östlicher Art in der Mitte das Bild einer Pflanze der Dioscorea-Familie zeigt. Bevor Honigsammler auf Suche ausgehen, schlagen sie das Emblem mit Blätterbüscheln und singen dabei: „Mache meine Augen scharf, daß ich den Flug der Bienen beobachten kann." Eine gleiche Holzphalluszeremonie konnte O'Connel bei den Muk-Muŋkan an der Westküste von Kap York verfolgen [139].

Steinphalli sind in Australien außerordentlich selten. Im ganzen sind heute vielleicht 14 Stücke bekannt geworden [140]. Zu diesen zählen vier Steinphalli, die uns im Jahre 1933 von den Njol Njol des Dampier-Landes überreicht wurden. Es sind nur leicht überarbeitete Eisensteinkonkretionen, die, nach angewachsenen Müschelchen zu schließen, im Geröll des Meeresstrandes gefunden worden waren. Jedes dieser Lingi entspricht einer gewissen Altersklasse, die vor und nach der Beschneidung [*gubidj* (Länge 78 mm, Durchmesser 26 mm), *balel* (Länge 119 mm, Durchmesser 39 mm) und *buŋan* (Länge 68 mm, Durchmesser 38 mm)] sowie nach der Subincision [*mambuŋana* (Länge 109 mm, Durchmesser 58 mm)] liegt, und wird dementsprechend benannt (S. 271). Sie wurden beim Herannahen der Regenzeit für Vermehrungsfeiern aus dem Versteck geholt und bei Initiationsvorbereitungen von den bei dieser Weihe aktiven Männern herumgereicht [140a]. Schon um 1899 erhielt Mjöberg von den östlichen Nachbarn der Njol Njol, den Njigina des Unterlaufes des Fitzroy-Flusses (Kimberley), vier ähnliche Stücke. Einen deutlichen Hinweis auf die übernatürlichen Zusammenhänge dieser Phalli gibt ein im Gebiet der Aranda im Jahre 1937 gefundener Steinphallus. Er heißt *Kwatja Parra,* wörtl. „Regen-Stein", und gehört zum Körper des Regenwesens *Nkanjia* oder *Kantjia,* des Moosbedeckten, von dem wir in dem oben berichteten Gebetsgesang hörten (S. 193 f.).

Die *Kwatja-Parra*-Regensteine der Aranda als totale oder partielle Verkörperung des Regenwesens *Nkanjia* oder *Kantjia* finden ihre Entsprechungen unter den Verbänden der Westlichen Wüste als *baidbara* oder *badbara.* Es sind das bis zu 30 cm lange geschliffene und phallusförmige Steine, die sich angeblich in jedem *djila* =

138 *Worms* 1942, Abb. 224, 234.
139 *Mountford* 1956, S. 341–343; Abb. Taf. 110 C. Vgl. *Curr* 1886, Bd. II, S. 479; *O'Connel* 1957, S. 41.
140 *Mountford* 1939, S. 156–160; *McCarthy* 1946, S. 71–74; *Davidson–McCarthy* 1957, S. 451–452.
140a Sie befinden sich heute im Museum und Institut für Ethnographie in Genf.

Wasserloch befinden, das die Funktion eines *djaramara* = Regen- oder Wetterzentrums erfüllt. Als Träger urzeitlicher Potenzen können sie durch rituelle Maßnahmen beeinflußt werden, um Regen, Gewitter oder Wirbelstürme hervorzurufen. Sie gelten — jedoch das nicht ganz eindeutig — als die Hinterlassenschaften der *Djaramara*, der frühesten Urzeitwesen, die im Dunkel der Urnacht die noch flache und unprofilierte Welt des Anfanges durchwanderten, um eben jene Wasserstellen zu schaffen, die für die nachfolgende Menschheit zu Mittelpunkten des Regenmachens und damit der Fruchtbarkeit im Naturprozeß wurden. Dieses Regenmachen, gleichgültig ob wir einen solchen rituellen Vorgang als magische oder religiöse Handlung auffassen, ist unter den Gruppen der nördlichen Westlichen Wüste stets ein Geschehen, an dem das ganze Kollektiv beteiligt ist. Männer, Frauen und Kinder aller Altersklassen versammeln sich an einem *djaramara-djila*, um nach einem traditionell festliegenden Schema Einfluß auf das Wetter zu nehmen, sei es, den Regen herbeizurufen, sei es, letzteren zu beendigen, wenn er sich zu einer Katastrophe auswirken sollte. Diese *djaramara*-Tradition ist auch noch aus einem anderen Grunde bemerkenswert: bisher wurde uns aus Australien nur bekannt, daß für die Einflußnahme auf das Wetter ausschließlich individuelle Regenmacher, Medizinmänner oder Schamanen verantwortlich waren. Soweit wir heute übersehen können, scheint die Westliche Wüste die einzige Region zu sein, wo das sogenannte „Regenmachen" zu einem Anliegen der Gruppe in ihrer Gesamtheit wurde. Mythisch-historisch wird das gerechtfertigt, indem man sagt, daß es in den frühen Perioden der Urzeit noch kein Gesetz gegeben habe, das das esoterische Leben der Männer und Frauen streng voneinander scheidet (*Petri* 1965 a, S. 473; *Petri* 1966, S. 337).

Bisher ganz unbekannt waren die uns ebenfalls von den Njol Njol anvertrauten zwei Vulvasteine oder *Minu-n*, buchstäblich „Frau", becherartige Gebilde aus gespalteten Eisensteindrusen von 48 bzw. 78 mm Höhe und einem inneren Durchmesser von 52 bzw. 36 mm. Über ihre Verwendung konnten wir nichts in Erfahrung bringen; vermutlich haben auch sie mit Fruchtbarkeitsfeiern zu tun. Ein abstrakterer Vulvastein ist der von C. Strehlow abgebildete *Aragutja ilba*, der in Stein verwandelte Uterus einer Frau, wörtl. „Frauen-Ohr", eine 44 mm große, steinerne Tellertjurunga, auf deren Oberfläche eine einzige, siebenfache Spirale eingeritzt ist [141]. Am Strande des Indischen Ozeans, in der Nähe der kleinen Perlfischerstadt Broome (Kimberley), zeigten uns die Yaoro, die westlich von den Njol Njol sitzen, tiefbewegt eine 6 m hohe Sandsteinklippe, die auf der dem Meere zugekehrten Seite eine lange und tiefe Rinne aufwies. Auf der Schöpfungswanderung hatten zwei Geistmänner, *Gumbarin* und *Gagamaran,* bei der Einführung der Subincision einen jungen Mann so radikal behandelt, daß er an deren Folgen starb. Der Felsen wird heute *Boga Djama-nuɲur* (wörtl. „schlechter Jungmann") genannt, da er wegen irgendeiner rituellen Verfehlung unfähig war, durch diesen Eingriff Träger besonderer Geistkraft zu werden, und deshalb als kultisch-schlechter Mensch sterben mußte. Für seine Stammesgenossen war es ein mythologisches Verhängnis.

141 *Worms* 1942, S. 232–233; *McCarthy* 1946, S. 73; *Mjöberg* 1923, S. 86–88; *Balfour* 1951, S. 246–249 *(Kwatja Parra); C. Strehlow* 1907, Bd. I, Tafel IV, Fig. 2 *(Aragutja).*

f. Steinsetzungen

Während wir eben vor allem von einzelnen tragbaren liturgischen Einzelsteinen redeten, haben wir uns nun mit den eindrucksvolleren unbeweglichen Steinsetzungen zu beschäftigen, mag es sich um natürliche Felsbildungen, Termitenhügel oder um künstliche Steinaufrichtungen großen oder kleinen Ausmaßes handeln. Dem religiösen Erlebnisdrang des Australiers genügt es nicht, die machtvolle Gegenwart der großen Geistwesen im Kleinformat in Händen und Halsbeuteln auf seinen Wanderungen bei sich zu wissen; auch liegt es ihm nicht, die Weihe seiner Kultplätze durch das Herbeibringen der verborgenen religiösen Handsteine immer wieder neu zu vollziehen. Wie die meisten Naturvölker, so haben auch die australischen Eingeborenen dauernde Steinkultstätten errichtet, zu denen Generationen der umliegenden Stämme zur Vollziehung heiliger Handlungen gepilgert sind. Auf Waldlichtungen und in flachen Steppenmulden, am Meeresstrand und auf Bergeshöhen, wo sie sich wie trigonometrische Punkte ausnehmen, stehen die heiligen Steine in einsamer Unberührtheit, vereinzelt oder in Gruppen, aufeinandergeschichtet oder aneinandergereiht, frei oder in Felsspalten gerammt. Wie oft haben wir in Begleitung von Eingeborenen weite Fußwanderungen durch tropische Wälder und über heiße Sandhügel unternommen oder mit ihrer Hilfe Meeresarme überquert, um zu unbekannten kleinen Inseln zu gelangen in Erwartung eindrucksvoller Monumente, von denen sie nicht genug erzählen konnten! Noch verwöhnt von der Majestät klassischer Bauten Europas und des Mittelmeerbeckens, fühlten wir uns anfangs recht ernüchtert, wenn die nackten Jägergestalten plötzlich vor unauffälligen Steinhaufen in sichtbarer Achtung und schweigsamer Scheu haltmachten. In elementarer Einfachheit, ohne deutende Verzierungen sind diese Steine eine schlichte Widerspiegelung des Glaubens dieser Naturmenschen. Erst mußten wir lernen, unsere Gedanken ihren mythischen Denkkategorien anzupassen, den krausen Sinn der Mythen in uns aufzunehmen und in den folgenden Riten wiederzuerkennen, ehe wir in den alten Steinblöcken, den großen Steinkreisen und rissigen Termitenhügeln ein Denkmal des Geistigen erblicken konnten. Stets sind — nach dem Glauben der australischen Eingeborenen — diese Steine von Geistwesen in der Vorzeit aufgestellt worden. Alles hängt davon ab, ob der traditionelle Eigentümer oder der Medizinmann die Schleusen der verborgenen Kräfte durch entsprechende Ritualvorgänge, die voller Symbole sind, richtig eröffnet.

In N-Kimberley wurden die mythischen Steinhaufen von der Regenbogenschlange in der Vorzeit oder *Lalan* ausgeworfen. Petri nennt sie *djindjird*[142]. Diese Bezeichnung kommt wahrscheinlich von dem Njigina-Wort: *din njerb ŋan-din*, wörtl. „Niesen ich tue". Nach Petri sollen diese Steinhaufen die

---

142 *Petri* 1954, S. 212; Taf. 10 a.

Eingeborenen vor Erkältungen schützen. Anscheinend ist das ursprünglichere Fruchtbarkeitsmotiv in Vergessenheit geraten, da ja auch der zur Regenbogenschlange gewordene *Gunmaŋgur* des nicht weit entfernten Bonaparte-Golfes Wasserdampf niest, der sich in die fruchtbare „Wolke" der Milchstraße verwandelt und Geistkinder enthält (S. 274 f.). Bei anderen Stämmen werden die Steinsetzungen mit der Hand oder einem Stein gerieben und die entstehenden Steinpartikelchen in die Luft geworfen, um Regen zu erzeugen. Anderswo werden sie mit Stöcken geschlagen und mit dem mit Lebenskraft gesättigten Speichel angespuckt oder mit dem Arm- und Penisblut des Liturgen beträufelt. Zuweilen werden von den Steinen her Rillen in den Sand gezogen, um den Geistern den kürzesten Weg zu ihrem Wirkungsfeld zu weisen. Bei Broome (Westaustralien) wird ein schildförmiger Stein, der noch bei tiefster Ebbe von der See bespült wird, unter folgendem Gesang von den Yaoro gerieben, um die Schildkrötenjagd erfolgreich zu machen:

Gesangtext	Prosatext
Gangulari mílidjari mindjai͡	*Gángulari mílidjári míndjun!*
Nálaŋ burdjár ŋídarin djaunai͡	*Dólnan búrdjar míndjun gádjari djúnu*
Djálŋara wáledjunau͡	*Djálŋara wáledjúnu.*
Ŋálar indj ŋálar indjai͡	*Ŋálar índjun, ŋalar índjun,*
Ŋálar indj ŋálar indjau͡	*Ŋálar índjun, ŋálar índjun!*

Rot, wie heiliges Blut bist Du!
Mit höchster Flut erscheint der Fremdling,
Die Schildkröte, die vom Süden kommt.
Sie scheint, sie strahlt,
Sie schimmert, sie glimmert! [143]

Es ist schwer festzustellen, ob und wann es sich bei solchen Handlungen und Festgesängen um ein Bittgebet handelt. Es braucht ja nicht jedes Gebet in eine formale Bitte auszuklingen, wenn Gesten beredt sind. Oft enthalten sie eine Beschreibung der Zeremonien oder eine gefühlssichere Vorhersage erfüllter Erwartungen, die vom Glauben an die hier wirkenden Geistkräfte und von der Erinnerung an hier früher stattgefundene „Erhörungen" getragen ist. Nicht immer muß man mit Spencer und Gillen die „Besingungen" als rein magische Sprüche ansehen, da sie als Teile des religiösen Geist-Kraft-Liturgos-Komplexes organisch in dem Glauben an geistig-übernatürliche Faktoren verankert sind. Nur in einem Falle — es war bei den Murinbata am Bonaparte-Golf — hörten wir selbst eine positive Bitte, die an das

---

143 *Worms* 1957 D, S. 218 ff.

höhere Wesen *Nugaman* gerichtet war: *Nugaman djidai daŋmud*, „Nugaman, Honig uns gebe". Ein direkter Anruf war auch die andere vom Schlagen des Holzpenis *Borolos* begleitete Honigbitte, von der wir oben (S. 202) berichteten: „Schärfe meine Sehkraft, daß ich den Bienenflug verfolgen kann." Die Worte können auch unbedingte Forderungen sein. Der Aranda-Mann sitzt vor einem durchlöcherten Stein und spricht zu den darin enthaltenen Geistkindern *(ratapa):* „(Da sind) viele, junge Frauen. Sieh und geh schnell in sie hinein!"; oder in negativer Weise: „Meine Frau hat mich verlassen und verkehrt mit einem anderen Mann. Geh schnell (in sie) und hänge fest in ihr", d. h. „Laß sie im Kindbett sterben!". Junge Frauen, die keinen Nachwuchs wünschen, sprechen beim Vorübergehen zum Stein: „Komm nicht zu mir, ich bin eine alte Frau" [144].

An vielen Stellen Australiens gibt es Steinanlagen, die man als megalithisch ansprechen kann. Wir fanden Steinkreise bei Kap Foucoy oder *Wiapuráli*, dem westlichsten Vorsprung der Bathurst-Insel, die der Krokodilgeist *Irakapái* der *Baliŋari*-Urzeit von kleinen, braunen Männern, den *Paiama Núa* oder *Manóli*, errichten ließ. Hier liegt eine neue Bestärkung für die Annahme der vorgeschichtlichen Existenz einer kleinwüchsigen Rasse vor, die vielleicht mit den Pygmoiden N-Queenslands, nämlich den Djirbal, Idin, Mamu, Ŋadja und Wundjur, irgendwie verbunden war. Von den Murinbata erfuhren wir von weiteren Steinringen, *janjalda* oder *jinjabata*, im Küstengebiet des Bonaparte-Golfs, die von der Schlange *Gunmaŋgur* ausgelegt worden seien. Sie erklären sie als Geistkinder oder *ŋaridj ŋaridj*, die sie durch Schlagen der Steine mit Zweigen vermehren zu können glauben [145]. Der zweite Name dieser runden Steinsetzungen: *nagumingi* erinnert an das Geistwesen *Nugaman*. Bemerkenswert ist, daß 1150 km weiter südlich bei den Njaŋomaḍa mit dem Wort *Gunmangur* ein „menhirähnlicher Stein", das Vermehrungszentrum gelber Schlangen, gemeint ist, was die weiten Wanderwege religiöser Formen in Australien sichtbar macht [146]. H. Basedow sah vor 1925 am Viktoria-Fluß, etwas südlich der Murinbata, Steinkreise, in deren sicheres Gehege sich die Eingeborenen — ebenso wie die Garadjari in das Land *Djur* — vor der Belästigung durch böse Geister zurückziehen [147]. O'Connel zeigt ein gutes Photo eines Vermehrungsplatzes oder *auwa* für Känguruhs mit langen, sich dahinwindenden Reihen aufgerichteter Flachsteine an der W-Küste von Kap York [148].

144 *Spencer–Gillen* 1899, S. 337–338.
145 *Nekes–Worms* 1953, Teil IV; *Worms* 1955, S. 561–566 (Pygmoiden). *Stanner* nennt die Steine *yangantha*, den Platz *baŋga-war* oder *ŋuŋgawa* (in: Oceania 1936, nach *Falkenberg* 1962, S. 239).
146 *Odermann* 1959, S. 108.
147 *Basedow* 1925, S. 294, Tafel 39 (nach *Odermann* 1959, S. 112).
148 *O'Connel* 1957, z. S. 24.

Auf der Frobenius-Expedition 1938–39 entdeckte H. Petri im nördlichen Kimberley konzentrische Steinringe und andere künstliche Steinsetzungen „von U-gestaltigen, unregelmäßigen, aber doch alleenartig angeordneten" Steinen von 30 bis 40 cm Größe. Es sind dem Anscheine nach *djalu*-Plätze für Erdknollen oder *laŋaŋgu* (Ipomaea congesta), die mit dem Eulengeist *Dimbi,* dessen Bild auch in Felshöhlen erscheint, zu tun haben[149]. Petri fand ferner Menhire und Dolmen, die die gewitterbringende *Galoru*-Schlange, deren Weib *Lalgula,* „Urzeit-Frau", heißt, verkörpern. Vielbesagend ist Petris Auffindung eines *Wandjina*-Rindenbildes, das schreinartig unter einem gewölbten Rindenstück aufbewahrt und von einem Steinring umgeben war[150]. Die Errichtung solcher Freilicht-Bildstöcke scheint eine Eigenart der Stämme von N-Kimberley zu sein. In Z-Kimberley stießen wir, nicht weit von einer Höhle mit vielen *Uŋud*-Schlangenkopfbildern, auf eine senkrecht aufgestellte Felsplatte mit einem farbigen Schlangenkopf. Einige Kilometer davon entfernt standen neben einer älteren Steinbeilwerkstätte in Felsen eingeklemmte, spitze Dioritblöcke, die ebenfalls *Uŋud*-Köpfe vorstellen sollten[151]. Die Geistgeladenheit des Platzes war durch das Wort *waŋa-rara* ausgedrückt. Große aneinandergereihte Steinkreise mit 12 m langen und 2 m hohen Steinhaufen befinden sich am Darling-Fluß, ferner westlich von Brisbane, wo ähnliche Haufen durch einen fast 60 m langen Pfad, der acht Steinringe durchläuft, verbunden sind[152]. Es fehlt zwar jede Erklärung dieser Anlagen, doch dürfen wir in ihnen auf Grund ähnlicher Ringstellen Vermehrungs- und Initiationsplätze vermuten.

4. Heilige Bilder

Einen außerordentlich tiefen Einblick in die religiöse Ideenwelt der Australier erlaubt uns ihre reiche Bildkunst, die uns in Tafel- und Rindenbildern, in Höhlengemälden und Felsgravierungen begegnet. Mit Ausnahme der australischen Südküste, von Kap Leeuwin im Westen bis zum Wilsons Vorgebirge im Osten, sind überall bildliche Darstellungen zu finden. Auf Grund ihres vergänglichen Materials ist die Zahl älterer Rindengemälde sehr beschränkt, doch macht sich hier in jüngster Zeit eine von privater Seite hochbezahlte Massenproduktion solcher Bilder im östlichen Arnhem-Land bemerkbar, durch die Heiliges zur profanen Verdienstquelle wird. Dagegen geht die Anzahl der Höhlenbilder in die Zehntausende und die der Fels-

149 *Petri* 1954, S. 209, Abb. Taf. IX, b; *Odermann* 1959, S. 106, Abb. Taf. I, 2.
150 *Petri* 1954, S. 210, Abb. Taf. XX, c; *Odermann* 1959, S. 107, Abb. Taf. III, 2.
151 *Schulz* bringt in ihrer reich illustrierten Arbeit 1956, Fig. 2, eine 1,40 m hohe Steinklemmung in Z-Kimberley.
152 *Black* 1949, Taf. H, 5+7; *Wintherbotham* 1949, S. 68–69; Taf. F.

gravierungen, die sich auf über 500 Orte verteilen, in die Tausende. In den fast unzugänglichen Bergen N-Australiens warten noch viele Bildstellen auf den Entdecker. Von den zahlreichen bekannten Bildern[153] sind bisher nur wenige veröffentlicht worden, obwohl das Wesentliche dieser primitiven Kunst, nämlich die religiöse Fundierung, heute mehr hervorgehoben wird[154]. Wenn man von den wenigen Porträts absieht, die aus Zeitvertreib oder aus einem reinen Darstellungsdrang entstanden sind (u. a. Zeichnungen von Kamelen in den Kimberleys), kann man sagen, daß sich in der bildlichen Kunst Australiens dieselbe religiöse Grundauffassung reflektiert, die wir von den verschiedenen Tjurungaarten her kennen. Auch sie gelten als ursprüngliche Schöpfungen der Geister und als sakrosankte Mittel zur Sicherung der biologischen Fortdauer des Stammes, wodurch sich die religiöse Kunst harmonisch in den großen Rahmen der australischen Kult-Systeme einfügt. Nicht weniger bedeutsam ist ihre didaktische Aufgabe, an Hand dieser Bilder den männlichen Nachwuchs in heilige Mythen und Lehren visuell einzuführen.

Zeichnen ist auch heutzutage noch eine beliebte Beschäftigung der eingeborenen Knaben und Mädchen, die in Ermangelung von Zeichenstiften und Papier Menschen, Tiere und „Landkarten" mit ihren Fingern auf dem losen Sand linieren. Solch kindlicher Versuch wird nach der ersten Geistdurchdringung der Initiation auf eine religiöse Ebene erhoben. Nach Einführung in die fundamentalen Glaubensgeheimnisse und Eintritt in den mythologischen Kraftkreis ist Malen und Meißeln wie Tanzen und Singen nicht mehr bloße Nachahmung oder Abbildungskunst, sondern Schaffung neuen Lebens und aller Lebensnotwendigkeiten im Hinblick auf die Geisterwelt. („L'art pour l'art" gibt es in Australien nicht.)

Bei der Beschreibung der Mal- und Gravierkunst der Eingeborenen, in der dem Religionswissenschaftler das Glaubensleben in Farbe und Linie auf Stein erscheint, berühren wir ein so weites Gebiet, daß eine umfassende und eingehende Behandlung hier einfach unmöglich ist. Doch wollen wir versuchen, eine gedrängte Schilderung der australischen Rinden- und Tafelmalerei, der Höhlenbilder und der Felsgravierungen mit einer kurzen Bezugnahme auf die Bodenbilder zu geben.

Vor Beginn des Malprozesses werden etwa 3 m lange Rindenstücke von Eukalyptusbäumen (E. rostrata oder terminalis, Blutholz; Melaleuca leucadendron, Papierrindenbaum) senkrecht abgeschält, dann über einem kleinen Feuer geradegebogen und in heißem Sand getrocknet. Ehe der Maler einen farbigen Hintergrund auflegt, reibt er die Oberfläche mit dem Safte von Orchideen oder Wurzeln ein, um ein festes Ankleben der Farben sicherzustellen. Die Farben werden aus weißem, gelbem, braunem und rotem Ocker

153 B. *Spencer* 1914, S. 432–439; L. *Adam* 1954, 1956; F. D. *McCarthy* 1958; *Lommel–Lommel* 1959.
154 A. P. *Elkin*, C. H. und R. M. *Berndt* 1950; *Schulz* 1956; *Kupka* 1958.

von Eisenerzen und Ton hergestellt, mit Wasser, tierischem Fett und Baumsäften verrieben und mit weichen Rindenstückchen und durch Kauen zu Pinseln gefaserten Holzstückchen aufgetragen, wobei der Pinsel vom Körper weg nach außen gezogen wird. Am unteren Liverpool-Fluß beobachteten wir auf großen Rindenstücken, die als Windschirme eines dachlosen Familienlagers dienten, Holzkohlenkonturen von Büffeljagdszenen. Bilder von Ahnenwesen, anthropomorphen Tieren der Vorzeit, Landschaften, die die höheren Wesen schufen und durchwanderten, sind geheim und werden von Eingeweihten auf den Zeremonienplätzen hergestellt. Dabei werden feine, gerade und sich kreuzende Linien schraffiert, deren traditionelle Motive bestimmten Stammesgruppen vorbehalten sind. Entweder wird nur eine Szene dargestellt oder eine Kombination von mythischen Ereignissen, die balladenartig auf oft 10 bis 15 übereinanderliegende Felder verteilt werden. Meistens werden sie von unten nach oben „gelesen"; es ist nicht immer leicht, die geschichtliche Folge der Schilderungen zu erkennen. Ohne begleitende Mythenberichte, die dem Beschauer selten zugänglich sind, können die Schraffierungen, die ebenso vieldeutig sind wie die zentralaustralischen Spiralzeichnungen, in ihrer religiösen Tiefe nicht erfaßt werden. Auf einem Bilde können sie z. B. die Felsenrillen der Insel des Schöpfergeistes *Nabira-mira* und seines Sohnes vorstellen; auf einem andern die Spuren einer mythischen Eidechse; auf einem dritten das Schilfgras am Flußufer. Dem Forscher mag das Rindenbild eines Känguruhs als ein anatomisch-genaues Röntgenbild mit sichtbaren inneren Organen erscheinen, in den Augen des Künstlers ist es der Felsengeist *Kandarik* in Tiergestalt, der dem Gagaru-Stamm den Baumgong oder *ubera* mit den notwendigen Spielregeln brachte [155].

a. Rinden(Tafel)-bilder

1. Tafelbilder der Maiali

Auf einer Expedition ins Innere des nordwestlichen Nordterritoriums hatten wir die seltene Gelegenheit, einen Künstler des Stammes der Maiali bei der Arbeit zu beobachten und die nur ihm bekannten Grundgedanken, die ihm bei der Schaffung eines neuen mythologischen Bildes vorschwebten, zu erfahren. Erst vor kurzem war er vom Quellgebiet des Liverpool-Flusses nach der Regierungsstation Beswick gewandert, wo ich ihn traf. Er sagte u. a.: „Männer machen Krokodile, Fische und Känguruhs. Wenn ich ein Känguruh male, dann mache ich ein Känguruh. Mein Vater malte mich, ehe ich geboren wurde (d. h. er hatte eine Vision von meinem Geiste oder *rai*

---

155 Vgl. *Mountford* 1956, S. 63, Taf. 18 D, S. 273, Taf. 86 B, S. 378, 381, Taf. 121 A, 123 A, S. 223–224, Taf. 67 E.

= Geistkind). Er fand Gefallen an meinem Bilde und machte mich. Mein toter Vater und meine tote Mutter begleiten mich. Ich kann auch kleine Schildkröten machen. Wenn ich durstig bin, versetze ich mich in einen Traum oder *bula,* träume ein großes Wasser und bald darauf werde ich es erhalten." Das soll heißen: ebenso wie ich bei einer Vermehrungsfeier in Verbindung mit dem Schöpfergeist Lebewesen hervorrufen kann, so vermag ich auch mit Hilfe der mir nahen Totengeister meiner Eltern die Unterweltszene, die ich jetzt malen will, nicht nur zu sehen, sondern auch als gegenwärtig und lebendig zu verwirklichen. Was der Maiali *bula* nannte, ist derselbe visionäre Zustand, der an der NW-Küste *bugari* und an der N-Küste *bia* heißt. Es war dieser visionäre Zustand, in dem wir den Maler in „Buddhastellung" vor der 110×110 cm großen Faserplatte, die hier das Rindenstück vertrat, versunken sitzen sahen. Lange schaute er mit weitgeöffneten Augen auf die leere Fläche, ohne von seiner Umgebung Notiz zu nehmen, während seine Freunde die Ockerfarben zubereiteten und die Pinsel zurechtschnitten oder Stöckchen mit den Zähnen faserten. Innerhalb acht Stunden malte er ein in drei Feldern gehaltenes Bild mit 39 Personen, dem heiligen Pfosten, einem Feuer, mehreren Waffen und Musikinstrumenten. Er setzte seinen Pinsel in der unteren rechten Ecke an und schloß das Bild in der oberen linken Ecke ab. Vielsagend ließ er das Gemälde im Totenreich beginnen, von deren Bewohnern er seine Inspiration erhielt.

Der Künstler teilte das Bild in drei Querebenen, die die Wände von drei Bildhöhlen ersetzten. Die unterste wurde vom Spiel der Totengeister eingenommen, während die zwei oberen „Bühnen" eine einszenige Stammesfeier darstellten, bei der 25 Personen auftraten. Die Mitte der zweiten und dritten Ebene war zwei aufeinandergestellten esoterischen Geräten vorbehalten, nämlich einem schildförmigen, mit kleinem Kopf und zwei plumpen Beinen versehenen *raŋga,* sowie einem großen, bis an den oberen Bildrand reichenden Tanzpfosten oder *djaŋgaran.* Letzterer hatte die gelbe Kopfbedeckung der Geister und vier Paare buntgefederter Schnüre oder *dambul,* an deren unterem Ende Känguruhzähne mit Wachs angeklebt waren. Rote Bänder zierten die Brust der Figur. Das *djaŋgaran* ist offensichtlich mit dem im O-Arnhem-Land bekannten *djuŋgawan*-Tanzgerät identisch, das mit dem Geisterpaar *Djaŋgawal* und durch dieses mit der Großen Schlange in Verbindung steht. Der Künstler zählte es zu den Geräten des „Großen Sonntags", womit die Eingeborenen die Fruchtbarkeitsfeier der Geistmutter oder *Gunabibi* bezeichnen. Er erwähnte, daß das eigentliche Gerät bis zum nächsten Gebrauch in einer Felshöhle versteckt sei. Die unterste „Bühne" stellte das Reich der Totengeister oder *Mimi* dar, denen auch ein bestimmter monochromer Typus der Felsmalerei zugeschrieben wird. Sämtliche 14 Figuren trugen die weiße Totenfarbe, aber im Gegensatz zu den Gestalten der beiden oberen irdischen Felder keine roten Konturen. Fünf männliche und fünf weibliche Figuren, die sich an einem kleinen kreisrunden Feuer erwärmten, waren auf beide Seiten dieser Ebene verteilt. Andere unbekleidete Figuren, die weiße Brust-, Leib-, Arm-, Knie- und Fußgelenkbänder trugen, begleiteten eine Gestalt mit Händeklatschen, mit Klanghölzern oder *djamala* und mit einer Holztrompete (*didjeridu*, s. S. 179 f., oder *molu*). Dabei sollen sie folgende Verse gesungen haben, von denen wir keine Übersetzung erhalten konnten:

> *Gama wala ma̱ wala*
> *gagi burga djiri*
> *djiri djiri duba*
> *djira banaba---iai.*

Auf der mittleren Ebene wurde der *Balan-djara ŋalan*-Tanz von acht Menschen ausgeführt; drei von ihnen waren Frauen, denen es verboten war, auf das hohe *djaŋgaran* zu blicken. Auf der linken Seite hatte sich ein Disput entwickelt. Ein Vater hatte einen Sohn mitgebracht, der noch nicht berechtigt war, an dieser Feier teilzunehmen. Der Sohn eines anderen Mannes wurde zu ihm geschickt mit der Botschaft: „Nein. Ich muß Euch vom *djaŋgaran* fernhalten". Die jungen Männer kreuzten Schlagkeulen zum Kampfe; es war nur ein zeremonielles Scheingefecht, das schnell abgebrochen wurde. Um das gestörte rituelle Gleichgewicht auszugleichen, mußte der Eindringling ein Känguruh erjagen, von dem nur die Anwesenden essen durften. Er wurde darauf ganz mit Ocker eingerieben und durfte der Feier bis zum Ende beiwohnen.

Das obere Feld brachte mit 17 weiteren Personen eine Erweiterung der mittleren Szene; einige von diesen spielten dieselben Musikinstrumente, die von den Geistern der untersten Reihe gehandhabt wurden. Um sie herum hockten die Tänzer in verschiedenen Posituren.

So schilderte dieses „Triptychon" unter großem Personenaufwand auf kleiner Fläche eine esoterische Feier höheren Grades, die sich um heilige Geräte gruppierte und eine Wiederholung des Unterwelttanzes war. Durch die symmetrische Verteilung der bewegten Tänzer, der musizierenden Männer, der ruhenden Teilnehmer und durch die Einfügung der Kampfszene wirkte es sehr lebhaft. Durch Einbeziehung der an den unteren Anfang gesetzten Totengeistszene kündete es den Glauben der Maiali an die ununterbrochene Fortdauer des Urtanzes im Reiche der Geister, von wo auch die fruchtbaren Ideen des Sehers und Künstlers herrührten.

2. Rindenbilder der Murinbata

Stärker stilisiert sind die Rinden- und Tafelbilder der Murinbata bei Port Keats im Nordwesten des Nordterritoriums. Das eingeschlafene Interesse der Eingeborenen an Rindenmalerei wurde 1954 durch den Besuch des Mythenforschers R. Robinson[156] neu wachgerufen, so daß alte verschüttete Quellen wieder zu fließen begannen. In den neuerstandenen Motiven glaubt Kupka „farbige Übertragungen von Mustern ältester Symbole" „der heiligen Tschurunga und von Schmuckstücken aus Perlmuscheln" zu erkennen[157]. Uns erinnert die Kombination der bemalten Rindenstücke und Tafeln mehr noch an die sich oft wiederholenden Schlangenmotive der Felsgravierungen des oberen Yule-Flusses, südlich der Kimberley-Grenze, und an die *Wandjina- (Wondjina-)*Bilder der Höhlen Kimberleys. Die weißen, gelben und braunen Schlangen von Port Keats wiederholen die weit ausholenden Parallelbewegungen und die symmetrische Kopfhaltung der Yule-River-Schlangen, die zwecks symbolischen Ausdrucks des Fruchtbarkeitsprinzips die nebeneinander in den Granit gehämmerten männlichen und weiblichen Menschenpaare in weiten, fast quadratischen Bogen umrahmen. Die von den Murinbata gemalte hochträchtige *Gunmaŋgur*-Schlange (exoterisch *Gunbadjoe*) umschlingt nicht nur Reihen von wandernden Emus oder Wildgänsen und Buschfrüchten, sondern auch ihre sich in dem von Seerosen überwachsenen Wasserplatz der Schlange reflektierenden Spiegelbilder, ihre geistigen Urformen. Es sei darauf hingewiesen, daß in den nahen Kimberleys u. a. für „Geist, Seele, Schatten, Spiegelbild" dasselbe Wort gebraucht wird. Jedes Rindenbild zeigt eine neue Auffassung der Schlangenwindungen, deren begleitende Tier- und Pflanzenzeichnungen sich um ein zentrales, zuweilen aus konzentrischen Kreisen bestehendes Rundbild gruppieren, das entweder die *Gunmaŋgur-* Schlange oder ihre Wohnung vorstellt. Wir dürfen uns durch die nach unseren Denkkategorien unlogische Auffassung der Eingeborenen nicht verwirren lassen: einmal hebt sie in der Schlange den weiblichen Charakter hervor, das andere Mal *Gunmaŋgur* als den urzeitlichen Vater. Die Betonung des weiblichen Zuges erscheint wie eine Wirkung der Schlangenmetamorphose, die der Stammvater nach seiner Ermordung durchlief und die ihn von da an als universales Lebensprinzip alles Existierenden auftreten ließ. Kleinere Rindenmalereien, etwa 70 cm lang und 25 cm breit, bringen ausschließlich drei bis vier übereinanderliegende parallel gewundene Linien von schwarzen Schlangen auf gelbem oder rotem Feld, von gelben, roten, grünen und braunen Konturen eingefaßt. Tausende von weißen Punkten begleiten die äußeren Konturen. Ein anderes Rindenbild hat an beiden Enden ein braunes Menschengesicht, erdgelbe Hängebrüste und zwei mit Wellenlinien verbundene Nabel. Diese in der Mitte vereinten Halbfiguren wollen die *Belidjman,* die Töchter *Gunmaŋgurs* und seiner Frau *Ŋamur,* vorführen.

156 *Robinson* 1956.
157 *Kupka* 1958, S. 13.

b. Höhlenbilder

1. Höhlenbilder in West-Arnhem-Land

Ein Eldorado für religiöse Höhlenbilder ist der Norden Australiens, wo in unerforschten Tälern neue Bilder auch heute noch entdeckt werden können (s. S. 227 f.). Die durch überragende Felsdecken gegen Sonnenlicht und Regen geschützten Höhlenwände sind hauptsächlich mit Männer- und Frauen-, weniger aber mit Tiergestalten bedeckt, die von den Darstellungen Zentralaustraliens so weit abweichen, daß man hier an eine von Norden, aus Melanesien her eingedrungene Beeinflussung denken könnte. Die wenigen Tierbilder erreichen bei weitem nicht die hohe Vollendung der europäisch-steinzeitlichen Höhlenbilder von Altamira oder Lascaux. In ihren starren und plumpen Formen stehen sie trotz überraschender Eigenarten, wie die Röntgendarstellung des Körperinnern, weit hinter den westeuropäischen Höhlenbildern zurück, wenn man überhaupt Vergleiche zweier Kulturen unterschiedlicher Zonen und Zeiten wagen darf. Ihr roher, unbeholfener Stil, verbunden mit der Macht der Anonymität verschwundener Generationen, verbirgt das Ringen einer archaischen Kultur um Geistigkeit, die alle Belange des Lebens ohne in unserem Sinne ästhetische Erwägungen zu durchdringen versuchte. Wir wollen einige der Höhlenbilder schildern, die wir 1960 im Quellgebiet des Mary-, Süd-Alligator- und Katherine-Flusses (SW-Ecke des Arnhem-Landes) entdeckten, und uns dann nach dem Norden Kimberleys, dem Lande der *Wondjina*-Bilder, begeben.

Das an erster Stelle erwähnte Quellgebiet wurde bis vor wenigen Jahren von den Djawan, Walwaŋa und Wodja bewohnt. Den ersten beiden Stämmen war nur die Circumcision, nicht aber die Subincision bekannt; der letztere war auch von der andrängenden Sitte der Circumcision unbehelligt geblieben. Heute sind diese Stämme restlos nach den Missions- und Regierungsstationen und den Siedlungen, die der großen Nord-Süd-Straße — Stuart Highway — entlang entstanden sind, abgewandert. Gelegentlich mögen noch einige Höhlen von durchwandernden Eingeborenen besucht werden. Sonst aber schlummern diese heiligen Stätten in der Stille der weiten Urwälder in Einsamkeit und Vergessenheit dahin. Es überkommt den Forscher ein trauriges Gefühl, wenn er die wuchernden Ranken und Gebüsche zur Seite schiebt und die weiten Augen ernster Gestalten von den dämmerigen Felswänden herab auf sich gerichtet sieht. Im dicken Staub der Höhle liegen tiefgefurchte Mahlsteine, Holzkohlen und zerbrochene oder fast fertiggestellte Steinspeerspitzen umher. In den Nischen ruhen menschliche Skelette mit bis zum Kopf hochgezogenen Knien, in morsch gewordene Rinde verpackt. In einer Ecke steht der hochaufgerichtete „Knochenkorb", dessen Wände aus sich nach außen neigenden und in Ovalform in den Boden gesteckten Langknochen bestehen. Sie enthalten die sorgfältig aufbewahrten Knochenreste

213

der Ritualmahlzeiten, für die die Initiationskandidaten durch Erjagen von Känguruhs zu sorgen hatten. Einige der Knochen tragen Spuren von Ocker; sie sind nicht zerbrochen, wurden aber durch Ockereinreibung mit neuer Lebenssubstanz gefüllt, um die mythologische Vermehrung der Marsupials zu sichern und zu beschleunigen. Auf Felsvorsprüngen stehen Menschenschädel mit verblichener Ockerfärbung, meist ohne Unterkiefer, da diese von den Hinterbliebenen als Halsgehänge oder in Holzmulden umhergetragen wurden, um sich der Hilfe der Verstorbenen zu vergewissern. Die Wände und Decken der Höhlen sind hauptsächlich mit Bildern menschlicher Gestalten versehen. Diesen folgen, ihrem Beitrag entsprechend, Gemälde von Känguruhs, Fischen, Vögeln, Fußspuren, Schlangen und Krokodilen. Känguruhs und Fische sind meist als Röntgenbilder mit sichtbarer Speiseröhre, Lunge, kleeblattähnlichem Herz, Magen und Gedärm abgebildet. Die Rückenwirbel lassen sich bis in die Schwanzspitze verfolgen; die Hinterbeinknochen sind mit gestrichelten Muskelgruppen übermalt. Diese Art der Darstellung entspricht dem auf das Praktische eingestellten Naturalismus der Eingeborenen, die Dinge einzuzeichnen, die sie nicht in natura sehen, die aber den Künstlern deutlich vorschweben. Dieser Stil, der auch auf Neu-Irland auftritt, läßt Spuren einer ozeanischen Beeinflussung vermuten[158]. Einzelheiten, etwa das Sitzen des Känguruhs auf seinem gebogenen Schwanz, seine spitzen wachsamen Ohren, der niedliche Kopf des Jungen, das aus dem Beutel des Muttertieres herausschaut, zeugen von der sicheren Erfassung des Charakteristischen durch einen australischen Farbigen. Die Frauenfiguren behalten selten ihre natürlichen Proportionen; entweder erscheinen sie mit langausgestreckten Körpern und spitzen Schultern in übertriebener Schlankheit oder in plumper Hockposition mit ausgebreiteten Armen und Beinen oder im Kleinformat neben Männern. Ihre Stellung scheint dem Maler gleichgültig gewesen zu sein, da er sie nicht nur aufrecht oder auf der Seite liegend, sondern sogar auf dem Kopfe stehend vorführt. Ihre Leiber sind vom Hals bis zu den Unterschenkeln mit bunten Rautenmustern, Zickzacklinien und weißen Kreisflecken verziert. Letztere weisen hin auf ähnliche Erscheinungen bei Frauenfiguren im Arnhem-Land[159] und bei Schlangenbildern in N-Kimberley und sollen wohl reiche Fruchtbarkeit und Schwangerschaft zum Ausdruck bringen. Rote Farbenbänder sind über Brust und Schenkel gezogen. Ihre Struwwelköpfe mit abstehenden Haaren gleichen der Haarfrisur des Regengeistes *Galoru* (oder *Kaluru*) auf Rindenzeichnungen in N-Kimberley. Die Körper der Männer sind gedrungener. Selten ist ein Ge-

---

158 Den Ausdruck „Röntgenzeichnung" soll nach *Adam* (1956, S. 112) *Th. Koch-Grünberg* vor 50 Jahren in Verbindung mit der Kunst südamerikanischer Indianer geprägt haben.
159 *Mountford* (1956, S. 148) bringt ein Höhlenbild von einer Frauengruppe, deren Gestalten auf Schultern und Händen eine waagerechte Schlange und auf den Körpern weiße Punkte tragen.

sicht im Profil zu sehen; sie haben große Augen, einen Strichmund, doch keine Nase. Auf dem Kopfe ragen hohe Federbüsche auf, die bei den Djawan *gunal* heißen und bei den *Yabuduruwa*-Feiern aufgesetzt werden[160]. Der rote Bänderschmuck ist reicher als der der Frauen. Häufig ist bei den Männern ein übergroßer Phallus zu sehen. Unter manchen Höhlenbildern liegen drei bis vier verblichene Unterschichten in anderen Stilarten, so daß der Beschauer vor einem Gewirr von bunten Feldern und dunklen Linien eines Butzenfensters zu stehen glaubt. Die verschiedenen Schichten sind noch nicht für religions- und kunstgeschichtliche Altersbestimmungen verwertet worden, und es fragt sich, ob das jemals möglich sein wird.

Im Eingang zu einer Höhle östlich von El-Shirana, im Quellgebiet des Süd-Alligator-Flusses, fanden wir einen großen, fast rechteckigen Felsblock, in dessen tischartige Oberfläche mindestens 70 eierbecherförmige Vertiefungen geschliffen waren. Die durch langen Gebrauch glänzend gewordenen Schleifsteine lagen noch daneben. Wie bei einer ähnlichen Einrichtung, die wir in der *Ɲuɲunda*-Höhle (N-Kimberley) (S. 198 f.) vorfanden, haben wir hier die Anzeichen einer für Jahrhunderte veranstalteten religiösen Wachstumsfeier vor uns, in der der Reiberitus eine stetige Rolle gespielt hat. Auf der Vorderseite des Felsblocks waren zwei große Männergestalten mit roten Konturen auf weißem Untergrund gemalt, die in warnender Haltung dem Besucher entgegentreten; sie stellen ein Heroenpaar dar, das mit den Reibesteinen und -löchern, die gewöhnlich dem Kult der Regenbogenschlange angehören, in Verbindung gestanden haben mag. Die linke Figur mit einem hohen Haarschopf trug eine rechteckige Halbmaske über den schwarzen, mit roten Ringen umzogenen Augen. Die Abwesenheit von Mund, Nase und Ohren verliehen ihr die Starre der *Wandjina*- oder *Wondjina*-Höhlenbilder (N-Kimberley). Die rotgebänderten Arme und Beine waren nach links ausgestreckt. Die maskenlose Zwillingsfigur machte einen lebhafteren Eindruck. Ihre offenen Handflächen waren bis in Augenhöhe erhoben. Am Ende einer am Nabel beginnenden roten Linie befindet sich ein Phallus. Kein Eingeborener war zugegen, der uns Namen und Deutung der Gestalt verraten konnte. Vergleiche sind uns Wegweiser zur Interpretation dieses Bildes. Davidson fand 30 Jahre früher bei Delamere, 250 km südwestlich von El-Shirana, ein ganz ähnliches Doppelbild der sog. Blitzbrüder, die bei den Wadjaman unter den Namen *Djabu-indji („Tcabuinji")*, wörtl. „zum Manne gehörig", und *Godjadj-bula („Yagchad-bulla")*, wörtl. „Toten-mann", bekannt sind. *Godjad* erscheint in Kimberley für „Toter" und in der SW-Ecke von Westaustralien für „Himmel" und als „Name des Höchsten"[161]. Paarige Darstellungen, wenn auch in Tierformen, sind auch auf den Höhlenbildern von N-Kimberley vor-

---

160 *Capell* 1959, S. 221.
161 *Davidson* 1936, S. 111–120; Abb. s. *McCarthy* 1958, Titelbild; *Worms* 1957 A, S. 760.

handen[162]. Als gedankliche Parallelen in Einzelgestalt können die Blitz-
männer *Mama-ragan* und *Djambil* in W- und O-Arnhem-Land gelten[163].
Um mit der äußeren Ähnlichkeit auch die mythologische zu unterstreichen,
haben wir den gebräuchlich gewordenen Namen der Blitzbrüder (Lightning
Brothers) von Delamere für die bisher unbekannten und unbenannten Blitzbrüder oder Lightning Brothers am Eierbecherstein der Höhle bei El-Shirana
übernommen, unter dem sie in Zukunft mehr bekannt werden mögen. Als der
prähistorische Urtyp der australischen Männerpaardarstellungen hat die sehr
alte, von McCarthy 1958 entdeckte Steingravierung auf der Depuch-Insel in
N-Westaustralien (S. 229) zu gelten, die durch steile Haartracht der Haupt-
person und die in den Penis auslaufende Körpermittellinie besonders mit
den nordaustralischen Brüdergemälden übereinstimmt[163a].

Die mächtigste und eindrucksvollste Höhlenbilderstelle, die wir bisher
gefunden haben, ist das heute verlassene Bergheiligtum von *Am-bula-
guran,* südwestlich von Mt. Evelyn, am 13° 35′ südlicher Breite und 132° 55′
östlicher Länge. Den Namen erfuhren wir durch Umfragen bei den Maiali.
Er setzt sich zusammen aus dem klassifikatorischen Präfix *an-, am-,* dem
Wort *bulaŋ,* das in SO-Arnhem-Land und im fernen NW-Kimberley soviel
wie Regenbogenschlangenwesen meint, schließlich aus *guran,* das entweder ein
personifizierendes Suffix ist oder „Geist, Seele" besagt. In einem tiefen Bach-
tal stießen wir auf einen in einen Steinhaufen eingebauten weißen Menhir.
Zu unserer Überraschung merkten wir, daß von ihm ein von Gras und Ge-
sträuch überwachsener Pfad ausging, der an beiden Seiten mit kopfgroßen
Steinen eingefaßt war. In langsamem Aufstieg führte er an einer steilen bewaldeten Berglehne entlang. Jeder Baum am Wegesrand war mit einem Stein-
kreis „eingezäunt". Bei einem roten Wegzeiger aus Stein mußten wir an
einer Felswand auf eine abfallende vegetationslose Steinfläche hinabklettern.
Der Weg führte uns weiter an künstlichen Steinhaufen und an Felsen mit
eingeklemmten Steinen vorbei. Wir stiegen über eine künstlich errichtete
Felsrampe zu einer höheren Plattform und gelangten zu einem 3 m breiten
Felsentor. Fast instinktiv fühlten wir, wir müßten uns in nächster Nähe
einer Kultstätte befinden. Kaum hatten wir das Tor durchschritten, als sich
uns schon ein überwältigender Anblick bot. Vor uns stand auf der gegenüberliegenden Felswand ein Bildfries von etwa 14 m Länge und 150 cm
Breite in einem abfallenden Winkel von ungefähr 25° unter einem vor-
ragenden Felsband. Männer- und Frauengestalten, ein Dingobild und Kegel-
figuren, die wahrscheinlich Erdknollen versinnbildlichten, starrten uns an. Zwischen uns und der Bildwand lag eine etwa 15 m lange ovale Felsenvertiefung,
die mit aufgeschichteten Känguruh-Langknochen und einigen menschlichen

162 *Petri* 1954, Taf. XVI b, XVII b, XX; *Schulz* 1956, Fig. 48, 49, Taf. XV.
163 *Mountford* 1956, S. 208, 282–285, 317.
163a *McCarthy* 1961, Fig. 5, 123.

Gebeinen, die Spuren alter Ockerfärbung erkennen ließen, angefüllt war. Aus der Mitte der Knochen war ein Eukalyptusbaum gewachsen, dessen weiße Rinde und dunkles Laub sich scharf von dem farbigen Sandstein und den weißroten Gemälden abhoben. Selbst die Lage dieser Höhle war erhebend: vor dieser Anhöhe (etwa 100 m) eröffnete sich gen Nordosten ein weiter Ausblick über bewaldetes Bergland zum Mt. Evelyn und zu einer Schlucht, durch die der Oberlauf des Katherine-Flusses aus dem zerklüfteten Bergland des O-Arnhem-Landes hervorbricht.

Eine direkte Deutung dieses Bergheiligtums konnten uns die Eingeborenen nicht mehr geben. Wir müssen uns auf Vergleiche mit anderen Zeremonialpfaden und auf Andeutungen einschlägiger Mythen stützen.

Die Yuin an der SO-Küste Australiens führten ihre Initianten beim Übergangsritus oder *kurin-gal* vor der Zahnausschlagung auf einen 400–500 m langen sakralen Pfad, der zwei Erdringe oder *bunan* miteinander verband. Den Weg entlang waren Figuren einer Schlange und des Urzeitwesens *Djaramaljan (Daramulun)* im Boden modelliert, die dem Kandidaten zum erstenmal gezeigt und erklärt wurden. W. Schmidt bemerkt ohne Quellenangabe, daß nach dem Glauben der Wiradjuri in Neu-Süd-Wales ein vom höchsten Wesen bereiteter Stufenaufstieg zu einem Gipfel der australischen Alpen führte, von dem die Verstorbenen von Geistern zum Himmelsgewölbe getragen wurden [164]. T. G. H. Strehlow nahm an einer Bergwallfahrt der Aranda teil. Es handelte sich hierbei nicht um den Besuch einer Bildergalerie auf den Höhen der Macdonnell-Berge, sondern um das ebenso wichtige Aufsuchen einer Höhle, die alte *tjurunga* barg. Ein alter Führer gab religiöse Unterweisungen, während die Kandidaten stillschweigend den steilen Abhang erstiegen. Ihr Lehrer zeigte den Felsen, aus dem ihr Urahne *Ulamba* hervorgegangen war, sowie die in Felsblöcke verwandelten Menschen, die *Ulamba* gespeert und verzehrt hatte. In der Höhle wurden die „Ahnen"-Tjurunga entbündelt, wobei man singend die Wanderfahrten *Ulambas* feierte; zum Zeichen der Verehrung drückte sie jeder an seine Brust und lauschte dann den Erklärungen des Leiters. Am Schluß wurden die heiligen Geräte wieder in der Höhle „vermauert". Nun zog die Schar zur nächsten Wasserquelle hinab, wo sie sich zum Tanze schmückte, bei dem das Leben *Ulambas* in seinen Hauptereignissen vergegenwärtigt und gleichzeitig die Autorität der „Alten in Sachen der Religion und des Geisteslebens der Gemeinschaft" neu betont wurde [165]. Bei den Worora und Garadjari im Nordwesten kommt die Idee des Zeremonialpfades deutlicher zum Durchbruch. Gewisse Vermehrungsplätze sind nur auf mit Steinen eingefaßten Wegen zugänglich [166].

---

164 *Howitt* 1904, S. 518–527, 532 ff.; ein nördlicher Stadtteil Sydneys trägt den Namen *Kuringai; W. Schmidt* 1930, S. 267.
165 *Strehlow* 1947, S. 2–5.
166 *Odermann* 1959, S. 108.

Nach Lommel näherten sich die Worora auf verschlungenen Umwegen den Höhlenbildstellen, denn „das urzeitliche Wesen, das im Felsbild dargestellt ist und dort seine Ruhe gefunden hat", ist denselben Weg gegangen[167].

Aus diesen eben erwähnten drei Vergleichen mit anderen heiligen Berghöhlen dürfen wir sicher den einen Schluß ziehen: der Aufgang zum *Ambulaŋ-guran* ist ein mythischer Pfad, den vergangene Generationen von Männern unter Ausschaltung unseres Zeitbegriffes mit ihren jungen Nachkommen und dem „Berggeist" zu dem von diesem bewohnten Höhlenbild gezogen sind. Der plötzliche Blick auf den vom monumentalen Felsentor verdeckten Bildfries, der Berg mit den verbleichenden Knochen, all das muß die Neophyten tief erfaßt und sich ihrem Gedächtnis für lange Zeit eingeprägt haben. Man kann nicht genug die Kunst bewundern, mit der dieses Jäger- und Sammlervolk einen solchen religiös-psychologischen Effekt mit so einfachen, von der Natur bereitgestellten Mitteln hervorruft.

Die Hauptfigur des Bergschreins von *Am-bulaŋ-guran* ist ein Geist, der in der rechten Hand ein Steinbeil schwingt. Dem nahen W-Arnhem-Land ist der Gedanke an ein beilschwingendes Gewitterwesen nicht fremd: *Mamaragan* reitet auf den Spitzen der Wolken und dröhnt mit zorniger Donnerstimme. Rindengemälde zeigen ihn mit Steinäxten in den Händen und auf den Knien. Er zerschmettert Menschen und Bäume, wenn er seine Beile niederzucken läßt[168]. Unter seinen erhobenen Arm kauert sich eine kleine weibliche Gestalt. Dies können wir auch beim rechten „Blitzbruder" von Delamere beobachten, unter dessen rechtem Arm sich eine gabelförmige Frauenfigur verbirgt, die die Wadjaman für die Frau des Donnergeistes halten. Dieses sind nicht die einzigen Fälle einer zwerghaften Gestaltung von

---

167 *Lommel–Lommel* 1959, S. 15.
168 *Mountford* 1956, S. 208, Tafel 59 B. — Nach Fertigstellung unserer Arbeit erschienen von *W. Arndt* zwei Artikel: „The Interpretation of the Delamere Lightning Painting and Rock Engravings" (in: Oceania 1961/62, Bd. 32, S. 162 bis 177) und „The Nargokun-Narlinji Cult" (in: Oceania Bd. 32, S. 298–320). Danach ist unsere Entdeckung von *Am-Bulaŋ-guran* im Jahre 1960 eine sekundäre. *Arndt* stattete schon 1955 diesem heiligen Platz, „*Bullaluk* (Youth Place)", einen kurzen Besuch ab. Von Djauan-Männern, die während des letzten Weltkrieges in die Nähe der ungefähr 100 km entfernten Stadt Katherine abgewandert waren, erfuhr er folgendes: 1. Diese Kultstätte war dem Schöpfer- und Gewitterwesen *Nagorkun* geweiht, das offenbar mit dem von *Elkin* erwähnten Fruchtbarkeitswesen *Nagorgok* oder *Ŋagorgo(k)*, gleichwertig mit *Gunabibi* und *Muit* (S. 248; *Elkin*, Oceania, 1960, S. 172), identisch ist und wohl auch mit *Gunmaŋgur* übereinstimmt. 2. In der Urzeit durch einen Hornissenstich verkrüppelt, kroch *Nagorkun* auf Händen und Füßen den heiligen Pfad („*Kordabalbal*" = *Gudjabal?*) hinauf. Im Beilträger, der Hauptfigur des oben beschriebenen Bildfrieses, lebt er fort. Bei den Initiationsfeiern mußten die alten Männer und Kandidaten der Djauan den heiligen Pfad in gleicher Weise hinaufkriechen. 3. Der erwähnte mächtige Knochenhaufen wurde im Laufe der Jahre von den Festgenossen durch Niederlegen einzelner Knochen aufgeschichtet, um — unserer Ansicht nach — durch *Nagorkun,* das Fruchtbarkeitswesen, einen reichen Fortbestand der entsprechenden Spezies zu sichern.

Frauen an der Seite eines männlichen Wesens. Wir fanden sie verschiedentlich in den Felsgravierungen am Yule-Fluß und Galerie-Hügel südlich von Port Hedland (Westaustralien) [169]. Man mag sich fragen, ob sich in dieser Verkleinerung nicht nur die Schutzbedürftigkeit, sondern auch die beschränkte Stellung der Eingeborenenfrau im sozialen und religiösen Leben oder die Kleinheit der frühverheirateten Mädchen ausdrückt.

Bevor wir *Am-bulaŋ-guraŋ* verlassen, sei noch etwas über den religiösen Sinn der weitverbreiteten Ockerfärbung der Knochen gesagt. Capell hörte von einem Wanderang im SO-Arnhem-Land folgende Worte über einen Eingeborenen, der die Ockerfärbung vornimmt: *Nanuan'njaja nawarijuju waridj-njirigini namarba njugur* — „Jenen Mann wir nennen Hände heilig", oder mit anderen Worten: „Wir nennen ihn den Mann mit den heiligen Händen". Capell fügt hinzu: „Das Einreiben der Hände mit rotem Ocker, der auf die eingetrockneten Knochen verrieben wird, ehe sie für die Bestattung zusammengepackt werden, stellt eine weitreichende Lehre von den lebengebenden Substanzen dar. Die ‚heiligen' Eigenschaften des Ockers dehnen sich durch Berührung auf die Hände dessen aus, der ihn, d. h. den Ocker, anwendet" [170]. Bei den „lebenspendenden" Substanzen handelt es sich um jene geistigen Eigenschaften, die wir mit *djalu,* Vital- oder Geistkraft, bezeichneten und die Strehlow „Lebenskeime" nennt.

2. Höhlenbilder in Nord-Kimberley

Wenden wir uns nun den *Wandjina-* oder *Wondjina*-Höhlenbildern von N-Kimberley zu. Sie wurden 1838 von George Grey entdeckt und einige von ihnen 1946 von H. Coate unversehrt wiedergefunden. Die Frobenius-Expedition (1938/39) entdeckte eine große Anzahl anderer *Wandjina*-Bilder, die von H. Petri, A. Schulz und A. und K. Lommel veröffentlicht wurden. Weitere Nachforschungen wurden von uns 1953/54 angestellt [171] und neuerdings, jedoch noch unveröffentlicht, von J. Crawford, Kurator am Westaustralischen Museum in Perth (Westaustralien). Im Mündungsgebiet des Prinz-Regent-Flusses stießen wir auf eine höhergelegene, nach außen abgeschlossene Höhle mit zwei *Wandjina*-Deckengemälden. Während die linke, 110 cm große Figur Kopf, Leib und Füße hatte, zeigte die rechte, nur 45 cm lange Gestalt bloß Kopf und einen Teil der Brust. Wie bei den meisten anderen *Wandjina* war das Auffallendste der über den Köpfen angebrachte „Heiligenschein", der in weiße und rote Felder eingeteilt war. Das Gesicht des größeren Bildes war ebenso leer und ohne Mund wie bei *Am-bulaŋ-guran.* Die Hals- und Brust-

169 *Worms* 1954, Tafel 3 a und b.
170 *Capell* 1959, S. 214—215, 220 *(wugurmelen).*
171 *Elkin* 1948, S. 1—15; *Petri* 1954, Taf. XVI—XX; *Worms* 1955, S. 552, 553 mit Abb. zu S. 566; *Schulz* 1956, S. 32, Taf. IX, XV, XVII, XIX; *Lommel—Lommel* 1959.

7. Felsmalerei, einen Wondjina darstellend, Kimberley

partien bestanden aus einer weißen nierenförmigen Fläche mit einem zapfen-
artigen Fleck über dem Brustbein, der wahrscheinlich das Leben oder die
djalu-Kraft andeutete (es gibt in bezug darauf die verschiedensten Deu-
tungen). Der übrige Teil des mumienhaft steifen Körpers war von roten,
kurzen Strichen bedeckt. Wie die meisten *Wandjina* wiesen sie keine Ge-
schlechtsmerkmale auf. Die Füße waren so gemalt, als wären ihre Sohlen
von unten her sichtbar gewesen. Schulz und Lommel haben mehrere Höhlen
besucht, in denen 2 bis 10 *Wandjina*-Figuren nebeneinanderstanden oder
nur eine Reihe von *Wandjina*-Köpfen angebracht war[172]. Hinter solchen
Vervielfältigungen steht vermutlich dieselbe Idee, die bei Häufungen von
Tjurunga und gleichen Felsgravierungen mitspielte, nämlich den *djalu*-Effekt
schnell und nachhaltiger zu erzwingen. Aber noch eine andere Interpreta-

172 *Schulz* 1956, Taf. I, IX, XXV; *Lommel–Lommel* 1959, Taf. 3, 4.

tionsmöglichkeit bietet sich an: Ungarinyin-Gewährsleute nannten sie *yayari* = Geistkinder. Neben diesen Gestalten sind ohne sichtbare Ordnung Bilder von Känguruhs, Ameisenfressern, Dingos, Krokodilen, Reihern, Eulen, Adlern, Fischen, Schildkröten und eßbaren Wurzeln entworfen, aber keines von ihnen im Röntgenstil des Arnhem-Landes. Generationen haben sie unter ständiger Erneuerung der Farben beim Vollzug der Vermehrungsriten gedient. Sehr eindrucksvoll waren die *Wandjinas* der *Ɲuɲunda*-Höhle im zentralen N-Kimberley, von uns 1953 entdeckt und drei Jahre später von A. Lommel unverändert wiedergefunden. Zweiundvierzig aufrechte weiße Schlangenköpfe mit schwarzen, gelben und roten Umrissen und Hunderten von Schuppenstäbchen richteten ihre schwarzen Augen auf den Besucher. Zwischen ihre Leiber zwängten sich *Wandjina*-Häupter und langgestreckte Figuren der *Ɲindiwan*, der Freunde der Regenbogenschlange und Bringer des Regens. Auf eine Felstafel war eine zusammengerollte Schlange gemalt, die auf ihrem Nacken ein Kind trug und deren Leib von Eiern strotzte. So kam deutlich ihr Fruchtbarkeitscharakter zum Ausdruck. Wie in der Höhle der „Blitzbrüder" in W-Arnhem-Land sahen wir auch hier auf einem Felsentisch blankpolierte Steine neben den Eierbecherlöchern oder *dagur* (von *doan*, „hämmern"), die durch vieles Reiben zum Zwecke der Herstellung des mythisch fruchtbaren Staubes entstanden waren und uns als Schlupflöcher der *Uɲud*-Schlangen zur Unterwelt erklärt wurden. Vor der Höhle erhoben sich alte Steinsetzungen, die Köpfe der *Uɲud* sein sollen, aber auch an einen Phalluskult erinnern.

In der apsisartigen Felsnische von *Maliba* fand A. Schulz 1938 eine 3,15 m lange senkrecht angebrachte „*Uɲud*-Schlange", in die sich der männliche Geist *Galini* verwandelt hatte, sowie das horizontal leicht gebogene Schlangenpaar *Waiwaɲeri* und *Lirindindi*, die Frauen dieser *Uɲud*. Die Überlieferung eines weiblichen Schlangenpaares namens *Madja-bar-wa* besteht auch am Westufer des Carpentaria-Golfes. *Madja-bar-wa* erscheint als wanderndes Schöpferpaar in den dortigen *Gunabibi*- und *Djaɲgawal*-Epen[173]. Diese Tatsache gewährt uns einen neuen Einblick in die weite Verbreitung ähnlicher nordaustralischer Fruchtbarkeitskulte, die mit dem Schlangenmotiv verbunden sind.

Was ist nun der Sinn der *Wandjina*-Höhlenbilder? Nach Ansicht der Bewohner von N-Kimberley waren an der Gestaltung des heutigen Weltbildes neben dem Schöpfergeist *Galoru* Wesen namens *Walaɲgur*, *Walanganda*, *Uɲud* und *Wandjina* sekundär beteiligt[174]. Nach Petri (1954, S. 174) sind: *Wandjina* die lokalen totemistischen Ahnen; *Uɲur* die mythische Urzeit und *Uɲud* mythische Regenbogenschlangen, allerdings identifizierbar mit den

173 *Schulz* 1956, Taf. XIV; *Capell* 1960, S. 37—38.
174 *Lommel* 1952, S. 10—18; *Petri* 1954, S. 96—146, 323—330; *Lommel—Lommel* 1959, S. 17—19.

Wandjina-Wesen. Ihre Tätigkeiten überkreuzen sich aber derart unentwirrbar, daß man ein einheitliches Schöpferwesen annehmen möchte, wozu die phonetische Übereinstimmung dieser Eigennamen berechtigt. Den ersten beiden Namen unterliegt ein Vaterbegriff, die folgenden deuten auf den amphibienhaften Charakter ein und desselben Wesens. Alle sind echtes zentral- und nordaustralisches Sprach- und Kulturgut.

Walaŋgur ist als Schlangenwesen in Nordaustralien, Queensland und Zentralaustralien bekannt und kann im Arnhem-Land mit *Bapa Indi*, dem Großen Vater, und im Dampier-Land mit *Ibal Djuru*, der Vater-Schlange, identifiziert werden. In Queensland ist *Weluŋga* ein Teil der *Moloŋa*-Tänze [175], *Walaŋa* ist die heilige Schlange der Aranda [176], *Ma-Walaŋgar* oder *Walgadanj* ist die gefährliche, sog. einäugige Regenbogenschlange in NW-Kimberley (*Walanganda* als Identifikation der Milchstraße und urzeitliches Schöpferwesen). Auch der Name des berühmten *Juluŋgur* (oder Julungul), der Zentralfigur der religiösen Feiern des O-Arnhem-Landes, die nach Warner und Berndt (1964) von den Eingeborenen den Wesen *Muit*, *Bapa Indi* und *Waŋa* gleichgestellt wird, ist zum wenigsten linguistisch eine Variation von *Walaŋgur* [177].

Walaŋgur schüttete sein *djalu* über die schon von jeher existierende Welt aus und staute diese Kraft in den von ihm geschaffenen Höhlenbildern als den platonischen Prototypen aller (wenn auch noch nicht voll entwickelten) Lebewesen. In unterirdischen Räumen hauste zu gleicher Zeit das Wasserschlangenwesen *Uŋud*, dessen Geschlecht sich nicht klar bestimmen läßt. Aus seinen Eiern ließ *Uŋud* die ihm an Macht gleichen *Wandjina* erstehen, die mit ihm in den Höhlenbildern Wohnung nahmen. Gemeinsam und wie ein einheitliches Wesen gaben sie der Erdoberfläche die endgültige Gestalt und erhoben alle Lebewesen in den heutigen vervollkommneten Zustand. Nach Abschluß dieser Tätigkeit erfüllten sie die Höhlenbilder, die dauernden Monumente ihrer Schaffenszeit, für alle Zeiten mit ihrer helfenden Anwesenheit und zogen sich in die Tiefen der nahegelegenen Quellen oder Seen zurück, in denen kein Eingeborener zu schwimmen wagt. Bevor sie ihre diesseitige Existenz beendeten, ließen sie die Schatten ihrer Körper als Felsbilder zurück (Petri 1954, S. 109 ff.). Nur der durch die Initiation vorbereitete und erblich berechtigte Mann kann beim Auffrischen der Farben der Höhlenbilder jene Emanationen entströmen lassen, die zum Fortbestand der Lebewesen notwendig sind. Er „macht" diese Dinge geradeso wie der Maler der Rinden-

---

175 *Roth* 1887.
176 *McCarthy* 1957, S. 123, Abb.
177 *Mountford* 1956, S. 462—463. Die Beschreibung der *Unjaut*schlange stimmt mit der *Gunmaŋgur*-Schlange der Murinbata überein: bunt, mit Mähne und Bart, Wohnsitz in den Wolken während der Regenzeit, in Sümpfen während der Trockenzeit; sie ertränkt Menschen bei Überschwemmungen und verschlingt Besucher der Sümpfe.

bilder oder der „Mann mit den heiligen Händen" (S. 219), der die Knochen mit Ocker rötet. Die Erneuerung eines Höhlenbildes sowie einer Felszeichnung oder einer Tjurunga darf nicht als eine materiell-magische Handlung betrachtet werden; sie ist nach Ansicht der Eingeborenen ein religiöser Akt, der die Kontinuität des Naturgeschehens sichert. Eine unlegitimierte Annäherung an ein Bild würde Tod oder Krankheit des „Sünders" nach sich ziehen und seinen Stamm unter Umständen sogar durch eine Wasserflut vernichten. *„Olgadanj durba, malo mi-anda lani; wama-bonda djoio"*, sagte ein Yaoro-Mann — „Du darfst dich *Olgadanj*, der Regenbogenschlange (deren persönliche Kraft in den *Uŋud*-Bildern ruht), nicht nähern; sie wird dich sonst verschlingen".

c. Bodenbilder

Wir beenden dieses Kapitel mit der Beschreibung der australischen Bodenfiguren und Felsgravierungen, um den religiösen Gehalt auch dieser Naturkunstwerke kennenzulernen.

Am Anfang der Jugendfeier legten die älteren Männer der Yuin in SO-Australien ihre Waffen um ein etwa 15 cm hohes, aus Sand und Zweigen hergestelltes Relief ihres großen Urzeitheros *Djaramaljan (Daramulun)* und teilten den Kandidaten seinen esoterischen Namen *Bjambam* beim ersten religiösen Unterricht mit. Die Aranda errichteten längliche Sandhaufen, auf die sie mit roter Farbe die Schlange *Walaŋa* zeichneten, die mit der Schöpferschlange *Walaŋgur* (N-Kimberley) übereinstimmt, oder legten in leichten Vertiefungen farbenprächtige Bilder aus Holzkohle, Ocker und Daunen auf dem flachen Boden an, den sie mit ihrem Armblut härteten. Diese *rala* (= Boden) *ilbantera* stellen jene Wasserstellen und Felsen dar, aus denen die Ahnengeister sich erhoben und in die sie sich zurückzogen (S. 260 f.)[178]. In ähnlicher Weise warfen die Murngin (SO-Arnhem-Land) quadratische Sandstreifen auf, die den Wasserplatz der *Juluŋgur*-Schlange und der *Wauwelag*-Schwestern vorstellen sollten. In heiligem Spiel trieben die Männer mit ihren Speeren diese Schlange in ein fingiertes Wasserloch. Ungefähr 15 cm hohe Erdlinien, wie wir sie schon aus der Beschreibung des Initiationsplatzes kennen, wurden unmittelbar vor der symbolischen Hütte der Fruchtbarkeitsmutter *Ŋagorgok* bei der *Yabuduruwa*-Feier im SO-Arnhem-Land gezogen. Wie der Mutterleib dieses Schlangenwesens den ganzen Stamm umfing, so nahm er auch die Novizen in sich auf, sobald sie in diese Erdumfassung geführt wurden[179]. Bei den Bād fanden wir im Mangrovengebüsch des King-Sundes eine große Bodenfigur *Galalaŋs* als Tiefrelief, das

---

178 *Curr* 1887, Bd. III, S. 420; *Howitt* 1904, S. 553; *Strehlow* 1947, S. 58.
179 *Warner* 1936, S. 265; *McCarthy* 1957, S. 125, 126; *Elkin* 1960, S. 172 ff., 181.

aus dem Kiesboden herausgescharrt war. Umgekehrt begegnete uns bei den Gogadja die Herausarbeitung menschlicher Hochreliefs ihrer Geister aus zusammengeschobenen Manganeisensteinchen.

Bodenbilder als einfache oder auch kunstvollere Sandzeichnungen sind vermutlich ein allgemein australisches Erscheinungsbild, jedoch nicht immer unbedingt im Zusammenhang mit religiösen Ideen und kultischen Handlungen. Bei Gesprächen bedienen sich die Eingeborenen gerne und oft dieses Hilfsmittels, um ihren Gedanken und

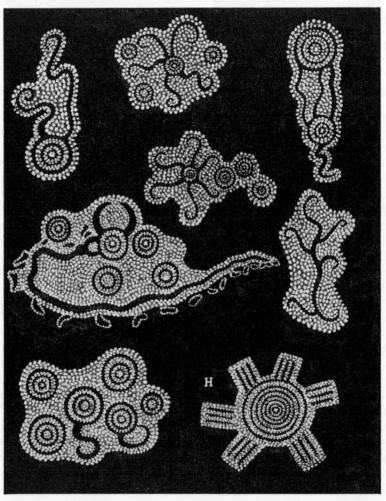

8. Bodenbild aus Zentral-Australien, zur Illustrierung des Mythos der Regenbogenschlange. Es sind zu sehen die Regenbogenschlange, Wasserlöcher, die in der Mythe eine Rolle spielen, und Fußspuren von Menschen, die die Schlange verfolgen

Vorstellungen einen sichtbaren Ausdruck zu verleihen. Mit einem Zweigstöckchen oder mit dem Finger werden nach vorheriger Säuberung und Glättung des Sandbodens die Zeichnungen angebracht und, sobald sie ihren Zweck, die Demonstration eines Themas, erfüllt haben, mit der Hand wieder ausgewischt. An sich wäre diese Sitte nicht weiter erwähnenswert, denn es handelt sich hier doch wohl um eine ziemlich allgemeine menschliche Gewohnheit. Das Bemerkenswerte ist aber, daß der Zeichner in der Mehrzahl der Fälle die durch die mythische Überlieferung seiner Gruppe sanktionierten Motive konventioneller Art verwendet, um Kompositionen zu erstellen, die Traumerfahrungen, Jagderlebnisse, beobachtete Geschehnisse unterschiedlichster Art, historische Reminiszenzen, soziale Probleme, abstrakte Gedankengänge u. a. m. bildlich zum Ausdruck bringen. Am profiliertesten sind stets die Darstellungen von Wanderungen und Reisen, ohne und mit den Verkehrsmitteln der Weißen. Mit Hilfe von Linien, Kreisen, Spiralen, Fußspuren, phyto-, therio- und anthropomorphen Symbolen werden ihre Etappen und topographischen Merkmale genau registriert. Es entstehen dabei schematische Landkarten, die zwar ein von dem unseren abweichendes Proportionsgefühl verraten, aber trotzdem exakt sind und sogar zu einem Hilfsmittel der Orientierung für den Europäer werden können (*Berndt–Berndt* 1964, S. 141, 229, 230, 232, 263, 348, 369; *Petri* 1966, Fig. 1 [S. 334], 2 [S. 342], 3 [S. 344]).

Im Zusammenhang mit der Felsbilderkunst, der Rindenmalerei und den Bodenzeichnungen sollten künstlerische Leistungen australischer Eingeborener Erwähnung finden, die erst durch die Kontakte mit der westlichen Gesellschaft möglich wurden. An den 1962 verstorbenen Aranda-Maler und seine Schule in Hermannburg, die eine internationale Berühmtheit erlangte, soll hier nur erinnert werden. Diese Künstler haben aber den Traditionalismus weit hinter sich gelassen und sich in Motiven, Stil und Ausdruck bereits weitgehend europäischen Vorbildern angepaßt. Für uns sind von Interesse eigentlich nur solche Produkte einer traditionell orientierten Eingeborenenkunst, die auf Initiative von Ethnologen bzw. Anthropologen angefertigt wurden, und zwar mit Hilfe von Blei- oder Farbstiften auf braunem oder auch weißem Papier. Diese Methode zur Dokumentierung der religiösen, kultischen, sozialen, aber auch ökonomischen Vorstellungen und Einrichtungen, kurz gesagt, der Totalität ihrer überlieferten kulturellen Werte, geht in ihren Anfängen bereits bis in das vorige Jahrhundert zurück, als ein Medium wissenschaftlicher Feldforschung wurde sie aber erst in den dreißiger Jahren unseres Jahrhunderts von *N. B. Tindale* und *C. P. Mountford* entwickelt. Ihren Beispielen folgten dann *Berndt–Berndt*, *Petri* u. a. Große Sammlungen solcher Zeichnungen von relevantem Aussagewert über den Künstler selbst und die geistig-kulturelle Strukturierung seiner Gesellschaft befinden sich im südaustralischen Museum, im Dpt. of Anthropology der Universität von Westaustralien sowie im Privatbesitz der genannten Forscher (*Berndt–Berndt* 1964, S. 364/65; *Petri* 1967, Abb. I–IV).

d. Felsgravierungen

1. In Neu-Süd-Wales

Während Bodenbildern eine nur temporäre Bedeutung zukommt, haben sich zahlreiche Felsgravierungen in ausgedehnten Freilichtgalerien bis heute erhalten. Wir beschäftigen uns zuerst mit den Felsbildern aus der Umgebung von Sydney; danach wollen wir die noch reicheren Bildstellen in SW-Kimberley behandeln. Nicht weniger als 4000 Steingravierungen befinden sich zwischen dem Stillen Ozean und den Blauen Bergen in den Wäldern der zerrissenen und steilabfallenden Sandsteinplateaus und erzählen den Bewohnern der nahen Großstadt Sydney von der tiefen religiösen Verbindung, die die verschwundenen Ureinwohner mit der Überwelt pflogen. Nahe, nebeneinander eingehämmerte Löcher von 12 mm Weite und 3 bis 4 mm Tiefe, die mit Steinwerkzeugen zu einer zusammenhängenden Linie verrieben wurden, bilden die Umrisse der meist horizontalen Bilder, die vom Kleinformat bis

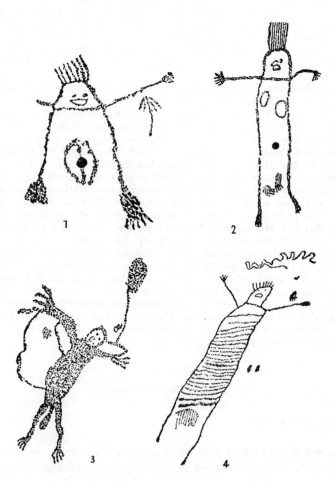

9. Felsgravierungen, anthropomorphe Darstellung

zu einer Größe von 8 bis 20 m reichen[180]. Da bald nach der Gründung von Sydney (1788) die Kamaraigal und die benachbarten Daruk am Hawkesbury-Fluß verschwanden, kann der Sinn ihrer hinterlassenen Felsbilder fast nur durch Vergleiche mit den religiösen Anschauungen der etwas westlich wohnenden Wiradjuri erschlossen werden; diese sind auch eingehender erforscht worden. Neuere Forscher wie McCarthy erkennen in den menschlichen Figuren von Sydney übernatürliche Wesen wie *Baiami* oder *Djaramaljan,* „den großen Allvater", seinen einbeinigen Sohn oder Bruder und ihre Frauen und Familien. Nach Curr nannten die am Hafen von Sydney wohnenden Eingeborenen ihren Geist *Boye*[181], was eine verkürzte Form für *Baia-mi* ist.

Auf „Prozessionswegen", die durch lange Reihen von eingemeißelten Spuren von Menschen und Tieren gekennzeichnet sind, zogen nach McCarthy die Ureinwohner von einer Bildergruppe zur anderen und wiederholten vor den einzelnen Bildstellen dramatische Szenen ihrer alten Mythen — ein kostbares Seitenstück jener religiösen Feiern, die sich 2800 km entfernt am Heiligen Pfad von *Am-bulaŋ-guran* und 2000 km entfernt bei der heiligen Höhle des Gipfels der Macdonnell-Berge vollzogen. Bei Sydney befinden sich neben eingehämmerten Geistbildern zahlreiche Gravierungen von Fischen, vom Leierschwanz oder *Djagola,* von Känguruhs, Jagd- und Fischszenen, allerdings ohne die Feinheiten der nördlichen Wandbilder, was der spröden Beschaffenheit des Arbeitsmaterials zuzuschreiben ist. Man muß schon einen Augenblick innehalten, um sich der großen Zeiträume und der ausgedehnten Kulturverschiebungen bewußt zu werden, die notwendig waren, um die technischen und vielleicht ideologischen Übereinstimmungen der religiösen Bildkunst auf beiden Flanken des australischen Kontinents zustande kommen zu lassen.

2. In Südwest-Kimberley

Die Felsbilder des Nordwestens finden sich in großer Anzahl am oberen Yule-Fluß, am Galeriehügel bei Woodstock sowie bei Port Hedland und auf der benachbarten Depuch-Insel; die ersten beiden Fundstellen wurden von uns 1954, die letzteren von F. D. McCarthy 1961 veröffentlicht[182]. Vom Gipfel der meist von trockenen Zuflüssen des Yule umgebenen *Wamaránа-* oder *Mángulagúra*-Insel schaut eine nach unten gekehrte sichelartige Gravierung weithin sichtbar über das umliegende Buschland. Sie gibt eine einzige hochgewölbte Windung eines Schlangenleibes wieder, in deren konkavem Raum eine Frauengestalt mit hocherhobenen Armen, einer übergroßen

180 *McCarthy* 1958, S. 19; Abb. 13, 16; 1965, S. 84 ff.
181 *Curr* 1887, Bd. III, S. 409.
182 *Worms* 1954, S. 1067—1088, 25 Abb.; *McCarthy* 1961, S. 121—148, 346 Abb.

Vagina und einer quer dazu gelagerten Männergestalt ruht. Dieses Bild verleiht der Flußinsel deutlich das Gepräge einer Fruchtbarkeitsstätte. Ein Bild auf dem Galeriehügel läßt eine Schlange mit offenem Rachen sich zwischen eine männliche und eine weibliche Gestalt drängen. Auf anderen Granitblöcken bewegt sie sich ebenfalls mit geöffnetem Maul von dem Penis eines auf dem Kopfe stehenden Mannes auf die Vagina einer aufrechtstehenden Frau zu oder liegt in kriechender Haltung neben einem vereinten Paar. Die hier angedeutete Konzeption kommt auf einer *tjurunga* der nicht weit entfernten Garadjari durch eine mittels eingekerbter Schraffierungen hervorgehobene, sich windende Schlange und einen in gleiche Richtung zeigenden stilisierten Phallus zum Ausdruck, der der Fruchtbarkeitsschlange und dem von ihr herrührenden Geistkind den „Weg" in den Mutterschoß eröffnen soll. Auf einer vertikalen Felsfläche sind etliche Menschenpaare von einer langen Schlange wie von einem Rahmen umschlossen. D. C. Fox [182a] fand bei Woodstock — nur wenige Kilometer vom Galeriehügel entfernt — zwei zum Geschlechtsverkehr bereite Frauenfiguren innerhalb eines Schlangenbogens in der Nähe einer rudimentären Männergestalt; Lommel erblickt in ihnen „tanzende Frauen" [183]. Während auf dem Galeriehügel einzelne Männer und menschliche Paare zahlreich vertreten sind, sehen wir auf *Mangulagura,* der „Fraueninsel", hauptsächlich stilisierte, mit übergroßen Genitalien versehene weibliche Hockergravierungen, die zur Erzielung einer dreidimensionalen Wirkung zuweilen auf Wölbungen und Kanten der Felsen angebracht sind. Es scheint sich um weibliche Kopulations- und Gebärstellungen zu handeln, also um Fruchtbarkeitsmotive, die mit Feiern der Vorläuferin der nordaustralischen Großen Mutter *Gunabibi* (S. 247 f., 249) in Verbindung standen. Lommel bezeichnet diese „Hocker" als das „wichtigste Motiv der zirkumpazifischen Kunst im allgemeinen und besonders der Südseekunst im engeren Sinne". Er hält die Beziehung dieser Felsgravierungen zu solchen in West-Neuguinea für naheliegend, wenn auch noch für ungeklärt [183a].

Auf einigen Tier- und Menschengravierungen fallen geschwungene Linien, die die Körper verlassen und umgeben, sehr auf. Frobenius und Obermaier fanden ähnliche Kompositionen auf nordafrikanischen Felsgemälden, die sie als Andeutung bestimmter „Eheverbände" und „Filiationsverhältnisse" erklärten. Auf einem Känguruhbilde am Galeriehügel beobachteten wir weitausholende Bogen, die die Genitalien mit den Schulterblättern, dem Hals und dem Schwanzende desselben Tieres verbanden. Fox fand in der Nachbarschaft die Meißlung einer Männerfigur, von deren Zehenspitzen eine die

182a D. C. Fox in *Petri-Schulz* 1951.
183 *Petri–Schulz* 1951, S. 70–93; *Lommel–Lommel* 1959, S. 104; *Lommel* 1961, Abb. 11.
183a *Lommel–Lommel 1959,* S. 29, 35 (Verbreitungskarte), 61, 70, 71.

ganze Gestalt umfassende Bogenlinie ausging[184]. Eine ähnliche Darstellungs-
weise tritt auch auf Rindengemälden in N-Arnhem-Land auf, wo ein
Krokodil oder Iguana mit einem Manne im selben Zirkel eingeschlossen ist,
der in den Fußspitzen des Mannes beginnt und endet[185]. Auf dem Bilde von
Fox laufen außerdem vom Kopf, vom Organ und von den Fußspitzen des
Mannes bogenförmige Linien, die an unsere Springseile erinnern, zu den
Köpfen und Genitalien der Frauen.

Wir erblicken in diesen schwungvollen Linien äußere Anzeichen eines
rituellen Vermehrungsvollzuges: während der Künstler das Bild in den Stein
schlägt, sendet er durch die Geschlechtsorgane bildlich fruchtbare Lebenskräfte
aus. Eingeborene in N-Kimberley erklärten Petri, daß die menschliche
Lebenssubstanz oder Seele (Geistkind) aus der *Uŋud*-Schlange in den Menschen eintrat und daß diese geistige Substanz beim Traum den Körper „als
feiner, dünner Faden" verlasse, um umherzuwandern[186]. So mag auch die
vom *djalu* begleitete Linienmeißlung des wunschbeseelten Künstlers den Aus-
und Eingang der Lebenskeime aus den überirdischen Wesen in Menschen
und Tiere in Gang gesetzt haben.

Die weitbekannte mythologisierte Konzeptionslehre vom präexistierenden
Geistkind, die mit den neueren Beschneidungs- und Subincisionsriten einher-
geht, hat der Bedeutsamkeit der physiologischen Vaterschaft bei vielen Stämmen des Festlandes Abbruch getan. In früheren Jahrhunderten scheinen die
Eingeborenen das Wesen des väterlichen Prinzips allgemein richtig erkannt
zu haben, wenngleich sie es — wie die Eingravierungen zeigen— unter dem
Beisein und Beistand des Schöpfergeistes im Schlangensymbol wirksam hielten. Diese naturalistisch-religiöse Auffassung vom Lebensursprung bestand
bei vorsichtiger Schätzung des Alters der Bilder des Galeriehügels vor mindestens 500 Jahren. Wahrscheinlicher ist jedoch, daß diese Lehre schon vor
mehreren Jahrtausenden existierte; McCarthy datiert die Felsgravierungen
der Depuch-Insel, nur 150 km vom Galeriehügel entfernt, mehrere tausend
Jahre zurück.

Die vielen in Felsen gehämmerten Motive waren weniger das Produkt eines
spielerischen Darstellungsdranges als eine wiederholt vorgenommene Ver-
mehrungsliturgie desselben oder anderer Interessenten, deren Anliegen in
gleiche Richtung gingen. In die Granitfelsen meißelten sie dieselben religiösen
Gedankengänge ein, die sie anderswo durch Übermalung der Höhlengemälde,
Reibung neuer Quirllöcher, Erneuerung der Tjurunga und deren Einsalbung
mit Känguruhfett und Ocker kundtaten.

Eine weitere Besonderheit der Intaglios des Galeriehügels sind die an hohen

184 *Frobenius–Obermaier* 1935, S. 50; *Petri–Schulz* 1951, S. 70–93; *Lommel–Lommel*
    1959, S. 103; *Lommel* 1961, Abb. 5.
185 *Kupka* 1958, S. 16 und Titelbild.
186 *Petri* 1954, S. 157.

hervorstehenden Felswänden angebrachten Einzelgravierungen männlicher und weiblicher Figuren, deren Organe Strahlenbündel mit rautenartigen Enden entsenden. Es handelt sich hier um urinierende Gewittergeister. Für diese Erklärung haben wir einen festen Anhalt in der von Eingeborenen des O-Arnhem-Landes auf hölzerne Tabakpfeifenröhren gemalten Gestalt des Gewittermannes *Bolyo*. Er uriniert in gleicher Stellung von hohen Bäumen solche linienartigen Strahlen herab, die sich in Gewitterwolken verwandeln. Da nach verbreitetem Glauben in den so entstandenen Regentropfen die Geistkinder oder menschlichen Lebenskeime enthalten sind, wird es sich bei unseren Felshämmerungen um einen liturgischen Anstoß zur Neubelebung der Pflanzen- und Tierwelt sowie zum Wachstum des Stammes gehandelt haben.

Angaben, die *Petri* in den Jahren 1954 und 1960 von verschiedenen Informanden in Anna Plains, Port Hedland und La Grange über die mythischen Hintergründe der Gravierungen von *Bilba-ra* (Port Hedland) und der in Stil und Ausdruck von ihnen völlig verschiedenen Gravierungen von Woodstock, Abydos und des oberen Yule-River (südlich und südwestlich von Port Hedland) bekommen konnte, sind zwar anderer Art, stehen jedoch in keinem grundsätzlichen Gegensatz zu den Deutungsversuchen des Verfassers. Sie geben uns folgendes Bild: Die von *Debulan,* einem mythischen Zentrum in der mittleren Westlichen Wüste, in nördlicher Richtung aufbrechenden *Wandji* (*kuray-gara*, s. S. 188 f.)-Gruppen waren als *Mindjebuṛuṛuŋ* = voll initiierte Männer, von mythischen Frauen begleitet, die sich im Besitze aller, später nur den Männern vorbehaltenen Kultgeheimnisse befanden. Als *mani wangu-mele* = ‚Zeichen Stein zugehörig‘ = Felsbilder hinterließen sie die Darstellungen ihrer selbst auf den Felsen des von ihnen durchwanderten Landes. Die Petroglyphen von Abydos, Woodstock und dem Oberen Yule-River werden also von den heutigen Eingeborenen jener Region mit einer bestimmten *Wandji-kuray-gara*-Tradition in Beziehung gesetzt (s. *McCarthy* 1965, S. 87, auch von ihm als „*Gurangara*-engravings“ bezeichnet). Das trifft aber auch zu für die sich von ihnen in technischer und stilistischer Beziehung unterscheidenden Gravierungen von *Bilba-ra,* die gleichfalls als Dokumentation der urzeitlichen Wanderungen der *Wandji*-Gruppen in detaillierter Weise interpretiert werden. Wir können natürlich niemals mit Sicherheit feststellen, ob es sich hier um eine Deutung des ursprünglichen Sinnes dieser in sich so ungleichartigen Felsbilderkunst handelt, oder um eine neuere, den gegenwärtigen Kultursituationen angepaßte „Reinterpretation“ (*Petri* 1967, S. 7/8). Detailliertere Studien über die von *Worms* nicht berücksichtigten Zentren australischer petroglyphischer Kunst, die in der Mehrzahl der Fälle keinerlei klare Bezüge zu den noch lebenden Kulturen der Farbigen aufweist, stehen u. a. von folgenden Autoren zur Verfügung: *Hale* und *Tindale* 1929, 1930; *Davidson* 1936, 1952; *Elkin* 1949; *McCarthy* 1941, 1956, 1958, 1961, 1965; *Berndt–Berndt* 164; *Petri* 1966).

Zwei moderne Vorkommen in O-Arnhem-Land lassen die Möglichkeit zu, daß es sich bei diesen Linien um Darstellungen von Nabelschnüren mythischer Wesen der Frühzeit handeln mag. Berndt fand bei den Yirrkalla solche ebenfalls aus der Vulva hervortretende Linienzeichnungen, die ihm als jene Umbicilusstränge erklärt wurden, durch die die wiedergeborenen Neophythen mit dem Schoß der beiden *Wauwelag*-Schwestern (S. 249) verbunden sind und bleiben. Auch in der von Mountford erwähnten langen Schnur, an der nach Auffassung des gleichen Stammes zwei Frauen des Geisterreiches *Baralgo* (S. 249), den Morgenstern, ein persönliches Wesen, nach dessen Untergang zu sich zurückziehen, um ihn an derselben Leine jeden Morgen erneut ausziehen zu lassen, darf man mit großer Wahrscheinlichkeit die Darstellung der Mythe der lebenspendenden Nabelschnur als akute Verbindung mit der Überwelt wiedererkennen. Vor vielen Jahrhunderten hätte demnach schon unter den Felsen von *Wamarana* oder *Mangulagura* und am Galeriehügel ein mit weiblichen Geistwesen verknüpfter, esoterischer Weihe- und Fruchtbarkeitsdienst bestanden, der später in 2200 km weiter nordöstlich gelegene Landstriche vorgedrungen ist und sich dort bis heute erhalten hat[187].

II. HEILIGE WESEN

Die Völker Australiens haben viele Namen für mythische Wesen. Hinter der Verteilung und dem sprachlichen Aufbau dieser religiösen Bezeichnungen verbergen sich ebenso viele, bis heute noch wenig erforschte Geschichtsereignisse, unter denen der mit ausgedehnten Volksverschiebungen einhergehende Austausch religiöser Termini nicht unbedeutsam ist. Durch Wortanalysen und Sprachvergleichungen ergibt sich, daß es sich z. B. bei der Anhäufung von Namen für übernatürliche Wesen weniger um eine ebenso große Zahl von Geistwesen handelt, als vielmehr um phonetischen Gesetzen unterworfene Wiederholungen der Namen einer geringeren Menge von höheren numinosen Gestalten. Durch Anwendung und Mischung archaischer und neuerer Wörter mit entsprechenden Synonymen anderer, zuweilen entfernter Stämme, außerdem durch Wortumstellungen innerhalb mythologischer Komposita und Beifügung von Verhältniswörtern nebst den dabei hervorgerufenen Wandlungen konnte sich eine lange Skala von scheinbar selbständigen Eigennamen entwickeln, die die hinter ihnen ruhende fundamentale Einheit der australischen Sprachen und Religionen verschleierte. Dies bezieht sich hauptsächlich auf zwei, nicht immer scharf zu unterscheidende Wortgruppen, die bei solchem Wortbildungsprozeß verarbeitet wurden, nämlich auf sinnverwandte Wörter für „Wesen, Mensch, Person, Mann, Frau, Kind, Stamm" sowie auf Verwandtschaftsbezeichnungen, die jedoch auch Werkmaterial für die erste Gruppe geliefert haben. Bei Untersuchung

187 *Mountford* 1956, S. 393; Fig. 60 c. Vgl. 326; *Berndt* 1952, S. 202; *McCarthy* 1965, S. 87.

von Verwandtschafts-Nomenklaturen, die für die Bildung von Geistnamen in Frage kommen, darf der Forscher nicht vergessen, daß ihnen nicht das abendländische Blut- und Schwagerschaftsverhältnis zugrunde liegt, sondern das eigenartige klassifikatorische System der australischen Familien- und Gruppenordnungen. Zu bemerken ist, daß beide Wortklassen für die Namensbildung nicht nur von Geistwesen, sondern auch von urzeitlichen Ahnen bzw. Heroen, von Wohnsitzen der Geister im Bereich der Gestirne, von Stammesältesten, Medizinmännern, Riten, Geräten, Plätzen usw. Beiträge geliefert haben.

Bei Besprechung der Geistwesen haben wir, ohne im geringsten die Existenz höherer Wesen bei den Australiern anzuzweifeln, die Bezeichnung „Gott" vermieden. Das vorhandene Material und unsere langjährigen Beobachtungen sowie diejenigen Stanners und T. G. H. Strehlows bieten keinen genügenden Anhalt, bei ihnen einen Glauben an einen Gott oder gar Hochgott anzunehmen. Wir konnten kein einziges Geistwesen in Australien feststellen, dem eine unbeschränkte und ungeteilte Macht über alle geistigen und physischen Gegebenheiten zugesprochen werden könnte. Der Begriff „Gott" ist zudem durch die Tradition der alten Welt so randvoll gefüllt und so voll beansprucht, daß wir nicht den Versuch wagen, in ihn auch noch die australische Auffassung von höheren Wesen hineinzuzwingen. Die Australier kennen wohl unerschaffene und unabhängige höhere Wesen, denen sie eine rituelle Achtung, aber keine latreutische Verehrung zollen. Der Titel „Schöpferwesen" kommt ihnen nur mit wesentlicher Einschränkung zu, da sie nicht im eigentlichen Sinne neuschaffen, sondern eine schon bestehende Welt weitergestalten und diese Tätigkeit mit anderen Geistwesen teilen. Es sind plötzlich auftretende, oft von Weibern und Kindern begleitete Geister in Tier- und Menschengestalt. Sie können ebenso unvermittelt in das Erdinnere oder in Quellen hinab- wie als angesehene Urväter selbst nach einem gewaltsamen, unwirklichen Tode zum Himmelsgewölbe aufsteigen, um als vergeistigte anthropomorphe Tier- und Astralwesen und Herren des Totenreiches endlos weiterzuleben. Mit diesen nicht weltentfernten Geistern fühlen sich die eingeborenen Männer mythisch verbunden. Durch Verlebendigung der von diesen Geistwesen eingesetzten Riten vermögen sie deren Urtaten zu reaktivieren. Nur hier und dort nähern sie sich ihnen durch gebetsähnliche Formen. Der Opfergedanke leuchtet noch in der Hingabe des eigenen Ich in den Initiationsfeiern einiger Stämme auf, ist aber oft durch symbolhaftes Sterben und Wiedererstehen so stark verschleiert, daß sich viele, wenn nicht die meisten Eingeborenen des tiefen Sinnes dieser Idee wohl kaum bewußt werden.

Auf Anregung von A. E. Jensen übernehmen wir für die höheren Wesen den technischen Ausdruck „Dema" [188], der Komplikationen mit dem Begriff

188 *Jensen* 1951, S. 116–123.

„Gott" oder „Götter" vermeidet und gleichzeitig den ethnologisch-termino-
logischen Vorteil hat, dem benachbarten Neuguinea zu entstammen (vom
Stamme der Marindanim), das dem fünften Erdteil manches von seiner
materiellen und geistigen Kultur mitgeteilt haben dürfte. Während die
Unterscheidung von Geistern jüngst Verstorbener und höheren Geistern
keine Schwierigkeit bereitet, ist es wegen der bildhaften Ausdrucksweise der
Eingeborenen und infolge unsicheren Quellenmaterials oft schwierig, eine
scharfe Trennungslinie zwischen den höheren Demawesen und der Schar der
niedrigeren Geister, wenn wir so klassifizieren dürfen, zu ziehen.

Zur übersichtlicheren Vorführung der Geistwesen Australiens begeben wir
uns in einer dem Laufe des Uhrzeigers entgegengesetzten Richtung von der
Grenze Südaustraliens und Viktorias nach der SO-Ecke des Erdteiles. Von
dort gehen wir an der Küste des Stillen Ozeans nach dem Norden, aber nicht
ohne die nächsten Binnenlandstämme einbezogen zu haben. Der Weg führt
uns dann weiter nördlich zur Westküste des Carpentaria-Golfes, sodann in
westlicher Richtung durch das Küstengebiet der Arafura- und Timor-See und
des Bonaparte-Golfes nach Kimberley und dann den Indischen Ozean entlang zum Süden, der ethnologisch und kultisch weniger bekannten SW-Ecke
des Kontinents. Nach einem Abstecher zu den Aranda in Zentralaustralien
beschließen wir diese „Forschungsreise" am unteren Murray-Fluß in Südaustralien.

1. West- und Zentral-Viktoria
(Bundjil oder Mami ŋadja)

Das Demawesen der Stämme des westlichen und zentralen Viktorias im
südlichen Australien war *Bundjil*, der Mann oder der Adlerhabicht. Die
letztere Bedeutung ist auch im Namen *Djaramaljan (Daramulun)*, dem Dema
der Stämme von S-Neu-Süd-Wales enthalten. *Bundjil* besaß zwei Schwa-
nenfrauen *(Gunawara)*, die ihm nach westlicher Überlieferung den Sohn
Binbil, den Regenmann, gaben, der mit seiner Frau den Regenbogen bildete.
Nach östlicher Tradition besaß er fünf Söhne und eine Tochter, die in der
irdischen Urzeit als Vögel und Fledermäuse, nach ihrem Himmelsaufstieg
aber als Sterne erschienen. Der von *Bundjils* Sohn und dessen Frau gestaltete
Regenbogen erinnert an die von *Gunmaŋgur* und seiner Frau *Ŋamur* ge-
formte Regenbogenschlange des Nordterritoriums und an das mit den Rücken
einander zugekehrte Regenbogenpaar der Aranda, dessen Kehlen den Donner
verursachten und dessen Zungen Blitze entwichen. Ein anderer Sohn *Bundjils*
trug denselben Namen wie der Sohn des Demawesens von Gippsland:
Daŋtuŋ oder *Taŋdaŋ*, wörtl. „älterer Bruder"; *Bundjils* Bruder *Djurdi*, „der
Stern-Antares", wörtl. „der Tote", hieß auch *Ŋaran*, d. i. einfach „alter

Mann", oder *Balina,* „die Fledermaus". *Djurdi* wird als ein haariger und gefährlicher Baumgeist beschrieben; die von ihm gelähmten Eingeborenen konnten jedoch mit Quarzkristallen der Medizinmänner geheilt werden. Alte Höhlenbilder in W-Viktoria stellten *Bundjil* in Begleitung eines Dingo, *Wiraŋen,* dar. Zu Zeiten seines Aufenthaltes auf der seit jeher existierenden Erde vervollkommnete *Bundjil* ihre Oberfläche zu ihrer gegenwärtigen Form und institutionalisierte das „Gesetz" = die zeitlos gültigen Wertordnungen. Die Eingeborenen sprachen mit großer Ehrfurcht von ihm als einem guten und gerechten Wesen. Im Augenblick seherischer Inspiration spricht *Bundjil* im Inneren des inspirierten Mediums der Wurundjeri. Wir versuchten, zwei ähnliche Gesänge, die Howitt veröffentlichte und die wie bei den Tasmaniern (S. 288 f.) das gleiche eschatologische Thema berühren, in Überarbeitung zu übersetzen:

Ŋadjuaga   ŋala   ŋumbag ba   ŋalam
Ich werde gehen ganz ins Grab   und zur Verwesung,

ŋalung   ba   dirdirunuŋ ŋa   wiratein Dullur wila-it.
alle meine   auch Gebeine,   nach jenem fernen   Dullur Land.

Wawudunuŋ Bundjil mamin   ŋadja ba   yawa   bulug
Machtvoll   Bundjil, Häuptling mein   und Sonnen-geist (?),

jeŋin   djulurumig ba   wuru   ŋalugig.
singt   in Brust meiner und auf Lippen   meinen.

Die aus sich bestehende Erde war flach, dunkel und von Wasser umgeben. Das Himmelsgewölbe ruhte fest auf ihr und wurde im NO von den Bäumen der Australischen Alpen hochgehalten. Die Sonnenfrau *Ŋawi,* die Schwester aller Stammesmitglieder, war von *Babaim-bal,* dem „Häuptling" oder „Meister", gemacht; *Babaim-bal* zählte zur Geisterschar der *Murunba ŋadja* („Murrumbung-uttia"), wörtl. „Dunkle Männer-mein". Die Erde erhielt ihre Wärme erst durch *Bundjil,* ihre erste Bewegung durch den Anstoß der Elsternfrau *Gorug.* Als die Erde sich erwärmt hatte, entstiegen ihrem Innern die ersten Menschen, die sogleich einen Tanz vor eingeritzten Bildern wahrscheinlich *Bundjils* aufführten. Sie waren noch ungeschlechtlich; erst als der Fledermausmann *Ŋunum-ŋunut* heiraten wollte, machte er sich zum Mann und einen anderen Menschen zur Frau. Anfangs konnte der Mond *Midjan* (oder *Djara* = „Mann"), der hier (wie auf der Bathurst-Insel) ein Lebensspender war, die Toten wieder lebendig machen, bis ihm ein alter Mann (*Bundjil?*) den Rat gab: „Lasse sie tot bleiben".

Bundjil stieg mit seinen Söhnen in einem Wirbelsturm zum Himmelsgewölbe *Wurawura;* dort wohnte er im fruchtbaren Land der Eukalyptusbäume oder *Djaran-galg-big* und blieb der Menschheit in den Sternen des Altair und Fomalhaut oder Jupiter sichtbar. In West-Viktoria wurde er auch einfach „der Stern Bundjil" genannt. Die Strahlen des Morgenrotes bildeten die Straße, die zu seinem Himmelssitz führte, der hinter dem westlichen Horizont lag. Auf dieser Straße zogen die Toten oder *Murub* (< *Muru-bulu*, Geist-Mann) ins Totenreich *ŋamad*. Ähnlich wie die Aranda Zentralaustraliens und die Yaoro NW-Australiens wußten die Stämme Viktorias von einem Riesenbaum, der durch das Himmelsgewölbe bis zur Wohnung *Bundjils* gewachsen war, an dem die Menschen eine Zeitlang emporklettern durften (das weltweit verbreitete Lebens- oder Weltbaum-Motiv!).

Das Wort *bundjil* ist in den östlichen Dialekten Viktorias für „Habicht, Falke, Adlerhabicht" gebräuchlich. Smyth charakterisiert es als „Ausdruck der Achtung, Herr" [189]. Seine Grundbedeutung ist „Mann, Wesen"; in dieser Bedeutung ist *bundjil* mit der weiblichen Form *bunja* bei den Stämmen am SO-Zipfel des Carpentaria-Golfes, die durch nachdrängende Völker vor Jahrhunderten von der südöstlichen Sprachfamilie abgetrennt wurden, bekannt [190]. *Bundul-miri*, „Mann-Geist" oder „Adlerhabicht-Geist", heißt in N-Kimberley der Herr des Totenreiches [191]. Im fernen Südwesten von Westaustralien kam *bundjil* im Männernamen *Bundjil-da* vor [192].

Der Name *Bundjils* hat, wie schon das eben angeführte Gedicht anzeigt, eine Erweiterung zu *Bundjil Mami ŋadja*, wörtl. „Bundjil Vater mein", erfahren. Als *Bundjil Maman („Bundgyl Marman")* fand er Eingang in die Bibelübersetzungen, Gebetsformen und Kirchengesänge der ersten Missionare Viktorias und wurde mit „Gott oder erste Ursache" übersetzt. *Mami ŋadja („Marmingatha")*, wörtl. „Vater, Häuptling mein", wurde von ihnen mit „göttlich, Geistlicher, Gott, Andacht, der Höchste" interpretiert. Um 1860 erwähnte der Missionar F. W. Hagenauer *Mami ŋorug („Mamengoroock")*, wörtl. „Vater unser", als grammatisches Paradigma und paraphrasierte es später mit „unser großer Vater". Das wiederholt benutzte *Maman, Mami, Mamu, Mam*, „Familienvater, Elternteil, Vater oder Mutter, Erzeuger", wurde von den Eingeborenen Viktorias aus anderen sonst gleichwertigen Bezeichnungen für „Vater" wie *Bebi, Gaiyan* (vgl. *Gayan*, S. 243), *Gambia, Bidja* und *Debadj* [193] ihrem Demawesen reserviert, eine Bevorzugung, die sich auch in der SW-Ecke des Kontinents, mit der der Südosten früher kulturell verbunden war, durch Verwendung des gleichen Wortes *Mama* für denselben Zweck wiederholte. *Mama, Mam*, das die Grundbedeutung „Mensch" enthält, erscheint u. a. in dem Namen des pygmoiden Stammes der *Mamu*, „Menschen" (N-Queensland); in Kimberley in *mam-badu*, „Kind", *mam-ēd*, „Initiierter", *mam-buŋana*, „zehnter Initiationsgrad", *mamu-lar*, „Penis",

---

189 *Schmidt* 1919, S. 82, 90; *Smyth* 1878, Bd. I, S. XXXII, 57.
190 *Curr* 1886, Bd. II, S. 320–440; *Schmidt* 1919, S. 132.
191 *Capell* 1939, S. 385.
192 *Curr* 1886, Bd. I, S. 396.
193 *Smyth* 1878, Bd. II, S. 122, 130–133 *(Bundgyl-Marman)*, 141 *(Mamingatha)*, 136 *(Bullarto M.)*, 42, 46 *(Mamangoroock)*, 57 *(Marmin knoorack)*, 64–87 *(Bebi* usw.).

und in *I-mam-bin*, „Totengeist". ŋ*ata* oder ŋ*adja*, „mein", war in der Gegend des heutigen Canberra meist in Verbindung mit Körperteilen wie *meriŋata*, „Auge", *wuru-ŋata*, „Mund", in Gebrauch. Ihm entsprach in Ost-Viktoria ŋ*edal*, in West-Viktoria ŋ*adjad*, ŋ*idog*, ŋ*ad*, ŋ*og*, ŋ*ig*, *ig* [194]. In der Verwendung bestehender Demabezeichnungen für den neuverkündeten christlichen Gottesnamen und ihrer Ausdehnung auf rein christliche Einrichtungen wird das Bestreben der Missionare, sich der Mentalität der Eingeborenen anzupassen, sichtbar, zugleich aber auch die Gefahr, in diese alten Namen rückgreifend eine Hochgottidee hineinzulesen, die *Maman* und andere mythologische Geistwesen an sich nicht enthielten.

Der uns geläufigere Vaterbegriff erhielt durch die in Australien übliche klassifikatorische Ausweitung eine gewisse Verschiebung, da er sowohl auf den Erzeuger, wenn ihm dieses Prädikat wegen der Präexistenz des Geistkindes gegeben werden darf, als auch auf dessen Bruder angewandt wurde, so daß beide von eignen Kindern und Neffen mit „Vater" angeredet wurden. Nach Elkin wird bei den Kokata (Südaustralien) *mama = mamin* für „Vater" sowie für den Bruder der Schwiegermutter, den Bruderssohn der patrilinealen Großmutter und Schwestersohn des patrilinealen Großvaters gebraucht [194a]. Bei den Njaŋomaḍa ist *mamadji* = älterer Bruder. In den vorhandenen Sagen von *Bundjil* oder *Mami* ŋ*adja* ist wenig von dem zu entdecken, was wir väterliche Fürsorge nennen, noch weniger von jener Vaterliebe, die uns in den altehrwürdigen neutestamentlichen Worten „Vater unser" vorschwebt. *Bundjil* war den Eingeborenen ein zum Geist gewordener großer Chef. Andere Namen für *Bundjil* waren ŋ*arambi*, abgeleitet von ŋ*aram* ŋ*aram*, „alter Mann", sowie ŋ*aran nadja* („*Nurungaeta*"), „Häuptling", wörtl. „Ältester mein". Die Stammesältesten in der Rolle als Gruppenchefs in Viktoria hatten eine privilegiertere Stellung als in anderen Gegenden Australiens. Dennoch war ihre Macht eine beschränkte und demokratisch begrenzt, da an ihrer Amtsausübung gereifte Männer, Vollinitiierte und auch ältere Frauen teilnahmen [195].

Außer den schon erwähnten Wesen existierten neben *Bundjil: Gagomidj*, „Schwager-Mann (oder Mond)", der der Mittler zwischen dem Dema und den Medizinmännern oder *baŋal* war; ferner die *Undjine*-Geister (*Undjine* ist vielleicht eine phonetische Kürzung von *Bundjil*). Auffallend ist das so weit südliche Erscheinen eines Wanderpaares namens *Bram-bram-bal*, „ältere Brüder", wörtl. „Mann-Mann-Mann", dessen Name ähnlich wie *Taŋdaŋ* vom östlichen Bergland gekommen sein mag. Als der jüngere Bruder starb, schnitzte der ältere eine menschliche Holzfigur, die Leben annahm und als der „ältere Bruder" auftrat. Zusammen wanderten sie nach dem Westen,

194 *Smyth* 1878, Bd. II, S. 166; 15; 64, 95, 98, 113, 165, 167.
194a *Elkin* 1956, S. 73.
195 *Curr* 1887, Bd. III, S. 480 *(ŋarambi); Howitt* 1904, S. 316, 319, 491 (Häuptling).

wo sie in Höhlen wohnten, was ihr Weiterleben in Höhlenbildern bedeuten könnte. Das Fortleben des Geistes in einer Holzfigur zeigt an, daß die *Ranga*-Idee der Holzfiguren im N-Arnhem-Land keineswegs ein Import aus Indonesien sein muß, sondern daß sie auch einer alten, echt australischen Überlieferung zugeordnet werden kann[196].

2. Ost-Viktoria
(Mupan naua)

Über *Mupan naua* ist weniger bekannt als über *Bundjil* in W-Viktoria. Er war der Dema der Kurnai, Ganai oder Guna, die in der von hohen Bergen und vom Meer abgeschlossenen SO-Ecke Australiens, dem heutigen Gippsland, wohnten, wohin die ersten Europäer um 1840 eindrangen. *Mupan naua* weilte eine Zeitlang als Häuptling unter den Eingeborenen und brachte ihnen religiöse Riten, Waffen und *gri*, das Rindenkanu. Den Stamm und die Weihefeier stellte er unter die Aufsicht *Tandans*, der in der älteren Literatur als sein Sohn bezeichnet wird, obwohl der Name „jüngerer oder älterer Bruder" bedeutet[197]. *Tandan* gab den Ganai eine große *tjurunga*, die seinen Namen trug, und eine kleinere mit dem Namen seiner Frau *Ruga-duga*. Für die Ganai war jene der Großvater *Wentwin* oder der Häuptling *Mag-bragan*, „Mann-Mann". Durch die Preisgabe von esoterischen Lehren an Frauen fand das friedliche Verhältnis zu diesen Wesen ein plötzliches und böses Ende. *Mupan naua* zog sich in unnahbare Himmelsferne zurück; auf Erden begann ein wüstes Morden, Überschwemmungen brachen herein, und die flammende Aurora australis strahlte am südlichen Himmel auf. Nur die Stammesahnen der Ganai überlebten die Wasserkatastrophe. Wann immer das „Feuer" *Mupan naua's* aufleuchtete, verkündete es Unheil und Kampf. Als ein realistisch-personifizierender Ausdruck der Tjurunga-Idee wurde eine mumifizierte Hand oder *bret*, die die *tjurunga Tandan's* und damit ihn selbst vertrat, der Aurora entgegengeschwungen, wobei die Ganai riefen: „Nimm dieses Feuer hinweg! Verhüte, daß wir verbrennen!"

Die Auffassung des Südlichtes als einer Drohung des Dema war nicht bloß den Völkern Viktorias geläufig. Schon im Jahre 1847, also 30 Jahre vor Howitt, brachte S. Gason in seinem Wörterverzeichnis der Dieri, die 1200 km weiter nordwestlich beheimatet waren, für Aurora australis das Wort *billiethillcha*. Wir schrieben es um in *bili-djiltja* und übersetzten es wörtlich mit „Holzkohlenfeuer-unwilliges", d. h. „die zürnende Glut"[197a].

---

196 *Howitt* 1904, S. 128, 356, 422, 427, 428, 430, 433, 439, 443, 445, 484–486, 489, 491.
   Ein Mythentext des Wanderpaares: *Smyth* 1878, Bd. II, S. 53–54.
197 *Curr* 1887, Bd. III, S. 552.
197a *Curr* 1886, Bd. II, S. 97, 99.

Tandan bestrich sich später mit der weißen Geister- oder Totenfarbe und verwandelte sich und seine Frau in Tümmlerfische. Erst am Schluß der Initiationsfeier *jeraiil* (von *djera-il,* „junge Männer") wurde den Initianten unter strengster Schweigepflicht der Name *Munan naua* mitgeteilt. Von diesem Augenblicke an war er für sie das Geistabbild eines irdischen großen „Chefs". Die Institution einer häuptlingsartigen Stellung trat in der SO-Ecke, vielleicht ähnlich wie in der SW-Ecke Australiens, stärker als sonstwo hervor. *Munan* hat neben „Vater" im Sinne der australisch-sozialen Weite noch andere Bedeutungen zur Seite, so z. B. „Mann, Frau, Medizinmann"[198]. Das von Howitt überlieferte *Munan naua* entspricht vermutlich dem *Mungan oura,* „Vater unser", des Missionars des Gippslandes F. W. Hagenauer. Dann wären *naua* und *oura* Kontraktionsformen von *nuriag* (> *nurag* < *naura* < *oura* < *naua*) der 1. Person des inklusiven Plurals des Possessivpronomens. Es besteht aber auch die Möglichkeit, daß *naua* mit *now-k,* einem echten Ganai-Wort für „mein Schatten, Geist" (Curr), mit pronominalem Suffix *ig* = „mein" übereinstimmt. Dementsprechend würde es im Einklang mit vielen anderen australischen Geistnamen als „Vater, Ahne, Häuptling, Geist" zu lesen sein. Auch in den Bezeichnungen für das Totenland der Aranda, Gogadja und Narinyeri, wie *Noaluruku-nura,* wörtl. „Geister-Menschen-Lagerplatz", *Nura naui,* Land der Geister, und *Naua-lan,* wörtl. „Geist-Mann", ein Nachtgeist der Djerbal (Perth, WA), taucht dieses *nau, naua* wieder auf[199]. Weitere Synonyme für *Munan naua* waren *Gani-djalan* (*„Kurnai-talung"*), „Mann-Mann", und *Ganai-mama-nitalun (,,Kurnai-ma-ngittel")*[200], „Mann-Vater usw. mein". Bei den alten Frauen war *Munan naua* unter dem exoterischen Namen *Baban,* „Vater", bekannt[201].

Neben diesen Hauptfiguren spielte der haarige *Lun* eine so bedeutende Rolle, daß man ihn auch schon wegen seines ähnlichen Auftretens mit *Munan naua* identifizieren möchte. Ältere Männer sahen ihn auf seinen Wanderungen durch die Bergwälder Gippslands vom Westen her kommend. Er trug seine Frau *Lun-djuga,* Luns-Frau, in einem Kanu auf seinem Kopfe[202]. Bei einer von einem mythischen Frosch verursachten Flut, von der schon *Munan naua* Gebrauch machte (vielleicht sind beide identisch), rettete er viele Ganai vom Ertrinken. Als die undankbaren Ganai ihm eine Frau verweigerten, nahm er die Gestalt eines Pelikans an, nachdem er sich zuvor wie *Tandan* mit weißer Farbe bestrichen hatte (vgl. *Lun*-Tradition in *Dinari-Kurangara* der Westlichen Wüste, s. S. 188 f.).

198 *Worms* 1959 A, S. 159. Vgl. den Stammesnamen *Muk-Munkan* S. 244.
199 *Smyth* 1878, Bd. II, S. 34 *(Munan oura); Curr* 1887, Bd. III, S. 550 *(ngowk);* C. *Strehlow* 1908, Bd. II, S. 7 *(Ngoalu..); Berndt* 1940, S. 181 *(Nura naui); Smyth* 1878, Bd. II, S. 267 *(Nyowalang).*
200 *Smyth* 1878, Bd. II, S. 24.
201 *Howitt* 1904, S. 430, 444, 485, 486, 490—493, 495, 630.
202 *Curr* 1887, Bd. III, S. 550, 552, 556.

Andere Geistnamen der Ganai lauteten *Mrat* und *Yutgang*[203]; ersterer ist entweder von *mrit*, „Feuer", oder *mira-gut*, „Auge, Gesicht" = Geist, abgeleitet. Die richtige Schreibweise des zweiten Namens ist *Djudgang* oder *Djudugang*, „der Tote", also Totengeist. Eine dritte Bezeichnung ist *Bulan bugan („Bullan-baukan")*, wörtl. „Geist-dunkler". Überraschend ist, daß der Name *Bundjils* im Namen für „Venus" erscheint, nämlich *Bundjil ɳarad („Bungil Noorut")*, den wir wörtlich mit *„Bundjil, der bärtige"*, übersetzen[204].

3. Südküste von Neu-Süd-Wales
(Djaramaljan [Daramulun])

Auch *Djaramaljan*, der Dema der noch heute in kleinen blutgemischten Gruppen an der S-Küste von Neu-Süd-Wales wohnenden Yuin-Völker, fand die Erde samt ihrer Tierwelt bereits vor. Hier wohnte er mit seinem Weibe *Munibir* und seiner Mutter *Ɖalalbal*, „Frau". Noch waren Himmel und Erde hart wie Stein, als er Bäume zu pflanzen begann. Unter den schon existierenden Tiergestalten befanden sich vermutlich jene vorzeitlichen und unentwickelten Menschenwesen, die sich bald zu jenen Menschen entwickelten, die sich bei einer von einem mythischen Vogel hervorgerufenen Flut auf den 900 m hohen Dromedar-Berg oder *Baɳgali* im Lande der *Walbaɳa*, etwa 280 km südlich von Sydney, flüchteten[205]. Als *Djaramaljan* starb, zog sein Geist *Bulaban* nach dem Erdbegräbnis in sein Reich *Gulumbi* am Himmelsgewölbe. Von dort überwachte er die Eingeborenen und ließ seine Stimme im Donner vernehmen. Gleichzeitig verblieb er in den Baumgipfeln, so daß es jungen Leuten nicht erlaubt war, von dem Fleisch der Baummarsupials zu essen. Nach dem Ausschlagen der oberen Schneidezähne wurden den jungen Yuin bei der *Kurin-gal*-Feier der Name *Djaramaljans* und seine Gesetze anvertraut und das Schwirrholz *mudji*, „Mann", übergeben, dessen Sausen die Donnerstimme des ihm innewohnenden Dema wiedergab. Gleichzeitig vernahmen sie von der in Kristallen, Fellstücken und im Lippenschaum der erregten Tänzer enthaltenen *djalu*-Kraft, die hier *joia* hieß. Dann führte man sie den heiligen Pfad entlang, zu dessen Seiten Bodenbilder *Djaramaljans* modelliert waren (s. S. 223). Sein lebensgroßes Bild wurde in die Rinde eines Baumes eingraviert und den Initianten feierlich gezeigt. Die *Djalugal*-Schatten der Verstorbenen berief er zu sich nach *Gulumbi*, wo sie sich auf eine unbestimmte Zeit unter seiner Oberaufsicht aufhielten[206].

203 *Curr* 1887, Bd. III, S. 551, 553, 561.
204 *Howitt* 1904, S. 134, 444, 485; *Curr* 1887, Bd. III, S. 547, **548**, 550 ff.
205 Kapitän *James Cook* benannte diese Höhe, die er am 21. April 1770 von der „Endeavour" aus erspähte, Mt. Dromedary (*Beaglehole* 1955, S. 300—301).
206 *Howitt* 1904, S. 370, 426, 431, 437, 489, 522, 523, 538, 540 (Fig. 31), 560, 585.

Der Name *Djaramaljan,* in der Literatur auch *Djaramulun, Daramulun, Thuramulun,* ist eine linguistisch-mythologisch wertvolle Komposition von *djara,* „Mann", und *maljan,* „Adlerfalke", dem „alter ego" dieses Dema. Beide Termini weisen entschieden nach dem Westen, wo *maljan* auf beiden Seiten des Spencer-Golfes, am Torres-Salzsee in Südaustralien, bei den Loritjavölkern im westlichen Zentralaustralien sowie in Viktoria und am oberen Murray-Fluß in seinen phonetischen Abwandlungen wie *wuld(j)i, mund(j)il* und *bundjil* zu finden ist. *Djara* wurde ebenfalls auf der Eyere-Halbinsel in Südaustralien, in W-Viktoria, selbst auf den Torresinseln gebraucht, während es nur bei vereinzelten Stämmen des östlichen Neu-Süd-Wales als *djala, djula* und *djur* auftrat [207]. Als alte Stammesbezeichnung ist es über die entferntesten Teile des Kontinentes verstreut.

Djaramaljan wurde auch als Regenbogengeist mit dem esoterischen Namen *Muruŋa-muru,* „Geist-Geist", benannt, ferner als *Biam-ban („Baiam-ban"),* Häuptling-Ältester [208]. Letzterem Wort entspricht *bia-na, baia-na,* das bald nach 1788 für jene älteren Eingeborenen gebraucht wurde, die im Namen ihrer Stammesgenossen beauftragt waren, mit der englischen Verwaltung in Verbindung zu treten [209]. Diese offizielle Verwendung des Wortes *bia-na* für „Häuptling, erwählter Vertreter" durch die Gamaraigal und Djurubal, die ursprünglichen Eingeborenen des Gebietes von Sydney, ist für das Verständnis der Stellung der Demawesen im allgemeinen und des Dema *Baia-mi* für das mittlere Neu-Süd-Wales von Wichtigkeit. Andere Geistwesen dieser Gegend waren *Biriba, Burinaga, Guna, Mamu-gun, Man* und *Miri-gal;* letzteres wurde von Ridley mit „Gott" wiedergegeben [210].

4. Mittel-Neu-Süd-Wales
(Baiami)

Baiami, Baiama, Baima, Biama und *Biam* war der Name des Dema der Kamilaroi, Wiradjuri, Juwaljai (Ualarai) im Hinterland von Sydney. Auf Grund einer schwankenden englischen Phonetik ist sein Name in verschiedenen Formen auf uns gekommen: *Baia-mai, Baia-me, Byu-mee, Buya-mee, Boy-ma, Bio-mar, Bhia-mi, Bia-mana, Bia-m* usw. Die ersten Missionare wie W. Ridley [211] und J. Gunther und etliche Ansiedler belehnten *Baia-me* oder

---

207 *Schmidt* 1919, S. 36, 54 *(maljan);* 52, 88, 112 *(djara); Curr* 1887, Bd. III, S. 210, 214.
208 *Howitt* 1904, S. 489, 494, 546, 555; *Howitt* (S. 491): „*Mungan ngaua* is the Headman in the sky-country, the analagon of the Headman of the tribe on earth."
209 *Flanagan* 1888 (verfaßt um 1853), S. 89.
210 *Curr* 1887, Bd. III, S. 411, 419, 425, 427, 433.
211 *Ridley* 1875, S. 135.

Baia-mai mit dem Titel „Gott". Ridley betonte durch unrichtige Ableitung dieses Wortes von dem Zeitwort *biai*, „zu machen, zu bauen", den Schöpfercharakter; er gebrauchte in seiner Bibelübersetzung für „Gott" *Baiame* und im Unterschied dazu für den Vater einer Familie *buba*. In biblischer Weise, aber durchaus unaustralisch, wurde *Baiami* das Richteramt nach dem Tode zugeschrieben und eine „apokalyptische Größe und Erhabenheit" [212] beigelegt, was einem Adaptionsversuch Ehre tut, aber die originalen Gedankengänge der australischen Mythologie verwischt. Noch mehr Ehre tat ihm J. Manning an, wenn er von einem „durchsichtigen Kristallthron" *Baiamis* mit „herrlichen Kristallsäulen auf beiden Seiten" spricht [213], wo doch die Australier weder Stuhl noch Hocker kennen. Die kleinen gängigen Quarzkristalle, die der Eingeborene mit sich herumtrug, verliehen ihm nach allgemeiner Auffassung schon eine begehrenswerte Kraft, und große Stücke übertrafen alle Erwartungen. Aber Säulenformen dieses kostbaren Materials waren völlig fremd und übersteigen australische Anschauungen und Begriffe.

Die Entstehung des Namens *Baiami* entspricht ganz den alten Sprachgewohnheiten der Australier, die durch schlichtes Beibehalten eines Namens in seiner Urbedeutung „Person, Mann" die Größe des Wesens hervorhoben und verdoppelten. Folgende Aufstellung zeigt zur Genüge, daß das Wort *Baiami* nicht allein dem Demawesen reserviert war, sondern daß es auf Eingeborene, Vater, Frau, Schwester usw. ausgedehnt werden konnte. *Baia* heißt in Neu-Süd-Wales:
1. „Eingeborener": *wim-bida, wim-bija, -buya, -bin, bay-gala.*
2. „Vater": *baii-ŋ, bija, bae-na, beu-ŋun, bia-m;* „Vormund" und Autoritätspersonen: *bia-ŋa.*
3. „Geist": *budo-ŋ, baiu-mne, boye.*
4. Stammesname: *Ban-bai.*

In Queensland:
1. „Eingeborener": *baia-la, buda, budi, boy-gul, boi-ŋ, bua.*
2. „Vater": *beya, biyu-ŋ, beu-ŋ.*
3. „Frau, Schwester": *bada, budja, bauia, byi, bai-mu, bae-nu, bea, bu-margan, buya.*
4. „Geist": *baium-ne;* „Gott": *djur-buyu, badji-dji* [214].
5. Stammesname: *Baja-li.* Im Arnhem-Land: *Nungu-buyu* (Capell). In Westaustralien: *Baju-ŋu.*

Allem Anschein nach beruht das erste Element von *Baia-mi* auf der Grundform *Badja, Bada* (auch *Wadja, Wada, Wai, Madja, Mada, Mai*), die sich in allen Teilen des Festlandes aufspüren läßt und „Mann, Mensch" be-

212 *Schmidt* 1930, S. 258.
213 *Howitt* 1904, S. 501, 502; *Schmidt* 1930, S. 258.
214 *Curr* 1886, Bd. II, S. 304–314; Bd. III, S. 80–151, 226–297, 328–359, 368–433; *Flanagan* 1888, S. 89.

deutet. Das zweite Element *-ma, -mai, -mi, -me* ist sehr wahrscheinlich ein Restbestand von Bezeichnungen für „Mann, Eingeborener" wie *ba-ma, mai-ne, mi-an, ma-lar, mi-bin* usw.[215] in Queensland und Neu-Süd-Wales. *Baiami* usw. ist deshalb, wie so häufig in Australien, eine Reduplikation des Wortes „Mann".

Nach alter Überlieferung kam *Baiami* aus der Gegend des Barwon-Flusses (ein nördlicher Zufluß zur „Völkerstraße" des Darlingflusses) in jenes wildreiche Land, in dem sich die Kamilaroi und Wiradjuri, die Nachkommen der ersten von *Baiami* geschaffenen Menschen oder *Mudjaguli* (S. 177), ausbreiteten. *Baiami* war mit zwei Frauen verheiratet und besaß einen Sohn *Guruguruli* (im Sydney-Dialekt „Opossum"), dem die Inland-Wiradjuri denselben Namen *Djaramaljan* gaben, unter dem die Yuin der Küste ihr Demawesen verehrten. Er hatte wie verschiedene andere sekundäre Geister ein verkrüppeltes Bein und beaufsichtigte die *Burung*-Feiern, bei denen jungen Männern das Schwirrholz *mudjigaŋ*, „Mann", oder *babu*, „Vater", überreicht wurde. Er wachte über das Benehmen der Eingeborenen und geleitete ihre Totenseelen, ähnlich wie *Djawali-wuru*, der „Totenmann", im O-Arnhem-Land, ins Totenreich *Boyme,* das eine Variation des Namens seines Vaters zu sein scheint[216]. Die Kamilaroi und Wiradjuri haben *Baiami* denselben esoterischen Beinamen *Biam-ban* gegeben, mit dem die Yuin in S-Neu-Süd-Wales ihren Dema *Djaramaljan*[217] und die Kulin Viktorias *Bundjil* (sc. *Ba-baim-ba*) beehrten. Durch dieses gemeinsame Prädikat haben die Stämme des Südostens ihre gleiche Auffassung von dem die Erdenzeit überdauernden Häuptlings- oder Ältestencharakter ihres Dema ausgedrückt.

5. Nord-Neu-Süd-Wales
(Birugan)

Noch heute lebt bei den älteren Angehörigen des *Gumbaiŋgari*-Stammes in N-Neu-Süd-Wales die Erinnerung an den dem *Baiami* gleichwertigen „Gott" *Birugan*. Smythe gegenüber machte ein Eingeborener folgende Bemerkung, die allerdings von geringer christlicher Unterweisung zeugt: „Unser Gott *Birugan* war Tausende oder Millionen Jahre alt, ehe man an den

---

215 Vgl. entsprechende Vokabularien von *Curr* (Bd. III) und *Schmidt* 1919. Von *bia, baia,* Mann, Geist, hat eine weitreichende Bedeutungsreihe ihren Ausgang genommen, wie *bia,* Bergseewohnung eines Geistes (NT, S. 246), *piapia,* Traum, Vision usw. (Bathurst-Insel), *Bia-djera,* höheres Wesen (WA, S. 260). Mit den wesensverwandten *buga* (S. 138 f.), *djalu* (S. 136 f.) und *djuru* (S. 141) hat es an der Bildung einer reichen Religionsterminologie teilgenommen.
216 *Howitt* 1904, S. 494, 501–503, 585–593.
217 *Howitt* 1904, S. 528.

eurigen dachte. Was Jesus Christus betrifft, so hat er nichts getan, was nicht unsere weisen (Medizin)Männer tun konnten. Sie haben ihn am Ende getötet; er konnte deshalb nicht sehr stark gewesen sein"[218].

6. Queensland
(Guin, Burala, Maja, Tyit, Mbū und Walgalan)

Weiter nördlich begegnen wir dem höheren Wesen *Guin* oder *Gayan*, das bis in den weiten Norden Queenslands bekannt ist. Die Mitarbeiter Currs übersetzten dieses Wort mit „Gott, Geist, Europäer". Doch schon der Stammesname *Guin-bal* der Eingeborenen der Umgebung von Brisbane weist auf die Grundbedeutung von *guin* als menschliches Wesen hin, die, wie in N-Viktoria (*gaiyan;* S. 235), den sozial-klassifikatorischen Vaterbegriff einbeschließt. Die von uns besuchten Pygmoiden der Regenwälder haben ebenfalls *Gojoi* als Benennung für den weißen Mann und für den Toten. Howitt erachtet *Guin* identisch mit *Baiami* und *Djaramaljan*, obwohl *Guin* in ganz anderer Weise auftritt[219]. Er war ein gefürchteter haariger Buschgeist mit Krokodilfüßen und Adleraugen. Er hinterließ zwei *Tikowina*-Tjurunga und zog sich zur wasserreichen Milchstraße *Kungil* zurück, von der er auch stammte. Dort verweilte er als der Herr der Totengeister oder *Wanda-Bal*.

Die Namen anderer Geister wie *Mumbal, Burai* und *Mirir*[220] enthalten Verwandtschaftsbezeichnungen, die in Vatersbruder, Muttersbruder und verheirateter Frau wiedererscheinen. Ridley hat auch sie mit dem Gottesnamen bekleidet. In Z-Queensland herrschte der Schöpfergeist *Burala*[221], dessen Namen wir schon aus dem Munde der Honigsammler im O-Arnhem-Land hörten. Im Mündungsgebiet des Norman- und Leichhardt-Flusses wurde von Europäern, wie so oft ohne angemessene Kenntnis der Sache, zwei Geistwesen das Attribut „Gott" erteilt. Es sind *„Mbal wakootalga"* und *„Churbooya"*. Wenn richtig analysiert, lassen sich folgende Wortbilder mit originellen Bedeutungen entziffern: *Ma-baiala Wagu Djalgan*, d. i. „Mann-Krähe-Frau", sowie *Djuru-Baia*, „Mann-Mann". Zu diesen Komposita haben im ersten Fall die Sprachen um Brisbane und Kap York, im zweiten Falle die der Torresinsulaner oder die des oberen Darling in Neu-Süd-Wales ihre Beiträge geliefert. Beim ersten Wortbild haben wir es dem Anschein nach mit einem durch die Krähe symbolisierten Zweigeschlechterwesen zu tun. In beiden Ter-

218 *Smythe* 1949, S. 131.
219 *Curr* 1887, Bd. III, S. 319, 328, 341, 372, 386, 388, 389; *Howitt* 1904, S. 499.
220 *Curr* 1887, Bd. III, S. 215.
221 *Curr* 1886, Bd. II, S. 479, 483.

mini tritt uns deutlich in *baia* dasselbe Material entgegen, aus dem *Baiami,* der Name des Dema des mittleren Neu-Süd-Wales, geschaffen wurde[222].

1946 fanden wir auf der Palmen-Insel, etwa 65 km nordöstlich von Townsville, sechs von der Regierung evakuierte pygmoide Stammesreste von Kap York. Die Durchschnittsgröße der Männer war 154 cm, die der Frauen 151 cm. Von den kleinen Djirbal erhielten wir die Mythe eines Heroenbruderpaares, des älteren bösen *Maja Ŋimbai* (vgl. *Moja, Madja,* S. 245) und des jüngeren guten *Ŋunidji* („Geist, Seele"), der von ersterem ermordet wurde — also wiederum eine grausame Tat unter den Urwesen. T. G. H. Strehlow hat sich eingehender mit diesem „primitive mode of conduct" (1947, S. 38—42) der höheren australischen Wesen beschäftigt: „Die maßlosen, allmächtigen Wesen kannten keine anderen Gesetze, die ihre Handlungen beeinflußten, als Zweckmäßigkeit und Selbstsucht". Die in der Mythe des Heroenbrüderpaares oder *Miramadi Galbin,* wörtl. „Geist-Brüder", auftauchende Schädelnetztasche oder *djiŋal-djaon,* wörtl. „Kopf-Korb", kann unter Vorbehalt als ein in neuerer Zeit von Neu-Guinea eingedrungenes Kulturgut betrachtet werden. In einer anderen Mythe tritt der Froschgeist *Djelejem* auf, der ebenso wie das Froschwesen der Ganai in Gippsland eine vernichtende Überschwemmung brachte[223].

Die kürzlich verstorbene Anthropologin U. O'Connel hat über die religiösen Anschauungen auf der Kap-York-Halbinsel eingehender berichtet. Die dortigen *Muk-Muŋkan* suchen noch heute mit Hilfe ihrer in zahlreichen anthropomorphen Tiergestalten auftretenden Ahnenwesen oder *Pulwaiya,* wörtl. „Vaters Vater", die Fruchtbarkeit der Natur anzuregen. Darum beginnen ihre Erzählungen wie: „Es war einmal eine Zeit, da war der Eidechsenmann *Min Tatja,* der die Herstellung eines Kanus lehrte", oder: „Einst war der Stengel der blauen Wasserlilie *Mai umpiya* der Mann *Mai Tumpa,* ihr Wurzelstock seine Frau, die Wurzelfasern seine ungeborenen Kinder und der frische Seitensproß sein ältester Sohn". Alles Wandern, Jagen und Lagern ist bis ins einzelne eine getreue Wiederholung alles dessen, was die Urahnen in der Vorzeit ausgeführt haben und was nun von denselben Geistern und den heutigen Muŋkan in mythischer Einheit nachvollzogen wird. Die Eingeborenen ziehen zu den alten Wohnplätzen in Flüssen und Quellen und fordern die Geister auf, die hier bereitliegenden Nahrungsmittel, die sie in gewissem Sinne selber sind, auszuteilen. Im Stampftanz befächeln sie mit Federbüscheln einen Holzphallus, was mit dem Phallusschlagen der Honigsammler des gegenüberliegenden Ufers des Carpentaria-Golfes (S. 202) übereinstimmt. Sie wenden sich eindringlich an *Walgalan,* die Brassen aus seinem Wohnsitz in die Flußläufe zu scheuchen, damit sie dort gespeert werden können. Durch solche symbolische Handlungen schließen sich die Muŋkan in

222 *Curr* 1886, Bd. II, S. 308, 315. Vgl. *Schmidt* 1919, S. 142, 136; 198, 112.
223 *Nekes—Worms* 1953, Einleitung und Teil IV.

das kosmische Geschehen mit ein und fühlen sie sich befähigt, neues Tierleben hervorzurufen. Wie im *Muŋan-ŋaua*-Kult Viktorias ist auch hier das Tjurunga-Paar oder *Majal* (*Moiya = Madja*, „Person") bekannt, das weibliche Ahnenwesen repräsentiert, die, wie im NW-Arnhem-Land, unbefugterweise Schwirrhölzer der Männer geschwungen haben. Von den übrigen Geistern mag nur das feindliche Brüderpaar *Tyit* (*Diljet,* N-Kimberley), der Fischadler, und *Mbū* (*Ma-baia,* Mann) „Geist", Patron der Begräbnisriten, erwähnt werden. *Mbū* wurde von seinem Bruder zu Tode gespeert, aber dadurch von ihm geehrt, daß ihm als dem ersten Toten von *Tyit* die von nun an übliche Mumifizierung und Verbrennung zuteil wurde. *Mbū* nahm mit folgendem elegischen Toten- und Versöhnungsgesang für immer vom Lager seiner Ahnen Abschied:

Unser Land laßt uns verteilen!	Einmal noch kehr' ich zurück,
Laßt uns vollführen den Tanz!	Hinterm Gesträuch mein Gesicht!
Weit aus dem Lande der Väter	Einmal noch kehr' ich zurück,
Jetzt für immer ich geh,	Letztmals ins Lager zu spähn!
Jetzt für immer ich zieh.	Dann ich für immer verschwind'.
Fahret nun wohl! Fahrt wohl!	Lebt nun wohl! Lebt wohl!

Um den letzten Abschiedsblick des *Mbū*-Geistes aus dem Gebüsch unmöglich zu machen, beeilten sich die Angehörigen (von nun an werden sie das bei allen Todesfällen tun), die Eingeweide durch eine Hüftöffnung zu entfernen, den Leichnam über einem Feuer zu trocknen und dann zu verbrennen [224].

7. Nördliches Nord-Territorium
(Gunmaŋgur, Nugaman, Purukabali, Djaŋgawal usw.)

Im folgenden wollen wir die hauptsächlichsten Geistwesen des nördlichen Nord-Territoriums beschreiben. Wir behandeln zuerst die nordwestlichen Stämme in der Nähe des Bonaparte-Golfs und dringen dann in entgegengesetzter Richtung über die Bathurst- und Melville-Inseln ins östliche Arnhem-Land vor. Durch die Untersuchungen neuerer Ethnologen wie R. M. Berndt, A. Capell, A. P. Elkin, C. P. Mountford, W. E. H. Stanner und W. L. Warner, in deren Forschungsgebieten wir 1960 eine kurze Nachlese mit Hilfe der Wenner-Gren-Foundation hielten, sind wir über das religiöse Leben dieser verhältnismäßig dicht bevölkerten Gegend ziemlich gut unterrichtet.

Gunmaŋgur [225], der Dema der Murinbata, lebte bis zum hinterlistigen Mord-

---

224 *O'Connel* 1957, S. 39, 45, 59, 152.
225 Eine eingehende Untersuchung der *Gunmaŋgur*-Mythe brachte *W. E. H. Stanner* in Oceania, Sydney, 1959–1961; nach ihm ist G. ein *baŋam-bitj,* „jemand, der

versuch seines Sohnes *Djinimin* (Fledermausmann) und bis zu seinem Freitod durch Ertrinken auf Erden, von da an als die mächtige Wasser- und Regenbogenschlange vor allem im Bergsee *Bia* (S. 242), in dem auch seine Urschwirrhölzer ruhen. Außerdem wohnt er im unteren regenbringenden Teil des Regenbogens, dessen Farben seine heraushängende Zunge andeuten. Seine Frau *ŋamur* hat den oberen Teil des Regenbogens inne. Bei den Aranda repräsentiert der obere Widerschein des Regenbogens *Mbulara* seinen Schwager, der untere seine Schwiegermutter [226]. Er haust ferner in allen Gewässern, die aus jeder Lagerstelle entsprangen, an der er nach seiner schweren Verwundung langsam verblutete. Diesen Quellen entsteigen die nächtlichen Nebel der Milchstraße *Marara*, die die Geistkinder *ŋaridj* bergen, die auf die Flüsse niederschweben, wo sie mit den von *Gunmaŋgur* geschaffenen Fischen von den Netzen der künftigen Eltern aufgegriffen werden und in den Schoß der Mutter einkehren. Vor seiner tragischen Metamorphose in einen Schlangengeist schuf der irdische Stammvater *Gunmaŋgur* auf der aus sich schon bestehenden Erde oder *Dā baŋan-dji* (*dā, dada, djadu*, „Erde, Platz, Ort") Enten, wie es auch *Galalaŋ*, der Entengeist des Dampier-Landes, tat (S. 252), ferner Fische und fliegende Hunde, während die übrigen Kreaturen ihren Ursprung dem älteren höheren Wesen *Nugaman* verdanken.

Gunmaŋgur verleiht Menschen beim Anblick glitzernder Wasserflächen Inspirationen. Sein Erdenleben fand ein jähes Ende, als sein Sohn *Djinimin* nach Vergewaltigung seiner drei Schwestern *Belidjman*, der rosenbrüstigen Papageien, seinen Vater beim Dröhnhornblasen in Gegenwart vieler Vogelmenschen in den Rücken speerte. Mit lautem Aufschrei stürzte er sich ins Meer, wo sein Sohn *Nindji* den Speer aus der Wunde zog. Überall wo *Gunmaŋgur* auf seiner schmerzgeplagten Wanderung lagerte und seine Frau heiße Steine auf die Wunde legte, entsprang eine Wasserquelle. Zur Strafe für das an ihm begangene Verbrechen nahm er alle Feuerstöcke, steckte sie in sein Kopfhaar und stieg dann in den tiefen Viktoria-Fluß oder *ŋibilin ŋalo*, wörtl. „Fluß großer". Als die Wellen über seinem Haupte zusammenschlagen wollten, stürzte der Habichtmann *Bibi'ini* aus den Wolken, packte einen der Feuerstöcke, warf ihn ans Land und rettete so für die Menschheit das Feuer. Das vom Dema aufgewühlte Wasser überflutete das Land und bewirkte, daß sich gewundene Meeresarme in den Mangrovenwäldern bildeten. Unter einem Felsen starb der Stammesvater. Zuweilen steigt er an die Oberfläche, verursacht heftige Stürme und bläst den Regenbogen und die Milchstraße durch den Himmel.

sich selbst findet und unerschaffen ist" (1961, S. 249). Die Murinbata sind die einzigen australischen Geophagen, die wir antrafen. Männer und Frauen aßen nachmittags eine große Hand voll von rötlichem Kaolin, das mit zahlreichen marinen Petrefakten vorkommt. Von den Njol Njol (Dampier-Land) wird bei Konstipation die Erde der Termitenhaufen gegessen.

226 *Robinson* 1956, S. 28; *C. Strehlow* 1907, Bd. I, S. 28.

Inhaltlich und sprachlich hat diese Erzählung einen Zusammenhang mit verschiedenen Mythen anderer Stämme. Die Njaŋomaḑa in SW-Kimberley besitzen einen gleichnamigen Menhirstein *Gunmaŋgur*[227]. Im Dampier-Land wurde der wohltätige Dema *Galalaŋ* ebenfalls erschlagen und ins Meer geworfen[228]. Das Habicht-Feuermotiv erscheint in Variationen Ost- und Westaustraliens[229]. Die Idee des Bergsees *Bia* wiederholt sich in den Durstmythen der Garadjari in W-Kimberley[230] und in Verbindung mit dem Wassertrog auf den Berghöhen der Murinbata[231], die für „Vorzeit" das ähnliche Wort *Biabia* besitzen. Beide Namenselemente *Gun-maŋgurs* weisen auf den Stammesnamen der Kurnai-Ganai-Guna im Südosten und auf den Dema *Muŋan* in Gippsland. Auch auf Melville-Island suchte der erste Mensch *Purukabali* den freiwilligen Tod durch Ertrinken, aber mehr aus Trauer über den Verlust seines Söhnchens[232].

Fast vergessene Überlieferungen der Murinbata wissen von einem höheren Wesen namens *Nugaman*. Er hat die besonders schön gewachsenen Kinder, Tiere und Pflanzen erschaffen, von denen jedoch neuerdings einige *Gunmaŋgur* zugeschrieben werden. Er ist der beliebte Patron der Jäger und Honigsucher, die sich betend an ihn wenden. Vielleicht ist das auf diätetischer Notwendigkeit beruhende Verlangen nach Honig, der nur im Raubbau gewonnen wird, einer der Gründe, daß sich die Eingeborenen gerade beim Beginn des Honigsammelns durch eine gewisse Gebetsfrömmigkeit auszeichnen. Als Unsterblicher wohnt *Nugaman* mit zwei Hunden auf dem Mond *Mae-er*, in dessen Flecken diese häufigen Begleiter wichtiger australischer Geister erkennbar sind.

Gunmaŋgur war unter der Kurzform *Maŋara-ra* bei den Larikia des heutigen Darwin bekannt. Er wohnt im Sternenland *Djiladla* (Fischadler?), das mit dem Totenreich *Abiguga* identisch zu sein scheint. Mit ihm leben die Regenbogenschlange *Njaŋan-bara*, wörtl. „Vater, Mann", und sein Freund *Madjuit Madjuit* im *Bugad*-See der Unterwelt[233].

Das Wort *Madju-it* führt tief in die religiöse Welt des Nordens und Westens. Nach Curr steht in Queensland *madja, mudja moi, mi* für „älterer Bruder, Europäer (als Geistererscheinung), Gott". Die Kürzung dieser Bezeichnung findet sich wahrscheinlich in der Endsilbe von *Baia-mi* wieder. Bei den Murinbata ist die Allmutter mit dem gleichen Namen *Kulaitj Mutjiŋga*, die esoterische *Karwadi* oder *Gunabibi*, sehr gefürchtet. Sie verschlingt die Initianten, um sie als Geweihte zu gebären[234]; auch gab sie den Tjurunga

227 *Odermann* 1959, S. 108.
228 *Worms* 1952, S. 546.
229 *Worms* 1940, S. 275.
230 *Worms* 1940, S. 231.
231 *Robinson* 1956, S. 12–14.
232 *Mountford* 1958, S. 29–30.
233 *Curr* 1886, Bd. I, S. 253–254.
234 *Stanner* 1961, S. 248.

ihren Namen. Durch gleichzeitiges Auftreten mit der Regenbogenschlange verschiebt und verwischt sie ihre geschlechtliche Eigenart bis zur Männlichkeit und Bisexualität. Selbst dann, wenn die Eingeborenen des Nordens die mythische Schlange *Muitji, Muit, Moiya* oder *Bapa Indi* den Großen Vater [235] nennen, läßt sich seine Maskulinität nicht festlegen, da *Muit* ebenso wie *Karwadi-Gunabibi* „Eingeborenenstämme und die natürlichen Spezies in seinem Innern" [236] in weiblicher Fülle trägt. Wiederum begegnen wir *Madju-it* bei der verkrüppelten Schöpfermutter *Mudjaŋ-gala*, die mit ihrem Sohne *Purukabali* und ihren Töchtern bei *Ibali,* dem östlichsten Vorsprung der Melville-Insel, aus dem Boden stieg, überall die Inseln gestaltend und bepflanzend durchwanderte und dann in die Unterwelt zurückkehrte. Heute ist sie der Totem-Gruppe oder *Pukui* des Eisenbaumes *Kantikuni* eingegliedert. Endlich entdecken wir *madju* im Namen des Habichtmannes *Madja-ti* auf Bathurst, der wie der Adler *Arean* im Dampier-Land und in den Flindersbergen (Südaustralien) seine Füße an den scharfen Holzspitzen einer Fallgrube verletzte [237].

Nach dieser linguistischen Untersuchung von *madja* usw. wollen wir nochmals nach Bathurst und Melville zurückkehren, um einige mythologische und ethnische Tatsachen dieser beiden einsamen Inseln zu erwähnen. Dort herrscht die gigantische Regenbogenschlange *Ambidji,* „Schlange", oder *Puna-ŋina,* „die Frau". Sie ist Mann und Frau zugleich, hat „lange Zähne wie eine Seekuh, einen langen Schwanz wie ein Seerochen, lange Haare wie ein Pferd und zwei Hörner" wie die Zinken der Grabpfosten. Wenn die Tunavuvi an einem Platz vorübergehen müssen, wo *Ambidji* auf der Lauer liegt, stecken sie ein kleines Messer in die Kopfhaare, um sich einen Weg aus dem Bauch der Schlange schneiden zu können, falls sie von ihr verschlungen werden. Die auf diese Weise Entkommenen sollen stets wegen ihrer kleinen Körpergestalt auffallen. Eine der Hauptgestalten der Urahnen oder *Papalúi* ist der erste Inselbewohner *Púrukabáli.* Er besaß nur einen Sohn, der früh starb, da seine Mutter, die wildaussehende *Waiwaí Puntúma,* ihn vernachlässigt hatte [238]. Der Mondmann *Djabara* oder *Mini,* dessen Gerippe die Mondsichel und dessen Geist oder Seele die undeutlichen Umrisse des Neumondes sind, erbot sich, das Kind lebendig zu machen, wenn es ihm für drei Tage — gemeint sind wohl die drei Neumondtage — überlassen würde. Der Vater antwortete: *Amunkúa* = „Nein"! Er ergriff die Leiche, schritt rückwärts, wie *Gunmaŋgur,* ins Meer, wo er ertrank. Seine letzten Worte waren: *Ilóti! Depapumúm!* =

235 *O'Connel* 1957, S. 119, 123; *Warner* 1936.
236 *Elkin* 1961 a, S. 172.
237 *Worms* 1940, S. 276–278; *Mountford* 1958, S. 27–28.
238 Vgl. *Mountford* 1958, S. 29–30. Nach ihm hieß der Knabe *Djini-ni,* also ähnlich wie *Djini-min,* der Sohn *Gunmaŋgurs.* Wir fanden *Djini-gabai* als Bezeichnung des südlichsten Zipfels der Snake Bay auf Melville.

„Schluß! Ich will dich nicht mehr sehen!" Am Fitzroy in NW-Australien ist *Djabera* der mythische Eidechsenknabe; das gleiche Wort wird im Dampier-Land für Eidechsen benutzt. Es ist offenbar ein altes Wort, dem der Begriff „Lebewesen" zugrunde liegt und das auch in Stammesnamen, wie z. B. *Djabera Djabera* (NW-Kimberley), vorkommt. Wie an der NW-Küste und in Zentralaustralien existiert auch auf diesem Inselpaar die Erinnerung an ein prähistorisches Zwergvolk. Eingeborene erzählen, daß diese Zwerge etwa 50 cm groß und von hellbrauner Farbe waren[239]. Sie sollen von den Vorfahren der Tunavuvi ausgerottet worden sein. Ihre Geister leben heute in den Termitenhügeln. Bei Nacht ziehen sie umher, bauen Steinringe, nehmen Säuglinge für die Nachtzeit von den schlafenden Eltern weg und töten jene Eingeborenen, die das Blut von Verstorbenen „gegessen" haben.

Auf die lebhaften Kultfeiern im östlichen Arnhem-Land haben wir schon früher hingewiesen (S. 184 f.). Wir begnügen uns hier mit der Vorführung der drei hauptsächlichsten Geistergestalten an Hand der eingehenden Forschungen von Warner und Berndt. Der Stammvater und Dema der östlichen Stämme *Djaŋgabal* oder *Djaŋgawal* kam von *Baralgo*, einer Toteninsel, die so oft Residenz des höheren Wesens ist, mit zwei Schwestern ans Festland. In blutschänderischem Verhältnis — eine Parallele zu den gleichen Beziehungen *Djinimins*, des Sohnes *Gunmaŋgurs*, bei den Murinbata — wurde er der Vater der beiden *Wauwelag*-Schwestern, wörtl. „Kinder, Töchter". Diese wurden von der Schlange *Juluŋgur*, auch *Ubar* oder *Muit* genannt, verschlungen. In den Wolken dahinfliegend, gestaltete *Djaŋgawal* die Oberfläche der Erde, rief Menschen ins Dasein, gab Sprachen, füllte die Quellen mit Geistkindern, führte die Initiation ein, bei der das Dröhnrohr seine Stimme erschallen läßt, und brachte die heiligen *Raŋga*-Geräte. Bei Beginn jeder neuen Regenzeit, die er selbst einleitet und begleitet, steigt er aus seiner Wasserquelle, verschlingt wieder die Wauwelag-Schwestern und befruchtet die gesamte Natur, wobei er besonders um den Fortbestand des Menschen besorgt ist. In der darauffolgenden Trockenzeit legt er Eier und erbricht er die Schwestern. *Juluŋgur* oder *Muit*, der Große Vater, spricht im Tone des Schlagbrettes *margan* und des Dröhnrohrs *ubar*.

Djaŋgawal wird durch 5 m hohe *Jel-malandji*-Pfosten dargestellt, auf die mit Menschenblut Schlangen gemalt sind. Auf Grund dessen, daß das zweite Element des Namens für diese Pfosten in S-Arnhem-Land für weibliche Geistwesen benutzt wird, erhält *Juluŋgur* erneut eine weibliche Note.

Besonders zu beachten ist die Regenbogenschlange *Gunabibi*, „Geist-Mutter, Menschen-Mutter", das Symbol ständiger weiblicher und männlicher Fruchtbarkeit. Wir erinnern uns, daß sie mit der alten Frau *Kulaitj Mutjiŋga* oder *Karwadi* identisch ist. Wie die Murinbata glauben auch die Yirrkalla an eine Einkehr der Novizen in den Mutterschoß der Schlange durch Ver-

---

239 Vgl. *Mountford* 1958, S. 124—127. *Mountford* nennt sie *Ningui*.

schlungenwerden und an eine Wiedergeburt in einen höheren Kultgrad. Wir sehen dieses mythische Geschehen symbolhaft im Schwirren der Tjurunga, im Hinabsteigen in eine Erdgrube als Abbild der Vulva, in der Errichtung der phallischen Pfosten, im kultischen Frauenaustausch, endlich im Hervorkriechen der Jünglinge aus einem Blättergerüst, dem *djebal-mandji,* dem Mutterschoß der Wauwelag[240].

Der *Kunapipi-(Gunabibi-)*Komplex und in Assoziation damit der Wauwelag-Mythos fand im Laufe der letzten Jahrzehnte eine weite Verbreitung. Unter der Bezeichnung *Galbadi* oder *Gadjeri* erscheint er in der Daly-River-Port-Keats-Region und außerdem bei den Guirindji, Malngin, Njining, Djaru, Gogadja (Gugudja) und Walmadjeri. Er hat sich also einmal über den Victoria-River-Distrikt bis in die östlichen Kimberleys und weiter bis in das Fitzroy-River-Gebiet ausgebreitet, wo er neuerdings unter dem Namen *Worgaia* im geistigen Leben der Eingeborenen eine große Rolle spielt und außerdem sich ständig weiter nach Westen vorschiebt (s. S. 307; vgl. ferner *Berndt–Berndt* 1964, S. 214; *Petri,* unveröffentlichte Feldnotizen), zum anderen ist *Gadjeri* (oder auch *Worgaia*) in südlicher Richtung bis in die östlichen Sektoren der Westlichen Wüste vorgestoßen, wo er von Meggitt bei den Walbiri festgestellt wurde. Der *Gadjeri*-Kult und seine Entsprechungen scheinen aber nicht die zentralaustralischen Aranda erreicht zu haben. *Strehlow* (1947, S, 25, 95) berichtet, daß das männliche Prinzip im religiösen Leben dieses Volkes eine so hervorstechende Rolle spielt, daß das weibliche Prinzip virtuell ausgeschlossen oder zumindest in den Hintergrund gedrängt wird (*Berndt–Berndt,* a.a.O.).

8. Kimberley
(*Galoru [Kaluru], Wolaro, Uŋur, Mayo; Galalaŋ, Djamar, Djamba* usw.)

Sobald wir vom Nord-Territorium in den Norden Westaustraliens eintreten, können wir eine größere rituelle Nüchternheit beobachten, die um so deutlicher wird, je weiter wir westlich zur Küste des Indischen Ozeans und südlich ins Innere des Landes vordringen. Die ernsten mundlosen Höhlengemälde der *Wandjina (Wondjina)* und die immer subjektiver und abstrakter werdenden Tjurunga-Markierungen sind ein Beweis dafür. Andererseits schiebt sich auch in diesem Gebiet das uns schon vertraute Schlangensymbol der großen Geister und Dema mit Nachdruck in den Vordergrund.

Das Hauptwesen der Bemba der nördlichen Kimberleys scheint das Gewitter(Schlangen)wesen *Galoru,* auch *Galbudju* oder *Birimara* genannt, zu sein. In Sturm und Wolkenbruch kam es auf die Erde und nahm Besitz von tiefen und einsamen Teichen, auf deren Boden es ruht. Mit ihm kamen die Geistkinder *Galoru-niŋa,* die zwar nicht von ihm stammen, aber von ihm überwacht werden, sowie seine beiden Frauen *Andjelmara* und *Lagula.* *Galoru* gehört vorzüglich jener Stammeshälfte der Bemba an, die nach dem

240 *Warner* 1937; *Berndt* 1951 b, S. 230–241.

Nachtvogel *Djereŋo* benannt ist. Häufig sind die Darstellungen *Galorus* auf Rindenstücken und auf Höhlengemälden, die beide mit *Wandjina* bezeichnet werden. Mit diesem Ausdruck sind die Bilder selbst und der durch sie dargestellte *Galoru* gemeint.

Von den westlichen Nachbarn der Bemba, den Gwini, wird nach Capell *Wolaro* als Schöpfergeist und Stammesorganisator angesehen. Vielleicht steht sein Name für „Schlange", da bei den östlichen Kimberley-Stämmen *Waloro* für eine gefürchtete schwarze Schlange gehalten wird. *Wolaro* hat einen Sohn *Bundulmiri*, der als Herr der Toten die Seelen zu seinem Vater führt. Dieser Name ist insofern von besonderem Interesse, als er mit dem des Dema *Bundjil*, des Adlerhabichtmannes in W-Viktoria, übereinstimmt. Man kann *Bundulmiri* mit „Adlerhabichtsgeist" übersetzen.

Im Rang am nächsten steht *Galoru* die gefürchtete riesenhafte *Uŋud*-Schlange oder *Lū*. Ihre Identifizierung gehört nach Capell „zu den schwierigsten Problemen der Mythologie N-Kimberleys"[241]. Hernandez läßt *Uŋud* zusammen mit *Galoru* in diese Welt kommen und beide in denselben Wasserlöchern wohnen. Auch *Uŋud* wird als ein *Wandjina*-Wesen bezeichnet. Sie repräsentiert die *Wode*-Stammeshälfte der Bemba.

Im Gebiet der Bemba finden wir nicht nur die östliche Idee des Honiggeistes im Wesen *Wararedji* wieder, sondern auch Spuren der Todes- und Erstehungsmythen des nördlichen Nord-Territoriums im Riesengeist *Djaligin,* der Menschen und Hunde verschlingt und zu neuem Leben erbricht. Als Geber der Vater-, Mutter- und Kindtjurunga *Mayaŋa* gilt der gleichnamige, demaähnliche Riesenhundegeist *Mayo,* nach dem auch die mit der Übergabe dieser heiligen Geräte verbundene Initiationsfeier *Maiaŋari* benannt wird[242]. Als Schöpfer der Geistkinder wird der Astral- und Demageist *Walanganda, Walaŋara* oder *Wanda* angesehen, der in der Milchstraße erkannt und in W-Kimberley dem mythologischen Adlerhabicht gleichgestellt wird. Petri, der besonders die Ungarinyin, die südlichen Nachbarn der Bemba, erforschte, hält es „trotz der fließenden und begriffliche Grenzen verwischenden Vorstellungen" dieses Stammes für möglich, daß dieses Geistwesen jener Eingeborenen „in den Kreis der australischen ‚Tribal Allfathers' (Howitt) oder ‚Sky-Heros' (Elkin)"[243] SO-Australiens gehört. Der seit Jahrtausenden vorsichgehende Kulturaustausch von mythologischen Gestalten und die dabei freizügig verlaufende Aufteilung ihrer Attribute hat jedenfalls der heutigen Religion in N-Kimberley eine Form gegeben, die die Idee der Demawesen des Südostens noch wurzelhaft in sich schließt. So gewinnt die Annahme einer fundamentalen Kontinuität der alten australischen Glaubenswelt sowohl im Norden als auch in anderen Teilen des Kontinents neues Gewicht.

241 *Capell* 1938, S. 385, 393, 394.
242 *Hernandez* 1961, S. 115, 119, 124. Vgl. *Petri* 1954, S. 97–146; *Perez* 1957, S. 37, 38, 40, 41.
243 *Petri* 1954, S. 116.

Auf der Dampier-Halbinsel treten uns die einander ablösenden höheren Demawesen *Galalaŋ* und *Djamar* entgegen. Die älteste noch aufzuspürende Tradition gruppiert sich um die anziehende Person *Galalaŋs*, ein echter Mannesname, den wir am unteren Liverpool-Fluß im N-Arnhem-Land als einen männlichen Eigennamen und in W-Kimberley als Bezeichnung eines höheren Initiationsgrades aufspürten; neuerdings ist er auch bei dem nördlichen Wüstenstamm der Gogadja unter dem Namen *Wama Galaŋ = Wamba Galaŋ*, alter Mann, bekannt geworden, wo er als ein „sehr großer König (!), den niemand sehen kann und der im Himmel *(Il-waira)* wohnt", beschrieben wird. *Galalaŋs* Name wird von alt und jung beiderlei Geschlechts offen erwähnt, während die Namen der übrigen Geister mit esoterischer Scheu nur von eingeweihten Männern furchtsam und leise ausgesprochen werden.

Galalaŋenem inan ēr iŋodog — „*Galalaŋ* hat die Regenbogenschlange gegeben". Wahrscheinlich ist auf ihn das Wort *Mamagoranēd* oder *Mamoganēd*, „Schöpfer", wörtl. „einer, der macht", bezogen; als Partizipium des Verbums *ma-mogan*, „machen", hat es nichts mit dem *Mamu* der Demas im Südwesten und Südosten Australiens zu tun. Die hohe Stellung *Galalaŋs* tritt, wie so oft, durch die ihm zugesprochene Begleitung von Hunden „ganz besonderer Art" zutage. Er ist der Urheber und Wächter der Moralgesetze und der alten diatomischen Stammeseinteilung, *Djanda* und *Inar (Djandu* und *Enara)*, die ein System alternierender Generationsstufen darstellt und die während der letzten 30 bis 40 Jahre vom Vierklassensystem der südlichen Völker überlagert wurde. In väterlicher Weise schenkte er den Eingeborenen „das beste Land, die schönste Sprache, ein langes Leben und die Einehe", strafte aber auch Übertretungen seiner Ordnung durch Unwetter und Nahrungsknappheit. Durch unsoziale Selbstsucht der Menschen wurde diese ideale Beziehung abgebrochen. Schwer beleidigt entwässerte *Galalaŋ* einen fisch- und schildkrötenreichen Süßwassersee. Mit einem nachschleifenden Baumstamm, wahrscheinlich eine Anspielung auf den eingeführten europäischen Eisenpflug, grub er einen Kanal und trieb die tägliche Nahrung der Eingeborenen ins Meer. Er wurde deshalb von Menschen ermordet. Man warf seinen Leichnam ins Meer, von dessen Strömung er fortgetragen wurde. Dieses Sakrileg, das lebhaft an den Mord *Gunmaŋgurs* in Nordaustralien erinnert, wird von den Bād noch heute folgendermaßen besungen:

Gumiri-nja min-djuna	Bei Gumiri bist du gefallen,
Alar in-djalguna	Auf dem Rücken legte er sich nieder,
Djalala djalala	Auf den Wellen.
Bil in -djalguna	Der Kämpfer ist tot.
Gumiri-nja min-djuna	Bei Gumiri ist er gefallen.

Galalaŋ wohnt nun an einer dunklen Stelle zwischen dem Centaurus und Skorpion; α- und β-Centauri gelten als zwei weiße Papageien- und dunkle

Eulenfedern seines Kopfschmuckes, die ein Hinweis auf die von ihm eingesetzte zweiteilige Stammesgruppierung sind.

Nach dem Eindringen der Rivalendema *Djamar* und *Minburu* oder *Minau*[244], die wie *Djaŋgawal* in O-Arnhem-Land dem Meere entstiegen, wurden *Galalaŋs* Gesetze abgebaut. An ihre Stelle traten die *Djamara-mara,* die Gesetze *Djamars.* Als neue Institutionen brachten sie die bisher unbekannte Circumcisio, Subincisio, Blutfeier sowie die *Galiguru-* und *Minburu*-Tjurunga, die vielfach auch als die Tjurunga *Djanba's* (s. u.) gelten (*minburu,* auch Terminus für *darogo* verschiedener *Kuraŋ-gara*-Linien, s. S. 188 f.). In die heiligen Tjurunga-Hölzer sind als eine Spirale das Felsversteck *Djamars* und in naturalistischer Weise sein treuer Hund und der Steintrog eingeritzt, in den der Geist sein Armblut zum ersten Mal träufeln ließ.

Dem Mythus nach hatte *Djamar* in *Ŋamagun,* einem Küstengebiet südlich von Cape Leveque, wo er in seiner Eigenschaft als Demiurg schöpferische Handlungen von entscheidender Tragweite vornahm, auch sein Armblut in einen Rindenbehälter träufeln lassen. Dieser Rindenbehälter hat heute noch für die Eingeborenen den Charakter eines historischen Monumentes; er befindet sich in Form einer Felsvertiefung auf einer Klippe am Strande von *Ŋamagun.* Als eine von *Djamars djala* (bzw. *djalŋe*) erfüllte Lokalität, wo sich mythische Urzeit und Gegenwart zu einer Einheit verschmelzen, darf sie nur von vollinitiierten Männern betreten werden. — Seine Behandlung in extenso findet der *Djamar*-Mythos bei *Worms* 1950 B.

Mit seinen drei mutterlosen Söhnen hämmerte *Djamar* die ersten Steinbeile oder *badal* und errichtete Fischdämme oder *maioron,* vielleicht „Steine", um sich dann zum Kreuz des Südens zurückzuziehen. Ein eigenartiges Phänomen sind die mit *Minau* verknüpften zwei Bumerangtjurunga, die dieser aus dem heiligen *Bandara*-Baum schnitt und mehrere hundert Kilometer durch die Lüfte schleuderte, um das Land der Bād zu gestalten und das Volk zu schützen (S. 155)[245].

Vor ungefähr 30 Jahren begann auch die Verdrängung *Djamars* durch den vom Wüstengebiet eindringenden Eidechsenmann *Djanba,* dessen Tjurunga mit abstrakten Einritzungen der sitzenden Eidechse, ihrer Wege und Lagerplätze C. Strehlow schon um 1907 veröffentlichte[246]. Um 1920 wurde *Djanbas* neue Lehre im Dampier-Land bereitwillig angenommen mit dem Resultat, daß ältere Überlieferungen, wie z. B. die *Molog-* und *Laribuga*-Zeremonien, in üblen Ruf kamen.

Als vagabundierender Schreckgeist kann sich *Djanba* des hohen Ranges weder *Galalaŋs,* der bis heute als Idealgestalt nicht vergessen ist, noch *Djamars* rühmen. In den Jahren 1937 und 1950 fanden wir im Dampier-Land und im Norden der Großen Sandwüste Berichte über *Djanba,* die Meggitt

---

244 *Worms* 1950 B, S. 641–658; 1952, S. 539–560.
245 *Petri* 1954, S. 62, 101; *Worms* 1957 C, S. 40–48.
246 *C. Strehlow* 1907, 2 Bde., Tafel I, Fig. 2.

durch seine Forschungen unter den östlichen Walbiri erweiterte. Sie bestätigen die große Furcht vor *Djanba;* man ist nie sicher vor ihm, ganz gleich, ob er als Einzelgänger umherschleicht oder in Scharen durch Busch und Steppe eilt. Seine haarige Gestalt, seine in unsichtbar machenden *Kadaitja*-Tarnschuhen (s. unten) steckenden Krüppelfüße, seine geheimen Vergehen mit Frauen und seine tödliche Methode des Genickbrechens, das auch seine Medizinmänner praktizieren, haben ihm die Sympathien der Leute des Dampier-Landes, die heute alle Christen sind, vollständig geraubt. Die Heimat *Djanbas* (oder *Tjunba*) ist in der Arandakultur, in der er mit der Iguana-Eidechse verbunden ist [247].

Die im Nordwesten in der Westlichen Wüste weit verbreiteten *Djanba*-Vorstellungen sind nun keineswegs so eindeutig, wie es die bisher vorliegenden Quellen vermuten lassen (*Worms* 1940, 1942; *Petri* 1950, 1954; *Lommel* 1952; *Meggitt* 1955). Zweifelsohne richtig ist, daß *Djanba*-Wesen auf Grund ihrer magischen Potenz und einer gewissen Unberechenbarkeit allgefürchtet, aber auch respektiert werden, jedoch sind die Ansichten über ihr Aussehen und die Möglichkeiten ihrer Manifestationen keineswegs einheitlich. Ob sie, wie oben vermutet, ihre Ursprünge im Aranda-Gebiet haben und ganz generell mit der Iguana-Eidechse in Beziehung gesetzt werden können, ist gleichfalls nicht sicher. *Petri* (1950, 1959–60) stellte die These auf, daß wir in *Djanba* einen „verwässerten Kulturheroen" vor uns haben, einen „Dema" irgendeines noch unbekannten Traditionssystems der Westlichen Wüste, vergleichbar dem *Djamar* der Bād, *Walanganda* der Ungarinyin usw. Natürlich unter Vorbehalt würde dafür folgender neuerer Befund *Petris* aus dem Jahre 1960 sprechen: Bei den Garadjeri, Mangala und Njaŋomaḍa findet das „Gesetz" der Urzeit seine Bekrönung im Mythos der *Bagadjimbiri*, eines Heroenpaares, das der Welt seine endgültige Gestalt gab (s. S. 257). Bevor sie aber ihre Wanderungen durch die Gebiete der genannten drei Stämme begannen, um ihre schöpferischen Leistungen zu vollbringen, übernahmen sie bestimmte kultische Institutionen und ihre Paraphernalia von einem anderen Heroenpaar, das gerade nach einer langen Wanderung aus dem Südosten bei *Muljawogal,* dem *Djila* = Wasserloch ihres mythischen Ursprunges, angelangt war. Es waren die *Djanba-gudjara* (= zwei *Djanba*), die ihrerseits ihre mythischen Ursprünge in *Wolawora,* einem nicht lokalisierbaren Wasserloch, vermutlich in der zentralen Wüste, hatten. Als ein urzeitliches Frauenpaar traten sie ihre Wanderungen an und sangen *Jilbinji* bzw. *Jirbindji* (*Petri* 1950, S. 113; *Berndt–Berndt* 1964, S. 261), eine Liebesmagie und verschiedene Fruchtbarkeitsaspekte beinhaltende Gesangessequenz epischen Charakters, zu der im übrigen die eingangs mehrfach erwähnten *Mandagidgid* oder *Mandagi* als Sakralobjekte gehören. Bevor sie aber *Muljawogal* erreichten und dort den *Bagadjimbiri* begegneten, unterzogen sie sich einem Geschlechtswandel. Aus zwei Frauen wurden zwei Männer. Diese von *Petri* auf Tonband aufgenommene und noch nicht publizierte Wanderüberlieferung der zwei urzeitlichen *Djanba* könnten also bis zu einem gewissen Grade Rückschlüsse auf die heute weit verbreiteten und äußerst komplexen *Djanba*-Vorstellungen erlauben. In den erwähnten und sich gegenwärtig immer weiter nach Westen vorschiebenden *Worgaia*-Kulten (s. S. 250) haben übrigens die *Djanba* auch ihren fester umrissenen Platz: Sie gelten als besonders rigorose Wächter über die strikte Einhaltung der urzeitlichen „Gesetze", die ja durch die weiße Zivilisation ständig in Frage gestellt werden. Sie übernehmen daher die Rolle spiritueller Hüter eines Traditionalismus,

---

247 *Meggitt* 1955, S. 375–403; *C. Strehlow* 1907, Bd. I, S. 8, 78–79.

der nach wie vor dem Eingeborenenleben seine „innere Ausrichtung" gibt, selbst dort, wo die Anpassung an die westlichen Wirtschafts- und Gesellschaftsordnungen am weitesten fortgeschritten zu sein scheint (*C. H. Berndt* 1965, S. 257 f.).

Eine, von uns aus gesehen, viel anziehendere Gestalt ist *Ina,* der Dema der Gogadja des nördlichen Wüstenrandes, der manches mit *Galalaŋ* gemeinsam hat und keine esoterische Wesenheit ist. Sein Name bedeutet ebenfalls Eidechse oder Iguana, die neben der Schlange und dem Adlerhabicht eines der verbreitetsten Totemtiere Australiens ist. Es sei nur an die mythologische Eidechse *Dal-maŋururu* am SO-Ufer des Carpentaria-Golfes erinnert, die eine wichtige Stellung in der Liturgie der Nuŋgubuyu einnimmt [248]. Der Eidechsenmann *Ina,* „der Gute, Unsterbliche, Unsichtbare und Unverheiratete", hat als Herr des Totenreiches *Djil waiera* seinen Sitz im Himmelsgewölbe und gleichzeitig an einem der Salzseen der Wüste, wo er mit einem Speer die Höhle der gefährlichen *Liru*-Schlange bewacht. Wenn ein seltener Regen in diesem trockenen Lande niedergeht, singen Frauen und Kinder erwartungsvoll: *Ina-lu gala yura gangara djano. Galu indjira gani-njara* — „*Ina* sendet den Regen von oben herab. Den Regen gießt er hernieder". Es scheint, daß der Geist *Djugura* trotz des höheren Ansehens *Inas* eine größere Bedeutung im Ritualleben der Wüstenbewohner hat. 1961 erzählten uns die Gogadja, daß *Djugura* sich im Westen aufhalte, zuweilen als großer Dingo erscheine und Menschen verschlinge. C. Strehlow bezeichnete ihn vor über 50 Jahren als den höchsten Geist der Loritja [249], die ihn bis in die Gegenwart als Schöpfer und Verfasser der *Djugurini*-Gesetze betrachteten; *Djugurini* heißen hier auch Vorzeit und Tjurunga. Wie viele andere Geister in Zentralaustralien ist auch *Djugura* ein chthonisches Wesen (S. 260 f.) (*djugur* oder *tjukur* = Ur- oder Traumzeit in der ganzen Westlichen Wüste).

9. *Westaustralische Küste*
(Djabolo, Bulanj, Gangara, Gagamaran-Gumbarin)

Von den Gebieten entlang der 2500 km langen Küste Westaustraliens sind verhältnismäßig wenig Daten der früheren Religionen erhalten geblieben. Zu den besser bekannten Stämmen gehören die Yaoro der Perlfischerstadt Broome, die Garadjari an der La-Grange-Bai sowie die Njaŋomaḍa, beide nordöstlich der Mündung des De-Grey-Flusses, und die *Ŋaluma,* die südwestlich des De Grey wohnten. Den Yaoro verlieh *Djabolo,* „Vater, Jungmann", Tjurunga, benannt *Buliwana, Galiguru* und *Gundji (Kunju),* die alle unter gleichen Namen auch in der Westlichen Wüste allgemein vertreten

248 *Capell* 1960, S. 33—37.
249 *C. Strehlow* 1908, Bd. II, S. 1—2; *Curr* 1886, Bd. II, S. 475.

sind, samt den damit verknüpften Vermehrungsriten oder *djalŋga*, die ebenso wie die Initiationsfeiern stark von dem Nachbarstamm der Garadjari beeinflußt sind. In der Kosmogonie der Garadjari nimmt die demaähnliche, schöpferische *Bulanj-* oder *Midinj*-Regenschlange, die wie die höchsten Wesen der Aranda im Rot der ewigen Jugend erstrahlt, eine wichtige Stelle ein. Wir begegneten ihrem Namen auch am oberen Roper-Fluß, dem *Nigalara,* wo sie von den Djuan *Bulaŋ* oder *Jermarindji* genannt wird. Eine Beziehung der *Bulanj* zu dem Schlangenwesen *Juluŋgur* des Arnhem-Landes scheint zu bestehen. *Bulanj* ist der Regenbogen am Tageshimmel und der Milchstraßenfluß bei Nacht. Sie umfaßt die Koexistenz des männlichen und weiblichen Fruchtbarkeitsprinzips. Ein Garadjari-Berichterstatter erzählte uns vor 25 Jahren, daß die untere Seite der *Bulanj* eine mit dem Gesicht nach unten gekehrte Frau, die obere Seite ein Mann mit nach oben gekehrtem Gesicht sei, und daß sie so „anders als bei den Menschen" Kinder erhalten. Ratzel erwähnt vor 50 Jahren folgendes über die Regenbogenschlange in Südaustralien: „The rainbow in which the Adelaide tribes distinguish the outer and inner bows as male and female, rises from the clouds as smoke". Ähnliches melden C. Strehlow von den Gogadja, Petri aus N-Kimberley und Stanner vom NW-Nordterritorium [250].

Bulanj ist vielleicht ein anfangloses und unsterbliches Wesen, das nach einer Mythenversion der Erde in der *Bugari*-Zeit die heutige Form gab und Menschen und Heroengeister ins Dasein rief. Wie die *Gunmaŋgur*-Schlange der Murinbata, so behielt sich auch *Bulanj* die Erschaffung der Fische vor, während sie die Erschaffung der Landtiere dem frauenlosen Heroenpaar *Gagamaran* und *Gumbarin* (oder *Gonbaron*) (von *Gumbar, Gumbali,* „Freund, Namensvetter, Totem"?) überließ. Die von *Bulanj* erschaffenen Gestirne, Mond und Sonne gelten, wenn sie nicht Repräsentationen der Schlange selbst sind, als männliche oder weibliche Geister.

Die beiden riesenbärtigen Kulturheroen *Gagamaran* und *Gumbarin* nehmen bei den Garadjari eine wichtige Stellung ein. In Tier- und Menschengestalt wanderten sie auf der Erde oder in dem bis zum Himmel aufsteigenden Staub der Wirbelwinde durchs Land, brachten Sprachen, Gesänge, Tänze und die verbesserte Beschneidungsmethode mit Steinmessern anstelle einer Circumcision mit glühenden Stöcken, der viele junge Männer erlagen. Tieren, Pflanzen und markanten Punkten der Landschaft gaben sie Namen und hinterließen Tjurunga, aber auch schwarze Djala-Steine oder *Djagubandja* (S. 197), die den südostaustralischen *Gunam-bram*(Mann — älterer Bruder)-Steinen entsprechen, und schließlich die weißen Quarzitsteine *Djimari* als Träger übernatürlicher Kräfte. Zur Verteidigung der Garadjari ließen sie die Wasserplätze der Feinde austrocknen und verursachten mit Hilfe der

250 *Worms* 1940, S. 246; *Ratzel* 1896, Bd. I, S. 384; *C. Strehlow* 1907, Bd. I, S. 28. Vgl. *Petri* 1954, S. 159; *Stanner* 1960, S. 248.

mythischen Adlerhabichte große Wald- und Steppenbrände. Sie verübten allerlei, selbst boshafte Neckereien mit jungen Männern, nachdem sie sich in angreifende Eidechsen oder wehklagende Säuglinge verwandelt hatten. Zum Abschluß ihrer diesseitigen Existenz begaben sich diese beiden Wanderheroen in den Himmel, wo sie als die Magellan-Wolken unter der Bezeichnung *gudjara Bulanj* = „zwei Schlangen sichtbar" existieren (*Bunda-djiri* = „Rauch — zwei" bei den benachbarten Njaŋomaḍa). Die heutigen Garadjari ritzen gerne rohe Umrisse dieser Heroen oder auch nur ihre Fußabdrücke unter die Griffe der Speerschleudern und Parierschilde, um sich ihre Hilfe bei Jagd und Kampf zu sichern[251].

Name und Charakter der Heroenpaare wechseln entsprechend der Mythenherkunft. Zu erwähnen sind die *Buga Djimberi* (bzw. *Bagadjimbiri*, s. S. 254), „die Urzeitmänner", und die *Wamba Gudjara* oder *Wadji Gudjara*, „die beiden Männer". Ihre Entsprechungen sind das Paar *Yalgi* und *Windinbigi*, zwei mythische Eidechsenmänner als die Schöpferwesen der Überlieferung der Njigina am unteren Fitzroy-River, die Blitzbrüder in W-Arnhem-Land, die feindlichen Brüder *Tyit* und *Mbu* in N-Queensland und die alten *Brambrambal*-Brüder in W-Viktoria. Am Torres-See in Südaustralien kannten die Eingeborenen das Habichtmännerpaar der *Wildju gibela*, wörtl. „Adlerzwei", das im Morgenstern lebt[252]. Es ließen sich noch weitere Beispiele dieser Art hier anführen.

Nach einer freundlichen Mitteilung G. Odermanns, die sich erfolgreich mit der Erforschung der eingeborenen Frauenwelt beschäftigt, besitzen die Garadjari-Frauen Kenntnis von einem einzelnen Schöpferwesen *Gangara*, wörtl. „der da droben".

Die obigen Ausführungen *Worms'* bedürfen einer teilweisen Berichtigung, aber auch Ergänzung. Wie bereits *R. Piddington* (Karadjeri Initiation, Oceania III, 1932, S. 51) klarstellen konnte, handelt es sich bei den Garadjeri (Karadjeri) um zwei ursprünglich getrennte Überlieferungssysteme: Die *Bagadjimbiri* (s. S. 254) sind die Kulturbringer der in chronologischer Hinsicht übersichtlicheren „nördlichen Tradition", während *Gagamaran* und *Gumbarin* (nach Piddington *Kakamaraing* und *Kunbarangor*) das Heroenpaar der „südlichen Tradition" darstellen. Letztere war zu Piddingtons Zeit weniger bekannt, da sie nach Informationen seiner Gewährsleute in das Gebiet des De Grey River im Westen, also in den Stammesbereich der Njaŋomaḍa gehörte. Diese Angaben kann *Petri* bestätigen, der in den Jahren 1954 und 1960 die südliche Überlieferung der Garadjeri mit dem *Breṛe-djiri* = „Zwei Männer"-Mythos der Njaŋomaḍa zu koordinieren versuchte. Es handelt sich hier tatsächlich um e i n Traditionssystem, jedoch mit verschiedenen geographischen Schwerpunkten. Eine Aufeinanderabstimmung des *Bagadjimbiri*-Mythos der nördlichen Garadjeri und des *Breṛe-djiri*-Mythos der Njaŋomaḍa in räumlicher Hinsicht ist nur zum Teil möglich. Andererseits läßt sich die *Bagadjimbiri*-Tradition der nördlichen, also Küsten-Garadjeri ziemlich nahtlos mit der *Yalgi*- und *Windin-*

---

251 *Worms* 1940, S. 214—218; *Capell* 1950, S. 150—158.
252 *Petri* 1954, S. 293; *Curr* 1886, Bd. II, S. 126.

bigi-Tradition (s. S. 257) der Yaoro von Broome und der Njigina des Fitzroy-River-Landes zusammenfügen. *Gagamaran* und *Gumbarin,* das mythische Heroenpaar der südlichen Inland-Garadjeri-Überlieferung, sowie der *Breɛe-djiri*-Mythos der Njaŋomaḍa lassen sich ohne Schwierigkeiten an die entsprechenden „Zwei Männer"-*(Wati-Kutjara-)*Traditionen der übrigen Westlichen Wüste anschließen. Wir haben hier also einen weiträumigen mythisch-historischen Komplex vor uns, der sich im Grunde genommen nur in lokalen Varianten des gleichen Themas präsentiert. In den Jahren zwischen 1960 und 1966 war der ursprüngliche Gegensatz zwischen den „nördlichen" und „südlichen" Traditionen der Garadjeri gegenstandslos geworden. Die gegenwärtige, vom ethnischen Standpunkt aus heterogene Lokalgruppe von La Grange, dem ehemaligen kultischen Zentrum aller Garadjeri, pflegt nur noch die „nördliche" Tradition der *Bagadjimbiri* und versucht überdies, sie mit anderen aus dem Süden, Westen und Osten importierten „Urzeitgesetzen" in Zusammenhang zu bringen. Es werden hier synkretistische Tendenzen greifbar, die jedoch von christlich-missionarischen Beeinflussungen noch weitgehend frei sind.

Ein anderes Problem ist das von Odermann dem Verfasser mitgeteilte *Gangara*-Konzept. Der Sachverhalt ist folgender: In einem nichtesoterischen, also auch den Frauen und Kindern bekannten Teilaspekt der Garadjeri-Überlieferung erscheint *Djauare* oder *Djaware* = Krähe als einer der frühesten Demiurgen, der nicht nur die stock- oder tjurunga-gleichen, also noch unvollkommenen Menschenwesen durch Schnitzen perfektionierte, sondern auch das damals noch unprofilierte urzeitliche Land „hoch" machte. Auf seine Wirksamkeit gingen also die ersten Bodenerhebungen zurück; *ŋulan,* der Adlerfalke oder Adlerhabicht, sein großer Gegner, verbrannte ihn bei lebendigem Leibe. Nach seiner Auferstehung aus der glühenden Holzasche wurde er zum Herrn von *Biɛidgaḍi,* dem Totenreiche. Es ist das also, wie wir gesehen haben, ein in den verschiedensten Fassungen stets wiederkehrendes Mythenmotiv (vgl. u. a. *Gunmanŋgur* der Murin-bata, *Galalan* der Bād und Njol-Njol), das die von *Worms* hervorgehobene basische Einheit aller australischen Religionssysteme in einer eindrucksvollen Weise in Erscheinung treten läßt. – Die von *Djaware* aus Holzstöcken gestalteten ersten Menschen waren nun die *Djaramara,* die im Dunkel der Urnacht die australische Welt durchwanderten und alle *djila* = Wasserstellen erschufen, die zu Zentren des Regenmachens wurden (s. S. 202 f.). Die frühen *Djaramara*-Menschen als Schöpfungen *Djawares* und geführt von einem *Gurgur* genannten mythischen Chef gehören nun in einen Traditionskomplex oder in ein „Gesetz", das nicht nur bei den Garadjeri, sondern auch bei den Walmadjeri oder Djualin, den Njaŋomaḍa und den Julbari-dja-Gruppen der Westlichen Wüste als *ganga-raŋu* = „Die Oben" bezeichnet wird. Es dürfte hier um eine nach unseren Begriffen mythische Anschauungsweise gehen, die die frühesten Etappen der *Bugari-gara* bzw. *Djugur-ba* = Ur- oder Traumzeit zu interpretieren versucht (*Petri* 1965a, S. 475/76).

Die Garadjeri, aber auch die anderen hier genannten ethnischen Gruppen, haben zweifelsohne eine fast als rational zu bezeichnende Tendenz, ihre Urzeitüberlieferungen einer „relativen Chronologie" einzuordnen. Über die Erschaffung der Welt und des Kosmos durch ein göttliches Prinzip nach dem Modell verschiedener Hochreligionen liegen keine Nachrichten vor (s. Kap. II, Einleitung). Die Schöpfung nimmt ihren Anfang in einem bereits „seienden", unprofilierten und von Dunkelheit erfüllten irdischen Raum. Aus seinen Tiefen steigen nacheinander die „sich selbst machenden" Schöpfer einzeln, gruppen- und paarweise empor. Es sind in zeitlicher Reihenfolge: der mensch- und krähengestaltige *Djaware,* der die ersten Menschen schnitzte und zum Beherrscher der Totenreiche a) *gara* = im Westen und b) *ganga* = oben, d. h. im Himmel, wurde (eventuell damit im Zusammenhang der Begriff *ganga-raŋu* = die von oben). Es folgen die *Djaramara,* die von *Djaware* gestalteten ersten Menschen, die unter der Führung *Gurgurs* als Regen- und Wettermacher weite Regionen der urzeitlichen Welt erschlossen. Sie und ihre Nachfolger, die mythischen *kuraŋ-gara*-(Guranara-)Gruppen als Entdecker der Wasserstellen, als Landschafts-bildner und Begründer bestimmter Institutionen, lebten noch im Dunkel der so-genannten Urnacht. Erst die „Zwei Männer" *(Bagadjimbiri, Gagamaran* und *Gum-barin, Breṛe-djiri, Wati-Kutjara* usw.), die nach den Wanderungen der *kuraŋ-gara*-Ahnen aus der Erde kamen, beendeten diese Urnacht, indem sie Himmel und Erde mit ihren *Birmal* = Tjurunga trennten. Sie institutionalisierten die Tag- und Nacht-gleiche und gaben der Welt ihre endgültigen Formen *(Petri,* a.a.O., S. 476 ff.).

Die Ŋaluma haben ihren Glauben durch zahllose Felsgravierungen ver-ewigt, die noch auf eine eingehende religionswissenschaftliche Untersuchung harren. Diese wußten von einem verheirateten Schöpferwesen *Ŋarga,* das, wie die östlichen Dema, durch seinen Sohn die Sozialordnung, die echt Aranda-gemäß ist, und den uns nichts Neues bringenden Kultdienst einführen und überwachen ließ[253].

In der älteren Literatur sind einige Geistnamen der beschneidungslosen Stämme am NW-Kap ohne weitere Beschreibung erwähnt (z. B. *Mua* und *Wiongan* usw.), deren Bedeutung sich auf „Älterer" und „Vater" zurück-führen läßt.

10. Südwest-Ecke von Westaustralien
(Mama, Biadjera, Godjat, Midagan, Djiŋa)

In Currs Zusammenstellung von Namen für Geister der südwestlichsten Bezirke Westaustraliens begegnet man fünf Fällen, in denen diese Namen mit „Gott" und fast dreißigmal mit „Geister" wiedergegeben werden. Bezeich-nend für eine fast willkürliche Einsetzung des Namens „Gott" ist z. B. die Gleichstellung des Wortes *Motogon* mit „Gott" durch den ersten Benedik-tinerabt der Eingeborenenmission in New Norcia (Westaustralien) Rosendo Salvado (1867). Die Originalbedeutung von *Motogon, Madagan, Midagan* ist jedoch „grauhaariger Mann"; bei Perth wird das Wort für „Geist" ge-braucht. Lyon spricht 1833 von *Godjat* als „dem Namen des Höchsten"; ein anderer gleichzeitiger Schreiber übersetzt es mit „Himmel", ein dritter mit „Geist". Aller Wahrscheinlichkeit nach ist es eine veränderte Form von *Gadjin, Gadji,* „Geist", dem an der W-Küste und in der Gegend des Lake Eyre üblichen Terminus[254]. In Kimberley ist *Godjat* der Tote oder sein Geist. Auffallend ist das dreimalige Erscheinen des uns von der SO-Küste her bekannten Wortes *Mama* für ein Demawesen, nämlich *Mamu-mira-ŋinaga,* wörtl. „Vater-Geist-Er", *Ŋab-mam,* wörtl. „Bruder, Vaters Bruders Sohn"

253 *Withnell* 1901, S. 1–2, schreibt Gnurker für *Ŋarga* und Tarlow für *Djalu.* Vgl. *O'Grady* 1959, S. 167–168.
254 *Curr* 1886, Bd. I, S. 319, 335 *(Motogon); Worms* 1957 A, S. 760 *(Godyat); Curr* 1886, Bd. I, S. 319, 329, 347; Bd. II S. 21, 121, 231 *(Gadjin, Gudju).*

(klassifikatorisch Glück-Bruder), und *Mamam, Mam,* Vater. An der ganzen W-Küste von Westaustralien war *mamam, maman, mama, mam, am, man* für „Vater" gebräuchlich, daneben in geringerem Umfang für „Mann, Eingeborener, Stamm, Bruder". An der Ostküste des Carpentaria-Golfes (N-Queensland) dagegen tritt *mama* in dem Kompositum *mam-bara* wiederum in der Bedeutung „Mann" auf. Ein weiteres Wort für „Gott", *Bia-djera* *(„Biadeara"),* hat eine zweifache Beziehung zum Osten, da seine beiden Elemente in den Demanamen *Baiami* und *Djara-maljan* aufscheinen. Die Existenz dieser drei Termini läßt auf eine alte Religionsgemeinschaft der beiden äußersten Südwinkel Australiens schließen, die spätere ethnische Verschiebungen auseinandergerissen haben. Neben diesen Wesen war ein weibliches Geistwesen bekannt, das einfach den Namen *ŋanga,* Frau, trug[255].

Von anderen Geistern SW-Australiens seien nur folgende erwähnt: die zwei menschenverschlingenden Riesenadlerhabichte *Wildju gibela,* symbolisiert im Morgenstern, die geflügelte schwarze Gewitterschlange *Waugal* (< *Wagala*), wörtl. „weiblich, Frau, Schwester", und schließlich der an der ganzen W-Küste bekannt gewesene Geist *Djaŋa* oder *Djiŋa.* Die Grundbedeutung des letzten Geistnamens ist „Antlitz", die ähnlich wie *nimandjara,* das Schatten- und Spiegelbild, Ausdruck für das persönliche Lebensprinzip und für Seele ist. *Djaŋa* ist mit allem, was mit Leben und Tod zu tun hat, verwoben. So ist *djiŋa-ŋaranj* das Geistkind, *djiŋa(r)gi* der mythologische Mord und der Mörder, der sein abwesendes Opfer mit Hilfe der Todesspitze oder durch den Ton der Klangstäbe vernichtet. Abschließend sei auf die Geistbezeichnung *Min-mir-raba* hingewiesen, die nach Davidson auf beiden Seiten des Wendekreises für das Fadenkreuz, diese abstrakt wirkende Geistdarstellung, gebraucht wird. Da die eigentliche Bedeutung dieses Wortes „Häuptlingsgeist" ist, handelt es sich hier vermutlich um ein Demawesen[256], über das keine genaueren Nachrichten vorliegen.

11. Zentral-Australien
(Karora, Atua Ilingka, Atua-Ntjikantja-Tara)

Auch bei den Arandastämmen von Zentralaustralien, die gegen Anfang des Jahrhunderts von Spencer und Gillen, C. Strehlow und in neuerer Zeit von seinem Sohn T. G. H. Strehlow erforscht wurden, ist die Idee von „Großen Vätern" lebendig, die wie *Karora, Namatjirea, Krantjiringa* usw. an einem eigenen Kulturzentrum der westlichen und nördlichen Aranda mit

255 *Curr* 1886, Bd. I, S. 335, 363, 393 *(Mama);* 391 *(Biadjera); Schmidt* 1919, S. 198; *Lyon* 1833, S. 56 (Frau).
256 *Curr* 1886, Bd. II, S. 126 *(Wildju-g);* S. 335 ff. *(Djaŋa); Kitching* 1960, Taf. I. Abb. von Klanghölzern; *Davidson* 1951, S. 266.

ihren Totemtieren. Jedes dieser erdentsprungenen Wesen ist mit seinen Mythen, Gesängen und Riten an eine der 7 bis 8 unabhängigen Lokalgruppen gebunden und wird von diesen als ausschließliches, strenggehütetes Eigentum betrachtet. *Karora* z. B. ruhte im ewigen Schlaf im *Ilbalintja*-Wasserloch der den Macdonnell-Bergen nördlich vorgelagerten weiten, mit Akazien dicht bewaldeten Burt-Ebene. Über ihm ragte die lebenserfüllte hohe *Tnatantja*-Stange bis zu den Wolken (S. 164 f.). Im halbbewußten Zustand fielen aus seinen Armhöhlen und seinem Nabel Känguruhratten (Parameles cremiana), die sich sofort zur Erdoberfläche emporgruben. Als er vollends erwachte, stieg auch er zum Sonnenlicht hinauf und stillte seinen ersten Hunger in der Morgendämmerung der ersten Zeitspanne mit dem Fleisch zweier dieser aus seinem Körper entstandenen Tiere. Während seines ersten Erdenschlafes schlüpfte auch aus seiner Armhöhle sein erster menschlicher Sohn in Gestalt einer Tjurunga, die in derselben Nacht zum Manne heranwuchs (Identifikation von Mensch und Tjurunga s. auch S. 140 f.). Zahlreiche andere Söhne entstanden in den folgenden Nächten durch eine solche Patrigenese und umtanzten sogleich den Vater in junger Lebensfreude. Als sie sich nach einem Jagdzug wieder um den *Ilbalintja*-Wasserplatz versammelt hatten, wurden sie durch eine Flut von Honig in die Tiefe zurückgeschwemmt und kehrten von dort nach einem neuen Tanz um ihren Vater durch unterirdische Höhlen oder *ratjera* zur Oberwelt zurück. Heute begrüßt *Karora* mit wohlwollendem Lächeln aus der Tiefe alle, die zur Quelle kommen und, ehe sie trinken, grüne Blätterbüschel, die sie auch zum Auslegen der Gräber benutzen, am Rande niederlegen. Grausam singt der älteste, rebellische Sohn seinen „Großen Vater" *Namatjirea* in Blindheit und Geistesschwäche hinein, als ihm der Urvater die unzeitige Ehre verweigert, neben ihm auf dem heiligen Hügel, dem *Raba Parra*, zu Füßen des *Tnatantja*-Pfostens sitzen zu dürfen. T. G. H. Strehlow verdanken wir auch den Hinweis auf einen nur vereinzelt auftretenden höheren Himmelsgeist, den von Frauen und Kindern umgebenen *Atua Ilingka*, den Mann mit Emufüßen, den C. Strehlow eingehend beschrieb. Er erscheint als typisch otioser Dema, der, um irdische Dinge unbekümmert, von den Aranda mit keiner Zeremonie bedacht wird. Aus sich selbst entsprossen, besitzt er dasselbe Attribut der Aseität wie *Gunmaŋgur*, der *Banam-bitj* des Nordens [257] (s. S. 245 f.).

In der Schöpfungsgeschichte der Aranda erschienen ganz unvermittelt zu Klumpen zusammengewachsene, augen- und mundlose Menschengestalten. Auf dem trockenen Lande waren es die *rella manerinja*, „Menschen zusammengewachsen", und im Wasser die *kwatja-rina*, „Wasserbewohner". Beide waren bereits in vier Heiratsklassen eingeteilt. Später machte sie das Wesen *Maŋarkunjerkunja*, „dunkler Geist", durch operative Eingriffe mit einem Steinmesser zu normalen Menschen und erteilte ihnen dabei die Circum- und

---

257 *Strehlow* 1947, S. 7—14, 148; *C. Strehlow* 1907, Bd. I, S. 1—2.

Subincision (vgl. auch den *Djaware*-Mythos der Garadjeri u. a., S. 258). Sein Name wurde von C. Strehlow mit „Fliegenfänger" wiedergegeben. O'Grady hat einen ähnlich klingenden Namen eines höheren Wesens der Westlichen Wüste aufgespürt: *Muŋa-gada-ŋga-dja,* der mit „Der Dunkle (Geist)-dort oben-in" + substantivierende Endung übersetzt werden kann. Gason gibt *muŋa-ra* mit „Geist, Seele" wieder. Das Weltbild der Aranda zeichnet sich durch einen Anthropomorphismus aus. Das Universum wird zu einem mächtigen Wesen, das Natur und Menschen als ein Ganzes umfaßt. Sie sprechen vom Fleisch des Lufthimmels, von den Knochen des Sternenhimmels, vom Bauch des Himmelsgewölbes, über den sich noch der Rücken des Himmels erhebt. Auch das Heroenpaar fehlt nicht. Nach freundlicher Mitteilung von Strehlow jr. vergleichen die Aranda in ihren Gesängen das Himmelsgewölbe *alkíra tnéta,* das die Sonnenhitze auf die Erde wirft, mit der konkaven Innenseite des Kampfschildes *alkúta tnéta.* Das Paar der Giftdrüsenbrüder *Atua-Ntjikantja-Tara,* wörtl. „Männer-Nacken-Zwei" — die Giftdrüsen sollen im Nacken liegen —, kletterte nach dem Tode an Speeren zum Himmelsgewölbe, wo es unsterblich wurde und in zwei Sternen zu erkennen ist [258].

Die Totemlehre von Zentralaustralien ist im wesentlichen der der nördlichen Stämme gleich. Quantitativ ist sie wegen der großen Anzahl von kultisch ziemlich selbständigen Lokalgruppen, bei denen außerdem jedes Mitglied weitere persönliche Totems zu eigen hat, stärker als bei anderen australischen Verbänden ausgebaut. Ein schlichter Ausspruch, den uns kürzlich ein alter Aranda anvertraute, erlaubt uns, einigen Reflexionen über die reale Verbindung zwischen Natur und Übernatur nachzugehen. Der Besitz einer Steintjurunga, die in diesem Falle den Geist eines Känguruhvorfahren barg, befähigte seine Vorväter als Mitglieder der betr. Känguruh-Totemgruppe, durch persönliche Teilnahme an der Lebenskraft dieses Geistes den Bedarf an Känguruhfleisch für eine gewisse Zeit sicherzustellen. Der Aranda sagte: „Meine Väter hatten keinen Gott (d. h. keinen christlichen Gott). Sie glaubten an ihr *Djuruŋ,* an den Geist, der in Felsen wohnt und früher Mensch war. Der alte Strehlow (er meint C. Strehlow) gab Jesus den Namen *Inkata Altjira* („unsterbliches Hochwesen"?). Einige Aranda, die wie mein Vater zum Känguruh gehörten, konnten Känguruhs dadurch fett machen, daß sie einen Schild oder Felsenwände bemalten. Mein Vater schabte von dieser kleinen Steintjurunga namens *Djuruŋ andéra* (oder Känguruhfett-Tjurunga) Staub in seine hohle Linke und streute ihn umher. Wir füttern Känguruhs nicht wie die Rinder mit Gras, sondern bestreuen sie mit diesem Staub. Dadurch werden sie fett, wenn das Wetter kühler wird."

258 *C. Strehlow* 1907, Bd. I, S. 2—6 (Weltbild); *O'Grady* 1959, S. 172; *Curr* 1886, Bd. II, S. 94 *(Gason); C. Strehlow* 1908, Bd. II, S. 11 (Universum); *C. Strehlow* 1907, Bd. I, S. 21—24; *Strehlow* 1947, S. 78, 178 (Giftdrüsenmänner).

12. Südaustralien

Je mehr wir uns nach dem Besuch der Stämme entlang der 19 530 km langen Küste und des Innenlandes vom Westen her dem Lande *Bundjils,* dem Ausgangspunkt unserer Untersuchung der mythologischen Wesen, nähern, desto mehr verspüren wir die Dürftigkeit des religionsethnologischen Materials. Vielleicht kann sie noch durch eingehendere Forschungen behoben werden.

An der einsamen Küste lebte der Glaube an *Buga-bidni, ŋara,* „Mann Alter", und *Wilja,* „Adlerhabicht". Der letztere existierte auch bei den Eingeborenen um Adelaide als *To-Wilja,* buchstäbl. die weißen (geisterhaften) Adlerhabichte (S. 269). Vom Inland, besonders von den Dieri aus der Umgebung des Lake Eyre, berichtet S. Gason, einer der ersten Patrouillenpolizisten, um 1865 die Mythenversion von einem *Muramura* (Urzeitwesen bzw. Dema), der zuerst einige Eidechsen erschuf, denen er durch Berührung mit dem Zeigefinger menschenähnliches Aussehen verlieh. Die Menschen selbst und alle anderen Lebewesen wurden von *Biri,* dem Mond, geschaffen, der ebenfalls ein *Muramura* war. Erst später rief er *Djidji,* die Sonne, ins Dasein, um den Dieri das Erjagen der durch die Hitze ermüdeten Emus zu erleichtern.

Diese *Muramura* der Dieri vom Cooper's Creek und anderer ethnischer Einheiten des Lake-Eyre-Gebietes sind totemistische Vorfahren, vergleichbar den *altjiramitjina* der Aranda bzw. den *Wondjina* des Kimberley-Bezirkes. Einzeln oder gruppenweise durchwanderten sie das Land in der Urzeit, handelten als Schöpferwesen und etablierten die Normen des kultischen und sozialen Lebens. Über diesen Mythenkomplex sind wir durch *Howitt* (1904), der sich weitgehend auf die Berichte des erwähnten *Gason,* des Missionars *Siebert* und anderer Beobachter stützt, relativ gut informiert. Nach dem uns ja hinlänglich bekannten und in Australien weit verbreiteten mythischen Modell kamen auch die *Muramura* zu Beginn der Zeiten aus der Erde, die sich in der Mitte von Lake Perigundi geöffnet hatte. Von dort aus sollen sie sich über das ganze Land verbreitet haben. Nach *Howitt* wurden sie zu den tragenden Gestalten der mythischen Systeme aller ethnischen Einheiten in dem weiträumigen Bereich zwischen dem Spencer-Golf im Süden, den Stammesgebieten der Wonkamala im Norden und der Aranda im Nordwesten sowie der Grey- und Barrier-Ranges im Osten (*Howitt* 1904, S. 779 ff.; *Berndt–Berndt* 1964, S. 204/5, 230, 260, 378).

In dieser Region Südaustraliens stoßen wir auch auf den an der Küste Westaustraliens häufig vorkommenden Begriff *Gadji(n),* „Geist". Andere hier übliche Bezeichnungen für Geistwesen sind *Wana-bi, Muran-dja, Una-mada* (= *Waŋa-Mada*), „Geist, Alter", *Gundji* (= Tjurunga), „Geist", „Medizinmann" usw.[259]. Obwohl diese Termini ohne weitere Beschreibung von den

---

[259] *Curr* 1886, Bd. II, S. 5, 9, 151; 47–48 *(Gason);* 21, 126, 129, 149 *(Gadji* usw.). Die Loritja (*C. Strehlow* 1908, Bd. II, S. 7) kannten auch *ŋoa-li ruku,* d. h. Geist-Lagerplatz oder Totenreich.

Referenten aufgezählt werden, haben sie doch den Vorzug, daß sie ihre bis in den Norden hinaufreichenden linguistischen Zusammenhänge offenlegen und ihre organische Einpassung in die Gesamtmythologie des Festlandes sichtbar machen.

Mit irritierender Nüchternheit wird die Religion der Narinyeri, „des Volkes", in den Berichten aus dem Mündungsgebiet des Murray gezeichnet. Die Narinyeri sind ein altes Volk, dem Zahnausschlagen und Circumcisio unbekannt geblieben sind. Schon früh folgte es unter Leitung seines mythischen Stammvaters der Völkerstraße des Darling-River und gelangte an den Murray und seine Mündung in den Süd-Ozean. Vermutlich sprengte es durch diese Invasion die zwischen dem SW und SO bestehende ethnische, sprachliche und religiöse Einheit. Der Stammvater und Dema hieß *Ŋarandjeri* (*„Nurunderi"*, *„Ngurunderi"*), wörtl. „Alter Mann", den die Eingeborenen als ihren *rabali*, d. h. Häuptling oder Ältesten, anerkannten. Er schuf Fische aus Steinen und erschlug im Kampf den *rabali* eines anderen Stammes, der seine Kinder geraubt hatte. Er rief eine Meeresflut herbei, um seine ungetreuen Frauen zu ertränken, und ließ sich dann – nach G. Taplin (1878) – am Himmelsgewölbe *Wairi-Wari* (*„Wyirrewarri"*) nieder. Dorthin folgten ihm auch die Verstorbenen, nachdem sie zuerst nach *Ŋuru ŋaui*, der heutigen Känguruh-Insel am Ausgang des St.-Vincent-Golfes, gezogen waren. Die Gogadja, die übrigens für „Himmel" *Djil waiera* sagen, kennen ein ähnliches Wort für den Aufenthalt ihrer Toten: *Ŋura ŋaua*, wörtl. „Land der Toten". Einer anderen Überlieferung nach ist *Ŋarandjeri* nach Vornahme von Waschungen, die ihm die alte Jugendkraft wiederschenkten, zu den Pleiaden, *Bulji-dja*, aufgestiegen oder in die Tiefe des Süd-Ozeans getaucht, um im Westen weiterzuleben. Vermutlich hat *Ŋarandjeri* einen Sohn namens *Madjameri* (*„Martummeri"*), wörtl. „Mann-Geist", auf Erden zurückgelassen.

Eine gute und das Wesentliche treffende Schilderung der Religion und Mythologie des Narinyeri-Stammes veröffentlichte 1879 G. *Taplin* (The Narrinyeri, in: The Native Tribes of South Australia, ed. *J. D. Woods*, Wigg, Adelaide). Im südlichsten Südaustralien ist es heute nicht mehr möglich, ethnographische Studien in situ vorzunehmen. Die letzte einigermaßen vollständige Version des Mythos von den Wanderungen *Ngurunderis* verdanken wir einem schon seit längerer Zeit verstorbenen Eingeborenen namens *Albert Karloan*. Auch sie enthält einige der vom Verfasser erwähnten Motive. *Albert Karloan* war der letzte noch voll initiierte Mann seines Stammes (*Berndt-Berndt* 1964, S. 203/4).

Von anderen sekundären Geistern seien das feindliche Brüderpaar *Waiyuŋari* (*Wari-yuŋari* = Himmel-Männer) und *Ne-bele* erwähnt[260], deren Namen nach dem Westen weisen. Dort wurde in der SW-Ecke *yuŋari* eine Bezeichnung für „Mann", und in Kimberley heißt *i-bala* „weiser Alter, Vater", *ni-bilbil* „Medizinmann" und *ni-balen* „ein Geschickter", „Schlauer".

---

260 *Curr* 1886, Bd. II, S. 249–250 (*Taplin*); *Berndt* 1940, S. 168–185. – Verschiedene Stämme in Viktoria haben *wurwuri* für „Himmel" und kennen *Wurawura*, das Wolkenheim ihres Dema *Bundjil* (S. 233 f.).

III. INITIATION

1. Initiationsmethoden

Weit verbreitet unter Europäern ist die Annahme, die australischen Initiationsfeiern beinhalteten in erster Linie die rituellen Operationen der Circumcisio und Subincisio. Man übersieht dabei oft, daß beide Eingriffe den Weihriten großer Teile des Kontinents bis heute unbekannt geblieben sind. Ursprünglich mag sich sogar der Übergang des jungen Kandidaten in höhere sakrale Seinsstufen in ganz Australien ohne solche Operationen vollzogen haben. Von den Eingeborenen wurden und werden überall die Kundgabe der Namen höherer Wesen, die Übergabe der von ihnen hinterlassenen Tjurunga und der sich mit ihnen verbindenden Riten und endlich der anschließende Moral- und Sozialunterricht für den Kandidaten als Wesensbestandteile der Initiation angesehen. Das gesamte Gebiet östlich einer Trennungslinie, die vom Südende des Carpentaria-Golfes bis zur Mündung des Murray in Südaustralien führt und in einem ostwärts gerichteten Bogen läuft, also mehr als ein Viertel Australiens, war beim Erscheinen der Europäer noch ohne diese Operationen. Das gleiche gilt von einem kleineren Distrikt im Norden und von dem langen Küstengebiet Westaustraliens. Die Grenzen dieser drei Gebiete waren nach mancherlei Indizien religiösen Neuerungsbewegungen ausgesetzt, die nach allen Richtungen der Windrose aus dem Innern, vielleicht aus dem Dreiseenland der Mackay-, MacDonald- und Amadeus-Salzseen, vorstießen. Wo sie zur Annahme gelangten, wurden sie in die alten Traditionen harmonisch eingebaut, wobei der Circumcisio ein bedeutend größerer liturgischer Raum zugestanden wurde als der ritenarmen Subincisio, die vermutlich kulturgeschichtlich jüngeren Alters ist. Das Ergebnis beider Neuerungen war einerseits eine beträchtliche Häufung von Weihezeremonien, andererseits aber auch eine Anbahnung weiterer Vereinheitlichung der australischen Religionsformen. Die Kennzeichnung der durch diese Operationen entstehenden Initiations- und Altersklassen ist einer Spezialuntersuchung wert, da ihre sprachlichen, aber auch substantiellen Verschiedenheiten auf ursprüngliche Zusammenhänge hinweisen, die Wege der Extensionen offenlegen und in die Nomenklaturen der Religionen und der Stammesnamen hineinreichen. In gleiche Richtung mögen auch die bei östlichen und westlichen Weihefeiern gebrauchten mystologisch-metaphorischen Geheimsprachen deuten.

Beim Vergleich der Initiationsmethoden innerhalb und außerhalb der Beschneidungs- und Subincisionsgrenzen läßt sich feststellen, daß auf dem ganzen Kontinent die Narbenschneidung (Skarifikation) praktiziert wurde, wenn sie auch später nicht mehr überall die frühere sakrale Bedeutung behalten hat. Bei den Reifefeiern an der Küste Westaustraliens, an der Mündung des Murray, im östlichen Viktoria (Gippsland) und im südlichen Queensland traten als weitere Eingriffe entweder das Haarauszupfen oder die Durchbohrung des Nasen-Septums bzw. beides zugleich hinzu, und zwar begleitet von mehrtägigem kultischem Fasten, Wachen und Schweigen. Fast überall an der O-Küste von Neu-Süd-Wales, bei Jungen und Mädchen, bestand die Dreiheit des Narbenschneidens, der Septumdurchbohrung und des Ausbrechens oder Ausbeißens des oberen linken Schneidezahns. In der Gegend von Sydney und auf den großen Frazer- und Stradbroke-Inseln an der südlichen Küste Queenslands gesellte sich bei Mädchen die Amputation eines Fingergliedes hinzu. Nur lokale Bedeutung hatte die bei Cloncurry (Z-Queensland) geübte Durchbohrung des Ohrläppchens. Wir erwähnten bereits die Nord-Süd-Grenze, an der die vordrängenden Neuerungsbewegungen vom Zentrum des Kontinents her haltmachten: 700 bis 900 km von der O-Küste entfernt. Westlich dieser Linie trat zum Ritual des Narbenschneidens und der Durchbohrung der Nasenwand die Beschneidung hinzu, im Norden und Süden dieser langen Front auch die Subincisio. In der Mitte, also im westlichen Queensland und nordwestlichen Neu-Süd-Wales, haben wir ein 400 km weites Gebiet, in das die Subincisio nicht eindrang. Auch der nördlichste Teil des Nordterritoriums blieb ausgeschlossen. Die Subincisio kam etwa 280 km von der Nordküste in südlicher Richtung und wenig näher von ihr auch die Circumcisio zum Stehen. In Westaustralien blieben die Küstenstämme vom De-Grey-Fluß bis zur SW-Ecke des Erdteils und von da noch weitere 650 km der S-Küste entlang von beiden Operationen unberührt[261].

Die Subincisio, die von Ansiedlern der „schreckliche Ritus", „the terrible rite", genannt wurde, besteht in einem Einschnitt in die Urethra in der Nähe des Meatus, der im Laufe der Jahre operativ erweitert wird. In Kimberley fanden wir folgende Begründungen für diese rituelle Maßnahme: Erschließung einer reicher fließenden Blutquelle als jene der Armvenenblutung für Initiations- und Vermehrungsfeiern, direkte Beblutung der unter gespreizten Beinen hindurchkriechenden Initianten, Anklebemittel von Federflaum an eigene und fremde Körper, längeres Festhalten der jungen Männer unter dem direkten Einfluß der Alten. Diese Angaben stehen im Widerspruch zu der oft wiederholten Begründung homosexueller Neigungen und eines Bestrebens der Männer, „bisexuelle Wesen" zu werden. T. G. H. Strehlow hat auf die Frage nach dem Warum dieser schmerzhaften Operation eine tiefere und zugleich ernüchterndere Antwort gegeben, die bisher unbeachtet geblieben ist. Er vertritt die Ansicht, daß die heutige, legendäre Idealisierung dieses blutigen Rituals die in den alten Initiationsgesängen enthaltenen Impulse

261 Vgl. Landkarte der Circum- und Subincisionsgrenzen, *Tindale* 1940; *O'Grady* 1959.

primitiver Blutlust nicht ganz zu verhüllen vermag. Er erblickt darin die Rück-
wirkung der in älteren Mythen geschilderten Handlungen der mythischen
Ahnenwesen, die so voll von „Hinterlist, Gewalt, Leidenschaft und Grau-
samkeit" sind, daß „ihre Moral tatsächlich tiefer stand als die der heutigen
Aranda"[261a].

Bei den Dieri am Eyre-Salzsee blieben neben der eingeführten Beschneidung und der jüngeren Subincisio die älteren Narben-, Mund- und Nasen-
operationen bestehen[262]. Nicht weniger als zehn körperliche Eingriffe muß
bis zur Gegenwart die männliche Jugend der Bād auf der Dampier-Halbinsel
über sich ergehen lassen. Dieser kleine Stamm hat trotz einer relativ späten
Einführung der Circumcisio- und Subincisio-Operationen, des Öffnens der
Basilica-Vene und des „Auf-dem-Feuer-Liegens" noch das archaisch wirkende
Ausreißen der Bart- und Schamhaare, das Durchbohren des Nasenseptums,
das Ausbrechen der Frontzähne, die mit Baumklettern verbundene Feuer-
probe oder mythische Verbrennung sowie das recht schmerzliche Armabschnü-
ren seiner Vorväter beibehalten. Eine solche Häufung von rituellen Er-
probungen findet sich auch bei den Aranda, von denen u. a. das Liegen auf
dem Feuer seinen Weg bis zur Westküste des Carpentaria-Golfes gefunden
hat.

Der erkennbare Hauptzweck dieser fast immer mit körperlichen Härten
und seelischen Angstzuständen verbundenen Riten besteht nach vielen über-
einstimmenden Angaben der Eingeborenen darin, „zum Manne zu machen".
d. h. ihn für das Verhaltensmuster eines für die Ehe und das esoterische
Kultleben geeigneten Mannes auszubilden. Eine scharfe Trennung der sakralen und profanen Sphäre dürfte bei diesen Initiationen wie auch im allgemeinen schwer sein, da beide Sphären sich kaum scheiden lassen. Nach unseren
Begriffen rein religiöse Konzepte, die meist mit der Übergabe der Tjurunga
verbunden sind, bilden die Erstenthüllungen, zunächst der einfachsten Religionsgeheimnisse und später ein auf lange Jahre verteilter Unterricht über
sittliche Lebenshaltung und Vertiefung esoterischer Lehren, die — wenn überhaupt — erst dann abschließen, wenn das Mitglied zum *Mirano* = zum
Wissenden und auch Geweihten geworden ist. Die operativen und kerygmatischen Handlungen sind von einer bunten Menge von Gesängen, Tänzen
und Zeremonien umrahmt, die eine gemeinsame, durch wechselnde Lokal-
tradition gefärbte Urform erkennen lassen. Die Würde der bemalten Männer, die festlichen Aufzüge und symbolischen Zwischenakte der Mysterien-
und Feuerspiele, an denen auch die geladenen Nachbargruppen teilnehmen,

261a *Strehlow* 1947, S. 38—42.
262 Berichte über Initiationen: *Curr* 1886—1887 (von 1873 an gesammelt; in 3 Bän-
den verstreut); *Worms* 1938 (Kimberley); *Elkin* 1956, S. 163—177 (Australien);
Mountford 1958, S. 122—143 (Melville-Island); *Odermann* 1960, S. 110—111
(SW-Kimberley); *Hart-Pilling* 1960, S. 10 (Melville-Insel); *Stanner* 1961,
S. 80—89 (NW-NT).

die Klagen- und Freudenausbrüche der Frauen, die schlichte Pracht des Schlußauftrittes der Initiierten machen den bisher unbeachteten Jungen, der plötzlich aus seiner Kindheit und mütterlichen Fürsorge herausgerissen wurde, zum privilegierten Mittelpunkt einer ganzen übergrupplichen Gemeinschaft, mit der er für immer auf Wohl und Wehe sozial und religiös verbunden bleibt.

Männer gleicher Initiationsstufe und besonders dann, wenn sie gemeinsam circumcisiert wurden, treten in eine Lebensgemeinschaft mit zahlreichen wechselseitigen Verpflichtungen. In der Westlichen Wüste wird ein solches Verhältnis *jalburu* genannt und ist sanktioniert durch die mythische Überlieferung der „Zwei Männer" (s. o.). Diese Demiurgen-Paare, die ja im Mittelpunkt zahlreicher australischer Religionssysteme stehen, sind nicht Zwillinge oder Brüder im herkömmlichen Sinne, sondern eben *jalburu*, und kamen als solche in der Urzeit aus der Erde. In der ethnologischen Literatur ist dieser Sachverhalt nur selten berücksichtigt worden. Im allgemeinen werden Zwei-Männer-Überlieferungen dem Schema „Zwillingsmythen" zugeordnet.

2. Opferidee der Initiation

Stanner hat in seiner neueren Untersuchung über die höhere Initiationsoder *Punj*-Feier der Murinbata in der Erteilung der höheren Grade fünf Wesensteile einer Opferidee aufzuspüren versucht: die Absonderung der Kandidaten von der Öffentlichkeit durch Entführung auf einen abgelegenen Buschplatz; die Hingabe derselben an die Allmutter *Karwadi* durch Aufgeben des alten eigenen Ich, das in der gänzlichen Entkleidung, im Verlust des Eigennamens und in der Erniedrigung zum Stande der Hunde sich kundgibt; die Vernichtung durch Beblutung und Ankündigung des Verschlungenwerdens durch das Mutterwesen; die Transformation in den „neuen Menschen" durch Wiedergeburt aus *Karwadi,* ausgedrückt durch festliche Bemalung; endlich Rückgabe der nun in ein neues und höheres Leben eingetretenen Söhne an ihre Mütter, die sie vorher unter Klagen weggeben mußten, und Aufnahme in das esoterische Kultleben der Männer[263]. Die mit diesem Opfergedanken verknüpfte Idee der Vernichtung und des Absterbens erscheint auch in dem symbolischen Ertränktwerden (S. 159) und Verbrennen der Kandidaten auf den Bathurst- und Melville-Inseln, letzteres auch bei der *Laribuga*-Feier der Bād und vielleicht bei der *Mindirrini*-Feuerszene der Murinbata[264]. Oft wird das Motiv des Begraben-, Verschlungen- und Wiedergeborenwerdens schon in der Anlage der Initiationsplätze sichtbar gemacht.

263 *Stanner* 1959, S. 108—127.
264 *Spencer* 1914, S. 99; Fig. 3, 111; *Worms* 1938, S. 173; *Stanner* 1961, S. 80, 86.

III. Initiation

3. Initiationsplätze

Auf den Weiheplätzen befinden sich u. a. zwei symbolische Einrichtungen. Zunächst sind es die durch Gruben und Sandreliefs gekennzeichneten Bodenanlagen, z. B. die *Apula* der Aranda, der Grund um die *Wudjudu*-Hütte der Rembaraŋa, die *Ŋudanu* der Murinbata und der Maralju in SO-Kimberley, um hier einige Namen zu nennen, durch die die sakrale Bedeutung solcher Plätze kenntlichgemacht werden soll. Diese Anlagen bestehen im SO-Arnhem-Land aus etwa 15 m langen rechteckig umfurchten Flächen mit einer darauf errichteten Hütte als dem „Mutterschoß der Allmutter *Ŋagorgok*", die jene Geräte oder *Raŋga* enthält, die dieses Wesen repräsentieren und im Laufe der Feier den Neulingen gezeigt werden. Von gleicher Bedeutung sind die von Rillen umrissenen trapezförmigen Plätze der Murngin (O-Arnhem-Land), die den Leib der *Juluŋgur*-Schlange darstellen, von der die Kandidaten verschlungen werden[265]. Hierzu zählen ferner die langgezogenen Buschlichtungen im Dampier-Land und der mit Steinen eingefaßte heilige Pfad des Bergheiligtums *Am-bulaŋ-guran* (S. 216 f.). Bei ihrem Betreten gehen die jungen Männer und ihre Begleiter eine sakrale Vereinigung mit den übernatürlichen Wesen ein. Ein zweiter religiös-symbolischer Bestandteil der Initiationsszenerie sind flache oder tiefe, runde oder sichelförmige, offene oder überdeckte, meist mit Laub ausgelegte Gruben, am Liverpool-Fluß *Djalu* oder *Djida gundjali-ba,* in O-Arnhem-Land und im Osten der Westlichen Wüste *Kanala* genannt, in die sich die Kandidaten stellen oder verkriechen müssen[266]. Durch diese Grubenliturgie erhält die Initiation die spezifisch australische Symbolik der weit verbreiteten Idee eines mystischen Sterbens und Begrabenwerdens, einer Rückkehr in den Mutterschoß und einer Annäherung an die in Quellen und chthonischen Räumen wohnenden Schöpferwesen. Es offenbart sich der in umgekehrter Richtung gehende Versuch einer Union mit dem Numinosen, der anderswo durch rituelles Ersteigen von Baumgipfeln, den Wohnsitzen der mythischen Adlerhabichte *Walaŋara* oder *Wildju-gibela* (S. 260, 263) und anderer Dema, versucht wird.

---

265 *Spencer–Gillen* 1899, S. 219; *Warner* 1936, S. 265 ff.; *Berndt* 1951 b, S. 238; *Mountford* 1958, S. 134–135; *Elkin* 1960, S. 171 ff. Daß es sich hier um eine alte, weitverbreitete ozeanische Auffassung handelt, läßt sich darin erkennen, daß auch bei den Baining auf Neubritannien die Anlage und Bezeichnung des sakralen Tanzplatzes den Mutterschoß der Urmutter *Dam* symbolisiert, aus dem die Jugend wiedergeboren wird. Vgl. *Carl Lauffer,* Jugendinitiation und Sakraltänze der Baining. Anthropos. Bd. 54, 1959, S. 926–927.

266 *Howitt* 1904, S. 564; *Matthews* 1905, S. 109; *Piddington* 1931, S. 373 ff.; *Strehlow* 1933, S. 195; *Worms* 1938, S. 149; *Berndt* 1951 b, S. 238; *Perez* 1957, S. 41; *McCarthy* 1961, S. 146, No. 323.

4. Vorinitiation

Die Kinder der Eingeborenen wachsen außerordentlich frei und unabhängig heran. Ihre Widerspenstigkeit und Unabhängigkeit beläßt meist Eltern und nächste Verwandte in stoischer Unbekümmertheit oder treibt den plötzlich aufbrausenden Vater, wie nach T. G. H. Strehlow die Aranda sich ausdrücken, zu *arankalelama*, d. h. dazu, aus vollem Halse zu schreien, oder seinen Jungen, wie es unserem Garadjari-Gewährsmann erging, durch das Gesäß zu speeren. Je mehr sich jedoch der Termin der Initiation nähert, werden im allgemeinen die Zügel langsam stärker angezogen, so daß sich unauffällig in fast spielerischer Form eine Vorinitiation zwischen die Knaben- und Reifejahre einschiebt.

H. Petri erforschte bei den Njaŋomaḍa (SW-Kimberley) diese bisher wenig beachtete Einrichtung der Vorinitiation, in der Knaben im Rahmen des Alltags auf die in einigen Jahren stattfindende offizielle Übergabe der Sittenlehre, Stammesdisziplin und Religionsgeheimnisse vorbereitet werden. Die Lehrfächer dieser Vorschule sind: Achtung vor den Älteren, Ertragen von Durst und Hunger, selbstlose Anpassung an das Gemeinschaftsleben, Erlernen der Lagerregeln unter Beachtung der Stammesgruppierungen und Meidungsgebote, Verständnis für mit dem Austausch von Geschenken verbundene Gegenverpflichtungen, Üben von Tänzen, Gesängen und festlichen Riten unter Vorenthaltung der eigentlichen mythologischen Bedeutung, endlich Geschicklichkeit im Jagen und Buschleben.

Strehlow ist überzeugt, daß ohne eigentliche Initiationsriten sich keine Eingeborenengemeinschaft entwickeln, noch ihr System von Gesetz und Ordnung aufrechterhalten werden könne. Erst durch die Erfahrung der vollen Härte der Initiation würde der junge Mann der Autorität der Alten und der Gemeinschaft des Stammes untergeordnet [267]. Doch muß man festhalten, daß die Initiation im Grunde genommen eine sukzessive Einführung der Jungen in die Religion der Alten und ein körperliches Erkennbarmachen des erlangten Glaubenswissens ist.

5. Initiationsgrade

Die Initiationsgrade oder Altersklassen der Njol Njol (Dampier-Land), die dem Ausmaß der Einführung in Gebräuche und Religionsgeheimnisse entsprechen und auf die vier Lebensperioden verteilt sind, tragen folgende Namen:

1. Während der Kindheit

1° *Guru-bidj*, im Alter von 11–12 Jahren

267 *Petri* 1960 b, S. 132–145; *T. G. H. Strehlow* 1960, S. 7–12.

2. *Während der Jünglingszeit*

    2° *Balel*, zur Zeit der Beschneidung

    3° *Djama-nuŋur*, nach dem ersten Bluttrank

    4° *Gadjim-binier*, wörtl. „Nasenstockträger", nach Durchbohrung des Septum

3. *Während der Jungmannzeit*

    5° *Ganbal*, nach der *Laribuga* (Baumklettern und „Verbrennung"), Armschnüren und Subincisio

    6° *Djagogol*, nach Schmückung mit Dingoschwänzen

    7° *Raŋur*, nach Schmückung mit Adlerhabichtsfedern

    8° *Laŋ-laŋara*, nach Überreichung der ungravierten Vorhängemuschel oder *ridji*

    9° *Buŋana*, nach Überreichung der gravierten Vorhängemuschel *ridji*

    10° *Mam-buŋana*, wörtl. „Vater-Mann", nach Beockerung und Erlangen der Heiratsfähigkeit

    11° *Djalur*, ohne Ockerfärbung, unmittelbar vor der Heirat

4. *Während des Mannesalters*

    12° *Nien-gal*, verheirateter Mann

    13° *Djabul*, älterer Mann

    14° *Laon, Ibala*, alter Mann.

Greifen wir nur zwei Wörter, nämlich *Mam-buŋana* (10°) und *Djama-nuŋur* (3°) aus dieser Graduierung heraus. Das Auftreten des gleichen *mam-baŋa*, Mann-Frau oder Ehemann, im mehrere 1000 Kilometer entfernten West-Viktoria, sowie des *buŋana*, „Mann", am oberen Burdekin-Fluß im Hinterland des Stillen Ozeans (am 20° südl. Br., Queensland) erweist sich hinsichtlich Ursprung und Wanderung dieses mythisch-sozialen Fachausdruckes als sehr vielsagend. Diese heute nur sporadische, aber sinnverbundene Wortprägung beleuchtet erneut die noch zu wenig beachtete, wurzelhaft religiöse und auch linguistische Einheit des Kontinents. Im Nord-Territorium wird *mam-baŋgoi* auf die eigentliche Beschneidung beschränkt[268]. In *Djama-nuŋur* bedeutet das erste Element „der mit geistiger Kraft Ausgezeichnete", mit „tabu" vergleichbar, von *ni-am*, ich, der Begabte, und *yar-djam*, wir, die Begabten; *nuŋur*, das aus der SW-Ecke Australiens herrührt, heißt schlechthin „Mann". *Djama-nuŋur* ist also „der geweihte Mann".

Unter den Stämmen Kimberleys und der sich südlich anschließenden Nachbargebiete existiert im Unterschied zu den gemeinsamen Reifefeiern, wie z. B. in der SO-Ecke des Kontinents und auf Melville und Bathurst, keine rituelle Initiation der Mädchen, wohl aber die ritenlose Durchstoßung des Hymen. Erst in neuerer Zeit begannen geheime Frauentänze oder *yirbindji* mit

268 *Smyth* 1878, Bd. II, S. 38, 84 *(man-banya); Stanner* 1961, S. 80 *(man-baŋgoi)*.

erotischen Gesängen ohne Reflexion auf mythologische Hintergründe und mit phallischen Geräten und Körperbemalungen im Osten Kimberleys Boden zu gewinnen. Man kann sie als dekadente „frauenrechtlerische" Nachahmungen der kultischen Fruchtbarkeitsfeiern der Männer betrachten [268a].

6. Heiratsklassensysteme

Außer der Eingliederung des Mannes in den betreffenden Initiationsgrad gehört jedes Stammesmitglied beiderlei Geschlechts einer genau umschriebenen Heiratsklasse zu, in die es nach einer uns recht kompliziert scheinenden sozialen Aufteilungsorganisation für das ganze Leben hineingeboren wird. Wie das Gefüge der streng liturgischen Initiationsstufen, so wurde auch die das soziale Leben und die liturgischen Dienstleistungen regulierende Heiratsklassifikation von höheren Wesen geschaffen und als überaus streng verpflichtend angeordnet. Wir bringen hier nur zwei typische Klassensysteme mit einigen ihrer Funktionen, die wir im Dampier-Land und im nördlichen Teil der großen Sandwüste vorfanden. Das erstere ist ein Vier-, das andere ein Achtklassensystem mit einer auf Grund der Geschlechter verdoppelten Untergruppierung. Das Diagramm des Systems, dem die Stämme des westlichen Kimberley- sowie des Pilbarra-Distrikts folgen, bietet dieses Bild:

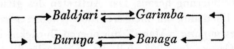

Es funktioniert so: ein *Baldjari*-Mann muß ein *Garimba*-Mädchen heiraten. Da die Kinder stets in der Stammeshälfte der Mutter verbleiben, werden sie in die *Banaga*-Klasse eingegliedert. Im umgekehrten Fall, wenn ein *Garimba* eine *Baldjari* heiratet, gehören die Kinder dieser Ehe der ersten Stammeshälfte an und sind *Buruŋa*. Wenn wir beim ersten Fall, *Baldjari-Garimba*, bleiben, finden wir, daß nicht nur ihre Söhne und Töchter *Banaga* sind, sondern auch der Vater, Bruder und die Schwester des Ehemannes, seine Schwiegermutter und gewisse mütterliche und väterliche Tanten usw. Der *Baldjari*-Mann findet seine rechtmäßige Frau gerade unter den *Garimba*, weil sie seine zweite Cousine mütterlicherseits oder die Enkelin des Bruders seiner mütterlichen Großmutter ist. Mit der Vorführung weiterer Eingliederungen anderer Bluts- und Verschwägerungsverwandten wollen wir den Leser verschonen.

268a *Kaberry* 1939, S. 258–268.

Diese Klassifizierung stieß erst um die Jahrhundertwende von Zentralaustralien zur NW-Küste und verdrängte die dort ererbte einfache Stammesdichotomie, *Yinara* und *Djandu*. Die Namen des Vierklassensystems lassen sich leicht in der Aufstellung von C. Strehlow (Bd. I, S. 6) als *Paltara-Kamara, Purulu-Pananka* der Aranda wiedererkennen. Nähere Untersuchungen werden wahrscheinlich östliche Elemente in diesen Bezeichnungen finden.

Das Gogadja-Achtklassensystem kann man in diese Diagrammform kleiden:

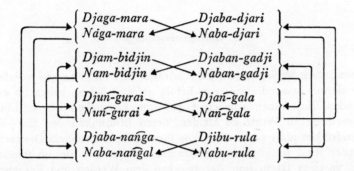

Jede dieser acht Gruppen besteht aus je einer männlichen und weiblichen Untergruppe, so daß 16 Quasigruppen erscheinen. Die eingetragenen geraden Kreuzpfeile kennzeichnen die Verbindung eines *Dj.*-Mannes mit einer *N.*-Frau. Die seitlichen Führungslinien beginnen stumpf bei der Mutter, auf die der Kreuzpfeil des entsprechenden Vaters gerichtet ist. Die Führungslinien berühren die Mitte der Klammer, die Söhne und Töchter dieser Ehe kennzeichnet (also die Deszendenz). Durch das zweite Element der Klassenbezeichnungen ist die Selbständigkeit jeder der 8 Gruppen hervorgehoben. Das erste Element unterscheidet sich nicht immer von denen anderer Gruppen, aber es beginnt stets mit *dj* für die männlichen und mit *n* für die weiblichen Untergruppen. Die 16 Bezeichnungen muten wie ein reiches Mosaik von 12 Wörtern für „Mensch" an; das zweite Element bietet durch Verwendung von 8 dieser Wörter eine größere Abwechslung als das erste. So kompliziert und verwirrend dieses Mosaik auf den ersten Blick auch wirken mag, so war es doch den 12- bis 14jährigen Gogadja ein Kinderspiel, diese Gruppen auseinanderzuhalten und sich selbst und jedes Stammesmitglied, wie auch uns, in dieses System richtig einzuordnen. Das Schema zeigt, daß ein *Djaga-mara*-Mann seine Frau der zweiten Stammeshälfte entnehmen muß, eine *Naba-djari*, daß die Söhne dieser Ehe *Djiburula* (> *Djibula*) und die Töchter *Naburula* (> *Nabula*) sind. Auch nach diesem System hat *Djaga-mara* in seiner Frau seine zweite Kreuzcousine, d. h. die Enkeltochter des

Bruders seiner mütterlichen Großmutter, geheiratet. Das Wesen dieses Stammesaufbaues und seine Einflüsse auf Liturgiebeteiligung und Totemvererbung sind von der englisch-amerikanischen „Social Anthropology", insbesondere von A. P. Elkin (1956) und J. Falkenberg (1962), eingehend behandelt worden.

IV. WERDEN UND VERGEHEN

1. Seelenvorstellungen

In demselben Maße, in dem die Australier ihre religiöse und soziale Terminologie mit bewundernswertem Erfolg geformt haben, haben sie es auch verstanden, ihr Ahnen von einer gewissen Geistigkeit des unsichtbaren Lebensprinzips in Worte zu kleiden, deren Bildlichkeit den europäischen Fachausdrücken nicht nachsteht. Ohne ihren Körper zu einem Dreiseelensitz zu machen, sind sie allgemein gesprochen, ähnlich wie die alt-indonesische Kultur, zu einer Dreiteilung der zwischen dem Werden und Vergehen des menschlichen Lebens wechselnden Seelenzustände gelangt [269]. Sie sprechen von einem präexistierenden Geistkindleben, einer Lebens- und einer Totenseele. Das schon vor der Empfängnis existierende Geistkind wird als ein geistartiger Körper eines Kindes von vielleicht drei Jahren oder „eines Jünglings, auch wenn er schon etwas alt ist" (Gogadja), gesehen; anderswo, wie bei den Tunavuvi, wird es mit einem kleinen weißen Rauchwölkchen, mit dem Atemschwaden oder dem über Quellen und Flüssen hängenden Morgennebel, selbst mit dem feinen Sprühregen verglichen, der der Nase bei kräftigem Niesen entflieht (NW-Nordterritorium). Dies sind keine poetischen Vergleiche, sondern lebensträchtige Realitäten, von denen in der gläubigen Sicht der Eingeborenen das Leben kommender Generationen abhängt. Der Ursprung des keimhaften jungen Lebens ist etwas Geheimnisvolles, dessen Erklärung die Eingeborenen nicht in Dogmen kleiden. Einmal lassen diese Naturmenschen das Geistkind dem Demawesen entstammen, ein anderes Mal lassen sie es von ihm nur überwacht werden. Es mag unmittelbar aus seinen Achselhöhlen oder seinem Nabel in Gestalt von kleinen Tjurunga entschlüpft (Zentralaustralien), aus der eiertragenden Uŋud-Schlange hervorgegangen (Kimberley), aus den vom Atem der Wasserschlange gebildeten Gewitterwolken (Arnhem-Land) oder aus Felsen und Bäumen, in die sich das Schöpferwesen beim Abschluß der Urzeit verwandelte (Zentralaustralien),

269 *Nevermann* 1959, S. 82.

entstanden sein. Nach Überzeugung vieler Stämme nähert sich das Geistkind, das von der väterlichen Zeugung nicht immer kausal, doch irgendwie instrumental abhängig ist, dem zukünftigen Vater, um von ihm die Einladung zum Eintritt in die Mutter zu erhalten. Oft geht die inoffizielle profane Kenntnis der Bedeutung der natürlichen Zeugung friedlich, aber unbetont neben der beim Initiationsunterricht gelehrten mythologischen Erklärung einher. So kann z. B. ein ins Meer gefallener Regentropfen, der mit einem Geistkind beladen war, mit einer Schildkröte in Berührung gekommen sein. Als diese von einem Fischer gefangen und zerlegt wurde, schlüpfte das Geistkind zu seinem zukünftigen Vater und sprach zu ihm im Traum: „Du bist mein Vater. *Tjambuwal,* der Gewittergeist, steckte mich in die Schildkröte, die du zerlegtest, damit ich eine Mutter finden kann. Wo ist sie?" Der Vater sprach zu seiner Frau, die am Ende ihrer Menstruationszeit stand: „In der Nacht besuchte mich *Jurtu,* das Geistkind, und bat mich um eine Mutter. Ich habe es zu dir geschickt". Bald werden an der Frau Zeichen der Schwangerschaft bemerkbar [270].

Das gleiche Empfängnisprinzip ist in einem kurzen Satz enthalten, der uns von einer Tunavuvi-Frau gesagt wurde: *Averíni píapía nára aramuráni miráni* – „Der Mann träumt um seinen Sohn". Bei den Aranda wirft der Vater nach der Kindoffenbarung einen leichten Speer gegen die Hüfte seiner Frau, wodurch sie das Geistkind empfängt. Das von dem Murinbata-Vater heimgebrachte *ŋaridj* ergreift den Nagel der großen Zehe der Mutter und steigt innerhalb eines Tages durch die Wade in ihren Schoß [271]. Diese Erklärung ist dem Heraufklettern des Embryos vom Uterus des Känguruhs durch das Fell des Unterleibes in die Beuteltasche abgeschaut.

Die für „Geistkind" bei den verschiedenen Stämmen bestehenden Bezeichnungen wollen durchgängig sein Leben und Menschsein hervorheben, so z. B. *ŋaridj-wagali,* Mensch oder Geist-Kind (Bonaparte-Golf), *Djari-djaba* und *Mam-bir-wadji,* Mensch-Mensch (Daly-Fluß, Nordterritorium), *Muruŋgur,* Geist gehörig (O-Kimberley), *Mara-la,* Geist-gehörig (Dampier-Land), *Rai Jadaŋal* und *Ratapa,* Leben-Mensch (Kimberley und Zentralaustralien). Die beiden letztgenannten Wörter zeigen ihre wurzelhafte Verwandtschaft in folgender Derivationsreihe:

ra-i < *ra-dj, ra-dja,* Kind, Vater (Unt. Murray) [272], < *ra-djaba* = *ra-tapa,* Leben-Mensch (Zentralaustralien) < *ran-djibi,* Leben-Mensch (Kimberley) < *raŋa-djaba,* Herz, Atem, Leben, Mensch-Mensch; *ruŋa,* Mensch (Südaustralien), *Ridja-raŋa,* Stammesname (Nordterritorium) [273], *Raŋu-lindjeri,*

270 *Mountford* 1956, S. 308–309.
271 *C. Strehlow* 1907, Bd. I, S. 52; *Petri* 1954, S. 162–171. Vgl. Anm. 215. *Falkenberg* 1962, S. 258.
272 *Curr* 1886, Bd. II, S. 276, 280.
273 *Curr* 1886, Bd. II, S. 99: *thilchauruna,* „impatient"; wörtlich *djildja-ruŋa,* ein ungeduldiger Mensch. – *Tindale* 1940, S. 233 (Stamm).

Klanname (Unt. Murray)[274]. Gleichzeitig scheinen diese Worte auf die fundamentalen Anzeichen des Lebens, Atem und Pulsschlag, zurückzugreifen.

Das „Geistkind"-Konzept hat sowohl in der völkerkundlich monographischen als auch in der theoretischen Literatur einen breiten Raum gefunden. Wie von *Worms* (S. 274 f.) aufgezeigt, ist die in der Hauptsache durch *M. F. Ashley-Montagu* (Coming into being among the Australian Aborigines, London 1937) ausgelöste Kontroverse, ob die australischen Farbigen die physiologische Vaterschaft kannten oder nicht, ein Gegenstand müßiger Spekulationen. Das entscheidende Problem bleibt die Idee einer „spirituellen Präexistenz", nicht nur des Menschen, sondern alles Lebendigen schlechthin. Ob nun die Geistkinder anthropomorph oder anders (als Tiere, Pflanzen oder Naturerscheinungen) vorgestellt werden, ob sie als die totalen oder partiellen „Spirituellen Widerparts" totemistischer Vorfahren oder als die Emanationen sonstiger numinoser Wesen (z. B. von *Galeru* bzw. *Galuru,* der Regenbogenschlange in den östlichen Kimberleys) gelten, stets sind sie lokal gebunden. An bestimmten Punkten der geographischen Umwelt, wie an Wasserstellen, Felsen, Höhlen usw., pflegen sie sich vorzugsweise in den erwähnten Konzeptionsträumen der Männer zu manifestieren und ihre Inkarnation anzubieten. „Spirit-Centres" nannte *A. P. Elkin* solche Stellen oder Plätze, wo die Geistkinder seit der Ur- oder Traumzeit unsichtbar verweilen und als prokreative Mächte in Natur und Menschendasein wirken. Nicht selten sind die „Spirit-Centres" auch gleichzeitig Mittelpunkte ritueller Vermehrung tierischer und pflanzlicher Spezies, haben ihre festen Standorte in den mythischen Überlieferungen und gewinnen damit die Bedeutung totemistischer Konzeptionszentren. Das Naturphänomen, das mit dem Ort der spirituellen Präexistenz eines Menschen totemmythologisch verhaftet ist, wird zu seinem Konzeptionstotem, zu seinem *Djare, Djarin* oder *Djerin* = „Werden, Entstehen", wie das in der Westlichen Wüste genannt wird.

Noch einen anderen Gesichtspunkt gilt es hier zu berücksichtigen: Im religiös-philosophischen Weltbild einiger ethnischer Gruppen des Nordens kristallisiert sich folgender Vorstellungsinhalt heraus: das in den Leib der Mutter eintretende Geistkind wird zur Vitalessenz bzw. „Lebensseele" des Menschen, dessen geistige und körperliche Existenzwerdung es bewirkt. Nach seinem Tode geht es wieder an den Ort seiner Präexistenz zurück, um dort für eine erneute Inkarnation bereit zu sein. Solche Fälle einer „Metempsychose" sind aber bisher von der Forschung in nur sehr unzureichender Weise berücksichtigt worden *(Elkin* 1956/1964, S. 159 ff.; *Petri* 1965 b, S. 277 ff.; *Berndt–Berndt* 1964, S. 120 ff.; *Stanner* 1965, S. 217 ff.).

Die Erforschung der Auffassung des Lebensprinzips ist bei den intellektuell ungeschulten Eingeborenen, die bei Erklärung psychischer Vorgänge weniger mit klaren Definitionen als mit ererbten, aber zueigen gemachten mythischen Erlebnissen arbeiten, sehr schwer und trotz aller Bemühungen durchaus nicht zufriedenstellend. Sie bedienen sich bildlicher Ausdrücke, die an sich schon zu weitmaschig sind, um exklusiv zu sein. Die gebräuchlichen Begriffe überschneiden sich häufig und werden anscheinend willkürlich ausgewechselt. Eine der besten Abhandlungen über die Seelenauffassung der Eingeborenen von N-Kimberley wurde von H. Petri 1954 veröffentlicht; doch auch ihm konnte die „fließende Denkweise" dieser Menschen keine klare Abgrenzung und

274 *Curr* 1886, Bd. II, S. 99, 244.

Formulierung der Vitalsubstanz bieten. Sicher ist, daß die Eingeborenen in weiten Teilen Australiens an eine den Lebenden ähnliche ätherische und sehr immaterielle Bild- und Schattenseele glauben. Wenn sich im Dampier-Land das Bild eines Mannes auf der Wasseroberfläche widerspiegelt, sagt man von ihm: *Amba-nem ni-marai in-djal ōl-on* — „Der Mann sieht sein Bild auf dem Wasser". Das gleiche Wort *ni-marai* wird in Kimberley in erster Linie für das unsichtbare Lebensprinzip gebraucht, dann aber auch für lebhaft arbeitende organische Lebensäußerungen, wie für die Tätigkeit von Herz, Kehle, Kiemen, für sporadische Zwergfellkontraktionen, Atem, Pulsschlag und Schwitzen. Es scheint, daß dabei die Voraussetzung der besonderen Lebenswichtigkeit eines Organs zur Lokalisierung der Lebenskraft geführt hat. In der SW-Ecke wurde das Genick oder *nodj* (vgl. *ni-od,* „Kinn", Dampier-Land) als Seelensitz betrachtet, da ein Keulenschlag in den Nacken genügte, um einen Menschen zu töten. In der nördlichen Westlichen Wüste wird die Lebensseele = *biljur* im Bauch = *ŋalu* lokalisiert. Andere Namen dieser Lebensseele sind: *ni-marai* < *nimaradja* (Dampier-Land), *ni-mandara* (SW-Kimberley), *ni-maŋgar* (Kimberley), *i-maŋga* (Bathurst), *bu-maŋgin* (N-Kimberley), *nu-maŋu* (Walbiri, NW-Nordterritorium), sein-Bild, sein-Schatten, *riŋ-miŋga* (Zentralaustralien) und *muŋa-ra* (Dieri, Südaustralien)[275]. Dasselbe Wort dient oft zur Kennzeichnung des Geistes eines Verstorbenen, so z. B. *nimaŋgara* (Dampier-Land), *muŋgara,* und der um den Toten Trauernden, der *maŋga-mana, ga-maradjin* und *miradj* (Südaustralien, Kimberley). Die Lebensseele kann schon zu Lebzeiten ihres Trägers den Leib im Traum zeitweilig verlassen und umherwandern. In diesem Zustand wird sie in W-Kimberley *I-mam-bin,* Geist, wörtl. „Er-Mann-Mann", geheißen. Diese Traumwanderungen werden für den zurückbleibenden Menschen nur dann verhängnisvoll, wenn die *ni-mandara* von anderen Geistern oder durch böswillige Medizinmänner, die sie ihrer *djalŋga* oder *djalu* berauben können, endgültig zurückgehalten wird. Wenn sie verspätet zurückkehrt, erkrankt der Körper; dasselbe geschieht, wenn ein tief schlafender Mensch plötzlich aufgeschreckt wird, da die Seele nicht schnell genug in den Leib zurückkehren kann. Krankheit und Tod sind für den Eingeborenen keine physiologischen, sondern negativ-mythologische Reaktionen. Solange die Trauerriten nicht abgeschlossen sind, hält sich die *ni-mandara* in der Nähe der Leiche auf. Geistbegabte Spurensucher und Hunde können ihre Fußspuren verfolgen; mit Steinen, Holzstücken und Waffen und durch lautes Rufen kann sie verscheucht werden. Nach Absolvierung der Begräbnisriten scheidet der Tote endgültig aus dem Stammesverband aus und beginnt eine neue Existenz im Totenreich. Das wird in N-Kimberley durch eine grammatische Umbenennung deutlich, durch die der Verstorbene aus der Nominal-

275 *Smyth* 1878, Bd. II, S. 268 *(noytch = nodj); Curr* 1886, Bd. II, S. 94 *(moongara = muŋara); Petri* 1948, S. 238 ff.

klasse der Lebenden in die der Tiere versetzt wird[276]. Wir haben also hier, linguistisch gesehen, eine „Entmenschlichung" vor uns. Neben den oben genannten Bezeichnungen für „Geister der Toten" ist im Westen wohl am weitesten das Wort *bilgur, biljur, balja* (s. o.) verbreitet, „hellfarbig, schimmernd, transparent", das vermutlich auf die helle Farbe der verwesenden Leiche oder die Weiße der Knochen anspielt[277]. Viele der sonstigen Namen für die Seele der Toten gehen auf die Grundbedeutung „Schatten" zurück. Nicht selten beziehen sie auch den Europäer, „den Weißen", ein, der fast überall, auch in Tasmanien, bei seinem ersten Auftreten als ein vom Totenreich zurückgekehrter Geist eines Stammesgenossen angesehen wurde[278].

Die Ausführungen des Verfassers zum Seelenbegriff der australischen Eingeborenen reflektieren bis zu einem gewissen Grade die heute noch weitgehend bestehende Unsicherheit in der wissenschaftlichen Beurteilung dieser komplexen Problemstellung. Kaum dürften Zweifel bestehen, daß bei den meisten ethnischen Einheiten des Kontinents es die „Lebensseele", gleichzusetzen mit der durch das präexistierende „Geistkind" vermittelten „Vitalessenz" (s. S. 276), ist, die im Traum- oder auch Trancezustand den Körper verläßt, um „umherzuwandern" (s. auch Traumreisen der Medizinmänner, Schamanen und inspirierten Medien S. 201). Aber gerade diese Lebensseele, dieser in unsere Denkkategorien transponierte Seelenteil eines Menschen, ist es ja, der nach dem Tode seines Trägers nach weitverbreiteten Vorstellungen an den Ort seiner Präexistenz zurückkehrt (s. S. 285 f.) und nicht in ein Totenreich einzieht. Das *ni-marai* bzw. *nimaradja* der Dampierlandstämme sollte man nicht – und diese Frage konnte im Jahre 1966 erneut überprüft werden – mit der Lebensseele gleichsetzen. Es handelt sich hier, wie von *Petri* bereits im Jahre 1948 ausgeführt (S. 242 ff.), um den „Schatten". Es ist einmal der Schatten des lebenden Menschen, der als ein Teil seiner seelischen Potenzen nach dem Tode in das jenseitige Inselreich *Loman* eingeht, und zum anderen als der Schatten der Totengebeine (s. Sekundärbestattung S. 283), als *Ngare* = Buschgeist, in der Gemeinschaft der Lebenden bleibt. Er kann sich allerdings (a.a.O. S. 242) nach Aussagen verschiedener Bād-Männer des nördlichen Dampierlandes wieder in *rai* = präexistierendes Geistkind zurückverwandeln. Die eigentliche Lebensseele ist nach Ansicht der Bād und ihrer Nachbarn aber nicht *nimerai* usw., sondern das von *Worms* in den verschiedensten Zusammenhängen erwähnte *djalŋe* bzw. *djala*, ein vielseitiger Begriff, der Lebensseele, Totem, Totemplatz, Zustand der Vision und des Traumes, aber auch die paranormalen Befähigungen des Medizinmannes oder Schamanen, des *djalngogor*, umschließt. Verwandte Vorstellungen finden wir in den nördlichen Kimberleys, aber auch, jedoch in geringerer Präzision, unter den ethnischen Einheiten der Westlichen Wüste, auf die aber hier nicht eingegangen werden kann.

Es ist erstaunlich, daß zu den für ihr religiöses Leben außerordentlich relevanten Seelenvorstellungen der Australier nur ganz wenige und ausschließlich regional begrenzte Einzelstudien vorliegen. Alle zusammenfassenden und theoretisch orientierten Arbeiten über die traditionellen Kulturen der Australier legen seit Jahrzehnten mit stereotypischer Gleichförmigkeit das Schwergewicht ihrer Interessen auf die Normen des Gesellschaftslebens, zu deren Randerscheinungen u. a. auch die religiöse Vorstellungswelt dieser Menschheitsgruppe zu gehören scheint. Angesichts dieser

276 *Capell* 1938, S. 385.
277 *Worms* 1959 B, S. 304–305.
278 *Worms* 1957 A, S. 739–759.

„soziologistischen" Leistungen ist das vorliegende Werk von *Worms*, dem sich dank seines Einfühlungsvermögens und in jahrzehntelanger Arbeit die Wesensgehalte altaustralischer Religiosität erschlossen, als eine einmalige Pionierleistung zu bewerten.

2. Bestattungsweisen

Die Bestattungsbräuche umschließen fast durchweg ein zwei- oder dreifaches Begräbnis. Dabei kommt eine dreifache Tendenz zum Durchbruch: 1. das Vereiteln des Umherschweifens und der unwillkommenen Besuche der Totengeister; 2. das Bestreben, die geistigen Qualitäten, die Schöpfergeist und Ahnenwesen dem Toten zu Lebzeiten geschenkt hatten, durch möglichst innige Berührung, wie Reinigen, Färben und Reiben der Gebeine und Selbsteinreibung mit den Zerfallprodukten der Leiche, für die Hinterbliebenen zu erwerben; 3. das etwas selbstsüchtige Bemühen, dem Verstorbenen den schnellen Übertritt ins Totenland durch Zerstörung des Erdenleibes und Eigentums zu erleichtern. Einige Wochen nach dem Tode werden die Knochen von der Plattform aufgelesen, von Fleischteilen gesäubert, in Rindenbündel verpackt und dann in Felshöhlen, Termitenhügeln, hohlen Bäumen, künstlichen Hohlpfosten oder in einem Erdloch, zuweilen unter einem Grabhügel, beigesetzt. Zwischen die Aufbereitung der Gebeine und dieses zweite Begräbnis schiebt sich besonders bei den Arnhem-Land-Stämmen ein jahrelanges Umhertragen des gesamten Skelettes oder auch nur der Armknochen, Schlüsselbeine, kleiner Knochen oder getrockneter Fleischstückchen durch nahe weibliche Verwandte, das zu irgendeiner Zeit mit der Feier des endgültigen Begräbnisses abschließt. Dem folgt nur noch eins: das emphatische, gänzliche Vergessen des Toten. Die bei vielen Völkern unterschiedlichster Räume und Zeiten belegten „Primär-", „Sekundär-", aber auch „Tertiär"-Bestattungen scheinen also auch dem australischen Totenritual sein Gepräge zu verleihen.

Bei den Moil und Murinbata (NW-Nordterritorium) wurde bis vor 30 Jahren der Tote nach Abschneiden der Kopfhaare auf einem etwa 2 m hohen Astgestell getrocknet. Mit Ausnahme des Steinbeils wurde sein Eigentum zerbrochen und verbrannt. Der getrockneten Leiche entnahm man die Armknochen, während man alle übrigen Knochen zerstückelte und mit anderen Restteilen einäscherte. Die zurückbleibende Knochenkohle und -asche wurde dann in Rinde gewickelt und von den Angehörigen aufbewahrt. Nach etwa zwei Jahren fand die Schlußfeier *Mulúnu*[278a] oder *Magéndi* statt. In

---

278a *Muluŋa* hießen in N-Queensland vor etwa 80 Jahren gewisse, mit einem Schlangenwesen in Verbindung stehende Kulttänze (S. 305; vgl. *Petri* 1954, S. 246). Noch heute wird dasselbe Wort am unteren Roper-Fluß (SO-Arnhem-Land) für den vom Stamme ernannten Rächer sakrilegischer Taten gebraucht. Vielleicht

einem flachen Loch in der Mitte eines Erdkreises von etwa 5 m Durchmesser wurden die Überreste endgültig verscharrt. Um dieses vollführten zwei Gruppen von Männern einen Spiraltanz, wobei sie die Speerspitzen auf das Grab gerichtet hielten. Am Ende jedes Tanzes drängten sie sich mit einem lauten Aufschrei über das Grab, stampften auf ihm mit dem rechten Fuß und behämmerten es mit den Fäusten. Sie glaubten, daß der Geist des Toten, *Ni-Djaban*, „Er-der Geist", der in der Nähe weilte, sich nun für immer ins Totenreich, das Land des Sonnenaufgangs, zurückziehe[279]. (Die Stämme der Kimberleys, aber auch der Westlichen Wüste verlegen das Totenreich in den Westen.) Am unteren Liverpool-Fluß wird heute noch die in Rinde gehüllte Leiche nach Entnahme und Sonderbestattung der Eingeweide entweder auf einer Baumplattform aufgebahrt oder mit dem Gesicht nach unten unter Klagegeschrei und Selbstverwundung der Trauernden vorübergehend in ein flaches Grab gelegt. Bei der einige Stunden später folgenden *Mandjar*-Feier (vgl. *ni-mandjara*, „Schattenseele", W-Kimberley) stellt sich ein älterer Mann über ein 1,5 m tiefes und 60 cm weites Loch, in dem ein Feuer brennt, und läßt seine Körperhaare versengen. Laubzweige werden in die Flammen gehalten und die Umstehenden mit dem entstehenden Rauch befächelt, was an die apotropäische Inzension der etwa 3 m hohen tumuli durch die verschwundenen Gamaraigal (Sydney) und das Rauchbad in Südaustralien (S. 283) erinnert[279a]. Eine Woche später werden bei der *Dada*-Feier zwei weitere Gruben ausgehoben. In einer derselben werden Gebrauchsgegenstände des Toten verbrannt, in die andere steigen die Leidtragenden hinab und lassen sich mit Wasser übergießen. Wenn die Verwesung der Leiche erfolgt ist, werden bei einer zweiten *Mandjar*-Feier die Knochen zusammengeschnürt und unter ein Schattendach gelegt. Tags darauf werden bei der *Buga-bad*-Zeremonie die Knochen zur Feststellung des Mörders überprüft (magisches Inquestverfahren, Elkin 1961, S. 302 ff.) und dann neuverpackt in Prozession den Verwandten überbracht, die sie für längere Zeit auf ihren Buschwanderungen mit sich umhertragen. Gelegentlich unterhält man sich mit dem bei den Knochen verweilenden Totengeist, man schläft mit den Gebeinen und setzt ihnen Nahrung vor. Zuweilen findet ein Endokannibalismus sakraler Natur statt, wobei in beschränktem Maße kleine Stücke des verdorrten Fleisches des Toten als Brust- und Stirngehänge benutzt werden, um Schutz und Hilfe eines *Mali* genannten Geistes zu verbürgen.

stehen beide Fälle mit *Muruŋa-muru*, dem Synonym des Dema *Djaramaljan* in NSW (S. 240), im Zusammenhang (s. auch S. 166).
279 *Stanner* 1961, S. 90—97; *Worms*, Feldnotizen 1960; *P. Marschner*, einer der ersten österreichischen Jesuiten, die 1887 die Missionsstation *Uniya* unter den Moil oder Brinken am Daly-Fluß, NT, errichteten, nennt (MS) diese Feier *Tschabai* oder *Tyaboi*, womit der *(Ni-) Djaban*-Geist gemeint sein mag. *Moloŋa* wird in N-Queensland für gewisse Tänze gebraucht (S. 305).
279a *Wilkes* 1852, S. 226.

Am einsamen *Djuda*-Strand des Skirmish Point (N-Nordterritorium) entdeckten wir in der Nähe einer als Makassar-Brunnen bezeichneten Wasserstelle, in der indonesische Topfscherben lagen, 3 m hohe Hohlpfosten oder *laragan* mit am oberen Ende angebrachten Doppelrillen oder *birbir* (vielleicht „Penisrille"[280]), in denen die Gunavidji die Gebeine einer Anzahl ihrer Verstorbenen niedergelegt hatten. Die Schädel werden für lange Zeit von einem Lager zum anderen transportiert. Niemand kümmert sich um die im Sande umherliegenden Knochen, wenn die Pfosten von Stürmen umgerissen oder von Termiten zerfressen sind. Unter Umständen kann noch ein drittes Begräbnis in einer Felsenhöhle erfolgen[281].

Die Begräbnissitten der Kap-York-Halbinsel stammen z. T. von den Torres-Straße-Inseln und Papua, d. h. dem nördlich vorgelagerten Festland von Neu-Guinea. Neben einem doppelten Erdbegräbnis kennt man dort eine sekundäre Mumifizierung und Verbrennung. Nach kurzem Verweilen im Grabe wird die Leiche „ausgenommen" und anschließend über einem Feuer gedörrt. Mit Stöcken versteift, wird die Mumie in Rindenstücke gerollt, nachdem die Hinterbliebenen ein Bein abgetrennt haben, um die Rückkehr des Geistes zu verhindern. Nach einer längeren Aufbewahrung auf verschiedenen Lagerplätzen wird sie in einer leichten Vertiefung verbrannt, und die Reste bedeckt man mit Sand und Rinde. Am Grabe wird dann ein mit Emu- und Storchenfedern beklebter Stock errichtet[282].

In Viktoria begegnen wir zum erstenmal dem Hocker-Erdbegräbnis, dem als temporäre Bestattung eine Baumaufbahrung vorausgeht. Nach zwei Monaten, wenn die Gebeine „trocken" sind, gibt man sie den Angehörigen, die sie in einem hohlen Baum, der ähnlich wie am Skirmish Point (NT) mit Kerben markiert ist, beisetzen. In Kimberley beobachteten wir die Doppelpraxis einer langdauernden Baumgabelbestattung und eines endgültigen Erdbegräbnisses. Auf Befragen wurde uns erklärt: *Garbagu djina djibi wirdja bina* – „In die Baumäste schiebe ich den Toten hinein". Ungefähr sechs Wochen lang stellte die Witwe des Entschlafenen jeden Abend eine große Muschel mit Wasser unter den Baum und zündete ein kleines Feuer an, um dem Totengeist zu helfen und ihn mit der Gemeinschaft der Lebenden zu verbinden. Eine solche Kommunikation mit dem Verstorbenen wird auf dem christlichen Friedhof der Bäd des Dampier-Landes beibehalten. Kindern legt man am Fuße des Grabkreuzes moderne Spielzeuge hin und läßt diese

280 Nach gemeinsamer Beobachtung mit Mr. *Hiatt*, Universität Canberra, ist eine phallische Bedeutung der Grabpfosten nicht ausgeschlossen. Die Gogadja nennen den Beschnittenen *bir-ba*, was im übertragenen Sinne auch „sauber" heißt (außerdem „scheinend", „glänzend", auch Wort für frühes Tageslicht). Vgl. *R. Mohr* 1961, S. 34–49, über ähnliche Grabpfosten am oberen Nil.
281 Aus dem unveröffentlichten Tagebuch von Mrs. *D. Drysdale* 1957, aus unseren Feldnotizen 1960 und dem Vortrag von *L. R. Hiatt*, 1961.
282 *O'Connel* 1957, S. 17, 150–152; Photo einer Verbrennung, z. S. 25. Weitere Begräbnisarten in Queensland: *Curr* 1887, Bd. III, S. 22, 28–29.

dort verfallen. Die Baumbestattung scheint neben religiösen auch praktische Zwecke zu haben, nämlich Dingos von der Leiche fernzuhalten. Wichtiger ist vielleicht aber die Idee, den Toten dem Schöpfergeist, der in der Baumkrone wohnt und oft zugleich Herr des Totenreiches ist, anzubieten.

Die Formen einer Sekundärbestattung der Totengebeine sind recht unterschiedlich. In den zentralen und nördlichen Kimberleys ist es z. B. üblich, die mit rotem Ocker gefärbten und gebündelten Knochen eines männlichen Toten in Felsnischen der *Wondjina*-Felsbilder-Galerien zu deponieren. In der Westlichen Wüste bestattet man sie in der Erde oder in Termitenhügeln. Im nordöstlichen Australien finden sie ihren endgültigen Ruheplatz in hohlen Stämmen und dergleichen mehr. Als einen Teilaspekt der Sekundärbestattung kann man auch die vielfach beobachtete Sitte ansehen, daß die Witwe den Schädel oder Skeletteile ihres verstorbenen Mannes jahrelang umherträgt (*Berndt–Berndt* 1964, S. 392 ff.).

Ein weiteres, sich häufiger mit Erstbestattungen auf Plattformen, aber auch in der Erde verbindendes Erscheinungsbild ist der sogenannte „magische Inquest", eine gewohnheitsrechtliche Maßnahme, die darauf abzielt, im Falle einer nicht geklärten Todesursache herauszufinden, inwieweit von einer Person oder auch von einer Gruppe im Geheimen ausgeübter Todeszauber mit im Spiele war. Die Schlüsselposition bei solchen Inquestverfahren hat im allgemeinen der Medizinmann. Weit verbreitet ist die Methode, um den aufgebahrten Leichnam einen Ring von Steinen oder auch Holzstöcken zu setzen, die bis zu einem gewissen Grade mit den „Verdächtigen", den potentiellen Mördern, identifiziert werden. Es besteht die Vorstellung, daß der Totengeist, also der Körperschatten des Verstorbenen, den Stein bzw. Stock, der den wahren Täter symbolisiert, in der einen oder anderen Weise kennzeichnen wird und damit das Signal zu den erforderlichen Sühnemaßnahmen gibt, die in einer magischen Blutracheexpedition gegen den wahren oder vermeintlichen Mörder bestehen. Erst wenn das geschehen ist, ist das durch den Todesfall gestörte soziale oder auch emotionale Gleichgewicht wiederhergestellt. Der Tote wurde gerächt, und seiner endgültigen Bestattung steht nichts mehr im Wege. Über Inquestverfahren, die aber nicht nur in dieser Form, sondern auf die verschiedenste Weise vorgenommen werden können, steht uns eine verhältnismäßig reiche Literatur zur Verfügung (*Spencer–Gillen* 1899, Neuaufl. 1938; *Howitt* 1904, Kap. 8, S. 426 ff. In neuerer Zeit beschäftigte dieses Problem u. a. *Warner* 1937/1958, S. 155–190; *Elkin* 1956/1961, S. 283 ff., 302 ff., 315 ff.; *Petri* 1954, Tafel IX b; *Berndt–Berndt* 1964, S. 296 ff., 406 ff.).

An der SW-Küste und in den westlichen Randgebieten der Victoria-Wüste war bis neuerdings fast ausschließlich das Erdbegräbnis vorherrschend. Besonders merkt man hier das sichtbare Bestreben, den Toten durch Leichenfesselung oder Hockerverschnürung, durch Anbinden des die Waffe führenden Armes, Zusammenbinden der Daumen mit den Zeigefingern, Durchbohrung der überkreuzten Hände mit einem Holzdorn und durch Abbrennen der Fuß- und Fingernägel am Verlassen des Grabes zu hindern. Beim Abdecken des Grabes wurde ein kleines „Seelenloch", das an ähnliche Einrichtungen jüngerer Megalithgräber erinnert[283], offengelassen, um dem Totengeist die Rückkehr ins Grab und endlich den Wegzug ins Totenland möglichst leicht zu machen.

283 *Maringer* 1956, S. 268.

In gekürzter Form bringen wir die mit doppeltem Erdbegräbnis verbundenen Trauerszenen, die an der südlichen Grenze zwischen West- und Südaustralien üblich waren:

Erstes Begräbnis: 1. Abschneiden der Kopf- und Körperhaare zur Herstellung von Armbändern oder *njun-njunba* und von Fadenkreuzen oder *waniŋi* für die nächsten Leidtragenden. 2. Brechen der Beine, Fesselung des Körpers, Abbrennen der Nägel. 3. Ausschachtung eines Rundgrabes von 1 m Durchmesser und 1 bis 2 m Tiefe mit Unterhöhlung der Seitenwände. 4. Insgrabsteigen der Witwe und der Männer und Nachahmung der Totenlage. 5. Senkrechtes Herablassen der Leiche. Ihre Stellung: Kopf zu den Beinen herabgezogen, verschnürte Hocker- oder Ballform. Ihre Lage: Kopf nach Süden, Gesicht nach Osten in Richtung des Totenweges. 6. Beigabe von Waffen und Gebrauchsgegenständen. 7. Bedeckung des Grabes mit Ästen und Zweigen. Einstecken eines gebrochenen Speers in den abseitigen Sandhügel für einen männlichen, eines Grabstockes für einen weiblichen Toten. 8. Trauerklage mit Selbstverletzungen. Zweites Begräbnis (nach sechs Wochen bis zu zwei Jahren): 1. Prozession zum Grab mit Geistvertreibung durch Rufe und Schlagen des Grabes mit Büscheln. 2. Öffnen des Grabes. 3. Paarweises Einsteigen von Männern, Frauen und Kindern. Gegenseitiges Abreiben mit Verwesungsstoffen und Grabsand. 4. Abreiben der Knochen und ihre Rücklegung ohne ursprüngliche Ordnung. 5. Füllen des Grabes mit Zweigen, Rinde, Gras und Sand. Aussparung einer muldenförmigen Vertiefung und ihre Abdeckung mit Ästen und Zweigen. 6. Rauchbad und rote Beockerung der Männer, weiße Beockerung der Frauen. 7. Werfen der Armbänder und Fadenkreuze, als vergeistigter Formen des Toten, ins Wasserloch der mythischen *Wonambo*-Schlange, die sie verschlingt[284].

Diesem Abschnitt sei nur noch der Schlußakt der Trauerfeier oder *Pukamini* der Tunavuvi auf Bathurst angefügt[285]. Es ist eine einmalige Bestattung, d. h. eine sekundäre Behandlung der Knochen entfällt. *Pukamini* zeichnet sich aber durch außerordentliche Begleiterscheinungen aus, wie die Errichtung schwerer hölzerner Grabmonumente und den Gebrauch einer Trauerfahne; wie bereits dargelegt (s. S. 176), kann hier mit Einflüssen aus Indonesien gerechnet werden. Eine Schlußfeier, die gelegentlich unseres Besuches im Jahre 1960, ungefähr drei Monate nach dem Begräbnis, nachgeholt wurde, bestand aus Klageszenen, Zerstörung des Eigentums des Verstorbenen, Anklage der vermutlichen Mörder (der Mann war beim Kartenspiel an einem Schlaganfall gestorben) und Bezahlung der Bildhauer und Trauersänger. Die Hütte des verstorbenen *Putúnaleiami* war überfüllt von weißbemalten Männern, die ihre Bärte in einem weißen Baumsaft getränkt hatten. An den Armen trugen sie unsymmetrisch bemalte Trauermanschetten, *jariŋa* genannt, und an jedem

284 *Berndt–Johnston* 1942, S. 189–208.
285 *Mountford* 1958, S. 60–121; *Odermann* 1959, S. 99–103.

Finger Binsenringe oder *wagútapíni,* die für ein ganzes Jahr nicht abgezogen werden sollen, so daß sie für diese Zeit von Angehörigen gefüttert werden müssen. Klagende Frauen schlugen sich mit Stöcken die Köpfe wund. Andere Verwandte beugten sich jammernd über die Hinterlassenschaft des Verschiedenen; sie zündeten sie mit Gras an, während sie seine Kleider in das reißende Wasser eines Meeresarmes warfen. Sein Gewehr wurde jedoch unbeschädigt der Tochter überreicht. Die Wellblechhütte wurde nicht angesteckt, dafür aber mit weißer Farbe bestrichen, um zwei Jahre lang unbewohnt zu bleiben. Nahe der Hütte wurde an einer langen Stange eine kleine Trauerfahne oder *pántaturíni* gehißt, die wir auch vor den Totenmonumenten im Busch der Nachbarinsel Melville antrafen. Solche Fahnen stellen einen einmaligen Kulturzug dar, dem wir sonst nirgendwo in Australien begegneten und der offenkundig einem spät von Indonesien eingeführten hinduistischen Brauch entstammt (s. S. 177). Die Witwe *Táparautíli-maū* lief aufgeregt mit zwei Kampfstöcken um die Hütte herum und drohte den Männern, die im Verdacht standen, ihren Mann „vergiftet" zu haben (Inquestmethode, s. S. 282). Einer der Verdächtigen versuchte aus ungewissem Schuldbewußtsein, sich einen dreispitzigen Speer in die Brust zu stoßen, während ein zweiter sich für wenige Sekunden auf ein Feuer warf. Diese theatralisch anmutenden Selbstmordversuche wurden von den Umstehenden schnell vereitelt. Drei Männer hatten an der Herstellung des Grabmonumentes *Puruntjuriŋa* gearbeitet, ferner ein Mann und drei Frauen den Trauergesang gesungen. Deshalb baute *Mamáranpaū,* der Schwiegersohn des Toten, der ebenfalls weiß bemalt war und den aus Federflaum bestehenden Geisterball oder *takuaína* am Halse trug, sieben Häufchen australischer Banknoten und Silbermünzen im Werte von £10 auf eine Wolldecke und verteilte das Geld an die „Arbeiter".

Das Begräbnis Lebender auf Bathurst dünkt uns eine ganz isolierte Kulturerscheinung in Australien zu sein. Es wurde uns noch vor kurzem von alten Tunavuvi-Frauen berichtet. Ein Weißer auf Melville, R. J. Cooper, der 1911 die Hauptstütze Baldwin Spencers gewesen war [286], hatte von der nahegelegenen Coburg-Halbinsel des Festlandes Eingeborene, die Djarula, für seine Dienste eingeführt. Diese zogen auf Frauenraubzüge aus und drangen auch nach Bathurst vor. Dort geschah es, daß eine alte blinde Frau, *Tupúrualaūa,* auf der Flucht vor den Angreifern von ihrem Sohn und Enkel lebendig begraben wurde, um sie nicht den Räubern preiszugeben. *Pitírikidjíka impáŋa* — „Sie begruben sie lebendig". Noch während man die Erde über ihr feststampfte, rief sie ständig: *Motikóri, impáŋai. Pilikáma nintíma impáŋa?* — „Sohn, ich bin noch am Leben. Warum begräbst du mich lebendig?" Sofort wurde die Todesklage angestimmt und der *Joii*-Tanz vollführt,

286 *Spencer* 1914, Kap. VIII, S. 97, 229; *Gsell* 1956, S. 41–42.

wobei sich die Trauernden die Haare ausrissen und die Köpfe wund schlugen. „*Waia tua*" — „Das ist das Ende". Bis vor 30 bis 40 Jahren bestand auf der Bathurst-Insel noch die Sitte, verkrüppelte Neugeborene, eins der Zwillingskinder und Altersschwache lebendig zu verscharren [286a].

3. *Jenseitsvorstellungen*

In dem allerorts feststellbaren Bestreben, den endgültigen Aufenthalt der Verstorbenen in möglichst weite Ferne zu verlegen, drückt sich der Wunsch der Eingeborenen aus, jeden Annäherungsversuch der Totengeister unmöglich zu machen. Daher liegen die Sammelplätze der Totenseelen in tiefen Höhlen am äußersten Ende der Stammesgebiete, in einem fernen Lande am Rand des Morgen- oder Abendhimmels, vorzüglich jedoch, wie in Westaustralien und Tasmanien, auf entlegenen Meeresinseln. So lassen die Bathurst-Bewohner ihre Toten durch die *Ulíapápuratára*-Höhlen, deren Tore sich bei *Minkau*, der westlichsten Spitze der Insel, öffnen, ins chthonische Totenreich steigen, während die Stämme in NW-Arnhem-Land ähnliche Höhlen hinter dem Morgenstern *Barnumbir* oder *Birimbir* vermuten. Die Moil am unteren Daly-Fluß versetzen ihre Totenseelen in die *Beridjandi*-Höhle hinter der aufgehenden Sonne. Nach dem Glauben der Gunai in O-Viktoria wandern die weißen Totenseelen auf den Strahlenpfaden des Abendrotes zur Wohnung *Bundjils*, die sich dort befindet, wo die Sonne den westlichen Horizont berührt [287]. Fast klassisch lautet der Bericht der Yirrkalla über eine Totenfahrt, bei der der Erstverstorbene der Menschen, von Delphinen begleitet, die Seele des Toten in einem Rindenkanu oder *lambu* („Rinde") in der Richtung des Morgensterns *Barnumbir* nach der Toteninsel *Baralgo* rudert (S. 158). Auf den Ruf des wachsamen Kiebitzes hin hat sich der Herr der Toten zum Willkomm am Gestade eingefunden, wo die übrigen Toten den Neuankömmling mit Speeren überschütten, ohne ihm zu schaden. Für eine gewisse Zeitdauer erfreut er sich eines neuen Lebens, das idealer als das irdische ist [288]. Die

---

286a *Gsell* 1956, S. 47–49 (vgl. *Tindale* 1940, S. 225), 109–110. Bischof *Gsell* (1872 bis 1960) war unter der Bezeichnung „the bishop with 150 wives" in Australien wohlbekannt. Durch Kauf kleiner Mädchen von den Eltern oder den von diesen bald nach der Geburt zum Ehemann bestimmten älteren und polygamen Eingeborenen ermöglichte er diesen Kindern, die unter seinem Schutz heranreiften, die freie Wahl eines jungen Schwarzen. Als er bei einer Audienz (1947) Pius XII. auf seine 150 „Frauen" hinwies, entgegnete dieser trocken: „Oui, je comprends. Vous les achetez pour les délivrer."

287 *Howitt* 1904, S. 173. Die Bathurst-Insulaner betrachten auch eine kleine Mangroveninsel am südlichen Ausgang der Apsley-Straße, auf Karten Buchanan-Insel, von den Eingeborenen *Iripuliwai* genannt, als Wohnplatz der Geister.

288 *Mountford* 1956, S. 325 ff.

Ungarinyin, Njol Njol und Bād kennen eine von den Wellen des Indischen Ozeans umspülte Toteninsel, „die ein kühler Jagdgrund alter Freunde ist". Die Bād nennen sie *Luman,* ein Wort, das an die Urschlange *Lu* oder *Lum* erinnert; auch die Waisen werden *Lum* geheißen. Selbst die Gogadja und andere Stämme der Westlichen Wüste, wo das Meer nur vom Hörensagen bekannt ist, wissen ihre Toten in sicherem Gewahrsam auf der Insel *Djuwaragu ŋura,* „Totenland", in einem nördlichen Meer, wo sie, ebenso Tiere und Bäume, in weißer Farbe weiterexistieren, bis ein jäher Blitzstrahl ihre Lebenssubstanz völlig vernichtet [289]. Die *ŋaranyeri* des unteren Murray ließen ihre Totengeister nach Süden auf die Känguruh-Insel *ŋura ŋaui,* dem „Land der Geister" [290], ziehen.

Es ist meist schwer, den Eingeborenen Aussagen über das Fortleben ihrer Toten zu entlocken. Über Tote denkt und spricht man nicht mehr. *Gudjinji wadara ralaganaŋaji maŋara* — „Weiter dürfen wir an ihn (den Verstorbenen) nicht mehr denken", sagte ein Wanderang in SO-Arnhem-Land [291]. Die Erwähnung der Eigennamen der Toten ist streng verpönt, selbst die Rufnamen der hinterlassenen Hunde werden geändert. Sie werden im Dampier-Land einfach mit *mundu mundu,* einem Wort der SW-Ecke für „Geist", d. h. Eigentum des Toten, bezeichnet.

Hinsichtlich des weiteren Schicksals der Totenseelen sei neben den drei negativen Meinungen noch eine, wenn auch wenig verbreitete, positive vermerkt. 1960 erzählte uns ein alter Tunavuvi: *Imáŋa ipapuraia ilóti* — „Die Seele vergeht für immer". Ähnlich lautete das Eingeständnis eines alten Aranda-Mannes im gleichen Jahr: „Mein Volk weiß nicht, wohin *wodnaŋa* (oder *wodmaŋa*), die Seele eines Erwachsenen, geht. Wo du ihn begräbst, dort ist auch sein Ende." T. G. H. Strehlow erhielt vor 25 Jahren von einem Aranda die fast gleiche Bestätigung: „Wir werden für immer vernichtet. Für uns gibt es keine Auferstehung" oder *kamerintja,* von der die Missionare zu ihm gesprochen hatten. Strehlow schließt daran eine Feststellung, die die Auffassung der Aranda in dieser Frage wiedergibt: „Der Tod ist die letzte große Katastrophe, die zur vollständigen Zerstörung seines (des Eingeborenen) Leibes und seines Geistes führt. Sein Lebenswerk ist erfüllt; die Ahnengeister schlafen nur, der Mensch aber muß sterben und sein Tod endet alles." [292] Bei den Murinbata konnten wir eine Art Metempsychose (s. S. 276) aufspüren; sie behaupteten: *Djabaŋandi gadeg, budi wulur, banja rai nuwoda* — „Alle Menschen sterben, sie kehren lebend zurück, der Geist der alten Leute kommt zu uns zurück." Dann fügten sie hinzu: „Der Totengeist geht zuweilen in eine Mutter ein; wir wissen nicht, wie oft das geschieht."

289 *C. Strehlow* 1908, Bd. II, S. 6.
290 *Berndt* 1940, S. 173.
291 *Capell* 1959, S. 214.
292 *Strehlow* 1947, S. 42—45.

Zehn Jahre vorher sammelte Falkenberg bei demselben Stamm folgende Bemerkungen über das Jenseitsleben: Nach dem Tode lebt der Geist des Verstorbenen in den Gewässern seiner Horde in unsichtbarer Menschengestalt für eine gewöhnliche Lebensdauer weiter. Nach dem Tode dieses Geistes verwandelt er sich in einen Schmetterling, der die Farben des Bodens trägt, in dem er begraben wurde. Wenn auch dieser Geist-Schmetterling stirbt, endet das Leben des Individuums für immer. Wir können hier also ein dem mehrfachen Begräbnis entsprechendes, verzögertes Totalvergehen des Menschen feststellen, wenn nicht gelegentlich eine Neumenschwerdung dazwischentritt. Auch nach Elkin glauben einige Stämme an eine Reinkarnation entweder aller Toten oder zum mindesten jener Kinder, die in frühen Jahren starben [293].

Wie weit und wie eng gespannt, wie positiv und wie negativ die Ansichten der farbigen Australier über die postmortalen Schicksale des Menschen in seiner physischen und geistigen Existenz auch immer sein mögen, wir sollten den generell spiritualistischen Aspekt australischer Religiosität nicht vergessen, auf den ja der Verfasser besonderen Nachdruck legt. Allein das Konzept der Präexistenz, das impliziert, daß das die Menschen und die Natur erfüllende Lebensprinzip als eine Hinterlassenschaft urzeitlicher Schöpferwesen von Anfang an da war, mit dem Traum identifiziert wird und, teils ausgesprochen, teils unausgesprochen, das irdische Dasein alles Lebendigen überdauert, dürfte besagen, daß geistige Mächte in der Welt wirksam sind, die, in unsere Sprachregelung übertragen, als zeitlos betrachtet werden können. Dieses existentielle Kernproblem im Leben der farbigen Australier wurde von *Berndt–Berndt* in einer überzeugenden Weise folgendermaßen umschrieben: „Die physische Spanne (des Lebens) ist durch zwei größere Krisen gekennzeichnet, die alle anderen überschatten: die Geburt am einen und der Tod am anderen Ende. Jedes Ende ist jedoch ‚offen': Eine Person kommt von ‚irgendwoher' und geht ‚irgendwo' hin. Zu Beginn wird der Foetus beseelt, ein Geistkind tritt in den Leib seiner Mutter ein. Schließlich, beim Tode verläßt dieser beseelende Geist den Körper. Der allgemeine Glaube, daß ein Geist seine Residenz in einem physischen Körper nimmt, aber als solcher unzerstörbar ist, wird unterschiedlich zum Ausdruck gebracht..." (1964, S. 184).

[293] *Falkenberg* 1962, S. 241; *Elkin* 1956, S. 319.

B. DIE RELIGION DER TASMANISCHEN UREINWOHNER

Die Behandlung der Religion der vor über 80 Jahren ausgestorbenen Tasmanier wird durch die Spärlichkeit und Unsicherheit der oft bruchstückhaften Quellen so sehr belastet, daß eine zufriedenstellende Analyse der geistigen und auch materiellen Kultur dieser sehr alten negritischen Rasse, die E. B. Taylor in seinem Vorwort zu Roths „The Aborigines of Tasmania" aus Unkenntnis mit „rude savages" bezeichnete, nicht mehr möglich ist[294]. Wert und Umfang der zur Verfügung stehenden Quellen wurden nicht nur durch die mangelhafte völkerkundliche und sprachliche Vorbildung einzelner Forscher der ersten Hälfte des 19. Jahrhunderts, sondern in noch größerem Maße durch die früh herausgeforderte Verschlossenheit und das schnelle Verschwinden der Tasmanier weitgehendst beeinträchtigt.

Die früheste englische Besiedlung brachte 1803 die ersten 24 Sträflinge, denen bis 1853 über 67 000 folgten. Eine „Penal Station" wurde 1821 am Macquarie Harbour an der unwirtlichen Westküste errichtet. Elf Jahre später wurde sie nach der Tasman-Halbinsel im Osten der Insel verlegt, wo an der Habichtsenge oder *Tiralina,* wörtl. „Steinplatz", die berüchtigt gewordene Strafkolonie Port Arthur gegründet wurde. Inzwischen hatte bereits ein unaufhaltsamer Vernichtungskampf gegen die Urbevölkerung durch Scharen von entkommenen Sträflingen, Ansiedlern, von Seehundfängern, die sich besonders durch Frauenraub hervortaten, und Regierungsexpeditionen begonnen[295]. Zur Zeit der Verbannung der Stammesreste nach Oyster Cove bei Hobart im Jahre 1847 war die Zahl der Eingeborenen von vielleicht 2000 auf 35 Erwachsene und 10 Kinder gefallen[296]. Der letzte Tasmanier Lanney oder *Lani,* „Mann", starb 1869. Ihm folgte 1876 die letzte Tasmanierin *Truganini* oder „Känguruh-Mund" im Alter von 73 Jahren. Sie war eine Tochter *Manganas,* des Häuptlings der einst starken Bruny-Insulaner. Sie hieß auch Lalla

---

294 Alles bisher auffindbare ethnologische Material wurde von *H. L. Roth* (1890, 1899), das sprachliche von *W. Schmidt* (1952) zusammengestellt.
295 *Bohun* 193?, S. 13; *Turnbull* 1948, S. 99—124; *Schmidt* 1952, S. 33. Polizeibericht von 1844, in: *Smyth* 1878, Bd. II, S. 336—339.
296 *Milligan* nahm nach *Curr* 1887, Bd. III, S. 594, eine ursprüngliche Bevölkerung von nicht mehr als 2000 an. *Smyth* 1878, Bd. II, S. 384, schätzte sie auf 1400. Andere zeitgenössische Schriftsteller sprachen allerdings von 7000.

Rookh oder *Lala Ruka,* „altes Wallabie". Die Gebeine dieser beiden letzten Tasmanier wurden von Leichendieben ausgegraben und waren bis vor kurzem in Museen ausgestellt. Nach neueren Berichten soll die „Kleine Sal", wahrscheinlich *Djala,* „Frau", die mit anderen Leidensgefährtinnen von Walfisch- und Seehundfängern nach der Känguruh-Insel (Südaustralien) verschleppt worden war, dort 1880 als letzte ihres verschwundenen Volkes gestorben sein [297].

Die kleinwüchsigen Negriden [298], die schon früh den australischen Kontinent und Tasmanien in Besitz genommen hatten, wurden auf dem Festlande von den heutigen Australiden, die vor ungefähr 18 000 Jahren (?) bis an die der Insel gegenüberliegende Küste vorgestoßen sein können, entweder eingekapselt (wie möglicherweise in N-Queensland) oder aufgesogen oder sogar nach alten Traditionen von N-Westaustralien, Zentralaustralien und Bathurst vernichtet. Diejenigen negritischen Stämme, die sich von Anfang an auf Tasmanien niedergelassen hatten, blieben bis zur Ankunft der Europäer unbehelligt. Noch 1946 konnten wir in den Regenwäldern von N-Queensland einige kleine negritisch-pygmoide Stammesreste erforschen, deren Sprachen allerdings mit Ausnahme einer Strukturähnlichkeit kaum etwas mit der der Tasmanier zu tun zu haben scheinen [299].

Der Überfahrt vom Festland zur Insel standen keine wesentlichen Schwierigkeiten entgegen. Der Abstand vom Kap Otway des Festlandes zum Nordwest-Kap Tasmaniens beträgt heute etwa 230 km, früher waren es weniger gewesen. Durch die dazwischenliegenden Inseln wird diese Entfernung in Teilstrecken von 130 km im Höchstmaß und 65 km im Durchschnitt zerlegt. So konnten die Insulaner auf ihren 5 m langen, aus Eukalyptusrinde [300] hergestellten Kanus *(malana* oder *nungana),* die von französischen Forschern eingehend beschrieben und abgebildet wurden, die Meeresstraße erfolgreich durchqueren. Noch bis vor kurzem kreuzten die Tunavuvi auf Bathurst mit ihren kleinen Kanus die reißende Clarence-Straße an der N-Küste des Nord-Territoriums. Diese technische Möglichkeit und das Vorhandensein ähnlicher kultureller Tiefenschichten auf dem Festland und auf Tasmanien sprechen neben anderen Gründen gegen die Theorie einer direkten überseeischen Einwanderung vom fernen Neu-Kaledonien oder den Neuen Hebriden nach Tasmanien.

297 *Bohun* 193?, S. 55.
298 Die durchschnittliche Länge der Claviculae der tasmanischen Frauen betrug 130 mm (*Roth* 1899, S. 210), der NW-australischen Frauen nach unseren Messungen 151 mm.
299 *C. Strehlow* 1907, Bd. I, S. 102; *Tindale* 1940, S. 144; *Nekes–Worms* 1953, Einleitung und Teil IV; *Capell* 1956, S. 92–95.
300 *Péron–Freycinet* 1807, Plate XIV; *Roth* 1899, S. 155, Abb. 156.

Die Religionen Australiens

I. HEILIGE WESEN

1. Hochwesen

Einer der frühesten aus dem Anfang des 19. Jahrhunderts stammenden Berichte (Leigh 1822) bemerkt, daß die Äußerungen der tasmanischen Religion sehr obskur seien. Ch. Jeffreys (London 1820), von dem H. L. Roth sagt, daß er hinsichtlich Gottheits-Vorstellungen mehr positiv sei[301], spricht von einem Glauben an gute Tages- und böse Nachtgeister. Er fährt dann mit abwägenden Worten fort: „Sie (die Tasmanier) scheinen nicht mehr als einen Gott anzuerkennen." Es ist nicht ausgeschlossen, daß hinter den Gestalten der Tag- und Nachtgeister nur das wechselnde Hervorheben der anziehenden und erschreckenden Eigenschaften ein und desselben Wesens stand, wie es auch bei andern Naturvölkern beobachtet wurde[302]. Eine etwas spätere Veröffentlichung von James Backhouse (London 1843) berichtet, „daß die Tasmanier in Furcht vor einem Scheingeist lebten, der sie belästigen und ihnen schaden könnte", daß sie „einige, sehr leise Ahnungen von Gott hätten", daß sie aber „in ihren Sprachen kein Wort für den Schöpfer aller Dinge besäßen". Seine letzte Behauptung beweist, daß er nicht allzu tief in das religiöse Geheimnis der Insulaner eingedrungen war. J. Milligan, der sich als Arzt den schnell zusammenschmelzenden Resten am Oyster Cove und auf der Flinders-Insel widmete und der auch das umfassendste Wörterverzeichnis der Tasmanier aufgenommen hat, nannte die Tasmanier anfangs (1849) Polytheisten, die an „Schutzengelgeister" und an eine Vielzahl von bösen Wesen glaubten. Später, um 1855, spricht er von ihren „böswilligen Geistern und Kobolden, die sich in Felsspalten und hohlen Bäumen aufhalten", ferner von „hilfsbereiten Totengeistern oder *Warawa*". Bedeutsam ist seine Beobachtung, daß die Tasmanier „einen oder zwei Geister mit allmächtiger Energie" kannten[303]. Milligan ist der einzige Forscher, der 1859 einen „Geist von großer schöpferischer Kraft" mit Namen nennt: *Tiggana marrabona*[304]. W. Schmidt übersetzte 1926 diesen Terminus mit: „Äußerste eine Hervorragende" und 26 Jahre später mit „Scheitel (Gipfel) einer ragender"[305]. Das erste Element dieses dreifachen Kompositums reihte er mit einem Fragezeichen vermerkt unter *tokana*, „Fuß, Spur, Ferse, Scheitel des Kopfes", das er zusammenfassend mit „Äußerste, Gipfel" wiedergab. Aus den vielen

---

301 Hinweise auf ältere englische Autoren sind *H. Ling Roth* (1890, S. 67–68 oder 1899, S. 53–57) ohne unsere Einsichtnahme in diese uns unzugänglichen Quellen entnommen.
302 *Haekel* 1959, S. 139.
303 *Roth* 1890, S. 69; 1899, S. 56; *Roth* 1890, S. 67; 1899, S. 55.
304 *Roth* 1899, LXXIX: „Spirit of the dead, a great creative power."
305 *Schmidt* 1926, S. 269 (nach *J. Haekel* 1954, S. 80); *Schmidt* 1952, S. 439.

290

Bedeutungen für *mara,* wie „Wald, Tal, eins, fünf, Kampf, Stern", wählte er das Wort „eins" aus. Das dritte Element *bona* identifizierte er mit *puna,* „Warze, Falte, Narbe, Hautausscheidung, Schwanz, Hof und Licht des Mondes" und faßte diese Bedeutungen unter dem Hauptnenner „Auswuchs" zusammen, den er im Sinne von „hervorragend, ragend" auf die Hochstellung eines mythologischen Einzelwesens ausdehnte[306], obwohl eine solche fast apologetisch klingende Betonung eines monotheistischen Wesens der einfachen unherausgeforderten Denk- und Sprechweise der Tasmanier genau wie der der Festländer nicht entspricht. Wir lesen unseren Untersuchungen entsprechend in *Tiggana marrabona: Tigamara Buna* oder *Tugamara Bana,* was buchstäblich „Zwielicht-Mann" heißt, womit ein unscharf-schemenhaftes Geistwesen oder, ohne weitere Attribute, ein Geist gemeint ist[307]. Vorbehaltlich dessen, was sich aus den unsicheren Feststellungen wie „scheinen" und „leise Ahnung" von Jeffreys und Backhouse sowie aus den Angaben Milligans von „einem oder zwei Geistern allmächtiger Energie" ergibt, kann man vielleicht doch noch *Tigamara Buna* das Prärogativ einer „hervorragenden" Stellung eines Hochwesens zusprechen. Es besteht kaum eine Aussicht, in dieser Richtung schärfere Formulierungen bei den ersten Forschern oder neue originale Aussprüche von Eingeborenen aufzuspüren.

Vielleicht läßt sich dieses Hochwesen nicht nur mit dem lebenspendenden Mondmann *Weiba,* der nach G. T. Lloyd (London 1862) durch besondere Gesten, Tänze und Gesänge verehrt wurde[308], sondern auch mit der Sonne gleichsetzen. Diese Gleichstellung ist begründet in der Etymologie des Wortes für „Sonne": *buga nu-brana,* „Mann-sein Auge" oder Auge des Mannes oder Geistes, was als pars pro toto den Geist selbst bezeichnen will[309]. Solche Gleichung liegt der australischen Religion nicht fern. Die Worora (N-Kimberley) nennen ein *Wandjina*-Höhlenbild *Brad-(w)odin-ŋgari,* wörtl. „Sonne-Schatten (Bild-Geist)" plus Verhältniswort, d. h. etwa „den Sonnengeist darstellend". Die ihnen benachbarten Bemba haben geheim- und heiliggehaltene geockerte Kugelsteine oder *maran,* Sonne und Sonnensteine, die vom Himmel gefallen sein sollen. Wir fanden 1953 bei den Bemba an senkrechte Felsen gemalte Kreise von etwa 70 cm Durchmesser, in die andere von Speichen durchzogene Kreise eingezeichnet waren, die auch auf den der NW-Küste vorgelagerten Inseln vorkommen. Wir glaubten zuerst, in ihnen Symbole der Regenschlange zu sehen; heute sind wir geneigt, an Sonnenbilder zu denken. Leider ließ sich bisher nichts über diese Sonnensteine und -kreise aus den Bemba herausholen[310].

---

306 *Schmidt* 1952, S. 439 *(tokana);* 305 ff. *(mara);* 355, 388—389 ff. *(pana, buna).*
307 *Curr* 1887, Bd. III, S. 643; *Worms* 1960, S. 5—7.
308 *Roth* 1890, S. 67; 1899, S. 54.
309 *Roth* 1890, S. 188; 1899, S. 189: *nubre nubre-na,* „Auge"; *pugga-nubra-na, palla-nubra-na; Schmidt* 1952, S. 349; *Worms* 1960, S. 15—16.
310 *Schulz* 1956, S. 11, 30—31, Taf. XIII. Auf Grund freundlicher Mitteilung von

Es ist typisch australisch, daß auch nach dem Glauben der Tasmanier die ersten Menschen in einem unentwickelten tierischen Zustand mit Schwänzen und gelenklosen Beinen geschaffen wurden. Um diese Schöpfung zu vollenden, entfernte ein zweites Wesen die Anhängsel und machte die Knie mit Fett gelenkig. Dieses erinnert uns wieder an die Mythe der Aranda von den zusammengewachsenen Menschen, den *Rella manerinja*[311] (S. 261). Dem Hochgeist schrieben die Tasmanier prophetische Anlagen, starke Gemütsbewegungen, Krankheiten und Unglücksfälle zu. Mit anderen Bezeichnungen wie *Ragi Roba*, furchterregender Geist, und *Nama Burag*, der Geist der Gewitter[312], scheint ebenfalls *Tigamara Buna* gemeint zu sein.

2. Geister

Es ist schwerlich festzustellen, ob und inwieweit sich die weiteren Namen für außernatürliche Wesen — wir zählten deren über dreißig — auf eine geringere Zahl von Geistern oder auf Totengeister beschränken lassen. In der Mehrzahl haben diese Namen einen beschreibenden Charakter und beschäftigen sich gern mit der schatten- und gespensterhaften sowie gerippeartigen, weißlich-blassen Erscheinungsweise der Toten. Neben *Laga Raba*, „Toten-Geist", begegnen wir *Ria Wara Waba*, „weißlicher Schatten-Mann", oder auch poetischen Ausdrücken, z. B. *Buga Ridja*, „Sternschnuppe", wörtl. „Wesen weißlich", *Leni Gugana*, „Sterne", wörtl. „Feuer-Wesen", *Nura Buga-na Luwa-na*, „Glühwürmchen", wörtl. „Licht-Wesen der Nacht", *Kana Maiede*, „Echo", wörtl. „Stimme der Schatten"[313] oder Toten. Mit Hilfe solch anschaulicher Bildersprache drang dieses alte Randvolk bis an die Grenzen seines religiösen Ausdrucksbedürfnisses. In den englisch-tasmanischen Vokabularien wurden andere Wörter entweder sinngemäß mit „Böser, Geist, Erscheinung" oder unter Anwendung der herkömmlichen Terminologie mit „Teufel, Dämon, Elf, Kobold, Unhold" übersetzt.

3. Heroenpaar

Soweit uns die alten Quellen Auskunft geben, ist in Tasmanien nur von e i n e m mythologischen Heroenpaar die Rede. Es wurde dem Sternenpaar

---

H. *Petri* korrigieren wir die in *Worms* 1960, S. 15, gegebene linguistische Erklärung *bra-wodjin-ŋgari. Hernandez* 1961, S. 124 (Sonnenstein); *Worms* 1955, S. 552 (Sonnenkreise).
311 *Roth* 1890, S. 68; 1899, S. 55; *C. Strehlow* 1907, Bd. I, S. 3.
312 *Worms* 1960, S. 7.
313 *Worms* 1960, S. 8, 10, 14.

des Castor und Pollux gleichgesetzt. Von ihm erhielten die Tasmanier das Feuer[314]. Eine eigentliche tasmanische Bezeichnung für dieses Wesen ist in den Quellen nicht angegeben. Vielleicht dürfen wir eine Parallele zu den nordaustralischen Adler- und Habichtmännern *Jurumu* und *Mudati* ziehen, die den Bathurstleuten das erste Feuer schenkten[315].

4. Geistvereinigung und heilige Steine

Wir wissen nichts Genaueres über die religiöse Geisterfahrung der Tasmanier, aber die wörtliche Übersetzung des Wortes *wurawenanidja* für „Erscheinung", nämlich Geist-Traum, erweist, daß Traumerlebnisse eine Rolle spielten, ähnlich vielleicht wie bei dem Geistkindsehen, das der Tunavuvi-Vater (S. 176) im Traume erlebt. Ebenso spärlich ist unsere Kenntnis bezüglich heiliger Steine. Wir wissen nur, daß solche getragen wurden, um wohl durch damit verbundene religiöse Zeremonien feindliche Bedrohungen abzuwehren oder mit ihrer Hilfe andere zu schädigen[316].

II. INITIATION

Nach alter Sitte, die die Tasmanier vermutlich den ältesten mit ihnen auf dem Festlande in Berührung gekommenen Australiden vermittelt haben, wurden den Initianten tiefe Einschnitte in Schultern, Hüften und Brustmuskeln beigebracht. Eigenartig ist, daß diese Operationen auf der Insel häufig von alten Frauen vollzogen wurden. Die Narben werden im Wörterverzeichnis von J. Milligan *trugati bona* und *maŋera-buna* genannt. In Wirklichkeit aber waren damit dem Wortsinn entsprechend die Kandidaten selbst gemeint als die „Wundenmänner" und „Steinmessermänner". Die Beschneidung war völlig unbekannt. Dasselbe gilt vom Phallismus. Das sporadisch auftretende Ausschlagen eines Schneidezahnes soll bei Ankunft der Europäer keine kultische Bedeutung mehr gehabt haben. Obwohl die Insulaner ein Regenbogenwesen namens *Wajati* kannten, scheinen sie diesen Geist ganz im Gegensatz zum Festland nicht in die Reifefeiern einbezogen zu haben[317].

314 *Roth* 1890, S. 97; 1899, S. 84—85.
315 *Mountford* 1958, S. 25—26.
316 Vgl. *Curr* 1887, Bd. III, S. 635 (Erscheinung); *Smyth* 1878, II, S. 399 (Steine).
317 *Roth* 1890, S. 127—128; 1899, S. 115—116 (Initiation); *Curr* 1887, Bd. III, S. 660 *(trugati); Curr* Bd. III, S. 658 (Regenbogen).

Die verhältnismäßig zahlreichen Schilderungen von Initiationstänzen und -gesängen oder *riakana* verraten, welch tiefen Eindruck die lebhaften Bewegungen und Chöre bei den Weißen hinterlassen haben. Die Tänze wurden durch rhythmisches Schlagen auf den Erdboden und den Unterleib begleitet; die letztere Gesangsart wurde deshalb *madja-rige-kana („Mazgurickercaner"),* wörtl. „mons veneris-Hand-Gesang", genannt[318]. Außerdem wurden trockene und zusammengefaltete Känguruhhäute mit Fäusten bearbeitet und Stöcke (Klangstäbe?) gegeneinandergeschlagen.

III. BESTATTUNGSWEISE UND TOTENINSEL

Wie auf dem gegenüberliegenden Festland bestand auch auf Tasmanien die Doppelbestattung, der gleichfalls eine Leichenfesselung vorausging, bei der die Unterschenkel gegen die Unterseite der Oberschenkel und die Arme mit Grasseilen verschnürt wurden. Die Toten wurden mit einer Beigabe von Speeren für kürzere oder längere Zeit in Wurzellöchern von Bäumen, die das Wetter umgerissen hatte, leicht verscharrt oder in senkrechter Stellung in hohlen Bäumen beigesetzt, die man mit Büschen umzäunte. Nach einem Jahr oder noch später wurden die ausgetrockneten Körper verbrannt und die Überreste, wie M. F. Péron um 1800 beobachtete und abbildete, an der Einäscherungsstelle mit einer konischen Rindenpyramide überdacht, „une espèce de pyramide tétraèdre"[319]. Ähnlich wie in den Bilderhöhlen N-Australiens stellte man die Schädel zusammen, bedeckte sie mit Rinde und Blättern und bewahrte sie ehrfurchtsvoll auf. Dagegen wurden die Schädelchen früh verstorbener Kinder, deren Unterkiefer und in Tierhaut vernähte Knochenpartikel um den Hals getragen, um sich des Beistandes der Totengeister gegen Krankheit und Mißgeschick zu vergewissern und deren Hilfe bei der Jagd zu erflehen[320].

Warawa, die Totenseelen, wandern nach Abschluß der Bestattungsriten nach einer Insel in der Bass-Straße, um dort, wie J. Backhouse (London 1843) und J. West (Launceston 1852) in wörtlicher Übereinstimmung feststellten, in Gestalt eines weißen Mannes weiterzuleben[321] — ein deutlicher Hinweis auf die gleiche Auffassung der Eingeborenen des Kontinentes von einer weißen Erscheinungsform der Verstorbenen. Nach J. Milligan (1855) glaub-

318 *Curr* 1887, Bd. III, S. 615 (Leibschlagen); vgl. *Schmidt* 1952, S. 406.
319 *Péron–Freycinet* 1807, Bd. I, S. 265; Abb. Tafel XVI; *Roth* 1890, S. 128 ff.; 1899, S. 118; Abb. z. S. 117.
320 *Roth* 1899, S. 116–122.
321 *Roth* 1890, S. 68, 69; *Roth* 1899, S. 56.

ten die Tasmanier bereits vor der Ankunft der Europäer an eine Unsterblichkeit des persönlichen Lebens nach dem Tode[322]. Von dem Hüter der letzten Tasmanier, G. A. Robertson, dem es „zwischen 1831 und 1836 gelang, durch gütige Überredung den Rest der Eingeborenen, 203 Personen, zur friedlichen Unterwerfung und schließlich zur Internierung auf der Flinders-Insel zu bewegen"[323], wurde uns einer der wenigen vollständigen Texte hinterlassen, der allein aus religionswissenschaftlichen Gründen recht kostbar ist. Wir fanden ihn bei H. L. Roth in englischer Phonetik; wir geben ihn transskribiert mit neuer Übersetzung wieder[324]:

Ba-li war lugana uni   da-gara Tini   Drini. Mabali ba-li
Mann hier tot   Feuer,   er-geht Knochen Insel. Alle   Menschen

war Drini.
hier zur Insel.

Frei übersetzt: „Wenn dieser tote Mensch verbrannt ist, zieht er nach *Tini Drini,* der Toteninsel. Alle Menschen müssen nach dieser Insel ziehen." Es wirkt tragisch-komisch, daß die Tasmanier in den ersten Jahren nach der Entdeckung den Namen *Tini Drini,* das Land der Skelette, auf England, die Heimat der weißen Ankömmlinge, bezogen, in denen sie anfangs ihre von der Toteninsel heimkehrenden Verstorbenen zu sehen glaubten. In diesem noch harmlosen Irrtum eines unberührten negritischen Urvolkes, der bald in bitteren Haß umschlug, kann man einen der tieferen Gründe der Entstehung moderner ozeanischer Cargokulte erblicken, die durch irrige und verhängnisvolle Voraussetzung eines außernatürlichen Ursprungs der europäischen und japanischen Kulturen Unruhen und Enttäuschungen heraufbeschworen haben.

IV. RELIGIÖSE KUNST

Es sind nur ganz wenige Anzeichen einer tasmanischen religiösen Kunst entdeckt worden, und eine noch geringere Anzahl, wie die spärlichen geometrischen Intaglios in den Felsen von Mt. Cameron, Trial Harbour und Devonport, sind bis heute erhalten geblieben. Ihre Herkunft und Bedeutung sind nicht genügend geklärt. Péron entdeckte in der Nähe von Leichenverbrennungsstätten auf der Maria-Insel an der tasmanischen Ostküste große

322 *Roth* 1899, S. 140.
323 *Schmidt* 1952, S. 33.
324 *Roth* 1890, S. 68; 1899, S. 55; *Worms* 1960, S. 11—13.

Rindenstücke mit Einritzungen von parallelen Stäben und einem Kreis mit überragenden Strichen, der mit der struppigen Haartracht der Rindenbilder *Galorus*, des Regen- und Schöpferwesens N-Kimberleys, verglichen werden kann. Péron stellte fest, daß diese Zeichen mit den Armtätowierungen der Tasmanier übereinstimmten: „La face inférieure de quelquesunes des écorces des plus belles et des plus larges, on avoit grossièrement gravé quelques caractères analogues à ceux que les naturels emploient pour le tatouge de leurs avant-bras." Da Péron solche Zeichen in der Nähe der Grab-Rindenpyramiden fand, werden sie mit einem Totenkult in Verbindung gestanden haben [325]. Nach Milligan waren unter dem Stamm der Oyster-Bay Wörter für Holzkohlenzeichnungen wie *Maguluna* („*macooluna*") und *Bala-boire* („*palla-poire*") [326] geläufig, deren Grundbedeutungen „Kreis (Zeichnung)" und „Gerötetes" oder „rot (Ocker) gemaltes (Bild)" sind. Danach waren die Inselbewohner wie ihre festländischen Nachbarn mit der Kunst der Rindenritzung und Holzkohlen- und Ockerbemalung vertraut, der die alte tasmanische Religion die Motive bot.

V. VERGLEICH DER RELIGION TASMANIENS UND DES FESTLANDES

Zum Abschluß dieser Abhandlung über die Religionen der Australiden und Tasmanier wollen wir einige ihrer wesentlichen Übereinstimmungen und Verschiedenheiten beleuchten; erstens, um die beiden gemeinsame Unterschicht offenzulegen, die von den Tasmaniern in frühgeschichtlicher Zeit auf dem von ihnen zuerst okkupierten Festland vor dem Eindringen der Australiden und späterhin auf ihrer Insel, wo ihre Kultur bis zur Ankunft der Europäer ungestört blieb, geschaffen wurde; zweitens, um die mehr oder weniger selbständige kultische Entwicklung der später eingewanderten Festlandstämme sichtbar zu machen.

Als echt tasmanisch können zweifelsohne alle jene religiösen Tatsachen gelten, die wir in dem isolierten Tasmanien vorgefunden haben. Hierzu sind zu zählen: der Glaube an ein oder zwei höhere Wesen, die vielleicht mit dem Mond und der Sonne identifiziert wurden, an sekundäre Geister, an Totengeister und ein Heroenpaar, an die Erschaffung der ersten Menschen in unfertigem Zustand und ihre Fertigstellung durch ein zweites Wesen, die

---

325 *Péron–Freycinet* 1807, Bd. I, S. 273; Abb. Plate XVI; vgl. *Roth* 1899, S. 118; *Lommel–Lommel* 1959, S. 71.
326 *Smyth* 1878, Bd. II, S. 418.

Existenz einer Toteninsel. Ferner gehört hierher ein Reliquien- und Schädel-kult, eine auf Narbenschneidung beschränkte Initiationsoperation, eine zwei-fache mit Leichenfesselung, Ausdörren und Einäscherung verbundene Bestat-tung, das Einritzen und Bemalen von kultischen Rindenbildern, endlich die Schaffung einer mythologischen Terminologie unter Anwendung der Grund-begriffe von „Mann, Wesen, Schatten".

Was an gleichen oder ähnlichen Erscheinungen auch auf dem nahen Fest-land vorhanden ist, darf vielleicht in eine alte australisch-tasmanische Grund-schicht verwiesen werden, auf der die Australiden ihre eigene Kultur weiter-gebaut haben. Die Sitte der Totenverbrennung im nördlichen Australien braucht somit nicht unbedingt aus Neuguinea eingeführt worden zu sein; sie kann noch der australischen Grundschicht entstammen.

Alle andern typisch festländischen Einrichtungen, den tasmanischen Insel-bewohnern unbekannt und fremd, wurden entweder von den Australiden selbst eingeführt oder aus eigener Initiative selbständig entwickelt oder, da offen für Kultureinflüsse vom Norden her, von ozeanisch-indonesischen Nachbarn im Laufe von Jahrtausenden übernommen und in das eigene System einbezogen. Hierzu gehören vor allem der Gebrauch der Schwirr- und Seelenhölzer, die Zeremonialpfähle, der Kult der Regenbogenschlange mit dem mythischen Verschlingen und Wiedererstehen, der Phalluskult, die Tiersymbolik, die gehäuften Initiationsriten mit kultischer Zahnentfernung und Nasendurch-bohrung, die Circumcisio und Subincisio. Hier beginnt die große Aufgabe künftiger Kulturforschung, jene weiter zurückliegenden südasiatischen Re-ligionsquellen aufzudecken, aus denen zuerst die Tasmanier, sodann die ihnen nachziehenden Australiden auf dem Zuge nach dem australischen Kon-tinent und seinem gegen die Antarktik vorgeschobenen Inselbollwerk, dem Wegende aller südwärts gerichteten Wanderungen, geschöpft haben.

C. NACHWORT

Von Helmut Petri

Das außerordentlich komplexe Erscheinungsbild der Religiosität einer Menschheitsgruppe, die seit Jahrtausenden abseits der weltgeschichtlichen Vorgänge am „Rande der Ökumene" lebte, fand in diesem nachgelassenen Werk von Pater E. A. Worms eine Würdigung, die das weit verbreitete, stereotype Vorurteil vom „primitiven" und „steinzeitlichen" Australier, vom Verfasser unbeabsichtigt, ad absurdum führt. Wir lernten eine Vielfalt von lokalen Varianten eines in seinen Grundzügen einheitlichen mythisch- aber auch philosophisch-religiösen Weltbildes kennen, das in alle Lebensbereiche von Völkern hineinwirkt, die stets in der Wirtschaftsstufe eines parasitären Jäger- und Sammlertumes verharrten und bis in die jüngste Gegenwart hinein niemals zum Bodenbau übergingen. An Anregungen dazu hat es bestimmt auch in voreuropäischer Zeit nicht gefehlt. Wie wir gesehen haben, erfuhren die Küstengruppen des Nordens seit Jahrhunderten die Besuche indonesischer Trepang-Fischer, der sogenannten „Macassans", und die Stämme des nördlichen Queenslands unterhielten über die Landbrücke der Torres-Straße regelmäßige Beziehungen mit den Pflanzervölkern des südlichen Neuguinea. Wenn eine Bereitschaft zur Übernahme agrikultureller Betätigungen, selbst der einfachsten, bestanden hätte, wäre es sicher geschehen. Daß es nicht geschah, findet in einem bestimmten und für die gesamtaustralische Religiosität symptomatischen Vorstellungsinhalt seine Begründung, an dem auch noch viele Farbige festhalten, die bereits seit mehreren Generationen in Kontakten unterschiedlicher Intensität mit der weiß-australischen Zivilisation stehen: Die Demiurgen der Zeit des Anfanges, die Schöpferwesen der *altjira, tjukur-pa, bugari-gara* usw. haben in Kosmos, Natur und Menschendasein zeitlos gültige Ordnungen etabliert, sie richteten die Welt so ein, wie sie sich in den Augen und im Bewußtsein des Eingeborenen spiegelt. Als unsichtbar wirkende Mächte der Zeugung, der Fruchtbarkeit, d. h. der Kontinuität im Naturprozeß, sorgen sie für das Wachstum in der Pflanzenwelt und die Vermehrung in der Tierwelt. Entsprechend dem urzeitlichen „Gesetz" hat wohl der Mensch die Verpflichtung, durch Vornahme ritueller Handlungen zu diesem Ablauf des Naturgeschehens beizutragen (die sogenannten „Vermehrungszeremonien"), es wäre aber ein

298

Sakrileg, eigene Initiativen zu ergreifen und durch „Säen" und „Pflanzen" einen von jeher bestehenden Zustand aufzuheben. Im Jahre 1954 gab ein Njaŋomaḍa-Gewährsmann dieser Auffassung in folgender Weise Ausdruck:

> *„woṛo wiṛina-go*
> „Etwas setzen-für
> *djuŋa-ŋa*
> Erde-in.
> *mono ŋalba.*
> Nicht gut.
> *djibi.*
> Schluß.
> *goi, mai-ba*
> Tier, Pflanze-und
> *djarulin-ganga*
> wird nach oben
> *bugari-gara-dja"*
> zu Traum gehörig-von."

In freier Übersetzung besagt das: Das Pflanzen (oder Säen) in die Erde ist nicht gut, Tiere und Pflanzen werden aus „in den Traum gehörig" (= aus der Urzeit) nach oben (= entstehen).

Die Grundelemente altaustralischer Seinsbetrachtung und Religiosität, deren ausgeprägten Spiritualismus die vorliegende Studie an Hand zahlreicher lokaler Varianten deutlich in Erscheinung treten läßt, werden von der ethnologischen Wissenschaft als „totemistisch" bezeichnet. Unter der Begriffsbestimmung „Totemismus" verstehen wir eine Anschauungsweise von der Natur und der in sie hineingestellten menschlichen Gesellschaft, deren Durchdringung mit unseren rationalen Denkkategorien auf erhebliche Schwierigkeiten stößt. Nicht nur die Australier, sondern auch viele andere schriftlose Völker in Vergangenheit und Gegenwart gestalteten ihr geistiges, soziales und wirtschaftliches Leben nach totemistischen Ordnungsprinzipien. Was wir gemeinhin unter Totemismus verstehen, wurde bereits im Jahre 1881 von J. Frazer als ein auf Wechselseitigkeit beruhendes emotionales Verhältnis zwischen einer Menschengruppe einerseits und einem Naturphänomen andererseits bezeichnet. Dies ist eine präzise und den Kern der Sache treffende Definition. Sie dürfte aber kaum ausreichen, dieses Erscheinungsbild in der Vielfalt seiner Formen unserem Verständnis ganz zu erschließen. Der Sachverhalt, daß sich Individuen oder Gruppen von Individuen zu einer Tier- oder Pflanzengattung, zum Regen, zum Blitz, zu einem Gestirn usw. in einer inneren Beziehung sehen, die unter Umständen auf dem Glauben an einen gemeinsamen Ursprung beruht, besagt als solcher nur wenig. Die Problematik stellt sich erst dann, wenn wir uns die Frage vorlegen, in welcher Weise diese

Beziehung die Wertnormen, die Überlieferungen und die gesellschaftlichen sowie ökonomischen Strukturen sogenannter „totemistischer" Menschengruppen beeinflußt bzw. gestaltet.

Die meisten theoretischen Studien zum australischen Totemismus legten das Schwergewicht auf seine, gesellschaftswissenschaftlichen Denkschemata leicht einzuordnenden Aufgaben im sozialen Sektor. Es sieht aber keineswegs so aus, als ob sich das Wesen des Totemismus in gewissen mechanistisch konzipierten Funktionen zur Regelung des Gemeinschaftslebens erschöpfen würde. Ein tieferes Eindringen in seine greifbaren Ausdrucksformen, um das sich der Verfasser dieses Werkes, wenn auch nicht „expressis verbis", bemühte, wird in uns die Überzeugung heranreifen lassen, daß wir es hier mit einem recht weitgespannten Vorstellungskreis zu tun haben. Es enthüllt sich eine ganze Weltbetrachtung, die des farbigen Australiers Reflexionen über die Rolle des Menschen in der Natur und im Universum einbeschließt, die ihn mit der urzeitlichen Schöpfung und mit der Welt des Unsichtbaren verbindet, die seine mythischen Überlieferungen und das, letztere reflektierende, Kultleben formt, die aber auch in alle Handlungen des profanen, täglichen Daseins nachhaltig einwirkt. Vielleicht dürfen wir aber noch einen Schritt weitergehen und den Totemismus in seiner spezifisch australischen Form als eine Weltbetrachtung interpretieren, die den Menschen und seine sozialen Zusammenschlüsse aus dem Bereich der organischen und anorganischen Natur, aber auch aus der Sphäre des Übersinnlichen n i c h t herauslöst. Der Mensch, die Natur und das Universum, aber auch die jenseitigen Dimensionen werden vom farbigen Australier als eine Einheit, als ein Ganzes verstanden, das schließlich die uns gewohnten Kategorien von Raum und Zeit bis zu einem gewissen Grade bedeutungslos werden läßt. Die Trennungslinien zwischen diesseitiger und jenseitiger Welt, zwischen Vergangenheit, Gegenwart und Zukunft verlieren an Schärfe[1].

Eine solche geistige Welt, die in einigen Gebieten Australiens bis in die Gegenwart hinein überlebte, wurde von W. E. H. Stanner in prinzipiellem Einklang mit obigen Darlegungen, aber darüber noch hinausgreifend, folgendermaßen umschrieben: „Die Wahrheit ... scheint zu sein, daß der Mensch, die Gesellschaft, die Natur, die Vergangenheit, die Gegenwart und die Zukunft in einem System der Einheit zusammengefaßt wurden, dessen Ontologie einer Geisteshaltung nur wenig zu sagen vermag, die unter dem Einfluß des Humanismus, des Rationalismus und der Naturwissenschaft steht. In der Mobilität des modernen Lebens und Denkens kann man nicht leicht die weitgespannten Erkenntnisse von Stabilität und Dauerhaftigkeit sowie vom Leben und vom Menschen erfassen, die den Kern der Eingeborenen-Ontologie ausmachen."[2]

1 *Elkin* 1956/1961, S. 133 f.; *Petri* 1965 b, S. 279 f.
2 Angeführt bei *Petri* 1965 b, S. 285.

Mit diesen Sätzen versucht der australische Kultur-Anthropologe Stanner zu erklären, welche Grenzen einem Verständnis der totemistischen Seinsbetrachtung durch unsere rationalen Denkkategorien gesetzt sind. In Anlehnung an Elkin würdigte er sie als eine Philosophie, die in die Sphäre des Religiösen hineinführt und Sorge dafür trifft, daß Glaube, Hoffnung und Mut angesichts der täglichen Bedürfnisse des Menschen unabdinglich sind, wenn er als Individuum, aber auch als soziales Wesen seine Lebensbahn finden will. Eine Bewältigung dieser philosophisch-religiösen Problematik im Gefüge der australischen Eingeborenenkulturen und ihr Vergleich mit anderen Religionen gleicher Ordnung wäre nach Stanner erleichtert, wenn man sie aus ihrer bisherigen Abhängigkeit von einem theoretischen Soziologismus und Psychologismus herauslösen würde [3]. Damit eröffnet er neue Perspektiven für eine, seit der Mitte des vorigen Jahrhunderts in der Substanz ziemlich unverändert gebliebene positivistisch-intellektualistische und daher stagnierende Religionsethnologie. Zu den Forschern, die sich um ein von theoretischer Vorformung abstrahierendes Verstehen australischer Religiosität bemühten, zählt er neben A. P. Elkin, D. F. Thomson, Lauriston Sharp, T. G. H. Strehlow, R. M. Berndt, C. H. Berndt, u. a. auch den Verfasser dieser Studie: E. A. Worms.

Eine für die heutige Ethnologie außerordentlich wichtige Fragestellung ist jedoch vom Autor offengelassen worden: Inwieweit wurden Wertsysteme und die traditionelle Religiosität der australischen Eingeborenen unserer Zeit durch ihre, stellenweise sogar seit vielen Jahrzehnten bestehenden Kontakte mit der abendländischen Zivilisation eliminiert bzw. modifiziert? Da noch alles im Fluß ist, wird es kaum möglich sein, hierzu verbindliche Aussagen zu machen. Die zahlreichen ethnischen Einheiten, die im Laufe der 180jährigen Kolonialgeschichte Australiens und Tasmaniens (s. S. 133) mit und ohne Beihilfe der Weißen ausstarben, stellen für unsere Zusammenhänge ohnehin kein Problem dar. Was uns aber angeht, ist ein verhältnismäßig noch starkes farbiges Bevölkerungselement (Vollbluteingeborene und Mischlinge), das in den von Weißen schwach besiedelten und wirtschaftlich unterentwickelten Zonen des Kontinents nicht nur überlebt, sondern sogar die ethnische Majorität bildet (Queensland, Nordterritorium, die nördlichen Teile Südaustraliens, der Nordwesten und die weiträumigen und zum Teil noch unerforschten ariden Gebiete der Westlichen Wüste). Nur noch kleinere Sozialverbände setzen in dieser, nach unseren Vorstellungen dem Menschen nicht selten feindlichen Umwelt das Wildbeuterdasein ihrer Vorfahren in einer von der weißaustralischen Zivilisation noch relativen Unabhängigkeit fort [4].

Die frühere Lokalgruppenverfassung und die sich mit ihr verbindende

3 *Stanner* 1965, S. 236.
4 *Petri* 1963, S. 305 f.; *R. M. Berndt*, Surviving Groups with Minimum Association with Europeans, Conference on Aboriginal Studies, Canberra 1961, data paper.

uneingeschränkte Jagd- und Sammelwirtschaft gehören, von ganz wenigen Ausnahmen abgesehen, der Vergangenheit an. An ihre Stelle traten neue gesellschaftliche Zusammenschlüsse mit einer weitgehenden ökonomischen Abhängigkeit von der weißaustralischen Kolonialzivilisation. Das hatte zur Folge, daß die Eingeborenen in ihrer überwiegenden Mehrzahl zu Arbeitnehmern in den kleinen städtischen Siedlungen, besonders aber auf Farmen, Missionen und den Stationen einer extensiven Weidewirtschaft wurden. An diese Zivilisationszentren binden sich heute die neuen Lokalgruppen, die ihrer ethnischen und sprachlichen Zusammensetzung nach meist ein recht buntes Bild bieten. Andererseits ist es aber eine Beobachtungstatsache, daß die Angehörigen solcher sozialen Bildungen, die unter dem Druck der weißaustralischen Dominante entstanden, in ihrer überwiegenden Mehrzahl an den Überlieferungen und Wertsystemen ihrer Vorväter festhalten. Auch die traditionellen Sozialordnungen und Heiratsregelungen (s. S. 272 f.) bleiben weiter verbindlich. Damit soll aber nicht zum Ausdruck gebracht werden, daß es unter der Einwirkung des abendländischen Gesellschafts- und Kulturtypus keinerlei Veränderungen gegeben habe. Es konnte nicht ausbleiben, daß die Farbigen sich den veränderten Situationen in ihren Lebensräumen zumindest teilweise anpassen und dementsprechend verschiedene ihrer alten Einrichtungen und Gewohnheiten modifizieren mußten. Daß solche Prozesse nicht immer ohne Krisen abgingen, bedarf wohl keiner weiteren Erläuterungen. Um so erstaunlicher ist es, daß der stellenweise schon bis in die frühen Jahrzehnte des vorigen Jahrhunderts zurückreichende weiß-farbige Kulturkontakt in den heute noch „unterentwickelten" Regionen des fünften Erdteiles die von uns als „totemistisch" bezeichnete Weltbetrachtung der Eingeborenen noch kaum in Frage gestellt hat. Selbst die Tätigkeit der christlichen Missionen hat an diesem „Konservatismus" nur wenig zu ändern vermocht. Es bietet sich also hier das in der Menschheitsgeschichte keineswegs häufig zu beobachtende Erscheinungsbild, daß zwei durch nichts miteinander verbundene kulturelle Ordnungen, nämlich die progressiv-abendländische und die statisch-altaustralische, in der Gegenwart im wesentlichen konfliktfrei nebeneinander existieren.

Die Frage, wie es zu einer solchen Situation kommen konnte, vor allem, wie es möglich war, daß sich größere Gruppen australischer Ureinwohner von den nivellierenden Einflüssen der sie von allen Seiten her einengenden und bedrängenden weißen Zivilisation distanzieren konnten, läßt sich nur teilweise beantworten. Eine der Ursachen, und vielleicht sogar eine recht bedeutsame, dürfte sein, daß der durchschnittliche Farbige Australiens nicht neugierig ist oder zumindest vorgibt, nicht neugierig zu sein. Dieses kulturbedingte Verhaltensmuster wurde bereits von Elkin (1951) in folgender Weise formuliert: „... Das Individuum wird dazu erzogen, keine Neugierde zu zeigen, ja sogar nicht neugierig zu sein. Somit lenkt es während der

Initiation seine Blicke auf die Ritualhandlungen und auf die (Sakral-)Objekte nur dann, wenn es dazu aufgefordert wird. Es stellt nicht die Frage nach dem Warum, es wartet auf die Unterweisung — und sie wird ihm nur in Raten zuteil. Außerdem wachsen Männer und Frauen unter Hinnahme der Tatsache auf, daß Teilgebiete des Wissens einer oder mehreren Gruppen vorbehalten bleiben und nicht für alle frei zugänglich sind."[5]

Ergänzend wäre hier noch hinzuzufügen, daß ein wirkungsvolles Schulsystem, das den Kernpunkt des langjährigen Initiationsprozesses bildet (vgl. S. 265 f.), beide Geschlechter zu einer kulturellen Introvertiertheit erzieht. In den heranwachsenden jungen Menschen, und zwar heute noch genauso wie früher, wird die Überzeugung gefestigt, daß das „Gesetz", d. h. die Summe aller überlieferten Normen und Werte ihrer engeren oder weiteren Gemeinschaft, das „Richtige" und „Gute" ist und daher allein dem einzelnen und der Gruppe Lebensgleichmaß, Lebenssicherheit und Geborgenheit in einer Welt gewährleisten kann, deren Bestand im wesentlichen von der Wirksamkeit unsichtbarer schöpferischer Wesen abhängt. Andererseits lernt der junge Eingeborene, daß die Gesetze der „anderen", d. h. der den eigenen Lebenskreisen fernerstehenden Gruppen und Stämme, „nicht gut", „nicht richtig" und unter Umständen sogar „giftig", d. h. von destruktiver magischer Gewalt erfüllt, sind. Sie bedeuten „Gefahr" bei Kontaktaufnahme, und es ist daher geboten, sich auch gedanklich mit ihnen nicht näher zu beschäftigen.

Es soll nun nicht behauptet werden, daß ein solcher Ethnozentrismus, der übrigens in der Gegenwartssituation schon stark durchlöchert wurde (vgl. *kuraŋ-gara*-Wanderkulte und ihre Koordinierung mit den verschiedensten stammlichen Traditionssystemen, S. 188 f.), ein typisch australisches Phänomen darstellt. Analoge oder ähnliche Grundsatzerwägungen der Eigen- und Fremdbewertung kennen wir aus Kulturen unterschiedlichsten Gefälles in allen Weltteilen. Selbst unsere progressiven Gesellschaftsordnungen des Westens sind ja keineswegs frei davon. Wodurch sich aber der Ethnozentrismus der farbigen Australier von anderen, vergleichbaren „Vorurteilen" unterscheidet, ist vielleicht der erwähnte und als kulturbedingt zu verstehende Mangel an Neugier, der vielfach von Beobachtern als Indolenz gedeutet wird. Wie gesagt, ist man teils überhaupt nicht, teils kaum, teils nur unter bestimmten Voraussetzungen bereit, von den „Gesetzen der anderen", also der weniger oder überhaupt nicht bekannten australiden Gruppen und Stämme, Kenntnis zu nehmen. Noch viel intransigenter pflegt man sich in dieser Hinsicht gegenüber dem Europäer zu verhalten. Seine Rechtsnormen und seine ethischen Werte begegnen unter der Begriffsbestimmung „Government Law" = Regierungsgesetz als abstrakter Eingriff in die traditionelle Seinsordnung der Farbigen einem allgemeinen Mißtrauen. Im Gegensatz zum afrikanischen Neger, der von allem, was die weiße Zivilisation anzubieten

5 Angeführt bei *Reay* 1965, S. 378.

hat, in der einen oder anderen Weise Notiz nimmt, der also „neugierig" ist, interessiert sich der dunkelhäutige Australier nur für Produkte der Technik, die sich ohne Schwierigkeiten in seinen traditionellen Lebensplan einfügen lassen. So „akkulturierte" er u. a. Transportmittel wie Fahrräder, Automobile, Flugzeuge und Eisenbahnen. Sie erleichtern es ihm, seinen räumlich weit auseinandergezogenen Verpflichtungen sozialer und religiöser Natur nachzukommen. Grammophone und Transistor-Empfänger finden nur insoweit Beachtung, als sie die Möglichkeit geben, traditionelle Eingeborenenmusik und die auch im weißen Australien so populären amerikanischen Cowboy-Gesänge zu hören. In keinem Widerspruch zu ihren ererbten Wertnormen und Wertsystemen stand auch die Übernahme europäischer Waffen, Werkzeuge und Wirtschaftsgeräte sowie der Bekleidung. Fast überall in Australien geschah das bereits nach den ersten Kontakten mit den Weißen. Das hatte aber nicht, wie man eigentlich erwarten sollte, zur Folge, daß die alten materiellen Kulturgüter nach und nach verschwanden. Nach wie vor werden sie in alter Form- und Stilgebung hergestellt, und zwar nicht aus Gründen eines romantischen Traditionalismus oder als Souvenir-Industrie für Touristen, sondern für den täglichen Gebrauch.

Zu einem Verständnis für die ethischen, rechtlichen, moralischen, aber auch wirtschaftlichen Kategorien der westlichen Gesellschaft haben sich bisher nur ganz vereinzelte Farbige in städtischen Siedlungen durchgerungen. Die allgemeine Haltung demgegenüber, sofern es sich nicht um die Erzeugnisse der Film- und Photoindustrie handelt, ist eine ziemlich unverhohlen gleichgültige, und sie verwandelt sich, wie bereits angeführt, in Mißtrauen, sobald Eingriffe in die eigene Lebenssphäre zu befürchten sind.

Diese mangelnde Anteilnahme der Farbigen an einer kulturellen Welt, die nicht die ihrige ist, mußte naturgemäß — und es wurde das schon angedeutet — die Tätigkeit der christlichen Missionen unterschiedlicher Konfession beeinträchtigen. Gering ist die Zahl der Individuen, die man in einem Maße als christianisiert betrachten kann, daß ihnen die Weltbetrachtung und Religiosität ihres eigenen Volkes nichts mehr besagt, die man als Christen im engeren Sinne des Wortes bezeichnen könnte. Aber auch bei ihnen ist es nicht immer sicher, ob sie auf längere Sicht durchhalten, ob sie nicht früher oder später unter dem Einfluß traditionsbewußter Eingeborener wieder „umfallen" und den Weg in den Schoß des alten „Gesetzes" zurückfinden. Die durchschnittlichen Resultate der Missionierungsbestrebungen laufen auf ein Mittelmaß hinaus: Der Farbige übernimmt vom Ethos und der Tradition des Christentums so viel, wie sich mit seinem Weltbild vereinigen läßt, bzw. er übernimmt nur das, was sich seinen Denknormen erschließt. Die katholische Missionsgesellschaft der Pallottiner ist sich dieser Grenzen der Möglichkeiten durchaus bewußt und hat auf Initiative Exz. Jobsts, des Bischofs von Nordwest-Australien, daraus die praktischen Konsequenzen gezogen, indem sie das alte „Gesetz" der Farbigen nicht mehr in Frage stellt, sondern vielmehr daraus Anknüpfungspunkte für ihre missionarische aber auch soziale Tätigkeit zu gewinnen trachtet. Am Zustandekommen dieser weißen Missionspolitik hatte der Pallottiner Pater E. A. Worms einen ganz entscheidenden Anteil.

Damit wird auf der Grundlage des Christentums der Versuch zu einem schrittweisen Abbau der wechselseitigen Vorurteile, die das Verhältnis zwischen Farbigen und Weißen in Australien immer noch belasten, gemacht. Auch die „Native Welfare Departments" der einzelnen australischen Bundesstaaten arbeiten auf ein solches Ziel hin, jedoch auf einer anderen Ebene und mit anderen Mitteln.

Seit einigen Jahren haben sich, jedoch bisher nur nachweisbar für das westliche Drittel Australiens, unter einigen Lokalgruppen gelenkte antieuropäische Strömungen herauskristallisiert, die solche Bemühungen um Ausgleich ernstlich in Frage stellen könnten. Es handelt sich um bewegungsartige Erscheinungsformen, die teils nativistisch-sozialrevolutionäre, teils millenaristisch-religiöse Ansatzpunkte oder auch beides aufweisen. Derartige, eine „antikolonialistische" Orientierung voraussetzende Bestrebungen, die im benachbarten Melanesien und Polynesien bereits auf ein relativ hohes historisches Alter zurückblicken, scheinen nun auf dem australischen Kontinent ein Novum darzustellen. Mit Ausnahme der *molonga-(Mulunga)*-Bewegung, die zu Beginn unseres Jahrhunderts als eine europäerfeindliche Dynamik unter den Eingeborenen Queenslands ihren Ausgang nahm und sich schrittweise in südlicher und südöstlicher Richtung ausbreitete[6], haben sich analoge oder verwandte Vorgänge in den vergangenen sechs Jahrzehnten unter den Farbigen des fünften Kontinentes nicht mehr feststellen lassen.

Wenn man nach gewissen zeitgemäßen Denkmodellen die Kolonialherrschaft und das durch sie ausgelöste soziale Mißbehagen unter den Beherrschten für diese Entwicklungen verantwortlich machen würde, dann hätte man wohl eine je nach Umständen ins Konzept passende Erklärung für europäerfeindliche Tendenzen unter australischen Eingeborenen zur Hand. Die Frage aber, warum diese von jeher unterschwelligen Ressentiments zu ungleichen Zeiten und in unterschiedlichen Räumen, eigentlich nur isoliert, deutlichere Formulierungen fanden und bis zu gewissen Graden einen programmatischen Charakter annahmen, bleibt damit unbeantwortet.

In der Westlichen Wüste haben solche, gegenwärtig mehr an Gestalt gewinnende Heilserwartungen teils säkularen, teils religiösen Ausdrucks ihre Vorläufer in einem „Revivalismus", in einer Art Bewegung zur Neubelebung der alten kulturellen Werte. Ihre Wortführer waren im Jahre 1960 traditionsbewußte und intelligente Männer der mittleren und jüngeren Alters-

6 *P. Siebert*, Sagen und Sitten der Dieri und Nachbarstämme in Zentralaustralien, Globus XCVII, 3/4, 1910, zitiert bei *H. Petri* 1953, S. 166.

stufen. Sie alle lebten im weiß-farbigen Kulturkontakt und versuchten ihre Erfahrungen mit den europäischen Siedlern des Landes auf ihre Weise geistig zu verarbeiten und auf dem Hintergrund der alten Überlieferungen und Wertordnungen ihrer wildbeuterischen Vorfahren eigene Lösungen für die Daseinsprobleme ihres Volkes zu finden[7]. Die Ziele waren eine Rückbesinnung auf das kulturelle Erbe, einerseits durch eine intensive Pflege des Kult- und Zeremoniallebens, andererseits durch eine Wiederbelebung von mythischen Traditionen und Institutionen, die der Vergessenheit anheimzufallen drohten. Es wäre aber verfehlt, diese ein bestimmtes Kulturbewußtsein voraussetzenden Bestrebungen als ausschließlich vergangenheitsorientiert zu bewerten. Die Gegenwart der Weißen und ihre überlegene technisierte Zivilisation wurden als eine selbstverständliche Tatsache hingenommen, und zu gewissen Anpassungen war man auch bereit. Es handelt sich hier also um einen „Revivalismus", der nicht nur in einer Wiederbelebung der Vergangenheit das ausschließliche Heil sieht, sondern auch der Gegenwartssituation unwidersprochen Rechnung trägt. Ein europäerfeindliches Substrat war damals noch nicht da.

Diese im wesentlichen als krisenfrei zu bezeichnende Lage des Jahres 1960 existierte ab 1963 nicht mehr. Inzwischen hatten revolutionäre Ideen eines bereits seit mehreren Jahrzehnten unter den Farbigen des Nordwestens propagandistisch wirkenden schottischen Sozialreformers (Don McLeod) in verschiedene lokale Eingeborenengemeinschaften Eingang gefunden. Es waren zwar immer nur kleinere Gruppen von Männern, die sich seiner nur halbverstandenen Slogans von sozialer Gerechtigkeit und Fortschritt bedienten, sie genügten aber, um eine generelle Situation der Unruhe und eines neuerwachenden Mißtrauens zwischen Farbigen und Weißen zu schaffen.

Von größerer Tragweite dürfte aber eine andere „Bewegung" sein, die sich in ihren Anfängen bis in das Jahr 1963 zurückverfolgen läßt und deren Ursprünge in den Ostregionen der Westlichen Wüste, in den Grenzgebieten zwischen dem Staat Westaustralien und dem Nordterritorium zu suchen sind. *Wonajagu* bzw. *Woneiga* pflegen die weiter westlich lebenden Eingeborenen dieses ihnen unbekannte Land zu nennen. Es ist nichts anderes als die Bezeichnung für einen Stamm bzw. Territorialverband, der dort lebt[8]. Dorthin projiziert findet nun eine der *diŋari-kuraŋ-gara*-Wanderüberlieferungen, die im Traditionalismus der Westlichen Wüste unserer Zeit eine bedeutsame Stellung einnehmen, eine neue und von christlich-biblischen Vorstellungen durchsetzte Interpretation. Nach Aussagen von farbigen Informanden im Jahre 1966 kommen heute die einzelnen *kuraŋ-gara*-Gruppen, die in der Urzeit in das mystische und mythische Land des fernen Ostens *Diŋari* wanderten und dort ihre diesseitig-irdische Existenz durch Erdeingang beendeten,

7 *Petri* 1963, S. 305 f.; *Petri* und *Petri–Odermann* 1964, S. 462.
8 *Meggitt* 1962, Karte bei S. 4.

als Geisterwesen auf den gleichen Pfaden, jedoch nicht mehr überirdisch, sondern unterirdisch reisend, zurück (vgl. auch S. 188 f.). Besonders Angehörige des Walmadjeri- bzw. Djualin-Stammes sind es, die diese aus dem westlichen Zentralaustralien stammende Tradition aufgriffen und im Zuge ihrer eigenen sich gegenwärtig abspielenden Ost-West-Wanderungen aus dem Bereich von Gregory Salt Lake, entlang des Fitzroy River bis in die Grenzgebiete der Distrikte West-Kimberley und Pilbarra vorschoben. Sie läuft heute unter den Bezeichnungen *worgaia* oder *gadjeri* (s. S. 250) und wird zu einer Heilserwartungsbewegung, die synkretistisch altaustralische Religiosität mit alttestamentarischen Lehren protestantischer Sektenmissionare verschmilzt, die ihre bekehrende Aktivität besonders im Fitzroy-River-Distrikt des Nordwestens entfalten. *Worgaia* oder *gadjeri* wurden im Laufe der letzten Jahre für den Farbigen zum Inbegriff des Nativismus, d. h. aller anti-europäischen Ressentiments, die seinem sozialen Unbehagen, aber auch seiner traditionell orientierten Phantasie neue Auftriebe geben.

Diese neue, sich jedoch vollständig an alte Überlieferungs- und Kultmodelle haltende Ideologie kann natürlich hier nicht in extenso behandelt werden. Sie erfordert eine eigene Publikation. Ihre Grundelemente sollen jedoch aufgeführt werden: *Worgaia* ist das Gesetz des christlichen Gottes. Auf Geheiß von *Jinimin* = Jesus Chrisus, der den Eingeborenen in *Wonajagu*, also im Osten der Westlichen Wüste, im August des Jahres 1963 erschienen sein soll, wandern die urzeitlichen *diŋari*-Wesen in ihre urzeitlichen Ursprungsgebiete im Westen und Norden Australiens zurück. Sie führen Kamele mit sich, die ihre *darogo* = Kultgeräte tragen. Sie entwickelten einen Ritualismus, der im Gegensatz zu allen bisherigen rituellen Gepflogenheiten der Australier rigoros und formalistisch ist. Glockengeläut grenzt die einzelnen Abschnitte des rituellen Geschehens gegeneinander ab. Verspätetes Erscheinen bei Ritualhandlungen oder ihr vorzeitiges Verlassen zieht strenge, im Gewohnheitsrecht verankerte Sanktionen nach sich. Als der eigentliche Prophet dieser Bewegung, als ihr *gagural,* wird ein in Fitzroy Crossing lebender *Walmadjeri* genannt, der sich selbst mit dem Erzvater Noah identifiziert und bei *Galidjida* über eine steinerne, mit Kristall und Gold gefüllte Arche verfügt, die ihm bereits in der *bugari-gara* = Ur- oder Traumzeit von *Jinimin* = Jesus, dem Hüter und Bewahrer des alten „Gesetzes" der Farbigen, überantwortet wurde, und zwar indem er sie vom Himmel herabschickte. Diese *gabora* = Holzmulde, aber auch Synonym für Schiff und Arche, soll nun nach den Lehren des Propheten Noah von Fitzroy Crossing, aber auch nach Anweisung eines sogenannten „heiligen Buches", einer Art „Bibel der Farbigen", das angeblich in Myroodah am Fitzroy River auf einem geheimen Buschplatz zusammen mit den *gurabuga,* den bis zu zwei Meter langen *tjurunga*-gleichen Sakralobjekten der *Worgaia*-Wesen aufbewahrt wird, eine doppelte Aufgabe haben: Einerseits werde sie in Zukunft, nach der

Vernichtung aller Weißen durch das Herabfallen des „Heiligen Wassers",
das man sich als eine Art biblischer Sintflut vorstellt, den am alten „Gesetz"
festhaltenden Eingeborenen als Refugium dienen, andererseits werde ihr
Vorrat an Gold und leuchtendem Kristall den Reichtum einer künftigen
Eingeborenen-Gesellschaft bilden, die an Macht den heutigen Weißen gleich
oder sogar überlegen sein wird[9].

Eine derartige, gedanklich genau abgewogene Inkorporierung christlich-
biblischer Glaubensinhalte in das System altaustralischer religiös-mythischer
Überlieferungen dürfte ein Erscheinungsbild sein, das sich nur bedingt mit
synkretistischen Phänomenen in anderen Teilen der Welt vergleichen läßt.
Abweichend von anderen sogenannten „Naturvölkern", die als Bekenner zu
einem religiösen Synkretismus ihre Traditionen und Wertvorstellungen vielfach den christlichen Lehren anzugleichen versuchen (z. B. in Melanesien,
Südostasien), scheinen die farbigen Australier, soweit sie gezwungen waren,
sich mit dem Christentum geistig auseinanderzusetzen, letzteres ganz im
Rahmen ihrer eigenen Denknormen zu interpretieren.

In der Hauptsache sind es die Walmadjeri bzw. Djualin, die die synkretistische *Jinimin*-Heilserwartung in Verbindung mit der *worgaia*-Wander-
überlieferung systematisch und gezielt immer weiter in westlicher und südwestlicher Richtung vorschieben. Ursprünglich ist dieser außerordentlich
dynamische und auch numerisch starke Stamm im Gebiet von Gregory Salt
Lake beheimatet gewesen. Im Verlauf der letzten drei Jahrzehnte drangen
die Walmadjeri nach und nach in das Fitzroy-River-Becken ein und bilden
dort heute das vorherrschende ethnische Element. Ihr Expansionsbedürfnis
kam aber zu keinem Stillstand. Bereits kurz nach dem letzten Weltkriege
hatten sich kleinere Walmadjeri-Gruppen bei Broome, La Grange und Anna
Plains niedergelassen, die seitdem kontinuierlich Zufluß aus dem Osten
erhielten. Seit ungefähr 1964 tauchten die ersten Angehörigen dieses Stammes bei den Westkimberleyer Viehzuchtstationen Mandorah, Wallal, Pardoo
und de Grey auf, und 1966 besuchten einige Walmadjeri Port Hedland, den
Hauptort des Pilbarra-Distriktes, und die im südlichen Inneren bei Lake
Disappointment gelegene protestantische Jigalong-Mission, die von jeher ein
Sammelbecken für Kultbewegungen war und neuerdings zu einem Zentrum
für anti-europäische Strömungen unter den Farbigen wurde. Die Frage,
welche Faktoren diese weiträumigen Wanderbewegungen eines einzigen
Stammes ursprünglich auslösten, läßt sich noch nicht mit Sicherheit beantworten. Evakuierungsmaßnahmen der australischen Militärbehörden während
des letzten Krieges, aber auch lange Dürreperioden in den einstigen ariden
Heimatgebieten der Walmadjeri mögen einen wesentlichen Anteil daran
haben. Wenn sich aber in unserer Zeit Walmadjeri-Bewegungen in west-

9 *Petri* und *Petri–Odermann* 1964, S. 462 f.; *ders.*, unveröffentlichte Feldnotizen,
1966.

licher, südwestlicher und südlicher Richtung weiter fortsetzen, dann hat das bestimmt a u c h eschatologische Hintergründe. Wiḷi Guda, ein Walmadjeri, der im September 1963 den *Jinimin-worgaia*-Komplex von Myroodah am Fitzroy River erstmalig nach La Grange gebracht hatte und in den folgenden Jahren dafür sorgte, daß dieses neue „Gesetz Gottes" dort fest institutionalisiert wurde[10], machte im Oktober 1966 folgende Angabe visionären Charakters: Tommy Djilamanga, ein großer *maban* = Medizinmann und charismatischer *worgaia*-Chef in Myroodah, habe es als „Gottes Wille" bezeichnet, daß die aus *Diŋari* im fernen Osten als Geisterwesen unterirdisch zurückkommenden mythischen Gruppen, und mit ihnen ihre menschlichen Nachfahren, die in das *worgaia*-Gesetz Initiierten, die Wanderungen bis nach *Garbadi* und *Winba,* dem „Zentrum der Welt", fortsetzen müßten. Dort werde „alles niedergelegt werden" (die in den *kuraŋ-gara*-Wandertraditionen übliche Umschreibung für die Aufgabe von Kultobjekten und der mit ihnen assoziierten Kulthandlungen, sobald ein gestecktes Ziel erreicht ist) (vgl. *bilijaŋu* und *wandji,* S. 188 f.). Was aber nach diesem, angeblich noch in zeitlich weiter Ferne liegenden Ereignis geschehen soll, darüber gab der Informand keine Auskunft. Andere *Jinimin-worgaia*-Gläubige behaupteten, daß dann die große Flut kommen werde, das sogenannte „Heilige Wasser", um die Abtrünnigen vom alten „Gesetz" und mit ihnen die Weißen zu vernichten. Das „Danach" sei eine gereinigte Welt ohne Sorgen und Nöte, eine Art Millenium, das jedoch nicht klarer definiert wurde.

Es ist nicht ausgeschlossen, daß solche eschatologischen Ideen eines vorläufig noch relativ kleinen Personenkreises viele Walmadjeri zu ihren erwähnten Wanderungen in den Pilbarra-Distrikt, aber auch nach Jigalong, inspirierten, besonders, wenn man bedenkt, daß das vorgestellte „Zentrum der Welt" in unmittelbarer Nähe dieser Missionsstation gesucht werden muß. *Garbadi* und *Winba* sind zwei *djila* = Wasserstellen im Lake Disappointment-Bezirk, die mit ihren beiden *wona* = mythischen Schlangen in zahlreichen Überlieferungssystemen der Westlichen Wüste eine teils größere, teils geringere Bedeutung gewannen. — Die längs des Fitzroy River lebenden Walmadjeri waren die ersten ethnischen Gruppen des Nordwestens, die das synkretistische *worgaia*-Gesetz aus *Wonajagu,* also aus dem Osten der Westlichen Wüste, übernahmen, und wir haben Anzeichen dafür, daß sie sich sendungsbewußt verpflichtet fühlen, diese neue Heilslehre zu verbreiten[11].

Abschließend haben wir uns noch die Frage vorzulegen, ob es auch in anderen Gebieten Australiens synkretistische Bewegungen gibt, die vergleichsweise zu berücksichtigen wären. Die Antwort muß im wesentlichen negativ ausfallen. M. Calley[12] berichtet über eine pentecostalistische Sekte

10 *Petri* und *Petri-Odermann* 1964, S. 463 f.
11 *Petri,* unveröffentlichte Feldnotizen.
12 In: *Marie Reay* 1964, S. 48 ff.

unter den Bandjalang im Grenzgebiet zwischen Queensland und Neu-Süd-Wales. Die Nachfahren dieses früheren Stammes, der seit Mitte des vorigen Jahrhunderts in einem kontinuierlichen Kontakt mit den weißen Siedlern lebte, sind in ihrer Mehrzahl bastardisiert. Sie vermischten sich mit Europäern, aber auch Chinesen, Indern und Melanesiern. Trotzdem haben sie an der alten Kultur in einer weit extensiveren Weise festgehalten als alle übrigen Eingeborenengruppen in Neu-Süd-Wales. Sogar die Kinder sprechen noch die Bandjalang-Sprache, und die älteren Leute haben eine gute Kenntnis von der traditionellen Religion, der Mythologie, der Folklore und der sozialen Organisation in voreuropäischer Zeit. Die Bandjalang wurden zuerst von puritanischen Missionaren der „United Aboriginal Mission" evangelisiert, die ihre alte Religiosität verdammten und verabscheuten. Mit den wesentlich konzilianteren Sendboten der pentecostalistischen Sekte, die sich zu dem Glauben bekennt, daß die Besessenheit der Gläubigen durch den Heiligen Geist zu Pfingsten in der frühen christlichen Kirche sich auch heute noch wiederholen kann, kamen sie vermutlich zum erstenmal während oder nach dem letzten Kriege in Kontakt. Ihre Bereitschaft zur Annahme dieser Lehren führt Calley darauf zurück, daß sich das pentecostalistische Glaubenssystem und die traditionelle Religiosität der Eingeborenen ohne Schwierigkeiten verbinden ließen, und er konnte auch eine erstaunliche Anzahl von Belegen dafür bringen. Nur einige Beispiele seien hier angeführt: Die Taufriten der Pentecostalisten lassen sich bis zu gewissen Grenzen mit der alten Stammes-Initiation der Bandjalang parallelisieren: Beide kennen Gradabstufungen der Neophyten. Die Mythe von den Wanderungen des Kulturheros Ngathunggalli, der in der Urzeit an der Nordküste von Neu-Süd-Wales mit seinem Rindencanoe landete, wird als der Beweis aufgefaßt, daß die Eingeborenen zu den verlorenen Stämmen Israels gehören. Ngathunggalli identifiziert man außerdem mit Gott-Vater, Balungan, einen anderen Heros der Bandjalang-Tradition, mit Jesus Christus und einen dritten, Gaungan, mit einem Engel oder mit der Jungfrau Maria. Der pentecostalistische Bann auf den Genuß von Alkohol und Tabak wird gleichgesetzt den verschiedenen Nahrungsmittel-Tabus, die in vergangenen Zeiten für die jüngeren Männer während der Initiationsperiode verbindlich waren, usw.

Im Gegensatz zu der geschilderten Gegenwartssituation in der Westlichen Wüste, wo sich eine synkretistische Religiosität zögernd-unsicher und teilweise auch unter krisenhaften Begleitumständen auszubreiten scheint, haben wir hier eine von vornherein gedanklich-exakt konzipierte Verschmelzung christlich-sektiererischer und altaustralischer Vorstellungsinhalte vor uns, vielleicht auf Grund eines historisch viel älteren Zusammenspiels zwischen den Weißen und Farbigen. Was beide Komplexe miteinander verbindet, ist eigentlich nur der Synkretismus als solcher. Es bleiben auf der einen Seite eine institutionalisierte „Kirche" (Bandjalang) und auf der anderen Seite

(Westliche Wüste) eine „Bewegung", die noch in ihren Anfängen steckt und über deren zukünftigen Verlauf sich keine Prognosen stellen lassen.

Ein weiterer, den Pentecostalismus der Bandjalang und die *Jinimin-worgaia*-Ideologie einander nahebringender Aspekt ist vielleicht die Feindseligkeit gegenüber der weißen Gesellschaft und nach Calley (a.a.O., S. 56) sowie Berndt-Berndt (1964, S. 443) des Farbigen Wunsch nach Selbstrespekt und einer neuen Solidarität in der Auseinandersetzung mit der technisch überlegenen Zivilisation des Weißaustraliertums, der, wie wir gesehen haben, sich sozialrevolutionär-politisch, aber auch religiös-synkretistisch manifestieren kann. Mit einer kontinentweiten Solidarität der Eingeborenen, d. h. mit einem programmatischen Nationalismus aller australischen Farbigen, ist vorerst nicht zu rechnen. Ein sich reziprok auswirkendes regionales und stammliches Mißtrauen, das auch die trübsten Erfahrungen mit der abendländischen Zivilisation nicht zu überwinden vermochten, schiebt dem bis auf weiteres einen Riegel vor. Phänomene wie *worgaia* (im Osten der Westlichen Wüste unter der Bezeichnung *gadjeri*), die pentecostalistische Reformation bei den Bandjalang in Neu-Süd-Wales, aber auch die in unseren Zusammenhängen nicht berücksichtigten Anpassungsbewegungen im Arnhem-Land (R. M. Berndt, 1962) und eine von F. Rose 1962 auf der Station Angas Downs in Zentralaustralien festgestellte „Cargo"-Bewegung, die an melanesische Vorbilder erinnert[13], hatten und haben nur lokale Bedeutung.

Inwieweit solche Synkretismen, die von einem, historisch gesehen, recht spät erfolgten Einbruch abendländischer Geistigkeit in das traditionelle Denken der farbigen Australier Zeugnis ablegen, zukunftsträchtig sind, bleibt ungewiß. Die traditionelle Religiosität der Australier, wie sie uns Pater Worms in diesem Werk mit einem tiefen Verständnis für die Substanz und als Frucht jahrzehntelanger Beobachtungen und Erfahrungen vorlegte, ist durch diese moderneren und erst nach seinem Ableben sich deutlicher abzeichnenden Entwicklungen noch kaum berührt worden. Wie ich hoffe, ist das durch dieses Nachwort einigermaßen klargestellt worden.

13 Angeführt bei *Petri* und *Petri-Odermann* 1964, S. 465 f.

Über den frühesten Zeitpunkt der Erstbesiedlung dieses Kontinents können keine genauen Angaben gemacht werden. Es wird angenommen, daß in der Würm-Eiszeit die ersten Menschengruppen über damals noch bestehende Landbrücken von Südostasien und Melanesien her den australischen Kontinent erreicht haben. Vermutlich waren die schließlich bis nach Tasmanien vordringenden Negriden die Erstankömmlinge, und in späteren Perioden folgten ihnen die Repräsentanten des australiden Typus, die dem australischen Kulturbild bis zum Beginn der europäischen Kolonisation im wesentlichen seine Form gaben. Eines der ältesten, mit Hilfe des Radiokarbonverfahrens ermittelten Daten von einer Fundstelle bei Lake Menindee im westlichen Neusüdwales ist 26 300 ± 1500 Jahre, etwa 24 350 v. Chr. Sollte dieses Datum stimmen, dann wissen wir zumindest, daß eine Einwanderung der Uraustralier aus dem Norden beträchtlich früher stattgefunden haben muß. Weitere C14-Datierungen, und zwar nahezu ausschließlich aus prähistorischen Horizonten im Südosten des Kontinents, liefern Jahreszahlen, die sich annähernd zwischen 17 000 und 4000 v. Chr. bewegen. Vorausgesetzt, daß der Radiokarbonmethode ein einigermaßen exakter Aussagewert zukommt, sind wir zu der Schlußfolgerung berechtigt, daß die Erstbesiedlung des australischen Erdteiles — und sie kann nur von Südostasien bzw. Melanesien aus erfolgt sein — zu weit früheren Zeitpunkten stattgefunden hat, als man noch bis vor wenigen Jahren anzunehmen wagte.

Es ist mit Sicherheit anzunehmen, daß sich während der jahrhundertealten, ungeschriebenen Geschichte Australiens in voreuropäischer Zeit zahlreiche Völkerverschiebungen und auch kulturelle Strukturwandlungen vollzogen, über deren Abläufe uns die vorliegenden archäologischen Befunde und oralen Traditionen der Eingeborenen zwar einige Anhaltspunkte geben, die aber zur Erstellung einer absoluten Chronologie nicht ausreichen. Wir wissen heute, daß seit Jahrhunderten mittelbare Kontakte zwischen den Bevölkerungen des nördlichen Queensland und dem südlichen Neuguinea stattfanden. Indonesische Seefahrer haben — gleichfalls seit Jahrhunderten — die nord- und nordwestlichen Küsten Australiens wiederholt angelaufen, ohne nennenswerte Spuren im Kulturbild der dort lebenden Stämme zu hinterlassen.

Literaturverzeichnis

Adam, Leonhard

1954: Primitive Art. London.
1956: Observations on the Bark Paintings of Eastern Arnhem Land. Tribus. N.F. Bd. 4–5, S. 102–113. Stuttgart.
1958: Anthropomorphe Darstellungen auf australischen Ritualgeräten. Anthropos. Bd. 53, S. 1–50. Posieux.

Allard, E.

1945/46: Animistic Beliefs in the Malay Archipelago. Oceania. Bd. 16, S. 88–108, 254–274, 337–352; Bd. 17, S. 79–91. Sydney.

Balfour, H. R.

1951: A Phallic Stone from Central Australia. Mankind. Bd. 4, S. 246–249.

Basedow, H.

1925: The Australian Aboriginal. Adelaide.

Bates, Daisy

1938: The Passing of the Aborigines. London.

Beaglehole, J. C.

1955: The Voyage of the Endeavour 1768–1771. Cambridge.

Berndt, Ronald M.

1940: Some Aspects of Jaralde Culture, South Australia. Oceania. Bd. 11, S. 164–185. Sydney.
1948: Badu Island of the Spirits. Oceania. Bd. 19, S. 93–103.
1951 a: Kunapipi. Melbourne.
1951 b: Aboriginal Religion in Arnhem Land. Mankind. Bd. 4, S. 230–241. Sydney.
1952: Djanggawul. London.
1958: The Mountford Volume of Arnhem Land Art, a critical Review. Mankind. Bd. 5, S. 249–261.
1962: An Adjustment Movement in Arnhem Land. Paris, La Haye.

Berndt, Ronald M. and *Catherine H.*

1941/44: A Preliminary Report of Field Work in the Ooldea Region, Oceania. Bd. 12, S. 305–330; Bd. 13, S. 51–70, 143–169; Bd. 14, S. 30–66, 124–158, 220–249, 338–358; Bd. 15, S. 49–80, 154–165.
1948: Sacred Figures of Ancestral Beings of Arnhem Land. Oceania, Bd. 18, S. 309–326. 10 Lichtbilder.
1951: Sexual Behaviour in Western Arnhem Land. New York.
1964: The World of the First Australians. Chicago.

Berndt, C. H.
1965: Women and the „Secret Life". In: Aboriginal Man in Australia, edited by R. M. and C. H. Berndt, Sydney.

Berndt, Ronald M. and *Johnston, Harvey T.*
1942: Death, Burial and associated Rites at Ooldea, South Australia. Oceania. Bd. 12, S. 189–208. 19 Lichtbilder.

Birket-Smith, Kay
1948: Geschichte der Kultur. Zürich.

Black, R. L.
1949: Notes on material Culture of the Aborigines of the Darling River Valley. Mankind. Bd. 4, S. 102–107. Sydney.

Bohun, Hugh
193?: Black Tragedy. Sydney.

Bonwick, James
1870: The Last of the Tasmanians. London.

Capell, A. A.
1939: Mythology in Northern Kimberley, North-west Australia. Oceania. Bd. 9, S. 382–404.
1950: Some Myths of the Garadjari Tribe. Mankind. Bd. 4, S. 148–162.
1956: A new Approach to Australian Linguistics. Sydney.
1960: The Wanderang and other tribal Myths of the Yabuduruwa Ritual. Oceania. Bd. 30, S. 206–224.
1960: Myths and Tales of the Nunggubuya, E. Arnhem Land. Oceania. Bd. 31, S. 31–62.

Cleland, J. B. and *Johnston, T. H.*
1937/38: Notes on Native Names and Uses of Plants in the Musgrave Ranges Region; Oceania, Bd. 8, 1937/1938, 2 u. 3, S. 208–215 u. 328–342.
1939: Aboriginal Names and Uses of Plants at the Granites, Central Australia; Trans. Roy. Soc. S. Aust., Bd. LXIII, part I, S. 22–26.
Aboriginal Names and Uses of Plants in Northern Flinders Ranges; Trans. Roy. Soc. S. Aust., Bd. LXIII, part II, S. 172–179.

Collinson, C. W.
1926: Life and Laughter midst Cannibals. 2. Aufl. London.

Curr, Edward M.
1886/87: The Australian Race. 3 Bde. Melbourne.

Davidson, D. S.
1936: Aboriginal and Tasmanian Rock Carvings and Paintings. Memoires of the American Philosophical Society. Bd. 5, S. 111–120. Philadelphia.
1951: The Thread Cross of Central Australia. Mankind. Bd. 4, S. 263–273.
1952: Notes in the Pictographs and Petroglyphs of Western Australia...; Proceedings of the American Philosophic Society, XCVI.

Davidson D. S. and *McCarthy, F. D.*
1957: The Distribution and Chronology of some important Types of Stone Implements in Western Australia. Anthropos. Bd. 52, S. 390–458.

Literaturverzeichnis

Davies, E. Harold

1927: Aboriginal Songs. Transactions of the Royal Society of South Australia. Bd. 51, S. 80–92. Adelaide.
1932: Aboriginal Songs of Central and Southern Australia. Oceania. Bd. 2, S. 454 bis 467.

Elkin, A. P.

1948: Grey's Northern Kimberley Cave Paintings Re-found. Oceania, Bd. 19, S. 1–15.
1949: The Origin and Interpretation of Petroglyphs in South-east Australia; Oceania, Bd. 10, 2.
1956: The Australian Aborigines. 1. Aufl. 1938. 3. Aufl. (Neudruck) 1954, 4. Aufl. 1961 (Sydney), letzte Ausgabe New York 1964 (Taschenbuch).
1961a: The Yabuduruwa. Oceania. Bd. 31, S. 166–209.
1961b: Maraian at Mainoru. Oceania. Bd. 32, S. 1–15.

Elkin, A. P., Berndt, C. H. and *R. M.*

1950: Art in Arnhem Land. Melbourne.
Elkin, A. P. and *Jones, T. A.*
1958: Arnhem Land Music. Oceania Monographs No. 9. Sydney.

Falkenberg, Johannes

1962: Kin and Totem. Oslo.

Flanagan, Roderick J.

1888: The Aborigines of Australia. Sydney.

Foy, Willy

1913: Fadenstern und Fadenkreuz. Ethnologica. Bd. 2, S. 67–110. Leipzig.

Frobenius, Leo und *Obermaier, H.*

1935: Hadschra Maktuba. Berlin.

Gsell, F. X.

1956: The Bishop with 150 Wives. Sydney–London.

Haekel, Joseph

1952/53: Neue Beiträge zur Kulturschichtung Brasiliens. Anthropos. Bd. 47, S. 963 bis 991; Bd. 48, S. 105–157.
1954: Ethnologische und prähistorische Probleme Australiens. Wiener völkerkundliche Mitteilungen. Jahrg. 2, S. 66–85.
1959: Hochgott und Götter im alten Mexiko. Kairos. Bd. 3, S. 131–144. Salzburg.

Hale, H. M. and *Tindale, N. B.*

1930: Notes on Some Human Remains in the Lower Murry Valley, South Australia; Records of the South Australia Museum, IV, 2.

Hart, C. W. M. and *Pilling, Arnold R.*

1960: The Tiwi of North Australia. New York.

Hernandez, Theodore

1961: Myths and Symbols of the Drysdale River Aborigines. Oceania. Bd. 32, S. 113 bis 127.

Hiatt, L. R.

1961: A Description of Mortuary Rites and Practises in Central Arnhem Land. Vortrag. National University, Canberra.

315

Howitt, A. W.
1904: The Native Tribes of South-East Australia. London.

Jaritz, Kurt
1960: Die Kulturreste der Kassiten. Anthropos. Bd. 55, S. 17–84.

Jensen, Adolf E.
1951: Mythos und Kult bei Naturvölkern. Wiesbaden.

Jones, T. A.
1956/57: Arnhem Land Music. Oceania. Bd. 26, S. 252–339; Bd. 28, S. 1–30.

Kaberry, Phyllis M.
1939: Aboriginal Woman, Sacred and Profane. London.

Kauffmann, Hans E.
1960: Das Fadenkreuz, sein Zweck und seine Bedeutung. Ethnologica, N.F. Bd. 2, S. 36–69. Köln.

Kitching, H. S.
1961: Observations of Customs associated with Kadaitcha Practises in Central Australia. Oceania. Bd. 31, S. 210–214 mit Abbildungen von Klangstäben und Tarnschuhen.

Klaatsch, Hermann
1907: Some Notes on Scientific Travel among the Black Population of Tropical Australia in 1904, 1905, 1906. Reports of Austral. Association of Adv. Science. Bd. 11, S. 577–592. Adelaide.

Kupka, Karel
1958: Kunst der Uraustralier. Museum für Völkerkunde. Basel.

Langloh–Parker, C.
1905: The Euahlayi Tribe: A Study of Aboriginal Life in Australia with an Introduction by Andrew Lang, pp. XXVII, 156, London.

Lommel, Andreas
1952: Die Unambal. Hamburg.
1958: Fünf neue Felsbildstellen in Nordwest-Australien. Zschr. f. Ethnologie. Bd. 83, S. 1–33. Braunschweig.
1961: Stilistische Vergleiche an australischen Felsbildern. In: Hans Damm zum 65. Geburtstag. Veröff. des Museums für Völkerkunde. Heft 11, S. 457–461. 17 Abb. Leipzig.

Lommel, Andreas und *Katharina*
1959: Die Kunst des fünften Erdteils. München.

Lyon, R. M.
1833: A Glance at the Manners and Languages of the Aboriginal Inhabitants of Western Australia. Perth Gazette and Western Australian Journal. Bd. 1, S. 51–52, 56, 59–60, 63–64. Perth.

Maringer, Johannes
1956: Vorgeschichtliche Religion. Zürich–Köln.

Mathews, R. H.

1905: Ethnological Notes on Aboriginal Tribes of New South Wales and Victoria. Sydney.

1914: Languages of some Native Tribes of Queensland, New South Wales and Victoria. Journal and Proceedings of the Royal Society of New South Wales. Bd. 36, S. 135–190. Sydney.

McCarthy, Frederick D.

1939: „Trade" in Aboriginal Australia, and „Trade" Relationship with Torres Strait, New Guinea and Malaya. Oceania. Bd. 9, S. 405–438; Bd. 10, S. 171 bis 195.

1941: Aboriginal Ritual and Mystery Stones; Australian Museum Mag., VII, 11, S. 366–373.

1953: The Oceanic and Indonesian Affiliations of Australian Aboriginal Culture. Journal of the Polynesian Society. Bd. 62, S. 243–261. Wellington, NZ.

1956: The Cave Paintings of Groote and Chasm Islands, Arnhemland; Sydney.

1957: Australia's Aborigines, their Life and Culture. Melbourne. (Zahlreiche Abb.).

1958: Australian Aboriginal Rock Art. Sydney. (Zahlreiche Abb.)

1961: The Rock Engravings of Depuch Island, North-west Australia. Records of the Australian Museum. Bd. 25, S. 121–148. Sydney. (293 Fig., 153 Lichtbilder).

1965: The Aboriginal Past: Archaeological and Material Equipment. In: Aboriginal Man in Australia, edited by *R. M.* and *C. H. Berndt*, Sydney.

McCarthy, Frederick D., Noone and *Bramell*

1946: The Stone Implements of Australia. Memoir 9. Australian Museum. Sydney.

Meggitt, Mervyn J.

1955: Djanba among the Walbiri, Central Australia. Anthropos. Bd. 50, S. 375–403.

1962: Desert People, A study of the Walbiri Aborigines of Central Australia, Sydney.

1965: Desert People etc. Neuauflage durch Chicago University Press.

Micha, Franz Joseph

1965: Zur Geschichte der australischen Eingeborenen. Saeculum. Bd. 16, S. 317–342.

Milligan, Joseph

1859: Vocabulary of aboriginal Tribes of Tasmania. Papers and Proceedings of the Royal Society of Van Diemen's Land. Bd. 3, S. 239–274, 275–282. Hobart.

Mjöberg, E.

1923: Vom Phalluskult in Nordaustralien. Archiv für Anthropologie. Bd. 19, S. 86 bis 88; 6 Abb. Braunschweig.

Mohr, Richard

1961: Totenbrauch, Totenglaube und Totenkult um den oberen Nil und Victoria See. Micro-Bibliotheca Anthropos. Film 32. Posieux.

Mountford, Charles P.

1939: Phallic Stones of the Australian Aborigines. Mankind. Bd. 2, S. 156–161.

1956: Arnhem Land, Art, Myth and Symbolism. Melbourne. (Zahlreiche Abb.)

1958: The Tiwi. Melbourne. (Zahlreiche Abb.)

Nekes, Hermann and *Worms, Ernest A.*

1953: Australian Languages. Micro-Bibliotheca Anthropos. Film 10.

Nevermann, Hans

1959: Indonesien. In: Völkerkunde. Hrsg. v. *Herbert Tischner*, S. 64–84. Frankfurt am Main (Fischer-Lexikon).

O'Connel, Ursula

1957: Myths of the Muŋkan. Melbourne.

Odermann, Gisela

1959: Holz- und Steinsetzungen in Australia. Paideuma. Bd. 7, S. 99–114. Frankfurt am Main.

1960: Frühformen der menschlichen Gesellung. In: Völkerkunde. Hrsg. *B. Freudenfeld*, S. 104–114. München (Beck'sche Schwarze Reihe).

O'Grady, G. N.

1959: Significance of the Circumcision Boundary in Western Australia. University Sydney (Dissertation).

Perez, Eugene

1957: Kalumburu, Benedictine Mission, North Western Australia. New Norcia, WA.

Péron, M. F. et *Freycinet, M. L.*

1807/17: Voyage de Decouverts au Terres Australes. 4 Bde. Paris.

Petri, H.

1948: Seelenvorstellungen und Totemismus im Nördlichen Dampierland, N.W.-Australien, „Studium Generale", Bd. I/4, S. 237–248.

1950: Wandlungen in der Geistigen Kultur nordwestaustralischer Stämme, Veröffentlichungen aus dem Museum für Natur-, Völker- und Handelskunde in Bremen, Reihe B, Heft 1.

1952/53: Der Australische Medizinmann, Annali Lateranensi, Città del Vaticano, Vol. XVI, S. 160–317 (1952), Vol. XVII, S. 157–225 (1953).

1954: Sterbende Welt in Nordwestaustralien, Braunschweig.

1956: Dynamik im Stammesleben Nordwest-Australiens, Paideuma, Bd. VI/3, S. 152 bis 168.

1959 a: Australien, Tasmanien. In: Das Fischer-Lexikon, VÖLKERKUNDE, Frankfurt, S. 21–40.

1959 b: Geographisches Weltbild und zwischenstammliche Handelsverbindungen nordwestaustralischer Eingeborenen-Gruppen, Wiener Völkerkundliche Mitteilungen, Bd. VII/II, Nr. 1–4, S. 3–22.

1960 a: Kultgesänge aus der Westlichen Wüste, Tonband La Grange VIII, Musikwissenschaftliches Institut der Universität Köln.

1960 b: Altersklassen der Vorinitiation bei Eingeborenen-Gruppen Nordwestaustraliens. Ethnologica, N.F., Bd. 2, S. 132–145. Köln.

1962: Australische „Medizinmänner" am Rande der technisierten Zivilisation, Umschau, 62/6, Frankfurt am Main, S. 171–174.

1963: Gibt es noch „unberührte" Wildbeuter im heutigen Australien? Baeßler Archiv, N.F. Bd. X.

1965a: Kosmogonie unter farbigen Völkern der Westlichen Wüste Australiens, Anthropos. Bd. 60, S. 469–479.

1965 b: Traum und Trance bei den Australiden, Welt der Wissenschaft, Bd. 4, S. 277–285.

1966: ‚Baḍur' (Parda-Hills), Ein Felsbilder- und Kultzentrum im Norden der Westlichen Wüste Australiens, Baeßler Archiv, N.F., Bd. XIV, S. 331–369.

1967: ‚Wandji-kuraŋ-gara‘, ein mythischer Traditionskomplex aus der Westlichen Wüste Australiens, Baeßler Archiv, N.F., Bd. XV, S. 1–33.

Petri, Helmut und Schulz, Agnes S.

1951: Felsgravierungen aus Nordwest-Australien. Zschr. für Ethnologie. Bd. 76, S. 70–93. Braunschweig.

Petri, H. und Petri-Odermann, G.

1964: Nativismus und Millenarismus im gegenwärtigen Australien, Festschrift für Ad. E. Jensen, München, S. 461–466.

Piddington, R.

1932: Totemic System of the Karadjeri Tribe. Oceania. Bd. 2, S. 273–400.
1932: Karadjeri Initiation, Oceania, Bd. III/1, S. 46–87.

Ratzel, Friedrich

1896: History of Mankind. London.

Reay, Marie

1964: Aborigines Now. Sydney.
1965: The Background of Alian Impact. In: Aboriginal Man in Australia, edited by R. M. and C. H. Berndt, Sydney.

Ridley, W.

1875: Kamilaroi and other Australian Languages. Sydney.

Robinson, Ronald

1956: The Feathered Serpent. Sydney.

Roth, H. Ling

1890 und 1899: The Aborigines of Tasmania. 1. Aufl. London; 2. Aufl. Halifax.

Roth, W. E.

1897: Ethnological Studies among the North-West Central Queensland Aboriginals. Brisbane.

Schmidt, Wilhelm

1919: Die Gliederungen der australischen Sprachen. Wien.
1930: Ursprung und Werden der Religion. Münster.
1935: The Origin and Growth of Religion. London.
1952: Die Tasmanischen Sprachen. Utrecht–Anvers.

Schneider, Marius

1937: Ethnologische Musikforschung. In Lehrbuch der Völkerkunde. Stuttgart 1939.
1958: Die Musik der Naturvölker. In: Lehrbuch der Völkerkunde. Hrsg. v. L. Adam und H. Trimborn. 2. Aufl., S. 82–110. Stuttgart.

Schulz, Agnes

1956: North-west Australian Rock Paintings. Memoirs, National Museum of Victoria. No. 20, S. 7–57. Melbourne. (Zahlr. Abb.)

Schuster, Carl

1951: Designes Incised on Pearl Shell. Mankind. Bd. 4, S. 219–220.

Scougal, Stuart and Rail, Leonard

1959: The One-leg Stance in the Aborigine. Sydney.

Smyth, R. Brough
1878: The Aborigines of Victoria. 2 Bde. London.

Smythe, W. E.
1949: Elementary Grammar of the Gumbáiŋgar Language, North-East Coast of New South Wales. Oceania Vd. 20, 1.

Spencer, Baldwin
1914: Native Tribes of the Northern Territory of Australia. London.

Spencer, Baldwin and *Gillen, F. J.*
1899: The Native Tribes of Central Australia. London.

Stanner, W. E. H.
1959/61: On Australian Religion. Oceania.
    Bd. 30, 1959, S. 108–127, The Lineaments af Sacrifice.
    Bd. 30, 1960, S. 245–278, Sacramentalism, Rite and Myth.
    Bd. 31, 1960, S. 100–120, Symbolism in the Higher Rites.
    Bd. 31, 1961, S. 233–258, The Design-Plan of a Rite-Less Myth.
    Bd. 32, 1961, S. 79–108, The Design-Plans of a Myth-less Rites.
1965: Religion, Totemism, and Symbolism. In: Aboriginal Man in Australia, edited by *R. M.* and *C. H. Berndt*, Sydney.

Strehlow, Carl
1907/08: Die Aranda- und Loritja-Stämme. 2 Bde. Frankfurt am Main.

Strehlow, T. G. H.
1933: Ankotarinja, An Aranda Myth. Oceania. Bd. 4, S. 187–200.
1947: Aranda Traditions. Melbourne.
1950: An Australian Viewpoint. Melbourne.
1960: Nomads in No-Man's-Land. Melbourne.
1962: Aboriginal Language, Religion and Society in Central Australia. Australian Territories. Bd. 2, S. 4–11.
1965: Culture, Social Structure, and Environment in Aboriginal Central Australia. In: Aboriginal Man in Australia, edited by *R. M.* and *C. H. Berndt*, Sydney.

Tindale, Norman B.
1940: Distribution of Australian Aboriginal Tribes. Transactions of the Royal Society of South Australia. Bd. 64, S. 140–231 und Karte.

Tindale, N. B. and *Hale, H. M.*
1929: Further Notes on Aboriginal Rock Carvings in South Australia. South Australian Naturalist. X.

Turnbull, Clive
1948: Black War, the Extermination of the Tasmanian Aborigines. Melbourne.

Underhill, Ruth
1944: Pueblo Crafts. Phoenix, Arizona.

Warner, W. L.
1937: A Black Civilization. New York. Neuauflage 1958.

Webb, T. T.
1938: Spears to Spades. Sydney.

Williams, F. E.
1930: Orokaiva Society. Oxford.
1940: Drama of Orokolo. London.

Wilkes, Charles
1852: Narratives of the United States Exploring Expedition during the years 1838–1842. Chapter XVI, New South Wales, S. 207–230. London.

Winterbotham, L. P.
1949: Aboriginal Stone Arrangements, Darling Area, South-eastern Queensland. Mankind. Bd. 4, S. 68–69.
1951: Stone Arrangements, Western Queensland. Mankind. Bd. 4, S. 297.

Withnell, J. G.
1901: The Customs and Traditions of the Aboriginal Natives of North-Western Australia. Roebourne, WA.

Worms, Ernest A.
1938: Die Initiationsfeiern einiger Küsten- und Hinterlandstämme in Nord-West-australien. Annali Lateranensi. Bd. 2, S. 147–174.
1940: Religiöse Vorstellungen und Kultur einiger Nord-Westaustralischen Stämme in fünfzig Legenden. Annali Lateranensi. Bd. 4, S. 213–282.
1942: Die Goranara-Feier im australischen Kimberley. Annali Lateranensi. Bd. 6, S. 207–235.
1950 A: Feuer und Feuerzeuge in Sage und Brauch der Nordwest-Australier. Anthropos, Bd. 45, S. 145–164.
1950 B: Djamar, the Creator. Anthropos. Bd. 45, S. 653–666.
1952: Djamar and his Relation to other Culture Heroes. Anthropos. Bd. 47, S. 539 bis 560.
1954: Prehistoric Petroglyphs of the Upper Yule River, North-Western Australia. Anthropos. Bd. 49, S. 1067–1088.
1955: Contemporary and Prehistoric Rock Paintings in Central and Northern North Kimberley. Anthropos. Bd. 50, S. 546–566.
1957 A: Australian Mythological Terms, their Etymology and Dispersion. Anthropos. Bd. 52, S. 732–268.
B: Prehistoric Rock Carvings. Air Travel. Mark, S. 14–17 mit Abb. Melbourne.
C: Mythologische Selbstbiographie eines australischen Ureinwohners. Wiener völkerkundl. Mitteilungen. Jg. 5, S. 40–48. Wien.
D: The Poetry of the Yaoro and Bād, North-Western Australia. Annali Lateranensi. Bd. 21, S. 213–229.
1959 A: Verbannungslied eines australischen Wildbeuters, ein Beitrag zur Lyrik der Bād. Anthropos. Bd. 54, S. 154–168.
B: Der australische Seelenbegriff. Zschr. für Missionswissenschaft und Religionswissenschaft. Bd. 42, S. 296–308. Münster.
1960: Tasmanian Mythological Terms. Anthropos. Bd. 55, S. 1–16.
1962: Motiv und Variation in der Kunst des zirkumpazifischen Raumes. München.

Zerries, Otto
1942: Das Schwirrholz, eine Untersuchung über die Verbreitung und Bedeutung der Schwirren im Kult. Stuttgart.
1953: The Bull-Roarer among South American Indians, Revista do Museu Paulista. Bd. 7, N.F., S. 275–309. Sao Paulo.

Abbildungsnachweise

Vorlage für Abb. 1 S. 157:

Helmut Petri, Sterbende Welt in Nordwestaustralien, Braunschweig 1954, S. 93, Abb. 9.

Vorlage für Abb. 2 S. 160:

F. D. McCarthy, Australian Aboriginal Decorative Art, Sydney 1958, Plate I

Vorlage für Abb. 3 S. 166:

F. D. McCarthy, Australian Aboriginal Decorative Art, Sydney 1958, S. 22, Fig. 10

Vorlage für Abb. 4 S. 167:

Roman Black, Old and New Australian Aboriginal Art, Sydney 1964, S. 106, Fig. 89

Vorlage für Abb. 5 S. 174:

Roman Black, Old an New Australian Aboriginal Art, Sydney 1964, S. 105, Fig. 88

Vorlage für Abb. 6 S. 195:

Roman Black, Old and New Australian Aboriginal Art, Sydney 1964, S. 65, Fig. 54

Vorlage für Abb. 7 S. 220:

Roman Black, Old and New Australian Aboriginal Art, Sydney 1964, S. 23, Fig. 13

Vorlage für Abb. 8 S. 224:

Roman Black, Old and New Australian Aboriginal Art, Sydney 1964, S. 72, Fig. 62

Vorlage für Abb. 9 S. 226:

Petri-Schulz, Felsgravierungen aus Nordwest-Australien, in: Zeitschrift für Ethnologie, Bd. 76, Heft 1, 1951, S. 73.

NAMEN- UND SACHREGISTER

323

Die Religionen der Menschheit

Herausgegeben von Christel Matthias Schröder